Der Autor

Dr. Jochem Kießling-Sonntag studierte Germanistik, Publizistik und Philosophie; zusätzlich absolvierte er eine Ausbildung als Sprecherzieher (DGSS). Er arbeitete als Journalist für den Westdeutschen Rundfunk und die Frankfurter Allgemeine Zeitung. Seit über zehn Jahren ist er im Trainingsbereich aktiv. Heute sind seine Arbeitsschwerpunkte Führungs-, Kommunikations- und Teamtrainings sowie Prozesse der Organisationsentwicklung. Er ist Geschäftsführer und Mitgesellschafter des IME – Institut für Management-Entwicklung, Bielefeld.

Vorwort

Mitarbeitergespräche gelten zu Recht als eines der wichtigsten und wirksamsten Hilfsmittel partnerschaftlicher Führung. Ziel dieses Buches ist es, Unternehmern, Führungskräften, Personalverantwortlichen und natürlich auch Mitarbeiterinnen und Mitarbeitern das notwendige Handwerkszeug zur erfolgreichen Gestaltung der Kommunikation zwischen Vorgesetzter/Vorgesetztem und Mitarbeiterin/Mitarbeiter in übersichtlicher Form vorzustellen. (Gemeint sind in diesem Buch immer Frauen und Männer. Im Sinne der Lesbarkeit habe ich jedoch auf die durchgehende sprachliche Differenzierung verzichtet. Hierfür bitte ich um Verständnis.)

Bei der Konzeption und Ausarbeitung der Kapitel stellten sich dabei immer wieder zwei Fragen:
- Welches sind die wirklich relevanten Techniken und Instrumentarien, die man im Mitarbeitergespräch benötigt?
- Welches sind die erfolgskritischen Faktoren, von denen in der Praxis das Gelingen der Kommunikation abhängt?

Zahlreiche Trainings- und Begleitungsprojekte, die ich in den vergangenen Jahren in Unternehmen verschiedenster Branchen und Größenordnungen realisieren durfte, sowie der permanente Dialog mit Führungskräften und Trainerkollegen führten zu den Antworten, die hier gegeben werden: Es wurden diejenigen Kommunikationsmodelle ausgewählt und auf die Führung von Mitarbeitergesprächen übertragen und es wurden diejenigen Gesprächstechniken aufgenommen, die zum einen einem zeitgemäßen, kooperativen wie zielorientierten Verständnis von Führung entsprechen und die sich zum anderen im Unternehmensalltag erfahrungsgemäß auch sehr gut umsetzen lassen.

Die Teile dieses Bandes bauen aufeinander auf:
Im ersten Teil wird das Thema der Mitarbeiterkommunikation zunächst in den Zusammenhang mit den Anforderungen gesetzt, die die hochdynamischen Organisationen, wie wir sie heute vorfinden, an die Führung von Mitarbeitern richten.
Einzeltechniken der Kommunikation von der Gesprächsstrukturierung über psychologische Interventionsmöglichkeiten bis hin zur differenzierten Gesprächssteuerung und der Bearbeitung von Gesprächsstörungen stehen im Zentrum des zweiten Teils. Gesprächsethische Fragestellungen und die Einbettung der Gesprächsführung in einen systemischen Kontext runden diesen Teil ab.
Der dritte Teil nimmt „Gesprächganzheiten" in den Blick und wendet sich den wichtigsten Gesprächstypen zu – der Bogen wird vom Delegationsgespräch bis hin zum Beurteilungsgespräch gespannt.
Der abschließende vierte Teil behandelt das Mitarbeiterjahresgespräch als ein Bindeglied zwischen der strategischen Unternehmensplanung und der operativen Mitarbeiterführung, das immer stärker an Bedeutung gewinnt – es handelt sich hierbei meiner Meinung nach um die derzeit anspruchsvollste Gesprächsform in der Unternehmenspraxis.

Um dem intendierten Handbuchcharakter Rechnung zu tragen, wurden die einzelnen Abschnitte trotz des beschriebenen logischen Aufbaus so angelegt, dass sich Leserinnen und Leser auch separat mit einzelnen Themen befassen können.

Vor allem danke ich meiner Frau Brigitte Sonntag, die mir viele Hinweise im Hinblick auf die Lesbarkeit des Manuskripts gab. Ohne das Verständnis und die Langmut, die sie und unsere Kinder Leon, Luise und Glenn mir entgegenbrachten, wäre dieses Buch nicht zu Stande gekommen. Die Phasen des Rückzuges während der Niederschrift mögen sie mir verzeihen.

Weiterhin danke ich allen Kolleginnen und Kollegen vom Bielefelder IME – Institut für Management-Entwicklung für die zahlreichen Anregungen und Hilfestellungen, durch die sie das Projekt maßgeblich unterstützten: Mein besonderer Dank gilt hierbei Jürgen Scholz, dessen kritische Lektüre mir Rückhalt gab. Das Kapitel zur Beurteilungsthematik bereicherte er entscheidend dadurch, dass er auf der Basis langjähriger diagnostischer Praxis entstandenes Beratungsmaterial zum Abdruck zur Verfügung stellte. Für die vielen anregenden Gespräche, die gemeinsamen Reflexionen zu Fragen der Führungskommunikation und für den kreativen und belebenden Rahmen, in dem zu arbeiten Spaß macht und in dem Projekte gedeihen können, danke ich insbesondere auch Martin Karger, Horst Bastian sowie den Partnern des IME.

Im September 2000   *Jochem Kießling-Sonntag*

Inhaltsverzeichnis

**Teil IV
Das Mitarbeiterjahresgespräch
als Führungsinstrument**

Anhang

Teil I

Führen durch Gespräche

JULIE.   Glaubst Du an mich?

DANTON.   Was weiß ich? Wir wissen wenig voneinander. Wir sind Dickhäuter, wir strecken die Hände nacheinander aus aber es ist vergebliche Mühe, wir reiben nur das grobe Leder aneinander ab, – wir sind sehr einsam.

JULIE.   Du kennst mich Danton.

DANTON.   Ja, was man so kennen heißt. Du hast dunkle Augen und lockiges Haar und einen feinen Teint und sagst immer zu mir: lieb Georg. Aber – *er deutet ihr auf Stirn und Augen* – da da, was liegt hinter dem? Geh, wir haben grobe Sinne. Einander kennen? Wir müssten uns die Schädeldecken aufbrechen und die Gedanken einander aus den Hirnfasern zerren.

Georg Büchner,
Dantons Tod

1 Desillusionierende Vorbemerkung oder von der Unberechenbarkeit menschlicher Kommunikation

Der Druck auf Führungs-
kräfte nimmt zu

Der Druck nimmt zu. Die Führungskraft wartet auf Anrufe bzw. muss noch dringende Anrufe tätigen, eine Präsentation ist vorzubereiten, Vertragsdetails bezüglich einer eiligen Stellen-Neubesetzung müssen mit der Personalabteilung abgeklärt werden, Bewerbungsunterlagen stapeln sich auf dem Schreibtisch ..., dazwischen muss ein Mitarbeitergespräch geführt werden. Worum ging es da eigentlich? Genau, es war dieser schwelende Konflikt eines Mitarbeiters mit dem Kollegen im gleichen Büro, dieses Kompetenzgerangel (das ja nicht zuletzt für den Ehrgeiz in der Abteilung spricht). Wie auch immer, einer der beiden betroffenen Mitarbeiter hat sich angesagt, und die Führungskraft hat ein kleines Zeitfenster zur Verfügung gestellt, dies hinterher schon mindestens zehnmal bereut, aber einen besseren Termin gibt es in der ganzen Woche nicht, und irgendwie wird sich das Problem schon in kurzer Zeit lösen lassen.

Der Konflikt habe sich verschärft, so lässt sich der Mitarbeiter vernehmen. Wichtige Informationen würde der Kollege seit der letzten lautstarken Auseinandersetzung nicht mehr weitergeben, dabei müsse doch nur ein für alle Mal geregelt werden, welche Absprachen er und der Kollege mit den Kunden des anderen während der Urlaubszeiten und anderer Zeiten mit halber Besetzung treffen dürften. Der betreffende Kollege fühle sich zu Unrecht übergangen, er selber sich inzwischen auch, sie würden sich schon nicht einmal mehr richtig anschauen, wenn sie miteinander sprechen müssten. –

Aus dem schwelenden Konflikt ist ein offener Konflikt geworden, es muss gehandelt werden, das heißt, die Führungskraft muss handeln, um negative Konsequenzen zu vermeiden: Reibungsverluste im Unternehmen infolge mangelhaften Informationsaustausches, einen Rückgang der Servicequalität, da sich die schlechte Stimmung schnell auf die Kommunikation mit den Kunden auswirkt (gereizte Stimme, zu hartes Reagieren bei Reklamationen u. Ä.); angefressen durch den Konflikt, wird vielleicht einer der beiden Kollegen sich eine andere Arbeitsstelle suchen oder sich in das Schneckenhaus der inneren Kündigung zurückziehen. Andere Mitarbeiter wird dies nicht unberührt lassen, und gerade die besseren werden sich in einer solchen Situation der Freiheit bewusst, die eigenen Fähigkeiten woanders unter Beweis stellen zu können. Nichts zu tun hieße aus der Perspektive der Führungskraft, die angedeuteten Konsequenzen zu akzeptieren.

Ein gutes Mitarbeiter-
gespräch kann helfen, die
richtigen Weichen zu stellen

Ein gutes Mitarbeitergespräch kann in dieser Situation helfen, die richtigen Weichen zu stellen: die Emotionen des Mitarbeiters verstehen und Wertschätzung ausdrücken, das Problem analysieren, sich darüber einigen, wer was als Nächstes tut, um den Konflikt mit einer guten Prognose zu bearbeiten und ihn letztendlich zu bereinigen.

Wir wünschen der Führungskraft unter anderem, dass sie in diesem Gespräch nicht durch Telefonate gestört wird, dass sie sich auf das Zuhören konzentrieren kann, dass sie nicht zu schnell und zu viel redet, um das Problem wegzuwischen, dass sie sich hinreichend Zeit nimmt, damit im Gespräch ein konsensfähiges Gesprächsergebnis wachsen kann.

Das kleine Beispiel deutet die Vielschichtigkeit der meisten alltäglichen Führungsprobleme an. In der Regel sind nicht alle Fakten und Sichtweisen der Betroffenen bekannt.

In der Regel sind nicht alle Fakten und Sichtweisen der Betroffenen bekannt

Wie zufrieden ist der Mitarbeiter, der das Gespräch sucht, zur Zeit insgesamt mit seiner Arbeitssituation? Ist die Arbeit an sich für ihn noch herausfordernd? Hat seine private Situation Einfluss auf den aktuellen Konflikt? Welche persönlichen und beruflichen Ziele hat der Mitarbeiter mittelfristig? Kommt die gegenwärtige Struktur des Arbeitsplatzes dem Arbeitsstil des Mitarbeiters entgegen? –

Für die Führungskraft könnte es hilfreich sein, Antworten auf diese Fragen zu finden, um an den richtigen Problemen zu arbeiten. Die gleichen Fragen sollte die Führungskraft natürlich auch dem anderen Konfliktpartner stellen.

Es ist nicht vorhersehbar, wie die Betroffenen auf dieses oder jenes Mittel, das die Führungskraft einsetzt, reagieren werden und welche Strategien jene selbst verfolgen, um ihre Interessen zu wahren und ihre Ziele zu erreichen. Das heißt, die Führungskraft kann nicht vorausberechnen, welche Interventionen erfolgreich sein werden. Sind die Fragen nach den persönlichen und beruflichen Zielen des Mitarbeiters und nach seiner aktuellen privaten Situation Schlüssel zu einem tiefer gehenden Verständnis des Konflikts (z.B. wenn private Schwierigkeiten zu größerer Gereiztheit am Arbeitsplatz führen) oder werden diese Fragen als unangenehmes Eindringen in die Privatsphäre erlebt? Dies kann die Führungskraft nur aus der Situation heraus entscheiden. Welche Frage passt hier und wo sind beim Mitarbeiter Gesprächswiderstände spürbar? Und: Akzeptiert die Führungskraft Widerstände als nichtdiskutierbare Tabuzone oder sucht sie ausdauernd die wunden Punkte auf, bis sich der Mitarbeiter bewegt, Gesprächsbereitschaft signalisiert, etwas preisgibt, wobei die Führungskraft das Risiko eingeht, den Widerstand nur noch zu vergrößern, zu verfestigen ...

Der Erfolg von Fragen oder der eingesetzten kommunikativen Mittel ist nicht vorhersehbar

Entscheidungen werden aus der Situation heraus getroffen

Die Entscheidung, dieses zu fragen oder jenes zu sagen, fällt oft in Bruchteilen von Sekunden auf der Grundlage komplizierter Wahrnehmungs-, Interpretations- und anderer Denkvorgänge. Gesagt ist dann gesagt. Der Vorwurf, der enttäuschtes Wegsehen oder einen aggressiven Gegenvor-

Gesagt ist gesagt

wurf auslöst, bleibt im Raum stehen, auch wenn wir ihn „zurücknehmen". Wir müssen dann umdenken. Warum ist das, was wir gesagt haben, so angekommen und nicht anders? Wie können wir den Partner genauer verstehen? Wie können wir die Situation retten? Wie können wir trotz beeinträchtigter Stimmung unser Ziel erreichen, und zwar so, dass der Gesprächspartner es aus freien Stücken mitträgt?

Ein Gespräch ist ein Spiel nach Regeln

In der Gesprächstheorie wird das Gespräch oft mit der Metapher des Spiels umschrieben – nicht weil Gespräche immer unterhaltend sind und fröhlich machen, sondern weil in Gesprächen Regeln gelten, etwa die Regel, dass man dem Gesprächspartner nicht einfach ins Wort fällt, sondern wartet, bis man „am Zug" ist, oder die Regel, dass eine Antwort zur Frage passen sollte und wir nicht auf die Frage: *„Haben Sie zur Zeit den Vorgang XY auf dem Schreibtisch?"* antworten: *„Heute Nachmittag würde ich gerne schwimmen gehen."*

Es gibt Regeln oder Konventionen der Höflichkeit, die die Begrüßung und die Vorstellung unbekannter Gesprächsteilnehmer steuern, es gibt strukturelle Regeln der Themenbearbeitung; man hat auch psychologische Regeln, z.B. für den Umgang mit klimatischen Störungen in Gesprächen, formuliert. Natürlich gibt es auch die grammatikalischen Regeln des Sprachgebrauchs selbst. Je nach Bereich sind diese Regeln verschieden deutlich formuliert. (Grammatikalische Regeln lassen sich sicher präziser als psychologische Interaktionsregeln beschreiben.) Eine ideale Sprecherin oder ein idealer Sprecher würde in jedem Augenblick auf der Grundlage aller vorhandenen Regeln alle zur Verfügung stehenden Kommunikationsmöglichkeiten überprüfen und die beste auswählen.

Die Flut der in Gesprächssituationen – meist unbewusst – greifenden Regeln ist nicht überschaubar

Kommunikationswissenschaft, Gesprächspsychologie und Sprachwissenschaft haben gezeigt, dass selbst in einfachsten Teilsituationen, wie zum Beispiel beim Vermitteln einer Information oder bei der Aufforderung, etwas Bestimmtes zu tun, eine schier nicht überschaubare Anzahl von Regeln greift oder zumindest greifen kann. Was heute als Kommunikationsregel gilt, kann jedoch mit fortschreitender Forschung schon morgen durch weitere Befunde eingeschränkt bzw. weiter differenziert werden. Viele Regeln, etwa im psychologischen Bereich, sind ohnehin streitbar, da ihre Basis oft allein das Erfahrungswissen von Fachleuten ist. Zudem ändern sich die Kommunikationsgewohnheiten im Laufe der Zeit (siehe zum Beispiel die zunehmend visuelle Aufnahme von Informationen durch den Computereinsatz), wodurch das unendliche Regelgebilde im Fluss bleibt.

Der Verlauf von Gesprächen entzieht sich dem planerischen Zugriff

Lässt sich bei einem Schachspiel infolge der begrenzten Zugmöglichkeiten wenigstens noch eine Eröffnung über die ersten Züge hinweg vorausplanen, ist dies bei einem Gesprächs„spiel" beim besten Willen nicht möglich. Was wird der Gesprächspartner auf die Frage, wie es ihm geht, antworten?

Eine perfekte Anleitung zum richtigen Gespräch kann es also nicht geben. Für diejenigen, die klare Input-Output-Relationen suchen, um Erfolg planbar zu machen, ist dies enttäuschend. Diejenigen, die befürchten, das zwischenmenschliche Gespräch werde zukünftig vom Dialog mit computergestützten interaktiven Sprechprogrammen abgelöst, wird dies vielleicht ein wenig hoffnungsfroh stimmen. Der sensibel wahrnehmende Mensch, der über eine große Variationsbreite an Kommunikationsmöglichkeiten verfügt, wird auch im Gespräch von morgen unverzichtbar bleiben.

Eine perfekte Anleitung zum richtigen Gespräch kann es nicht geben

Die Vielschichtigkeit des Kommunikationsgeschehens (und im Unternehmen speziell: des Führungsgeschehens) führt manchen indessen zu der Frage: Ist Gesprächsführung überhaupt lernbar?

Ist Gesprächsführung überhaupt lernbar?

2 Inseln im Strom – was dieses Buch leisten kann

Ich meine: Ja, Gesprächskompetenz kann man aktiv erwerben, indem man „Inseln" im Strom der Kommunikation bildet, Inseln des Könnens, die Sicherheit und Selbstvertrauen geben. Da Perfektion und Kontrolle jedes Gesprächsdetails nicht leistbar sind und das Bemühen darum einer entspannten und flexiblen Gesprächsführung eher abträglich ist, empfiehlt es sich, sich auf einige entscheidende Aspekte der Kommunikation zu konzentrieren. Solche zentralen Gesprächshilfen möchte dieses Buch anbieten. Diese Hilfen sind im Wesentlichen auf vier Ebenen angesiedelt:

Inseln im Strom der Kommunikation:

- HALTUNG UND WERTE EINER FÜHRUNGSKRAFT: Was kann Führung heute bedeuten, und welches sind die Kriterien eines guten Gesprächs?

Haltung und Werte einer Führungskraft

- GESPRÄCHSSTRUKTUREN: Hier geht es darum, wie man ein Gespräch aufbaut, sodass die Inhalte in einer sinnvollen Abfolge bearbeitet werden können.

Gesprächsstrukturen

- EINZELTECHNIKEN DER GESPRÄCHSFÜHRUNG: Sie können in jedem Gespräch eingesetzt werden und helfen, sachliche Klarheit zu gewährleisten und zugleich eine positive Beziehung zum Gesprächspartner aufrechtzuerhalten. Fragen, die in diesem Zusammenhang behandelt werden, sind auch: Wie kann man im Gespräch verhärtete Fronten auflösen? Und: Wie kann man Gespräche steuern?

Einzeltechniken der Gesprächsführung

- HILFEN FÜR WIEDERKEHRENDE GESPRÄCHSARTEN: Für typische Gesprächssituationen im Führungsalltag – z.B. Delegations-, Zielvereinbarungs- oder Konfliktgespräche – existieren erprobte Instrumentarien und Vorgehensweisen. Sie sollen hier vorgestellt werden.

Hilfen für wiederkehrende Gesprächsarten

Bereits in frühester Kind-
heit bilden wir unseren
Kommunikationsstil aus

Von der Zeit unseres Spracherwerbs an, also bereits in frühester Kindheit, bilden wir unseren Kommunikationsstil aus, den wir im Laufe unseres Lebens immer weiter ausbilden, verfeinern, abklären. Unsere Vorlieben, unser Temperament, unsere intellektuellen Möglichkeiten, unser Kommunikationstalent spielen bei dem „Gerinnungsprozess" unseres Gesprächsstils ebenso eine Rolle wie unsere zahllosen (Gesprächs-)Erfahrungen in der Familie, in der Partnerschaft, im Freundeskreis, in Schule und Ausbildung, in Vereinen und Organisationen und in der Arbeitswelt.

Unser Gesprächsstil ist Teil
unserer Persönlichkeit

Das Gewordene, Bewährte unseres Gesprächsstils ist Bestandteil unserer Persönlichkeit und der sichere Ort, von dem aus wir unsere persönliche Fortentwicklung in Sachen Kommunikation betreiben können. Bücher, Gesprächsseminare oder auch die Rückmeldungen von anderen können uns zwar wichtige Impulse geben und blinde Flecken in unserem Verhalten aufhellen, sie werden unser Gesprächsverhalten jedoch kaum von Grund auf revolutionieren.

Versucht man dagegen, die eigenen Kommunikationsmuster kennen- und akzeptieren zu lernen, wichtige Lernfelder zu identifizieren, sich hinreichend Zeit für nachhaltige Veränderungen zu geben und immer wieder Feedback von Mitarbeitern, Kollegen und Vorgesetzten zu bekommen, ist man auf dem richtigen Weg. Hier kann man getrost in Jahren denken, denn:

DIE ENTWICKLUNG DER GESPRÄCHSFÜHRUNGSKOMPETENZ IST IMMER AUCH EIN TEIL DER PERSÖNLICHKEITSENTWICKLUNG.

Was dieses Buch leisten
will und kann

Das Hintergrundwissen, die Tipps, die Beispiele und die Formulierungshilfen, die dieses Buch enthält, mögen Leserinnen und Leser in diesem Sinne als Angebote auffassen oder auch als Werkzeuge, die in der ein oder anderen Situation dienlich sein können. Sicherlich hilft ein gut ausgestatteter Werkzeugkasten, die verschiedensten Situationen zu bewältigen; aber manche Werkzeuge benutzen wir so gut wie nie, wir vergessen vielleicht sogar, dass wir sie besitzen, andere werden unsere Lieblingswerkzeuge; sie liegen gut in der Hand, und wir versuchen selbst in Situationen, in denen sie nicht geeignet sind, mit ihnen zurechtzukommen, bis wir erkennen, dass wir so nicht zum Ziel gelangen und ein anderes, seltener benutztes Werkzeug hervorholen sollten.

Welche Methoden und
Techniken passen zu Ihnen
und Ihrem Unternehmen?

Gegenüber jedem Werkzeug, jedem Tipp empfehle ich grundsätzlich Skepsis. Da es keine im Voraus berechenbaren Erfolge in Mitarbeitergesprächen gibt, überprüfen Sie kritisch, welche Methoden und Techniken zu Ihnen passen und in Ihrem Arbeitsbereich umsetzbar sind. Denn nur Sie kennen Ihre Praxis, Ihre Gesprächspartner und die Kultur Ihres Unternehmens.

Mitarbeitergespräche sind ganz besondere Gespräche; denn die Gesprächspartner sind durch eine spezifische Arbeitsbeziehung miteinander verbunden. Der eine Gesprächspartner ist „vorgesetzt", also situationsmächtig, der andere hingegen agiert als Mitarbeiter aus der inferioren Position des Weisungsabhängigen. Hier entsteht zwangsläufig ein Spannungsfeld, ein Dilemma zwischen formaler Macht (und dazu gehört: Verantwortung) einerseits und dem Bemühen um partnerschaftlichen Umgang andererseits.

spezifische Arbeitsbeziehung der Gesprächpartner in Mitarbeitergesprächen

Dilemma zwischen formaler Macht und dem Bemühen um partnerschaftlichen Umgang

Ein Mitarbeitergespräch erhält seine Qualitäten dadurch, dass die Führungskraft den Mitarbeiter ernst nimmt, seine Ansichten und Vorschläge prüft und in einen transparenten Entscheidungsprozess mit einbezieht. Aber nicht immer darf oder will die Führungskraft alle relevanten Informationen an den Mitarbeiter weitergeben, die dieser für eine angemessene Situationseinschätzung benötigen würde, etwa wenn Umstrukturierungen in der Organisation bevorstehen, die personelle Veränderungen mit sich bringen. Unter solchen Umständen ist das Gespräch unausgewogen. Wichtiges bleibt ungesagt. Dennoch wird miteinander gesprochen, denn auch in Zeiten des Umbruchs muss das Geschäft ja weitergehen. Aber der Schatten des Ungesagten liegt über dem Gespräch. Die Führungskraft beantwortet Fragen nicht direkt, sondern ergeht sich in Andeutungen oder bekennt im besseren Falle offen, wo in diesem Gespräch die Grenze des Besprechbaren liegt. Führung vereinfacht Arbeitsteilung und die Koordination von Leistung, aber sie führt das Gespräch oft an die Grenze, wo Macht – und sei es diejenige der nächsthöheren Führungsebene – ins Spiel kommt und nicht mehr der „eigentümlich zwanglose Zwang des besseren Argumentes" (Habermas 1972, S. 137) gilt.

Nicht immer darf oder will die Führungskraft alle relevanten Informationen weitergeben

Aber was heißt Führung heute eigentlich, in welchen Unternehmensumwelten findet sie statt und mit welchen Anforderungen sehen sich Führungskräfte heute konfrontiert?

3 Wir machen den Unterschied – Führungskräfte in dynamisierten Unternehmen

Eine Führungskraft erzählt:
„Wer keinen Einblick in unser Unternehmen besitzt, wer es sozusagen nur vom Vorbeifahren kennt und das Firmenlogo, das auf dem Dach unserer Hauptverwaltung montiert ist, Tag für Tag an sich vorbeifliegen sieht, während er auf der Schnellstraße in Richtung Autobahn fährt oder zurück in die

Ein Erfahrungsbericht

Stadt, wird vielleicht denken, bei uns sei noch alles beim Alten. Die Backstein-gebäude, in denen wir arbeiten, wurden nach dem Krieg gebaut, der Parkplatz füllt sich tagtäglich mit Autos wie eh und je. Die Nahrungsmittel, die man mit unserem Namen verbindet, scheinen immer noch zu einem guten Teil die zu sein, mit denen wir Anfang der 1960er-Jahre bekannt wurden, obgleich deren Rezeptur immer wieder dem Zeitgeschmack angepasst wurde (tatsächlich ist unser Sortiment heute dreimal so groß wie damals).

Auch wer zu uns kommt, wird (möglicherweise mitleidig-wohlwollend in sich hineinlächelnd) eher das Unveränderte wahrnehmen, das sich auch schon einem Besucher vor dreißig oder mehr Jahren genauso dargeboten haben muss wie heute: die alten Fliesen- und PVC-Böden, Holzfurnierroll-schränke mit unverwüstlicher Mechanik, hallende Gänge und Büros mit vergilbten Wänden, in denen man noch das scharfe Tack-Tack von mechanischen Schreibmaschinen zu hören vermeint. Natürlich gibt es auch einen Wandel, den man sieht: die PCs in den Büros, hier und da Flipcharts, an denen die Blätter mit den Skizzen und sonstigen Denkspuren vergangener Projektsitzungen hängen.

Der eigentliche Wandel indessen, die Revolution, die sich bei uns längst vollzogen hat, braucht kaum äußere Zeichen. Wahrnehmbar sicherlich: Die Leistungsträger arbeiten länger als noch vor ein paar Jahren: Vereinzelt Lichter, die bis in die Abende hinein brennen. Wobei ein Großteil der gedanklichen Arbeit außerhalb der Bürozeiten geleistet wird: Konzepte entstehen vielfach an Wochenenden im Arbeitszimmer daheim mangels Rückzugsmöglichkeiten in der alltäglichen Bürohektik. Überhaupt: Unser Zeitbegriff ist ein anderer geworden. In allen Erdteilen unterhält unsere Firma Niederlassungen, sodass wir immer wieder auch spätabends und frühmorgens mit den Kollegen in den anderen Zeitzonen kommunizieren. Darüber hinaus haben unsere eigenen Reiseaktivitäten zugenommen. Oftmals bleiben nur ein oder zwei Tage in der Woche für das Alltagsgeschäft; nach unserem Jetlag fragt uns dann niemand.

Neben den Führungs- und Fachaufgaben, die wir in unseren Abteilungen wahrnehmen, sind uns diverse Projektaufgaben übertragen worden. Projekte, die wir in den letzten zehn Jahren hatten, waren zum Beispiel: ein Lean-Management-Projekt, ein Projekt zur kontinuierlichen Verbesserung (KVP) und ein Organisationsentwicklungs-Projekt, Total Quality Management, Benchmarking, ein Prozessoptimierungs-, ein Kostensenkungs- und ein Kundenorientierungs-Projekt, EDV-Projekte gab es mehrere, Einkaufsprojekte (im Hinblick auf kostenintensive Maschinen) haben wir laufend, in letzter Zeit häufen sich Innovationsprojekte, hohe Priorität hat zur Zeit unser Internationalisierungsprojekt, und wenn ich den Trend richtig übersehe, haben wir bald auch ein Fusionsprojekt. Dabei bin ich oft lediglich Projektmitglied, das zwischen den Treffen bestimmte Hausaufgaben erledigen muss, hin und wieder war ich aber auch schon in der Rolle des Projektleiters.

Von den Projekten sind natürlich auch meine Mitarbeiter betroffen. Zeitweilig sind einzelne von ihnen so sehr von den stets wichtigen Zusatzaufga-

ben absorbiert, dass ich sie monatelang kaum noch sehe und intern die Bewältigung ihrer liegen bleibenden Arbeit organisieren muss. Hinzugekommen sind außerdem laufende Abstimmungen mit verschiedenen externen Beratern, die praktisch ständig im Hause sind.

War ich vor fünf Jahren für acht Mitarbeiter verantwortlich, betreue ich heute achtzehn Mitarbeiter in unmittelbarer Führungsfunktion; denn die Unternehmensführung hat sich entschlossen, mit so wenigen Führungskräften wie möglich auszukommen, um lange Entscheidungswege, Lehm- und Lähmschichten jeder Art zu eliminieren. Die Verschlankung war eine unumgängliche Reaktion auf den ruinösen Verdrängungswettbewerb, dem wir seit einigen Jahren vor allem im Inland ausgesetzt sind. Der Veränderungsprozess ging nicht ohne Schmerzen ab; Vorruhestandsregelungen, von hohen Abfindungen begleitete 'einvernehmliche' Vertragsaufhebungen und Umsetzungen vieler verbleibender Mitarbeiter führten zu Unruhe und teilweise zur akuten Angst, den Arbeitsplatz gleichfalls zu verlieren.

Wir haben uns daran gewöhnt, permanent Neues zu lernen. Die von uns eingestellten Universitätsabgänger versorgen uns mit dem neuesten Stand der Produktforschung und -technologie. Wir selbst versuchen, uns über Fachzeitschriften und gelegentliche Kongressbesuche auf dem Laufenden zu halten. Wir folgen den Wellen der nach wie vor unausgereiften Informationstechnologie, üben uns in Fremdsprachen und trainieren neue Managementtechniken. – Auch unsere Seminarbesuche verlagern wir und unsere Mitarbeiter zunehmend in den Abend- und Wochenendbereich. Angebotenes Computerbased-Training am Arbeitsplatz entfällt meist infolge des hohen Arbeitsdrucks.

Unsere Aufgabenfelder, die Kompetenzbereiche der Linienorganisation, der Stäbe und der Projektstrukturen sind immer weniger überschau- und abgrenzbar. Was wir heute in Form von Stellenbeschreibungen festhalten würden, wäre vermutlich schon morgen wieder vom Gang der Geschäfte überholt.

Die Folge: Was letztendlich geschieht, wird mehr und mehr im informellen Geflecht von Kontakten, Seilschaften und unternehmenspolitischen Einflusszonen entschieden: Wer will, kann, wenn er es schafft, dass er darf – und wenn er Mitstreiter dafür findet.

… womit wir beim Menschen wären. Wo bleibt der? Darüber gibt unsere von Beratern unter Mithilfe der Geschäftsleitung erarbeitete Firmenphilosophie klar Antwort: Der Mensch steht im Mittelpunkt. Der Mensch ist unsere wichtigste Ressource. Wir wollen uns von unseren Mitbewerbern durch die besseren Mitarbeiter unterscheiden. Klingt gut und hat auch Tradition in einem Unternehmen, in dem der Inhaber früher viele seiner Mitarbeiter persönlich kannte und mit ihren Stärken und Schwächen zu schätzen und einzuschätzen wusste.

Fest steht aber auch: Eigentlich haben wir nur noch sehr wenig Zeit für den persönlichen Austausch, für ein Gespräch, das über den informativen Teil, über Anweisungen und Rückfragen hinausgeht. "

Die Arbeitsbedingungen werden komplexer, und beständiger Wandel ist die einzige Konstante

So oder ähnlich beschreiben heute viele Führungskräfte die hochkomplexen Bedingungen, unter denen sie die Leistung und die Leistungsfähigkeit ihrer Mitarbeiter zu stabilisieren bzw. zu erhöhen suchen. Dabei haben sich nicht nur die Unternehmen verändert. Im Gefolge der gesellschaftlichen Umwälzungen wandeln sich auch die Lebensbedingungen des Einzelnen. Vereinfachend sprechen wir zwar von „dem Mitarbeiter", aber was sagt dieser Begriff schon aus? Wir alle arbeiten – auf welcher hierarchischen Stufe auch immer – am Erfolg des Unternehmens mit.

Auch die privaten Lebensentwürfe werden vielfältiger

Verschieden waren die Menschen schon immer. Doch unsere Lebensentwürfe und die Rollen, die wir privat und beruflich einnehmen, sind noch vielfältiger geworden. Jede und jeder kann und darf nach seiner Fasson glücklich werden. Früher gab es verbindliche Glaubenssysteme, klassische Ausbildungswege, eine allgemein anerkannte Art und Weise, Partnerschaft und Familie zu leben, und auch die Freizeitaktivitäten bewegten sich oftmals im Rahmen des Üblichen, des von der sozialen Gemeinschaft Gewünschten, etwa als Vereinsleben oder überlieferte Kultur des Feierns von Festen.

Das alles gibt es zwar auch heute noch, aber eben zugleich noch sehr viel mehr: Wir sind interkulturell vernetzt, mobil, individualistisch, mehr oder weniger emanzipiert, kritisch, nutzenorientiert, mal körperorientiert, mal rein virtuell, manchmal traditionalistisch, immer erreichbar; mit aktuellen Informationen aus dem Weltdorf versorgen wir uns rund um die Uhr per Internet. Unsere Rollen wechseln wir wie die farbigen Plastikschalen unserer Handys. Wir agieren bequem oder auch unter Spannungen als Mama/Papa, Partnerin/Partner, überzeugter Single, Umweltschützerin, Sportfreak, Aktienkennerin, als Anhänger einer Glaubensrichtung oder auch als überzeugte Anhängerin der Aufklärung, als Vereinsvorsitzender, Fortbildnerin, Fortgebildeter, Hobbyhandwerkerin, als Vorgesetzte oder als Mitarbeiter.

Mitarbeiter sind selbstbewusster geworden

Unsere Lebensläufe sind schillernder geworden, und da das, was wir tun, heute mehr als früher das Ergebnis einer bewussten Wahl zu sein scheint, sind wir selbstbewusster geworden. Das wirkt sich auch am Arbeitsplatz aus: Wir wollen Geld verdienen, etwas Sinnvolles tun und obendrein bei unserer Arbeit auch Freude empfinden. Ist das Führen von Mitarbeitern dadurch einfacher oder schwieriger geworden?

4   Die alte und die neue Führungskultur

Spricht man mit Praktikern in den Unternehmen, sieht man sich die Angebote auf dem Trainingsmarkt an und durchforstet man die aktuelle Management-Literatur, entdeckt man, dass ein neues Verständnis von

Führung inzwischen nicht mehr nur auf dem Papier existiert, sondern in den Unternehmen zunehmend an Realität gewinnt – und zwar vor allem deswegen, weil Unternehmen und Menschen auf hergebrachte Weise schlicht nicht mehr zum Erfolg geführt werden können.

Ein neues Verständnis von Führung gewinnt Raum

Die Veränderungen, auf die Führungskräfte nicht nur reagieren, sondern mit denen sie aktiv und gestaltend umgehen müssen, lassen sich in wenigen Worten so skizzieren (in Anlehnung an Doppler/Lauterburg 1994, S. 17-25 und Regnet 1999, S. 49-51):

Was hat sich für Führungskräfte verändert?

* Verknappung der Ressource Zeit
* Verknappung der Ressource Geld
* Zunehmende Komplexität der Arbeitsabläufe durch technologische Entwicklungen
* Zunehmende Komplexität der Umwelt
* Kürzere Halbwertzeit des Wissens
* Notwendigkeit verstärkter Kundenorientierung und Konkurrenzbeobachtung
* Globalisierung des Wettbewerbs/Internationalisierung der Unternehmen
* Exzellenz der Mitarbeiter als immer wichtigerer Wettbewerbsfaktor
* Höhere Ansprüche der Mitarbeiter an die Arbeit und das Arbeitsumfeld

Hieraus resultieren neue Anforderungen an die Führungskräfte. Zwar findet man (gerade im mittleren Management) noch immer den Typus des Hierarchen, der sich auf seine Machtposition zurückzieht, indem er seinen Einfluss allein auf der Grundlage definierter Kompetenzverteilungen, Kontrollbefugnisse, Gehorsams- und Berichtspflichten der Mitarbeiter und unpersönlicher bürokratischer Verfahrensregelungen (Dienstweg) geltend macht, doch hat sich dieser Typus überlebt. (Vgl. Sprenger 1999, S. 156 f.) Vorgesetzte dieses Typs stehen den Interessen des dynamisierten Unternehmens im Wege. (Siehe auch Weber 1972 und Picot u.a. 1998, S. 209 f.). Durch Nicht-Handeln oder unengagiertes Handeln lassen sie oftmals Initiativen der Führungsspitze ins Leere laufen; sie nutzen dann ihr vielfältiges, in langen Jahren angesammeltes Organisationswissen, um das selbst herbeigeführte Scheitern neuer Konzepte beredt mit der Kraft des Faktischen, des immer schon so Gewesenen, mit den vielen scheinbar unabänderlichen Details des Alltags zu begründen.

Neue Anforderungen an Führungskräfte

Führung allein auf der Basis formaler Machtbefugnisse hat sich überlebt

Auf der anderen Seite behindern die Vorgesetzten dieses Typs mit sicherem Instinkt die Entwicklung talentierter wie interessierter Mitarbeiter, die die Status und Einkommen sichernde Praxis des Machterhalts bedrohen könnten. Derweil nimmt der Druck des Marktes und der Wettbewerber zu, bis die Situation für das Unternehmen unhaltbar wird. Im letzten Augenblick – manchmal auch zu spät – wird gegengesteuert.

Verhaltensänderungen können nicht kurzfristig umgesetzt werden

Plötzlich erhält die Abteilung Personalentwicklung große Budgets für Kommunikations- und Teamseminare, um die Vorgesetzten aus ihren gewohnten Bahnen hinauszuführen, sie zum partizipativen Umgang mit Menschen zu bewegen oder sie gar als Coaches ihrer Mitarbeiter auszubilden, als wenn das so hopplahopp ginge und es nur um Techniken, nicht auch um Einstellungen ginge. – Wenn die Verhaltensänderung nicht gelingt, wird man schon einen Sündenbock finden.

Aber Menschen lassen sich nicht einfach verändern, sondern nur bereichern, und dies auch nur dann, wenn sie dafür aufgeschlossen sind. Das Ergebnis: Die Qualifizierungsmaßnahme wird ein Teilerfolg. Nur diejenigen profitieren, die ohnehin offen für Neues sind. Nicht ohne Häme verbreiten manche, sie hätten es doch schon immer gewusst, dass Management-Schulungen nichts bringen, andere sind frustriert, wieder andere weisen hoffnungsvoll auf das hin, was doch immerhin erreicht wurde. Je gefährdeter sich die Unternehmenssituation darstellt, desto schneller und nachhaltiger werden in der Folge einschneidende Maßnahmen eingeleitet: Man eliminiert die vormals bremsenden Führungsfunktionen oder man besetzt die entsprechenden Stellen mit neuen Führungskräften von innen oder außen. Zusätzlich wird umstrukturiert. Dieser Weg verläuft selten gerade. Manchmal siegt auch die Lähmschicht, und es gelingt den alten Seilschaften, genau diejenigen kaltzustellen, die die Veränderung aktiv getragen haben, etwa mutige, manchmal zu mutige Personalentwickler. Da das Unternehmen dadurch nicht leistungsfähiger geworden ist, geht es früher oder später in eine nächste Runde, in der die Verletzungen der letzten Schlacht wieder aufbrechen …

Das Kapital des Unternehmens sind letztlich nicht seine Produkte, sondern seine Mitarbeiter

Glücklich das Unternehmen, das interessierte Führungs- und Nachwuchsführungskräfte mit hohem Potenzial langfristig an das Unternehmen binden und gezielt auf die künftigen Aufgaben in den neuen Unternehmenswelten vorbereiten kann. Denn dort, wo die Produkte immer vergleichbarer und die Technologien allgemein zugänglich sind, machen die Menschen den Unterschied.

Wie soll denn nun die geeignete Führungskraft aussehen?

Immer wieder wird die Frage gestellt und beantwortet, wie denn nun die geeignete Führungskraft, die dem Unternehmen der Zukunft entscheidende Impulse geben kann, beschaffen sein solle, wie also das Idealbild aussehe, an dem man den realen Bewerber oder Hoffnungsträger messen könne. In enzyklopädischer Manier wurden Inventare erstrebenswerter Persönlichkeitseigenschaften erstellt. Sicherlich kann niemand all die gewünschten Eigenschaften in sich vereinen (vgl. Sprenger 1999, S. 161 f.).

INTERESSANT UND VON BEDEUTUNG IST ALLERDINGS, DASS EIN GROSSTEIL DER GEFORDERTEN EIGENSCHAFTEN MEHR ODER WENIGER ZENTRAL MIT DER FÄHIGKEIT ZU TUN HAT, KLÄREND, KONSTRUKTIV UND WERTSCHÄTZEND MIT MENSCHEN ZU SPRECHEN, SEI ES IM DIALOG ODER IN DER GRUPPE.

Ein wesentlicher Grund hierfür ist der Paradigmenwechsel im Bereich der Mitarbeiterführung, den Peter F. Drucker einmal pointiert so formulierte: *„Sie müssen lernen, mit Situationen zurechtzukommen, in denen Sie nichts befehlen können, in denen Sie selbst weder kontrolliert werden noch Kontrolle ausüben können. Das ist eine elementare Veränderung. Wo es ehedem um eine Kombination von Rang und Macht ging, wird es in Zukunft Verhältnisse wechselseitiger Übereinkunft und Verantwortung geben."* (Zit. nach Doppler/Lauterburg 1994, S. 60)

Paradigmenwechsel im Bereich der Mitarbeiterführung

Die viel beschworene **SOZIALKOMPETENZ** ist daher in den meisten Anforderungskatalogen zu einem entscheidenden Schlüsselkriterium erfolgreichen Führens geworden, je nach Begrifflichkeit ausbuchstabiert als **TEAMFÄHIGKEIT, BEGEISTERUNGSFÄHIGKEIT, KOMMUNIKATIONSFÄHIGKEIT, KONFLIKTFÄHIGKEIT** und so fort.

Wichtiger als das, was moderne Führungskräfte *sind* und *können*, ist vielleicht aber das, was Führungskräfte, Mitarbeiterinnen und Mitarbeiter im dynamisierten Unternehmen – miteinander – *tun*.

Die neuen Rollen von Führungskräften und Mitarbeitern	
Führungskräfte	**Mitarbeiter**
… knüpfen und nutzen Informationsnetzwerke	… knüpfen und nutzen Informationsnetzwerke
… lassen Mitarbeitern definierte Entscheidungsspielräume	… übernehmen Verantwortung, entscheiden im Rahmen der Spielräume im Sinne des Unternehmens
… werden Berater/Coaches ihrer Mitarbeiter	… holen Rat ein, unterstützen sich gegenseitig (kollegiale Beratung)
… reduzieren Komplexität sinnvoll, gewinnen Mitarbeiter für die Orientierung des Unternehmens	… setzen eigene Interessen und Interessen des Unternehmens in einen guten Ausgleich
… moderieren Teams, arbeiten selbst gesteuert in Führungsteams, integrieren sich in Teams	… integrieren sich in Teams, arbeiten selbst gesteuert in Teams, moderieren Teams

Unternehmen in innovativen Wirtschaftszweigen wie z.B. Softwareunternehmen zeigen uns, wohin die Reise geht: Schnell wechselnde Projektstrukturen statt zäher Hierarchie und Bürokratie – nicht Macht, sondern Kompetenz und Flexibilität zählen. Der Kunde enscheidet maßgeb-

Nicht Macht, sondern Kompetenz und Flexibilität zählen

Der Kunde enscheidet maßgeblich mit, wie und in welchen Strukturen gearbeitet wird

lich mit, wie und in welchen Strukturen gearbeitet wird. Fehler, etwa in der Kalkulation von Stunden und voraussichtlichem Projektumfang, werden bald sichtbar und kommen teuer zu stehen, sodass nicht überlebensfähige Sichtweisen schnell aussortiert werden.

GELINGENDE KOMMUNIKATION IST DABEI IMMER DIE VORAUSSETZUNG FÜR DEN PROJEKTERFOLG.

Sie zeigt sich in einer genauen Auftragsklärung, reibungslosen Abstimmungen im Team, mit externen Projektpartnern und mit dem Auftraggeber, sie zeigt sich in schnellen Informationsflüssen und nicht zuletzt in einem grundsätzlich intakten Arbeitsklima, das auch unter Stress die Eskalation von Konflikten verhindert, sodass die Lösung der Sachfragen weiterhin im Vordergrund stehen kann.

5 Von Mensch zu Mensch

Führungskräfte verbringen den Löwenanteil ihrer Arbeitszeit mit direkter mündlicher Kommunikation

Auch im Zeitalter moderner Telemedien wie Internet, E-Mail, Voice Mail und Videokonferenz verbringen Führungskräfte den Löwenanteil ihrer Arbeitszeit mit direkter mündlicher Kommunikation. Ausgehend von einem neunstündigen Arbeitstag, so eine Studie, entfallen sechs Stunden auf Face-to-face-Meetings und Dialoge, zirka eine Stunde auf Telefonate, etwas mehr als eine Stunde auf Schreibtischarbeit einschließlich Erledigung der Briefpost, der Rest auf E-Mail, Fax und Voice Mail (siehe Pribilla u.a. 1996, zit. nach Picot u.a. 1998. S. 98).

NICHT DURCH MEMOS, KONZEPTE UND SCHRIFTLICHE ARBEITS- UND VERFAHRENSANWEISUNGEN WERDEN MITARBEITER GEFÜHRT, SONDERN DADURCH, DASS MAN MIT IHNEN SPRICHT.

Der Prozess der Auswahl von Mitarbeitern verlangt Auswahlgespräche, der Prozess der Informationsweitergabe Informationsgespräche mit Rückfragemöglichkeit, die Entwicklung eines Mitarbeiters erfordert die Frage nach seinem persönlichen Entwicklungswunsch, Konfliktlösung braucht das Gespräch mit den Beteiligten.

Das Gespräch hat nicht nur eine rein sachlogische Funktion

Dabei hat das Gespräch nicht nur eine rein instrumentelle, sozusagen sachlogische Funktion. Immer wieder glaubten Manager nach der Einführung eines neuen technischen Kommunikationsmediums wie des Telefons oder der Videokonferenz – und immer wieder wollte man sie glauben machen –, dank dieses Mediums könne man endlich Zeit und Reisekosten sparen. Sicherlich, die Kommunikation über weite Strecken

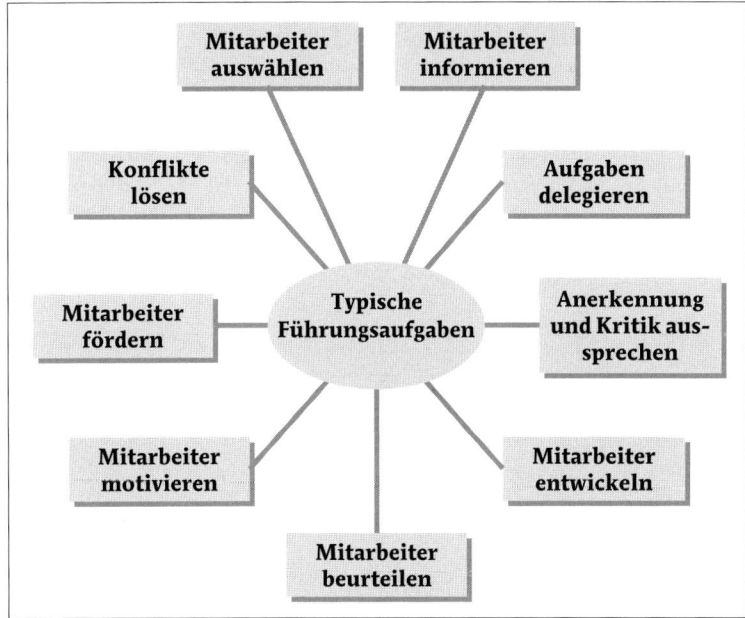

Abb. 5.1: Führungsaufgaben sind Kommunikationsaufgaben

ist leichter und vielseitiger geworden, doch selten sanken durch neue Medien die realen Reiseaktivitäten der Gesprächspartner. Der Händedruck, die Möglichkeit, die Körpersprache des anderen hautnah zu erleben, ein produktives Arbeitsessen, Aktivitäten, die man gemeinsam unternimmt, wie z. B. Betriebsbesichtigungen, lassen sich kaum durch virtuelle Kontakte ersetzen. Die Pflege guter persönlicher Beziehungen ist oft der Schlüssel zum Erfolg. Umso mehr gilt dies für den Umgang mit den eigenen Mitarbeitern. Die Basis einer langfristig erfolgreichen Zusammenarbeit ist der direkte Kontakt von Mensch zu Mensch, in dem Ideen erzeugt, Sichtweisen ausgetauscht, Strategien und Bedürfnisse koordiniert und Gefühle zugelassen werden.

Die Pflege guter persönlicher Beziehungen ist oft der Schlüssel zum Erfolg

Teil II

Elemente guter Gespräche

„Es bleibt im Grunde dabei, dass es sehr wichtig ist, diesen Kunstbegriff zu entwickeln, wo jeder lebende Mensch ein Gestalter einer lebendigen Substanz werden kann. Das ist der soziale Organismus. Denn was würde die schönste Vorstellung von Dreigliederung bedeuten, wenn die Menschen nicht da hineintreten und eine neue Beziehung ausbilden. Also am Arbeitsplatz eine zwischenmenschliche Wärme produzieren. Das ist für mich auch die Frage des Wirtschaftswachstums. Sicher muss die Wirtschaft weiterwachsen, aber in dieser Richtung. Das materielle Wachstum kann an vielen Stellen zurückgenommen werden, aber nicht an allen. Zum Beispiel könnte das biologische Wachstum in der Wirtschaft noch unendlich zunehmen. (...) Dieses Schlagwort „Wirtschaftswachstum darf nicht mehr sein", ist falsch. Es muss ein weiteres Wirtschaftswachstum geben. Es fragt sich nur, was wachsen und was zurückgenommen werden muss. Die Frage muss viel intimer behandelt werden. Man kann generell sagen: Es muss ein weiteres Wirtschaftswachstum geben, aber in der Wirtschaft muss eben die soziale Skulptur wachsen. Da, wo gegenwärtig die Entfremdung zwischen den Menschen sitzt – man könnte fast sagen als eine Kälteplastik –, da muss eben die Wärmeplastik hinein. Die zwischenmenschliche Wärme muss da erzeugt werden."

Joseph Beuys

1   Was kennzeichnet ein gelungenes Gespräch?

Manche Dinge scheinen erst dann schwierig zu werden, wenn man ganz allgemein über sie nachdenkt, in der Praxis dagegen sind sie sehr einfach. Fragt man zum Beispiel Seminarteilnehmer: *„Was kennzeichnet gelungene Gespräche?"* (vielleicht sogar mit dem Zusatz „… am Arbeitspatz"), kann es leicht passieren, dass man in der Seminarrunde überwiegend unschlüssige Gesichter entdeckt und die Antworten alles andere als sprudeln. Ganz anders verhält es sich, wenn man die Teilnehmer bittet, sich an ein tatsächlich erlebtes gutes Gespräch zu erinnern, es noch einmal vor dem inneren Auge wachzurufen, etwa so:

Vergegenwärtigen Sie sich die Begleitumstände eines guten Gespräches

„Vergegenwärtigen Sie sich bitte eine Situation, in der Sie mit einem guten Freund oder einer guten Freundin oder auch mit Ihrem Lebenspartner zusammen waren und ein wirklich gutes Gespräch hatten, ein Gespräch von einer Intensität, wie man sie nur selten erlebt. Vielleicht erinnern Sie sich: Wo waren Sie da? Wie war die Umgebung, … die Atmosphäre? Über welche Themen haben Sie gesprochen? Wie waren die Begleitumstände: Haben Sie gegessen und getrunken, und wenn ja, was? Erinnern Sie Sich auch noch einmal daran, was Sie während dieses Gesprächs empfunden haben, … welche Gefühle in Ihnen entstanden.

Wir werden jetzt nicht konkret über diese Gespräche sprechen, denn es handelt sich ja um Ihre ganz persönlichen Erlebnisse, aber ich bitte Sie, hier im Kreis einmal zu äußern, was eigentlich dazu beigetragen hat, dass dieses Gespräch ein so gutes Gespräch wurde. Welche Umstände haben also das Gespräch begünstigt, und was haben Sie und Ihr Gesprächspartner getan, um das Gelingen des Gesprächs zu unterstützen?"

In der Regel zählen die Teilnehmer nun spontan eine Reihe von Aspekten positiver Gespräche auf; im folgenden Kasten sind sie so zusammengefasst, wie sie typischerweise in einem Seminar genannt werden.

Was charakterisiert ein gutes Gespräch?

- Gleiche Wellenlänge
- Vertrauen
- Gegenseitige Zuneigung
- Interessante Themen
- Zuhören
- Nachfragen
- Offenheit
- Zugewandte Körpersprache

- Keine Störung
- Ausreichend Zeit
- Angenehme Umgebung
- Gleiche Meinung – *dies teilen aber nicht alle, die Gruppe einigt sich nach einigen Wortbeiträgen auf:* Bereitschaft, sich überzeugen zu lassen

Die anschließende Frage, ob man diese Aufzählung auch auf Mitarbeitergespräche übertragen könne, wird von den Seminarteilnehmern überwiegend bejaht, wobei allerdings einschränkend darauf hingewiesen wird, dass es im Mitarbeitergespräch um ganz bestimmte Themen gehe und dass solche Gespräche auch nicht um ihrer selbst willen geführt würden, sondern dass durch sie ganz bestimmte Ziele erreicht werden sollen, und zwar in einer begrenzt zur Verfügung stehenden Zeit.

Im Großen und Ganzen wissen wir ziemlich gut, was ein gelungenes Gespräch ist. Mit Freunden allerdings verbindet uns ein Grundgefühl der Nähe und Vertrautheit, und es ist daher einfach, diese vorhandene „gleiche Wellenlänge" im Gespräch mit ihnen zu leben und zu vertiefen. Am Arbeitsplatz stellt es dagegen manchmal eine sehr große Herausforderung dar, den bestmöglichen Gesprächsverlauf zu erzielen. Unter den Mitarbeitern finden sich die verschiedensten Arten von Menschen, und unter ihnen sind nicht nur solche, zu denen wir uns automatisch hingezogen fühlen und mit denen wir natürlicherweise gern zusammen sind. Neben den gegebenen Zu- und Abneigungen gibt es oft verschiedene Interessen. Die Bedürfnisse des Mitarbeiters im Hinblick auf seine Tätigkeit, auf Arbeitszeiten, materielle Ausstattung, Arbeitsklima usw. decken sich nicht immer mit den Anforderungen und Zugeständnissen des Arbeitgebers, den die Führungskraft vertritt. Es muss verhandelt werden, es gibt Anweisungen, Standards, es wird beurteilt: Da entstehen nicht immer nur freundliche Gefühle, sondern zuweilen auch Frustration und Aggression.

Die Frage ist: Wie kann man auch dann effektiv, nachhaltig und motivierend kommunizieren, wenn die Bedingungen nicht optimal sind: wenn Problemlösungen unbequem werden, wenn Kritik offen ausgesprochen werden muss, wenn Konflikte das Arbeitsklima belasten.

EIN MITARBEITERGESPRÄCH GELINGT IMMER DANN, WENN DARIN NICHT NUR THEMEN „ABGEARBEITET" WERDEN, SONDERN WENN ES DARÜBER HINAUS VON WERTSCHÄTZUNG UND GEGENSEITIGEM VERTRAUEN GETRAGEN WIRD, DENN NUR EIN SOLCHES GESPRÄCH IST MOTIVIEREND; NUR IN EINEM GESPRÄCH, IN DEM ES MENSCHLICHE NÄHE GIBT, KÖNNEN MITARBEITER GEWONNEN WERDEN, SICH MIT VOLLER KRAFT FÜR EIN GEMEINSAMES ZIEL EINZUSETZEN.

Im Großen und Ganzen wissen wir ziemlich gut, was ein gelungenes Gespräch ist

Im Gegensatz zu privaten Kontakten kann man sich seine Mitarbeiter vielfach nicht aussuchen

Wie kann man auch dann effektiv, nachhaltig und motivierend kommunizieren, wenn die Bedingungen nicht optimal sind?

In diesem Kapitel wird zunächst ein einfaches Grundmodell der Kommunikation vorgestellt, das wichtige Fassetten dessen, was in Gesprächen geschieht, beleuchtet. Danach werden verschiedene Kommunikationstechniken, Werkzeuge erfolgreicher Gesprächsführung behandelt, die in den verschiedensten Gesprächen eingesetzt werden können.

2   Die vier Gesprächsschichten – eine Geologie der Kommunikation

In Gesprächen laufen viele – mehr oder weniger verborgene – Prozesse gleichzeitig ab

Ein praktisches Verständnis von dem, was in Gesprächen geschieht, erhält man, wenn man sich vergegenwärtigt, dass in Gesprächen mehrere Prozesse gleichzeitig ablaufen. Manche dieser Prozesse sind leicht zugänglich, andere sind eher verborgen, sodass man sich Gespräche auch in verschiedenen Schichten aufgebaut vorstellen kann. Vier solcher Gesprächsschichten möchte ich hier vorschlagen. (Das Modell ist angelehnt an die Ebenen der Gruppenkommunikation in Rosenkranz 1994, S. 70 – 80)

Inhalte
Sachaspekte, Aufgabenorientierung, rationale Argumentation, Fachkompetenz

Procedere
Geschäftsordnung, Spielregeln, Strukturierung des Gesprächs, Methodik der Themenbearbeitung

Beziehungen und Gefühle
Nähe – Distanz, Sympathie – Antipathie, partnerschaftliches Rollenverständnis – hierarchisches Rollenvertändnis

Bedürfnisse, Antriebe, Visionen
Werte, Unbewusstes, „innerer Pfad", persönliche Ziele

Abb. 2.1: Schichten der Kommunikation

2.1   Erste Schicht: Inhalte

Diese Schicht ist am leichtesten zugänglich. Im Berufsalltag führen wir Gespräche, um Aufgaben zu bewältigen. Wir wollen Produkte und Dienstleistungen herstellen und an Kunden verkaufen. Darum geht es. Gespräche sind Hilfsmittel, dies zu bewerkstelligen. Was ist unser Fachthema? Welches Problem müssen wir lösen? Im Bereich der Sachthemen sind wir in der Regel sehr gut ausgebildet. Schul-, Berufs- und Universitätsbildung haben uns zu Fachleuten gemacht. Analytisch durchdringen wir die Probleme in Forschung und Entwicklung, im Produktionsablauf, im Netz betriebswirtschaftlicher Einflussfaktoren und so weiter. Und wir beurteilen: Stimmt das, was unser Gesprächspartner da sagt? – Fachkompetenz ist nicht alles, aber ohne Fachkompetenz ist alles nichts. So sollte man z.B. auch bei der Zusammenstellung von Teams zunächst darauf achten, dass man die besten Fachleute beisammenhat, bevor man sich der Frage zuwendet, ob die Teammitglieder zueinander passen.

Gespräche sind Hilfsmittel, um mehr oder weniger objektive Inhalte zu bearbeiten

Weil wir die Ebene des Sachlichen so gut trainiert haben, wird dieser Bereich in Gesprächen in der Regel sehr stark fokussiert. „*Wir wollen doch sachlich bleiben*".; „*Lassen Sie uns zum Thema zurückkehren.*" Solche Sätze sind Ausdruck dieser Tendenz. Manchmal führt die starke Konzentration auf das Sachthema allerdings dazu, dass man für andere Vorgänge im Gespräch blind wird, etwa wenn man sich in einer zweifelsohne wichtigen Detaildiskussion derart verzettelt, dass nicht mehr genug Zeit bleibt, um die Gesamtthematik zu besprechen, oder wenn man in der ausschließlichen Hinwendung auf das Fachliche nicht wahrnimmt, dass sich bei einem Gesprächspartner im Laufe der Diskussion ein gefühlsmäßiger Widerstand gebildet hat, der dann scheinbar plötzlich und unerwartet aggressiv geäußert wird und auf diese Weise das Gesprächsklima und damit das Erreichen des Gesprächsziels massiv gefährdet.

In der Regel ist die Ebene des Sachlichen gut trainiert

2.2   Zweite Schicht: Das Procedere

Auf der Procedere-Ebene geht es darum, wie das Gespräch abläuft und wie die Rahmenbedingungen gesetzt sind. Nicht *worüber* gesprochen wird, sondern *wie* darüber gesprochen wird, ist Gegenstand dieser Ebene.

Wie wird über etwas gesprochen?

Manche Führungskräfte neigen bei sehr wichtigen Themen dazu, mit der Tür ins Haus zu fallen. Sie bringen gegenüber ihren Mitarbeitern ihre Vorschläge, oft auch Korrekturen ein, bevor überhaupt Einigkeit über die Einschätzung der Situation besteht. Mitarbeiter und Führungskraft reden dann leicht aneinander vorbei. Bei geringem Problemdruck kann es andererseits geschehen, dass Gespräche, in denen die Procedere-Ebene vernachlässigt wird, wie Kaffeekränzchen erscheinen. Es wird über dieses und jenes gesprochen. Die Themen wechseln, man schwimmt behaglich auf einer Welle der Einigkeit. Aber was folgt eigentlich aus unserem Gespräch? Wer tut anschließend eigentlich was? Man hört Äußerungen wie: *„Wir müssten dieses und jenes ändern."* Die Unverbindlichkeit entlastet zwar von zu übernehmenden Aufgaben, führt aber langfristig zu Unzufriedenheit. Nichts geschieht, obwohl immer wieder die gleichen Meinungen und Vorschläge vorgebracht werden. Niemand fühlt sich verantwortlich.

Gespräche können nur dann zielführend sein, wenn Konsens über die Rahmenbedingungen hergestellt wurden

Mit welchem Ziel diskutieren wir hier eigentlich? Wer entscheidet hier was? Welche Themen gehören heute hierher und welche nicht? In welcher Reihenfolge gehen wir vor? Wer hält die Ergebnisse fest? Wie lauten genau unsere Vereinbarungen, an denen wir uns später messen können? Diese Fragen sollten die Gesprächsteilnehmer klären, damit sie ihre Zeit produktiv nutzen können. Verantwortlich für die Struktur des Gesprächs und dafür, dass die Geschäftsordnung bekannt ist und auch eingehalten wird, ist im Mitarbeitergespräch die Führungskraft. Sie gibt die Rahmenbedingungen vor, lädt zum Gespräch ein und sorgt für einen sinnvollen Gesprächsablauf. Oder die Führungskraft benennt einen Gesprächsleiter, der diese Aufgaben übernimmt.

Professionelle Moderatoren übernehmen oft die Steuerung wichtiger Meetings

Viele Teams, die ihre Gespräche als unproduktiv erleben, engagieren professionelle Moderatoren für die Steuerung wichtiger Meetings. Der Nutzen, den diese stiften, besteht zu einem großen Teil darin, dass sie dem Team helfen, seine Geschäftsordnung zu klären, und auch darin, dass sie dem Team eine problemgerechte und alle Personen aktivierende Arbeitsmethodik anbieten. In vielen Fällen zeigt sich dabei, dass den Betroffenen der Stellenwert des Meetings im Vorfeld nicht bekannt ist und dass es die erste Aufgabe für den Moderator ist, den Auftraggeber (die Führungskraft oder den Teamleiter) dazu zu bewegen, Klarheit zu schaffen: Handelt es sich bei dem Gespräch um eine unverbindliche Ideenkonferenz oder soll eine konkrete Lösung auf den Weg gebracht wurden?

2.3   Dritte Schicht: Beziehungen und Gefühle

Wir sind keine Maschinen. Immer wenn wir mit anderen Menschen zusammentreffen, nehmen wir Beziehungen zu ihnen auf: Beziehungen der Nähe und Sympathie, Beziehungen der Feindschaft oder auch solche der Neutralität und Distanz. Das Wort „Beziehungsebene", das aus dem Psychojargon inzwischen in die Alltagssprache herübergefunden hat, wird zuweilen noch immer belächelt. Die Assoziation zur „Beziehungskiste" liegt nahe, und es lässt sich von hier aus leicht die Folgerung ziehen, so etwas habe am Arbeitsplatz nichts zu suchen.

Es ist unmöglich, in irgendeiner Form miteinander umzugehen, ohne (positive oder negative) Beziehungen einzugehen

Mir scheint, manche verwenden diesen sehr „engen" Beziehungsbegriff, um eine gute Begründung dafür zu finden, sich am Arbeitsplatz so

„beziehungslos" wie möglich zu gebärden. Aber eine Nicht-Beziehung gewissermaßen als „neutrale Leerstelle" gibt es nicht. Kontaktlosigkeit und Distanz werden von Mitarbeitern meist als Negativ-Beziehung, als Ablehnung, Desinteresse und Abwertung erlebt. Echos auf diese Haltung sind Aussagen wie: *„Die da oben interessieren sich nicht für uns."* Oder: *„Uns fragt ja keiner."* Oder auch: *„Der kommt nur, wenn er etwas von uns will."*

Die Folge ist, dass Führungskräfte, die sehr unpersönlich sind, ihrerseits von Mitarbeitern nicht angesprochen werden, wenn diese wichtige Anliegen haben. Die Kommunikation bleibt oberflächlich mit dem Ergebnis, dass distanzierte Führungskräfte weniger Informationen erhalten als beziehungsstarke Vorgesetzte. Dies birgt aber auch eine Gefahr in sich: Je enger ein Vorgesetzter den Kontakt zu seinen Mitarbeitern gestaltet, desto schwieriger ist es für ihn, unpopuläre Entscheidungen zu treffen bzw. entsprechende Entscheidungen, die auf höheren Ebenen getroffen wurden, im eigenen Arbeitsbereich durchzusetzen. So kommt es darauf an, die Führungsrolle eindeutig auszufüllen und die richtige Balance zwischen Nähe und funktionaler Neutralität zu finden, sodass genügend Entscheidungsspielraum bleibt.

Beziehungslosigkeit wird von Mitarbeitern meist nicht als Neutralität gewertet, sondern negativ beurteilt

Wer selbst unpersönlich ist, kann von seinen Mitarbeitern keinen persönlichen Einsatz erwarten

DIE MAXIME KÖNNTE LAUTEN: SO VIEL PERSÖNLICHER KONTAKT WIE MÖGLICH, SO VIEL DISTANZ WIE NÖTIG.

Die Beziehung, die wir jemandem anbieten, ist zum einen geprägt durch die Gefühle, die wir ihm entgegenbringen. Gegenseitige Sympathie und Antipathie sind oft schon spürbar, bevor man sich näher kennen gelernt hat; „man kann gut mit jemandem", sagt man, oder man spricht davon, dass „die Chemie stimmt". Zum anderen hängen unsere Beziehungsangebote davon ab, wie wir unsere Rolle erleben: Sehen wir uns in der Führungsrolle allein als Instanz zur Erfüllung von Aufgaben oder auch als Mensch unter Menschen?

Die Gefühle, die wir anderen gegenüber hegen, drücken wir mehr oder weniger stark aus, etwa indem wir sagen: *„Ihr Beitrag war sehr wichtig für mich."* Oder: *„Ihre Dominanz geht mir auf die Nerven."* Aber nicht nur das, was wir sagen, zeigt unsere Gefühle, viel mehr noch macht der Ton hier die Musik. Das „Wie" unseres Tonfalls und unserer Körpersprache gibt anderen wichtige Hinweise darauf, wie wir sie sehen und wie wir zu ihnen stehen. Ist unser Tonfall sanft und freundlich, ist er neutral, ist er entschieden und bestimmt oder ist er scharf und laut? Ist unsere Körpersprache verschlossen oder schlaff, zeigen wir dem Gesprächspartner, während er spricht, die Furchen unserer Sorgenfalten auf der Stirn oder zeigt unsere Körpersprache ruhige Aufmerksamkeit, Interesse, einen klaren Blickkontakt und Zeichen der Zustimmung und auch Zuneigung? Unsere körpersprachlichen Signale werden von anderen gedeutet, ob wir dies wollen oder nicht.

Der Ton macht die Musik: Wie wirken wir auf andere?

Viele Führungskräfte, die eine Videoaufzeichnung von ihrem Gesprächsverhalten sehen, sind erstaunt darüber, wie sie auf andere wirken. Dies zeigt sich gerade bei der Simulation schwieriger, spannungsträchtiger Gesprächssituationen. Lange bevor sich die Eskalation in der Verhärtung der Sachpositionen zeigt, ist der Tonfall schon härter geworden, das Gesicht hat sich verdüstert, die Arme sind zu Drohgebärden erhoben, der Zeigefinger sticht hervor. Manchmal ist es auch umgekehrt: Führungskräfte glauben streng zu sein und sind überrascht über die Wärme und Toleranz, die sie ausstrahlen.

Viele Führungskräfte sind sich der Art ihrer Wirkung auf andere nicht bewusst

Wir haben keine genaue Vorstellung darüber, wie unsere Stimme in den Ohren eines anderen klingt und wie die Haltungen unseres Körpers äußerlich wirken. Sich in der Seminarsituation mittels einer Videoaufnahme gleichsam von außen wahrzunehmen und ergänzende Rückmeldungen von anderen Seminarteilnehmern und vom Trainer zu bekommen löst bei Führungskräften oft einen wichtigen Erkenntnisprozess aus.

Obwohl Beziehungen und Emotionen auch unser Berufsleben maßgeblich prägen, werden sie meist als unwichtig abgetan

Während unserer Ausbildung in Schule und Beruf haben wir uns mit Beziehungen und Emotionen meist nicht sehr intensiv beschäftigt. Die eigenen Gefühle differenziert wahrnehmen, Anerkennung schenken, Befindlichkeiten offen ausdrücken, Konflikte konstruktiv lösen: Dies stand meistens nicht in den Lehrplänen. Nicht zuletzt aus diesem Grund wird die Ebene der Beziehungen und Gefühle im Berufsalltag so oft verdrängt. Emotionen werden als unwichtig abgetan. *„Dafür haben wir keine Zeit."*; *„Schnickschnack und Psychokram."*; *„Wir brauchen Ergebnisse."*

Es ist richtig, dass Führungskräfte nur in seltenen Fällen ausdrücklich für die Beziehungspflege bezahlt werden. Aber:

> Führungskräfte können Gesprächsklippen leichter umschiffen, sie erzeugen schneller Gesprächsresultate und haben motiviertere Mitarbeiter, wenn sie die Gefühls- und Beziehungsbotschaften anderer feinfühlig wahrnehmen und ihre eigenen Gefühle in Problemlösungs-Prozessen authentisch zum Ausdruck bringen können, ohne die Gesprächspartner zu verletzen.

2.4 Vierte Schicht: Individuelle Bedürfnisse, Antriebe und Visionen

Warum haben wir uns für einen bestimmten Beruf entschieden? Warum arbeiten wir genau in dieser Organisation und nicht in einer anderen? Warum finden wir manche Herausforderungen reizvoll, manche überhaupt nicht? Warum finden wir zu einigen Kollegen und Mitarbeitern sehr guten, zu anderen überhaupt keinen Kontakt? Die Antworten auf solche Fragen liegen oft tief in unserer Persönlichkeit begründet. Ein Beruf kommt einem Talent entgegen oder er verspricht Sicherheit oder das Erreichen hochfliegender Ziele. Ein Unternehmen bietet familiären Anschluss oder gute Aufstiegsmöglichkeiten. Eine Aufgabe gibt uns die Möglichkeit, uns ganz einer Sache zu widmen, oder sie bringt uns mit vielen Menschen zusammen. Die Stimme eines Kollegen erinnert uns an einen Menschen, den wir sehr geliebt haben – oder, oder, oder.

Unsere individuellen Handlungsmotive, abgelagerte Erfahrungen der Vergangenheit, Bestätigungen, die wir erhielten, erlittene Verletzungen, die Werte, für die wir uns entschieden haben oder die wir vermittelt bekamen, die Glücksbilder unserer Zukunft wirken in unsere Handlungen ein und prägen nicht zuletzt auch unser Verhalten gegenüber anderen Menschen. Viele unserer persönlichen Beweggründe sind uns dabei vermutlich selbst nicht bewusst. Und selbst diejenigen, die wir kennen, werden wir wahrscheinlich nicht vollständig in einem Mitarbeitergespräch zum Ausdruck bringen, weil wir nicht über alles mit jedem sprechen. (Unsere Gesprächspartner werden dies wohl ähnlich handhaben.) Vieles bleibt unausgesprochen. Dennoch wirken unsere persönlichen Motive und Visionen in die Gespräche ein, die wir führen. Unseren Argumentationen geben sie Kraft und Richtung.

Obwohl uns viele unserer persönlichen Beweggründe vermutlich nicht bewusst sind, wirken sie dennoch in unsere Gespräche ein

Gesteuert durch die tieferen Schichten unserer Persönlichkeit, suchen wir immer wieder Situationen auf, die uns entsprechen, Situationen, in denen wir Erfolg generieren oder Misserfolg vermeiden können, Situationen, in denen wir über unsere Grenzen hinausgehen können oder in denen wir es komfortabel haben, Situationen, die uns wieder an vergessen geglaubte Prüfungen unserer Kindheit heranführen oder die so ganz, ganz anders sind und deren Wert darin liegt, dass sie unsere Gewissheiten in Frage stellen. Unser Gesprächspartner wird dabei vielleicht zum Helfer auf unserem Weg zu uns selbst, vielleicht bildet er auch eine Projektionsfläche unserer Wünsche, und wir sehen in ihm Eigenschaften und Möglichkeiten, die nicht der Realität entsprechen.

Wir neigen dazu, immer wieder (Gesprächs-) Situationen aufzusuchen, die unserer persönlichen Disposition entsprechen

DIE SCHICHT UNSERER UREIGENEN ANTRIEBE, WERTE UND VISIONEN IST IM MITARBEITERGESPRÄCH AM SCHWERSTEN ZUGÄNGLICH. WIR MÖGEN EINEN ZUGANG DAZU HABEN, WAS IN UNS SELBST VORGEHT, ABER WIE KÖNNEN WIR JEMALS ERFAHREN, WAS IM ANDEREN (WIRKLICH) VORGEHT?

Im Allgemeinen kann man sagen: Je offener man die eigenen Beweggründe darlegen kann und je mehr man über die inneren Beweggründe des anderen – zum Beispiel durch Fragen – erfahren kann, desto besser. Aber wir sollten das Maß unserer eigenen Offenheit je nach Situation neu bestimmen und vor allem sollten wir unsere Gesprächspartner nicht überfordern, sondern wir sollten ihnen helfen, das preiszugeben, was sie gern preisgeben möchten.

Wir können aus dem Verhalten anderer lediglich subjektive Schlüsse ziehen

Motive und Bedürfnisse eines anderen können wir nicht *sehen,* das heißt, wir können sie nicht unmittelbar sinnlich wahrnehmen. Wenn wir sagen, jemand strebt nach Anerkennung, nach Macht oder Geld, so erschließen wir dies aus dem Verhalten des betreffenden Menschen, aber es bleibt unsere Schlussfolgerung, unsere Hypothese. Wir können uns also irren. Auch wenn uns dieser Mensch über seine Bedürfnisse unterrichtet, bewegen wir uns zuletzt nicht auf sicherem Boden. Hat uns der andere richtig und vollständig informiert, und haben wir ihn so verstanden, wie er verstanden werden wollte?

Immer wenn die Ebene persönlicher Motive, Werte und Visionen angesprochen ist, ist sehr viel Fingerspitzengefühl angebracht

Immer wenn in der Kommunikation die Ebene persönlicher Motive, Werte und Visionen angesprochen ist, ist sehr viel Fingerspitzengefühl angebracht. Wir sollten nicht an Dinge rühren, an die zu rühren uns nicht zusteht, und wir sollten uns vor dem Psychologisieren hüten, also nicht glauben, wir würden die seelischen Gesetzmäßigkeiten kennen, nach denen andere handeln. Wir bleiben dabei stets im Bereich der Interpretation.

Den eigenen Kenntnisstand im Hinblick auf psychologische Gesprächsführung sollte man ernsthaft überprüfen und gerade dann, wenn beratende oder helfende Kommunikation einen wichtigen Bestandteil des Berufsalltags einnimmt, das eigene Tun immer wieder sorgsam reflektieren (am besten mit einem ausgebildeten Gesprächspartner, zum Beispiel einem Supervisor oder Coach). Eine Faustregel kann hier sein, dass man in jeder Phase des Gesprächs sicher sein sollte, sich und den anderen aus dem Gespräch wieder unbeschadet herausführen zu können. Fühlt man sich auf diesem Terrain unsicher, sei empfohlen, sich in diesem Bereich eher zurückzuhalten und ein positives Gesprächsergebnis zu erreichen, indem man auf der Sach- und Procedere-Ebene klar und problemlösungsorientiert agiert und einen wertschätzenden zwischenmenschlichen Kontakt zum Gesprächspartner aufrechterhält.

In Teams, die lange Zeit eng zusammenarbeiten, spielen die spezifischen Orientierungen der einzelnen Persönlichkeiten eine große Rolle

Dies alles bedeutet aber nicht, dass man der Schicht der inneren Antriebe und Visionen in der Kommunikation nicht so viel Bedeutung beimessen muss. Gerade in Teams, die über lange Zeit sehr eng zusammenarbeiten, spielen die spezifischen Orientierungen der einzelnen Persönlichkeiten mit der Zeit erfahrungsgemäß eine immer größere Rolle. Wo zu Beginn Höflichkeit herrschte und wo sich in der Folge ein stabiles Reglement der Zusammenarbeit herausbildete, stellen sich nach Jahren oft Fragen wie: In welchem Maß stimmen unsere Werte (noch) überein? Sind wir im gleichen Umfang bereit, uns für die gemeinsame Sache einzusetzen, und wie gehen wir mit fundamentalen Unterschieden zwischen den einzelnen Teammitgliedern um? Wie viel Freiraum gewähren wir dem anderen, seine individuelle Orientierung zu ändern (z.B. weg vom Beruf, hin zur Familie) – und wie viel Veränderung ist für die Organisation und für den Erfolg des Teams verträglich? Diese Fragen sind nie ein für alle Mal geklärt, sondern sie stellen sich immer wieder, und so empfiehlt es sich, von Zeit zu Zeit offen über die Orientierungen der Einzelpersonen zu sprechen, vielleicht einmal im Jahr. Um dieses Gespräch mit Gewinn zu führen, ist eine vertrauensvolle Atmosphäre und viel Erfahrung im Umgang mit Teams erforderlich.

Teamentwicklung unter Leitung eines kundigen und vom Team akzeptierten Prozessbegleiters leistet hier in der Regel aus zwei Gründen wertvolle Hilfe. Zum einen kann der professionelle Begleiter situations- und personenangemessen intervenieren, also das Gespräch steuern, neue Impulse setzen, Konflikte bearbeiten helfen, zum anderen ist er von den Interessen und Handlungen der einzelnen Personen selbst nicht betroffen (im Gegensatz zu den Teammitgliedern und zum Teamleiter), sodass er den Teamprozess auf eine neutrale Weise unterstützen kann.

Ein externer Prozessbegleiter ist von den Interessen und Handlungen der einzelnen Personen selbst nicht betroffen

Die Eingangsfrage dieses Kapitels lautete:

WAS KENNZEICHNET EIN GUTES, EIN GELUNGENES GESPRÄCH?

Betrachtet man die vorgestellten vier Schichten der Kommunikation im Lichte dieser Frage, könnte eine differenzierte Antwort im Hinblick auf Mitarbeitergespräche so lauten:

So gelingen Mitarbeitergespräche:

- Auf der SACHEBENE drücken sich die Gesprächspartner verständlich aus. Ihre Beiträge entsprechen der Wahrheit.
- AUF DER EBENE DES PROCEDERE UND DER STRUKTUR sind den Gesprächspartnern das Ziel und der augenblickliche Gesprächsstand zu jeder Zeit transparent. Das Gespräch folgt eindeutigen Spielregeln. Die Gesprächsbeiträge sind für das Thema von Bedeutung.
- AUF DER EBENE DER ZWISCHENMENSCHLICHEN BEZIEHUNGEN UND DER EMOTIONEN sind Nähe und Wärme spürbar. Die Gesprächsteilnehmer gehen wohlwollend miteinander um.
- Die INDIVIDUELLEN BEDÜRFNISSE UND VISIONEN der Teilnehmer werden, soweit sie bekannt sind, respektiert. Die Individualität, das Anders-Sein des Gesprächspartners wird wertgeschätzt.

Im Verlauf eines jeden Mitarbeitergesprächs bietet es sich an, sich die verschiedenen Gesprächsebenen von Zeit zu Zeit zu vergegenwärtigen und wahrzunehmen, ob die aktuelle Interaktion auf allen vier Ebenen dem Ideal der gelungenen Kommunikation entspricht. (Zu Möglichkeiten der Steuerung siehe in diesem Zusammenhang unten, Kap. 6) Im Folgenden wird dargestellt, welche Methoden und Techniken im Einzelnen helfen können, gute Gespräche im beschriebenen Sinne zu führen.

Kommunikationsebene	Gesprächsideale
Inhalte	• Verständlichkeit • Richtigkeit • Wahrheit
Procedere	• Klarheit • Nachvollziehbarkeit • Akzeptanz des Vorgehens
Beziehungen und Gefühle	• Partnerschaftlichkeit • Nähe • Wärme • Vertrauen
Bedürfnisse, Antriebe und Visionen	• Toleranz • Offenheit • Respekt vor der Persönlichkeitssphäre

Abb. 2.2: Gesprächsideale auf den verschiedenen Kommunikationsebenen

3   Der Einsatz von Techniken der Gesprächsführung: Chancen – Risiken – Tipps

Der situationsangemessene Einsatz unterschiedlicher kommunikativer Mittel hilft, gewünschte Ziele schneller zu erreichen

Gesprächsführungstechniken sind Werkzeuge. Sie sind nicht an sich gut oder schlecht. Und der Satz „Viel hilft viel" führt in der Kommunikation oft gerade nicht zum gewünschten Ergebnis. Es ist zwar gut, einen passenden Schraubenschlüssel zu benützen, um eine Mutter fest anzuziehen, aber bei zu kraftvoller Drehung kann das Gewinde leicht zerstört werden. Dem Leser sei eher der Grundsatz der antiken Rhetorik anempfohlen, dass „Verschiedenheit erfreut". Der situationsangemessene Einsatz unterschiedlicher Mittel hilft, gewünschte Ziele schneller zu erreichen, Blockaden im Gespräch zu lösen und das Gespräch ganz allgemein in Fluss zu bringen oder zu halten.

Als positiver Nebeneffekt ergibt sich für denjenigen, der diese Mittel einsetzt, dass seine Vorgehensweise nicht penetrant wirkt, sondern dass seine Interventionen als spezifische Reaktion auf die gegenwärtige Sachlage erscheinen. Die Folge ist, dass die differenzierte Nutzung verschiedener Gesprächstechniken in der Regel die Akzeptanz des Nutzers als Gesprächspartner erhöht.

Kommunikationstechniken einzusetzen bedeutet oft auch, Gewohnheiten zu ändern und Neues zu praktizieren. Man verfolgt einen Plan und spricht bewusster. Man hört sich selbst reden und fragt sich: Wie wird der andere darauf reagieren, dass ich anders kommuniziere als sonst? Tatsächlich kann es passieren, dass die Veränderung des Gesprächsverhaltens Kollegen und Mitarbeiter verunsichert. *„Der Chef hat etwas vor mit uns, da ist etwas im Busch"*, spekulieren Mitarbeiter, die registrieren, dass ihr Vorgesetzter nach einem Führungstraining plötzlich viel besser zuhört und viel genauer auf die Gesprächsbeiträge anderer eingeht als sonst. Je überlegter und zielorientierter der Chef in der Folge kommuniziert, desto mehr wächst die Skepsis im Arbeitsbereich, da man einem Gesprächspartner, der kalkuliert und strategisch spricht, meist weniger vertraut als einem, der redet, wie ihm der Schnabel gewachsen ist. Oder um es mit Goethe zu sagen: *„Man spürt die Absicht und ist verstimmt."*

Kommunikationstechniken einzusetzen bedeutet oft, Gewohnheiten zu ändern

So kann der Einsatz von Kommunikationstechniken auch negativ wirken, wenn die Natürlichkeit verloren geht. Nur wer natürlich wirkt, erscheint glaubwürdig und gewinnt andere. Der instrumentellen Beherrschung der Kommunikationsmittel haben die Psychologen als berufsmäßige Verwender von Kommunikationstechniken deshalb ein anderes Ideal entgegengesetzt: das der Echtheit oder neudeutsch: das der „Authentizität". Dies bedeutet: Sei, wie du bist! Sei spontan!

Der gezielte Einsatz von Kommunikationstechniken kann auch negativ wirken, wenn die Natürlichkeit verlorengeht

Psychologen und andere Gesprächsprofis stürzt diese Aufforderung in ein Dilemma. Denn derjenige, der Kommunikationstechniken beherrscht, kann nicht so tun, als beherrsche er sie nicht, er kann nur versuchen, die Natürlichkeit auf einem neuen Niveau wieder zu finden. Einer der Klassiker der Kommunikationspsychologie, Friedemann Schulz von Thun, schreibt dazu: *„Aus dem Paradies der ersten Naivität für immer vertrieben, sind wir Psychologen auf der Suche nach der zweiten Naivität. (…) Der Weg zur zweiten Naivität ist weit. Mögen uns unsere Mitmenschen (…) verzeihen, wenn uns unterwegs - hoffentlich nur als Übergangsphänomen - allerlei Verschrobenheiten unterlaufen!"* (Schulz von Thun 1998, S. 264 f.)

Wenn Sie dieser Ausdruck philosophischer Hoffnung allein nicht befriedigt, helfen Ihnen vielleicht folgende Tipps:

So können Sie kommunikative Techniken glaubhaft einsetzen:

- AUF DIE EINSTELLUNG KOMMT ES AN. Gesprächspartner spüren sehr schnell, ob sie durch den Einsatz von Kommunikationstechniken unterstützt oder manipuliert werden sollen.
- SETZEN SIE DIE TECHNIKEN DISKRET EIN. Versuchen Sie nicht, das eigene Kommunikationsverhalten mit einem Schlag zu revolutionieren, sondern setzen Sie nach und nach immer mehr Techniken um.

Denn zu rasche Veränderungen können auf Mitarbeiter bedrohlich wirken und Widerstand erzeugen.

- **Vermeiden Sie den „Psycho-Slang".** Psychologische Fachbegriffe helfen, Zusammenhänge zu verstehen. Wenn sie aber in der Kommunikation auftauchen, schaffen sie eine Distanz zum Gesprächspartner.
- **Prüfen Sie bei jeder einzelnen Technik, ob sie auch zu Ihrer Persönlichkeit passt** und ob Sie sie „ohne Bauchschmerzen" in die Praxis umsetzen können.
- **Versetzen Sie sich in Ihren Gesprächspartner, und versuchen Sie einzuschätzen, wie ein bestimmtes Kommunikationsinstrument auf ihn wirken wird.** Denn immer bleibt es dem Empfänger einer Nachricht überlassen, zu entscheiden, was er damit anfängt und wie er den Kommunikationsstil bewertet. – Vor allem überfordern Sie nicht „untrainierte" Gesprächspartner.
- **Sprechen Sie mit Vertrauten über Ihre Absicht, an Ihrem Gesprächsstil zu arbeiten.** Bitten Sie Menschen, die es gut mit Ihnen meinen und auf die Sie sich verlassen können, immer wieder um Rückmeldung, wie Ihr Gesprächsverhalten auf sie wirkt und wie Ihre neue Art zu kommunizieren bei ihnen ankommt.

Vergegenwärtigen Sie sich: Auch unsere Sprache, unseren Dialekt und unsere eingeschliffenen Kommunikationsrituale haben wir nicht mit der Muttermilch eingesogen, sondern wir haben sie im Laufe unseres Lebens erworben. Lernen ist natürlich. Umlernen auch.

4   Zielorientierung und strukturiertes Vorgehen: Gesprächsvorbereitung, Gesprächsphasen, Nachbereitung

Mitarbeitergespräche sind in ganz konkrete Handlungszusammenhänge eingebettet

Mitarbeitergespräche sind in ganz konkrete Handlungszusammenhänge eingebettet. Sie dienen dazu, Aufgaben zu delegieren, Problemlösungen zu entwerfen, Interessenausgleich zu schaffen, damit Produkte und Dienstleistungen produziert und schließlich Kunden, Bürgern, Mitmenschen zugänglich gemacht werden können. Mitarbeitergespräche verfolgen Zwecke, die „hinter" dem Gespräch liegen: Aufgaben sollen – noch besser – erfüllt werden, kritikwürdiges Verhalten soll zukünftig unterbleiben, Entwicklungsmaßnahmen sollen eingeleitet werden und so fort. Die Zielorientierung ist einer der zentralen Gesichtspunkte der

Führung von Gesprächen mit Mitarbeitern. Ein weiterer wesentlicher Aspekt besteht darin, dass für die Durchführung von Mitarbeitergesprächen in aller Regel nur ein begrenzter Zeitraum zur Verfügung steht. Eine Führungskraft, die sich 80 % ihrer Arbeitszeit mit Planungs- und Projektmanagement-Aufgaben befasst, hat dann nur noch 20 % der Arbeitszeit zur Verfügung, um sich mit den 25 Mitarbeitern zu befassen, die ihr disziplinarisch zugeordnet sind ... Der Verlängerung des Arbeitstages sind hierbei natürliche Grenzen gesetzt ...

Die für Gespräche zur Verfügung stehenden Zeitfenster sind oft knapp bemessen

Einer der Hauptansatzpunkte erfolgreicher und effektiver Gesprächsführung in Unternehmen und anderen Organisationen besteht daher darin, Gespräche sorgfältig zu planen, strukturiert durchzuführen und ergebnisorientiert nachzubereiten.

Fragen, die sich hier stellen, sind: *„Was will ich konkret erreichen?"*, *„Wie baue ich das Gespräch auf?"* und *„Wie sorge ich dafür, dass das Gesprächsergebnis umgesetzt wird?"* Erfahrungsgemäß kann man mit keinem Instrument der Kommunikationslehre die Qualität von Mitarbeitergesprächen so einfach und wirkungsvoll verbessern und zugleich die Gesprächsdauer auf das notwendige Maß beschränken wie mit einem strukturierten Vorgehen.

Ein strukturiertes Vorgehen ist unerlässlich

Dies machen sich viele Unternehmen zunutze: Wenn sie in einem Bereich der Mitarbeiterkommunikation aktiv werden wollen, z.B. um Fehlzeiten zu reduzieren oder Zielvereinbarungen zu etablieren, führen sie oft zunächst einen für die Zielgruppe verbindlichen Gesprächsbogen ein, eine ein- oder mehrseitige Gesprächsunterlage, die im Wesentlichen den Aufbau des Gesprächs vorgibt. So enthält die Unterlage beispielsweise in Frageform die Themen, die im Gespräch behandelt werden sollen, und sie gibt Raum, Antworten festzuhalten und Vereinbarungen zu dokumentieren. (Ein Beispiel dazu finden Sie unten in Teil IV.)

Für die Zielgruppe verbindlich formulierte Gesprächsbögen geben im Wesentlichen den Aufbau des Gespräches vor

Tatsächlich ist es leichter und weniger zeitaufwendig zu lernen, sich an einem fixierten Fahrplan für das Gespräch auszurichten und festgelegte Themen „abzuarbeiten", als die Besonderheiten in der Wirkung des persönlichen Kommunikationsverhaltens kennen zu lernen und das eigene Handlungsrepertoire durch das Erlernen von Detailtechniken zu erweitern. Für die erfolgreiche Gesprächsführung braucht man natürlich sowohl die Strukturierungsfähigkeit als auch das Detailkönnen. Entsprechende Einzeltechniken der Gesprächsführung werden weiter unten ausführlich vorgestellt (siehe Kap. 5).

Bezogen auf das oben beschriebene Modell der vier Gesprächsschichten wird in diesem Kapitel vor allem der Blick auf die zweite Schicht, also die Ebene der Gesprächsstruktur und der Rahmenbedingungen, geschärft. (In den einzelnen Phasen wiederum werden durchaus verschiedene

Schichten der Kommunikation besonders angesprochen; vgl. dazu Kap. 4.4).

Ein strukturiertes Vorgehen ist eine wichtige Voraussetzung dafür, die Übersicht über das Gespräch zu behalten und Irrwege und Verzettelungen zu vermeiden.

Grundlegende Regeln zur strukturierten Durchführung von Gesprächen

Die Hinweise zur Vorbereitung, zur strukturierten Durchführung und zur Nachbereitung von Mitarbeitergesprächen, die hier gegeben werden, gelten bis auf wenige situative Ausnahmen für *alle* Mitarbeitergespräche und nicht nur für sie: Sie lassen sich grundsätzlich auch auf andere Gesprächsarten wie etwa Einkaufs- oder Verkaufsgespräche übertragen. – Warum? Weil sie universell sind. Sie bauen auf grundlegenden Verhaltensweisen menschlichen Miteinanders auf wie beispielsweise der Regel, dass man, wenn man sich zusammenfindet, nicht sofort mit seinem Anliegen vorprescht und den Gesprächspartner damit überfällt, sondern dass man zunächst Gelegenheit haben sollte, miteinander in Kontakt zu treten, um im „Hier und Jetzt" der Situation „anzukommen".

4.1 Die zielorientierte Vorbereitung von Gesprächen

Vielleicht kennen Sie ähnliche Situationen:

Im Vorzimmer des Chefs wartet seit zwanzig Minuten der Mitarbeiter auf den Beginn des für ihn wichtigen Gesprächs, um das er seinen Vorgesetzten schon vor zwei Wochen gebeten hat. Endlich erscheint der Chef mit dem Hinweis, die Montagsbesprechung habe sich mal wieder wie ein Gummiband in die Länge gezogen. Was der Mitarbeiter denn auf dem Herzen habe, fragt der Vorgesetzte schmissig. – Ja, die Sache sei so ..., er habe es sich lange überlegt, ob er die Angelegenheit wirklich schon zu diesem Zeitpunkt ansprechen könne ..., der Mitarbeiter windet sich. – Kommen Sie schon heraus mit der Sprache, beginnt der Vorgesetzte unwirsch zu werden. – Er arbeite zwar erst seit einem halben Jahr für das Unternehmen, beginnt der Mitarbeiter, und er sei ja sicherlich noch in der Lernphase, dennoch wolle er anfragen, ob es möglich sei, außer der Reihe eine Gehaltserhöhung zu bekommen ... – Damit hat der Vorgesetzte nicht gerechnet. Gefühlsmäßig (noch eben in der Besprechung wurde er zu einschneidenden Kostenreduktionen in seinem Arbeitsbereich aufgefordert) hat er das Ansinnen des Mitarbeiters bereits entschieden abgelehnt. Zwar fragt er ihn noch nach den Gründen dafür, dass er mehr Geld haben möchte, dies jedoch nur der Form halber, um im Anschluss daran vehement seine zahlreichen und treffenden Argumente abzuladen, die begründen, warum eine Gehaltserhöhung zur Zeit überhaupt nicht in Frage komme. Sein Ton ist hierbei nicht der netteste, sondern schneidend bis aggressiv. Enttäuscht verlässt der Mitarbeiter das Büro.

Es mag sein, dass die Entscheidung, keine Gehaltserhöhung zu gewähren, in diesem Moment sachlich die einzig richtige war, dennoch hätte das Gespräch bei besserer Vorbereitung einen sehr viel produktiveren Verlauf nehmen können. Es ist damit zu rechnen, dass der Mitarbeiter – vielleicht ein Hoffnungsträger des Unternehmens – nach dem Gespräch demotiviert ist, und zwar vor allem deswegen, weil er die negativen Gefühle des Vorgesetzten gespürt und auf sich als Person bezogen hat und weil er mit nichts anderem aus dem Gespräch herausgekommen ist als mit einem großen „Nein". Der Mitarbeiter fühlt sich abgelehnt, abgewertet und ohne Perspektive. Der Vorgesetzte seinerseits ist dem Mitarbeiter normalerweise vielleicht durchaus wohlgesonnen, aber die Weisung, Kosten sparen zu sollen, und der Wunsch des Mitarbeiters nach einem höheren Gehalt gingen im Augenblick des Gesprächs eine explosive Mischung ein.

Reaktionen aus dem Moment heraus halten oft einer genauen Prüfung nicht stand. Der ersparten Zeit von einigen Minuten Vorbereitung stehen möglicherweise Wochen gespannter Stimmung, eine verminderte Arbeitsleistung des Mitarbeiters, wenn nicht seine innere Kündigung gegenüber. Oder der Chef versucht in einem erneuten Gespräch, das zerschlagene Porzellan auf der Beziehungsebene zu kitten.

Reaktionen aus dem Moment heraus halten oft einer genauen Prüfung nicht stand

Kurzum: Der Chef hätte besser daran getan, den Mitarbeiter schon anlässlich der Vereinbarung des Termins zu fragen, was sein Anliegen sei, und er hätte eine gute Chance gehabt zu erfahren, dass es um das gegenwärtige Gehalt gehe. Er hätte nun viel Zeit gehabt, das eigene Vorgehen zu bedenken und künftige Komplikationen zu vermeiden. Vermutlich hätte es eine Möglichkeit gegeben, die Beibehaltung der gegenwärtigen Entlohnung motivierend zu begründen.

Die Bedeutung der Gesprächsvorbereitung wird oft unterschätzt. Man glaubt, das Gespräch selbst biete genug Zeit, sich über das beste Vorgehen klar zu werden. Doch ist das Gespräch erst einmal in Gang, bleibt nur noch begrenzt Raum für eigene Denkoperationen; denn der größte Teil der zur Verfügung stehenden Konzentration wird im Allgemeinen allein dadurch gebunden, dem Gesprächspartner zuzuhören und Zug für Zug eigene Beiträge hervorzubringen. Zu kurz kommen dann oft wichtige Aktivitäten wie das Berücksichtigen des Gesamtzusammenhangs sowie der möglichen Folgewirkungen dieses oder jenes Gesprächsausgangs, und ebenfalls zu kurz kommt die Kreation von Ergebnis- und Prozessalternativen bei nicht optimalem Gesprächsverlauf.

Die Bedeutung der Gesprächsvorbereitung wird oft unterschätzt

Wichtige Aspekte der Gesprächsvorbereitung sind in der folgenden Checkliste zusammengefasst.

Tipps für eine zielorientierte Gesprächsvorbereitung

1. Gesprächsziel formulieren
- Was will ich konkret erreichen? Was soll nach dem Gespräch passieren?
- Woran werde ich später erkennen können, dass ich mein Ziel erreicht habe? – Das Ziel sollte messbar sein.
  Beispiel: *„Ich möchte, dass der Mitarbeiter mein neues Vertriebskonzept nach dem Gespräch engagiert bei Kunden umsetzt."*

2. Alternativziel(e) formulieren
- Welche Richtung werde ich im Gespräch einschlagen, wenn ich erkennen muss, dass ich mein Hauptziel nicht erreichen kann? – Die gedankliche „Pflege" eines Nebenziels erhält die Flexibilität im Gespräch und sorgt für eine entspannte Atmosphäre.
  Beispiel: *„Ich möchte, dass der Mitarbeiter meine Gründe dafür versteht, ein neues Vertriebskonzept zu implementieren, und dass er nach dem Gespräch dessen Vor- und Nachteile ernsthaft prüft."*

3. Gesprächsablauf in Gedanken durchgehen
- Wie steige ich in das Gespräch ein?
- In welcher Reihenfolge präsentiere ich die Informationen/ Argumente?
- Welche Fragen möchte ich gern an den Mitarbeiter richten?
- Was muss am Ende des Gesprächs geklärt sein?

4. Sich in den Gesprächspartner hineinversetzen
- Welche Zielsetzungen bringt er mit in das Gespräch, was ist sein Anliegen?
- Welche Argumente wird er vermutlich vorbringen?
- Mit welchem Vorgehen meinerseits wird er rechnen? Wie schätzt er mich ein?

5. Informationen sammeln bzw. vergegenwärtigen
- Welche Informationen und Vereinbarungen aus unserer bisherigen Arbeitsbeziehung könnten im Gespräch eine Rolle spielen?
- Was ist unser bisheriger Gesprächsstand zu unserem Thema?
- Welche Unterlagen benötige ich im Gespräch? (Es unterbricht den Gesprächsfluss, Unterlagen erst im Gespräch hervorzuholen bzw. zu suchen; überdies wirkt dies unhöflich.)

6. Abstimmen der Rahmenbedingungen
- ÜBER DEN ANLASS DES GESPRÄCHS INFORMIEREN. Dies ist nicht nur für die fachliche Qualität der Unterredung wichtig, sondern

auch ein Gebot der Fairness. Außerdem hilft es Widerstände zu vermeiden, wenn auch der Mitarbeiter sich auf das Gespräch vorbereitet; denn ein unerwartetes Gesprächsthema präsentiert zu bekommen kann leicht Stress erzeugen, der wiederum leicht negative Reaktionen hervorbringt.

AUSNAHME: Änderungsgespräche wie z. B. Versetzungsgespräche; hier käme die Ankündigung des Gesprächsthemas dem Vollzug der Versetzung gleich.

- TERMIN FRÜHZEITIG VEREINBAREN.
- GEEIGNETE RÄUMLICHKEITEN AUSWÄHLEN. Mitarbeitergespräche müssen nicht immer im Büro des Vorgesetzten stattfinden. Oft empfiehtlt es sich, das Gespräch an einem neutralen Ort, etwa in einem Besprechungsraum durchzuführen. Eine Geste der Partnerschaft kann es auch sein, das Gespräch im Büro des Mitarbeiters durchzuführen. Inwieweit ein Restaurant ein geeigneter Ort ist, gute Gesprächsergebnisse zu erzielen, mag jeder anhand seiner eigenen Gesprächserfahrung beurteilen. Entscheidend hängt die Wahl des Ortes vom Thema, der Zielsetzung und der gewünschten Gesprächsatmosphäre ab.
- STÖRUNGEN AUSSCHALTEN. Sorgen Sie dafür, dass Sie während des Gesprächs nicht telefonieren müssen und dass Sie möglichst niemand mit einem anderen Anliegen aufsucht.

ALS FAUSTREGEL FÜR DIE VORBEREITUNG GILT: Je seltener Sie eine bestimmte Art von Gespräch führen, desto besser sollten Sie sich vorbereiten, wenn Sie ein solches Gespräch vor sich haben.

EBENFALLS GILT: Auch ein Zuviel an Vorbereitung kann schädlich sein. Nicht alles ist planbar. – Bleiben Sie beweglich.

4.2 Strukturierte Gesprächsführung – Gesprächsphasen

In den allermeisten Fällen obliegt die *Führung* des Gesprächs (im wahrsten Sinne des Wortes) dem Vorgesetzten. In der Regel hat er zum Gespräch eingeladen; er eröffnet und beendet das Gespräch und ihm ist zumeist auch die Rolle zugeschrieben, auf einen geordneten Gesprächsverlauf zu achten. Oft ist diese Rolle in einem Kompetenz- und Erfahrungsvorsprung der Führungskraft begründet. Aber auch das so genannte „Machtgefälle" zwischen Vorgesetztem und Mitarbeiter sollte man dabei nicht außer Acht lassen. Hierarchische Organisation ist ein Kennzeichen fast aller Unternehmen und die gegebene Ordnung zu respektieren bedeutet

*Der Vorgesetzte **führt** das Gespräch*

für „Unterstellte" in aller Regel auch, die Steuerung der Kommunikation dem „Überstellten" zu überlassen. Ausnahmen von dieser Regel sind recht selten und führen leicht zu Gesprächsstörungen: Die unabgesprochene Übernahme der Gesprächsführerschaft durch einen Mitarbeiter wird nur von wenigen Vorgesetzten akzeptiert; in dieser Hinsicht dominantes Mitarbeiterverhalten führt meist noch im laufenden Gespräch zur mehr oder weniger subtilen Klarstellung der Rangordnung durch den Vorgesetzten. – So gehört es zu den Verantwortungen und damit auch Gestaltungsmöglichkeiten der Führungskraft, Mitarbeitergespräche sinnvoll zu strukturieren und zu organisieren und partnerschaftliches Verhalten in diesem Rahmen weitestgehend zuzulassen.

Übersicht über die verschiedenen Gesprächsphasen

Abbildung 4.1 zeigt eine Übersicht über die verschiedenen Gesprächsphasen. Die Abfolge dieser Phasen bietet eine Orientierung für die Durchführung der allermeisten Mitarbeitergespräche. Sicherlich gibt es immer wieder Gespräche, in denen man den ein oder anderen Schritt weglässt bzw. die Länge der einzelnen Phasen variiert. In der Darstellung der einzelnen Gesprächstypen (siehe Teil III) werden hierzu jeweils spezifische Hinweise gegeben.

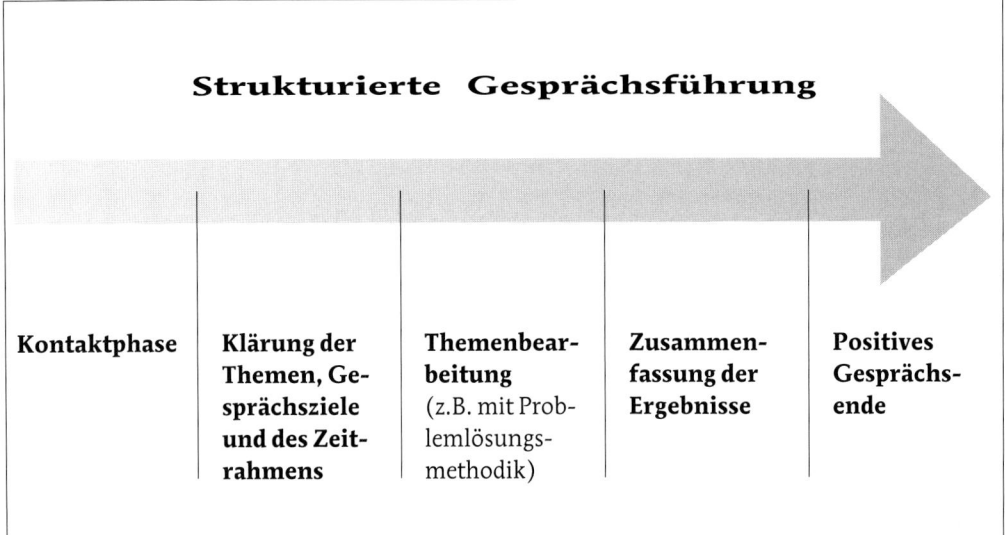

Abb. 4.1: Übersicht über die Gesprächsphasen

Es sinnvoll, allen Mitarbeitergesprächen eine Art von rotem Faden oder bestimmte zu passierende Meilensteine zu unterlegen, um frühzeitig zu erkennen, wenn das Gespräch inhaltlich, zeitlich oder atmosphärisch aus den Fugen gerät. Interventionen zur Steuerung des Gesprächs und insbesondere Korrekturen misslicher Entwicklungen müssen dann speziell auf die jeweilige Situation abgestimmt werden (siehe hierzu Kap. 6).

4.2.1 Kontaktphase

Diese Phase dient dazu, in der Gesprächssituation zunächst einmal anzukommen und sich aufeinander „einzuschwingen". Rituale spielen hier eine wichtige Rolle. Sie helfen Unsicherheiten beim Gesprächspartner zu vermindern und eine entspannte Atmosphäre zu kreieren. Die freundliche Begrüßung, ein verbindlicher Beginn ...

Zunächst einmal muss eine konstruktive Atmosphäre entstehen

„Schön, dass es heute bei Ihnen mit dem Termin geklappt hat!",

... die Bitte, Platz zu nehmen, das Anbieten eines Getränkes sind kleine Gesten, die zeigen, dass wir unser Gegenüber wichtig nehmen. Der übliche Smalltalk wie etwa die Frage nach dem gerade zurückliegenden Urlaub oder – bei engerer Vertrautheit – danach, wie es der Familie geht, hat darüber hinaus noch eine weitere Funktion: Die Antwort des Mitarbeiters, sein Tonfall, seine Körpersprache können Rückschlüsse darauf zulassen, ob der Mitarbeiter gerade positiv gestimmt ist oder ob ihn Dinge belasten. Diesen Zweck erfüllt auch die – eher neutrale – Frage nach beruflichen Angelegenheiten, die nichts mit dem anstehenden Gesprächsthema zu tun haben:

Der Smalltalk hat auch die Funktion, die momentane Befindlichkeit des Gegenübers zu erkunden

„Sind Sie und Ihre Abteilungskollegen mit dem Verlauf des aktuellen Software-Projektes zufrieden?" oder:
„Wie war eigentlich das neue Hotel, das Sie auf Ihrer letzten Dienstreise in London ausprobiert haben?"

Eine partnerschaftliche Haltung des Vorgesetzten kann sich an dieser Stelle auch darin zeigen, den Anfangsdialog durch eine persönliche Stellungnahme zu bereichern, gefühlsmäßige Anteilnahme zu zeigen oder selbst eine (kurze!) unverfängliche – für das Gegenüber gleichwohl interessante – Begebenheit zu erzählen. Hierdurch bringt die Führungskraft zum Ausdruck, dass sie so weit wie möglich nicht als Hierarch auftreten will, sondern als Mitmensch im Gespräch.

Die Führungskraft kann mit einer persönlichen Stellungnahme die Atmosphäre auflockern

Die Kontaktphase ist dann gelungen, wenn die Gesprächspartner durch sie eine positive und aufnahmefähige Stimmung als Grundlage für den Gesprächserfolg erlangen konnten. Ist dies geschehen, so hat sie ihren Zweck erfüllt und braucht nicht länger ausgedehnt zu werden.

4.2.2 Klärung der Themen, der Gesprächsziele und des Zeitrahmens

In dieser zweiten Gesprächsphase werden die wesentlichen Eckpunkte des Gesprächs festgelegt. Der Gesprächsinitiator benennt sein Anliegen: Um welches *Thema* soll es heute gehen? Und: Gibt es noch weitere Themen, die in diesem Gespräch geklärt werden müssen? In welcher Reihenfolge sollen die Punkte der „Tagesordnung" bearbeitet werden?

Was soll wie behandelt werden?

Gesprächsziele so konkret
wie möglich formulieren

Hat die Führungskraft das Gespräch veranlasst, sollte sie ihr Gesprächsziel so konkret wie möglich formulieren: Bei gleicher Thematik vermittelt beispielsweise die Ankündigung ...

> *„Heute möchte ich Ihre Sichtweise kennen lernen, wie Sie zurzeit die Zufriedenheit unserer Kunden mit der Geschwindigkeit unserer Auftragsabwicklung erleben."*

... dem Gesprächspartner eine ganz andere Orientierung als die Ankündigung ...

> *„Heute möchte ich mit Ihnen konkrete Maßnahmen verabreden, durch die wir die Geschwindigkeit unserer Auftragsabwicklung messbar erhöhen können."*

Geht es um die Beschreibung eines Problems oder sollen Lösungsansätze gesucht werden oder soll ein Lösungsweg beschlossen und mit Maßnahmen unterlegt werden?

JE GENAUER DIE ZIELSETZUNG VERMITTELT, NOCH BESSER VON DEN GESPRÄCHSPARTNERN VEREINBART WIRD, DESTO LEICHTER KANN AN JEDEM PUNKT DES GESPRÄCHS EINIGKEIT DARÜBER ERZIELT WERDEN, OB DAS GESPRÄCH NOCH IN DEN RICHTIGEN BAHNEN VERLÄUFT.

In der Praxis lässt sich nämlich oft beobachten, dass die Gesprächspartner zunächst einmal beginnen, ihr Thema inhaltlich zu diskutieren und dann erst im Laufe der Unterredung feststellen, dass sie von verschiedenen Voraussetzungen ausgehen und verschiedene Zielperspektiven verfolgen.

Wie steht der Mitarbeiter
zu der Thematik?

Oft hat sich zu diesem Zeitpunkt schon eine deutliche Kontroverse herausgebildet, die es nunmehr sehr schwer macht, im Gespräch noch auf eine gemeinsame Linie einzuschwenken. Hat der Mitarbeiter das Gespräch veranlasst, sollte die Führungskraft aus diesem Grunde jenen zu Beginn des Gesprächs fragen, welches Anliegen er mit der Bearbeitung seines Themas verbindet. Dies hilft, Missverständnisse von vornherein auszuschließen. Außerdem fokussiert dies die gedankliche Aktivität des Mitarbeiters in Richtung auf eine gesteigerte Ziel- und Lösungsorientierung anstatt darauf, das Thema bloß irgendwie einmal zu diskutieren.

Der Zeitrahmen für das
Gespräch ist festzulegen

Nicht zuletzt wird in diesem Gesprächsschritt – wenn nicht bereits mit der Terminvereinbarung geschehen – der Zeitrahmen für das Gespräch festgehalten: Lässt sich das Pensum, das sich die Gesprächspartner vorgenommen haben, in der zur Verfügung stehenden Zeit realistischerweise bewältigen oder müssen, wenn es sich um eine komplexe Thematik handelt, ohnehin Folgetreffen ins Auge gefasst werden, sodass das aktuelle Gespräch – etwa wenn ein Prozess der Ideenfindung angestoßen werden soll – vom Ergebnisdruck entlastet werden kann.

Diese Phase der Themen- und Zielklärung bewusst zu gestalten ist für manche Führungskräfte zunächst ungewohnt. Sie möchten direkt in das Thema einsteigen und befürchten, angesichts knapper zeitlicher Ressourcen zu viel wertvolle Zeit zu verlieren, die sie lieber den eigentlichen Gesprächsinhalten widmen würden. Erfahrungsgemäß wird der „Zeitverlust", der zu Beginn des Gesprächs durch eine präzise Klärung des Themen- und Zielhorizonts entsteht, in dessen weiterem Verlauf allerdings weit mehr als kompensiert: Man spart Umwege und vermeidet manchen emotionalen Widerstand, der oft aus der Unsicherheit im Hinblick auf das mit dem Gespräch Gewollte entsteht.

Der durch die einleitende Fokussierung des Gesprächs entstehende „Zeitverlust" wird i.d.R. im weiteren Verlauf mehr als kompensiert

4.2.3　Themenbearbeitung

Bei aller präzisen Klärung der Rahmenbedingungen und des Zielhorizonts ist und bleibt die Phase der Themenbearbeitung natürlich das Herzstück des Gesprächs. In der überwiegenden Zahl der Fälle nimmt diese Phase auch zeitlich den Hauptteil der Unterredung in Anspruch.

Die Phase der Themenbearbeitung ist das Herzstück des Gesprächs

Gerade wenn der objektive Problem- und der subjektive Leidensdruck sehr hoch ist (zum Beispiel in Konfliktsituationen), trifft man in dieser Phase in vielen Gesprächen ein buntes Durcheinander von Aktivitäten der Gesprächspartner an:
Da macht der eine bereits Vorschläge ...

> *„Wir müssen unbedingt neues Personal einstellen!"*

während der andere noch das Problem zu analysieren versucht:

> *„Meiner Meinung nach entstehen im Prozess der Auftragsabwicklung zu lange Bearbeitungspausen."*

Es werden Bewertungen vorgenommen ...

> *„Erhöhte Fixkosten durch die Neueinstellung von Personal können wir uns im Augenblick nicht leisten."*

und Verteidigungsargumentationen aufgebaut ...

> *„Ich wüsste nicht, wie wir dem erhöhten Auftragseingang Rechnung tragen sollten, wenn nicht durch eine Investition in neue Mitarbeiter."*

bis sich nach kurzer Zeit die ersten subtilen Angriffsoperationen auf persönlicher Ebene einstellen ...

> *„Sie haben sich wohl nicht die Zahlen des letzten Monats angesehen."*

Je komplexer die Prob-
lematik, desto wichtger
ist der rote Faden

Schnell entstehen auf diese Weise Unmut und Ärger: Man spürt, es geht nicht voran im Gespräch; man hat den Eindruck, die eigene Position wird von der „anderen Seite" nicht verstanden; man weiß nicht einmal mehr, an welcher Stelle des Gesprächs man sich überhaupt befindet. In vielen Fällen – gerade bei komplexen Sachthemen oder in emotional aufgeladenen Situationen – empfiehlt es sich daher, die Phase der Themenbearbeitung auch in sich selbst zu strukturieren – mit Hilfe einer Problemlösungs-Methodik:

Fünf Schritte zur Problemlösung

1. Das Problem analysieren – Soll-Ist-Abgleich
2. Lösungsalternativen sammeln – Ideenfindung
3. Alternativen bewerten
4. Entscheidung treffen
5. Konkrete Maßnahmen vereinbaren

Die Verabredung abge-
grenzter Arbeitsschritte
erhöht die Nachvollzieh-
barkeit der Themenbearbei-
tung und entlastet die
handelnden Personen

Die Verabredung abgegrenzter Arbeitsschritte erhöht die Klarheit und Nachvollziehbarkeit der Themenbearbeitung. Sie beschleunigt in der Regel nicht nur den Arbeitsprozess, sondern sie wirkt sich auch in psychologischer Hinsicht entlastend auf die Gesprächsteilnehmer aus, da diese nun nicht mehr unterschwellig darum rangeln müssen, welcher Schritt der Themenbearbeitung nun eigentlich an der Reihe ist.

DER WICHTIGSTE ASPEKT BEIM VORGEHEN IN ABGRENZBAREN PROBLEMLÖSUNGS-PHASEN IST DERJENIGE DER TRENNUNG DER PHASE DER IDEENFINDUNG VON DERJENIGEN DER IDEENBEWERTUNG.

Denn werden Ideen, nachdem sie eingebracht wurden, sofort einer Prüfung unterzogen, gewinnt der „Geist der Kritik" schnell die Oberhand im Gespräch und der Fluss neuer Ideen wird schnell versiegen. Deshalb ist es sinnvoller, zunächst alle Ideen zu sammeln und erst dann zur Bewertung überzugehen. (Zum Problemlösungs-Gespräch siehe Teil III, Kap. 3)

Es gibt grundsätzlich zwei Zeitpunkte zur Vereinbarung einer strukturierten Themenbearbeitung mit dem Gesprächspartner oder den Gesprächspartnern. Erste Variante: Man bringt gleich zu Beginn der Diskussion einen Vorschlag zum methodischen Vorgehen ein und sucht einen Konsens darüber zu erreichen. Zweite Variante: Man lässt das Gespräch zunächst eine Weile unstrukturiert „laufen" und regt erst dann eine strukturierte Bearbeitung des Themas an, wenn Äußerungen, der Tonfall oder die Körpersprache von Gesprächspartnern anzeigen, dass sich Unzufriedenheit mit dem chaotischen Verlauf der Diskussion einzustellen beginnt. Gerade die zweite Alternative lässt sich oft leicht umsetzen, da zu Anfang eines Gesprächs vielfach die Ansicht herrscht, man könne auf eine besondere Methodik der Themenbearbeitung verzichten, und da manche Gesprächspartner zudem Sorge haben, hinter den ordnenden Bemerkungen von Gesprächsleitern liege ein Machtanspruch verborgen. Das behutsame Eingreifen in ein Gespräch, das gerade zu trudeln begonnen hat, ist dagegen ein diskretes Vorgehen, das auf hohe Akzeptanz stößt, weil die Diskutierenden in der Regel dankbar dafür sind, dass nun endlich Ordnung in das Gespräch kommt.

4.2.4 Zusammenfassung der Ergebnisse

Die wichtigsten Gesprächsresultate sollte der Vorgesetzte nun nochmals kurz wiederholen. Hierzu gehört es auch, zu verabreden, was mit den Gesprächsergebnissen geschehen soll. Welche nicht anwesenden Personen sollen informiert oder in Aktivitäten einbezogen werden? Ist ein Folgetreffen sinnvoll?

Welche Konsequenzen ziehen die Gesprächsergebnisse nach sich?

Die Zusammenfassung der Gesprächsergebnisse hat mehrere Funktionen:

Die Zusammenfassung der Gesprächsergebnisse verfolgt mehrere Funktionen

- Es wird sichergestellt, dass die getroffenen Vereinbarungen und die beschlossenen Maßnahmen von den Gesprächspartnern auf gleiche Weise verstanden werden.
- Das nochmalige Festhalten der Resultate unterstützt die Handlungsorientierung: Es wird deutlich, dass ein „Hinausschleichen" aus der Bearbeitung des Themas von der Führungskraft nicht gewünscht ist, sondern dass dem Gespräch Taten folgen sollen.
- Die Zusammenfassung macht bewusst, dass in dem Gespräch etwas geleistet wurde. Dies ist wichtig, da man Gesprächsergebnisse nicht anfassen, mit den Augen betrachten oder schmecken kann. Die Wiederholung der wichtigsten Punkte kann helfen, den Wert der geistigen Leistung hervorzuheben und dadurch das Selbstvertrauen des Gesprächspartners bzw. der Gesprächspartner zu erhöhen.

4.2.5 Positives Gesprächsende

An das Ende des Gesprächs sollte der Vorgesetzte wenn möglich einige positive Bemerkungen setzen, damit sich mit dem geführten Gespräch möglichst ein angenehmer gefühlsmäßiger Nachklang bei den Teilnehmern verbindet. Denn oft bleiben die Stimmung, in der ein Gespräch geführt wurde, und die emotionalen Botschaften, die die einzelnen Teilnehmer aussandten, viel intensiver in Erinnerung als die diskutierten Sachinhalte. Das erarbeitete Gesprächsergebnis wird durch die verbindlichen Abschlussbemerkungen des Gesprächsleiters auch auf der Gefühlsebene positiv verankert.

Es ist wichtig, die erzielten Ergebnisse auch auf der Gefühlsebene positiv zu verankern

Solche Abschlussbemerkungen können leicht an die Zusammenfassung der Gesprächsergebnisse angeknüpft werden und beispielsweise lauten:

„Die Diskussion heute habe ich als ungewöhnlich intensiv erlebt, und ich habe den Eindruck, dass wir mit dem heutigen Gesprächsergebnis wesentliche erste Schritte zur Beschleunigung unserer Auftragsabwicklung definiert haben. "

Oder auch:

„Ich bedanke mich bei Ihnen dafür, dass Sie die Themen, die Sie bewegen, heute so offen angesprochen haben. Dadurch konnte ich Ihre Lage genauer als bisher verstehen. Bei der Lösung des Problems werde ich Sie, soweit es mir möglich ist, unterstützen. "

Hat das Gespräch zu einem konstruktiven Ergebnis geführt, ist es natürlich leicht, auch einen emotional positiven Ausstieg zu finden. Aber wie verhält es sich bei Gesprächen, in denen das behandelte Problem nicht gelöst werden konnte, bei festgefahrenen Diskussionen, bei Konflikten, in denen sich die Positionen nach wie vor unvermittelt gegenüberstehen? – Hier sollte die Führungskraft, soweit dies sachlich legitimiert ist und soweit sie dies glaubwürdig vertreten kann, dem Negativen das Positive abgewinnen:

Im Falle unvermittelbarer Positionen bereitet eine positive Abschlussbemerkung eine konstruktive Atmosphäre für zukünftige Gespräche vor

„Es hat sich heute herausgestellt, dass einer Problemlösung zur Zeit noch einige Hindernisse entgegenstehen, die wir nicht vorausgesehen haben. Was wir heute aber geleistet haben, ist eine differenzierte Analyse unserer augenblicklichen Lage. Auf dieser Grundlage können wir im nächsten Gespräch weiter aufbauen. "

„Sie haben heute noch einmal offen Ihre jeweiligen Bedürfnisse angesprochen und gezeigt, wie wichtig Ihnen eine Änderung des augenblicklichen Zustandes ist. Dafür danke ich Ihnen. Wir sollten über die verschiedenen Sichtweisen nochmals nachdenken und bald wieder miteinander sprechen, um zu sehen, an welchem Punkt wir uns treffen könnten. "

Mit den Bemerkungen zum Ausklang endet die Unterredung. Die Gesprächsteilnehmer verabschieden sich.

4.3   Die Nachbereitung von Gesprächen

Lassen Sie den Worten Taten folgen

Das Wichtigste hierbei ist: Sie sollten die Zusagen, die Sie gegeben haben, einhalten, und die Aktivitäten, die sie übernommen haben, umsetzen. Dies schafft Glaubwürdigkeit und gibt Ihnen die Möglichkeit, Ihrerseits hohe Ansprüche an die Verbindlichkeit der Aussagen Ihrer Mitarbeiter zu stellen. Dies bedeutet auch: Vergewissern Sie sich, ob Ihre Mitarbeiter die übernommenen Aktivitäten ihrerseits in die Tat umsetzen. Lassen Sie sich von Zeit zu Zeit über den Stand der Dinge informieren. Dies kann oft in Form von „Zwischen-Tür-und-Angel-Gesprächen" geschehen. – Sollten den Worten Ihrer Mitarbeiter nicht in ausreichendem Maße Taten folgen, ist dies allerdings noch nicht unbedingt ein Anlass zur Kritik. Fragen Sie nach, ob es bei der Umsetzung des Besprochenen Probleme gibt, und bieten Sie Ihre Unterstützung an – hierbei sollten Sie sich die vom Mitarbeiter übernommenen Aktivitäten jedoch nicht rückdelegieren lassen.

Informieren Sie sich über den Verlauf der Dinge

Gerade wenn Sie viele Mitarbeiter führen, kann es für Sie sinnvoll sein, sich ein System zu schaffen, das Sie dabei unterstützt, die vielen wichtigen Gesprächspunkte, die sich im Laufe der Zeit sammeln, und die getroffenen Vereinbarungen abrufbar zu haben. Ergebnisprotokolle – die natürlich alle Gesprächspartner erhalten sollten – sowie im oder nach dem Gespräch angefertigte Notizen können personen- oder projektbezogen abgelegt bzw. im Computer oder einem elektronischen Zeitplaner abgespeichert werden. Durch die Dokumentation bleiben komplexe Vorgänge auch nach längerer Zeit nachvollziehbar. Das geschriebene Wort unterstreicht die Verbindlichkeit des gesprochenen Wortes und verbessert daher die Chancen, dass das erarbeitete Gesprächsergebnis auch umgesetzt wird.

Dokumentieren Sie Gesprächsergebnisse und Aufgabenverteilungen, damit Sie jederzeit gezielt nachfragen können

4.4 Der Zusammenhang von Gesprächsphasen und Gesprächsschichten

Betrachtet man den skizzierten Ablauf von Mitarbeitergesprächen im Hinblick darauf, welche der weiter oben (Kap. 2) beschriebenen Gesprächsschichten in den einzelnen Phasen auf besondere Weise angesprochen werden, wird deutlich, dass Mitarbeitergespräche (wie die meisten anderen Gesprächsformen auch) einen natürlichen Spannungsbogen besitzen.

(Mitarbeiter-)Gespräche folgen einem natürlichen Spannungsbogen

In der Kontaktphase geht es zunächst darum, eine positive Beziehung der Partner zu stabilisieren. Es folgt die Phase der Ziel- und Themenklärung, in der die Procedere-Ebene Vorrang gewinnt. Bei der eigentlichen Themenbearbeitung steht zumeist die Sachebene im Vordergrund. Die Zusammenfassung der Ergebnisse als nächster Schritt dient dazu, eine gesprächsorganisatorische Standortbestimmung vorzunehmen (Procedere-Ebene). Mit dem positiven Gesprächsende schließlich wird wiederum hauptsächlich die Ebene der Emotionen und der zwischenmenschlichen Beziehungen angesprochen.

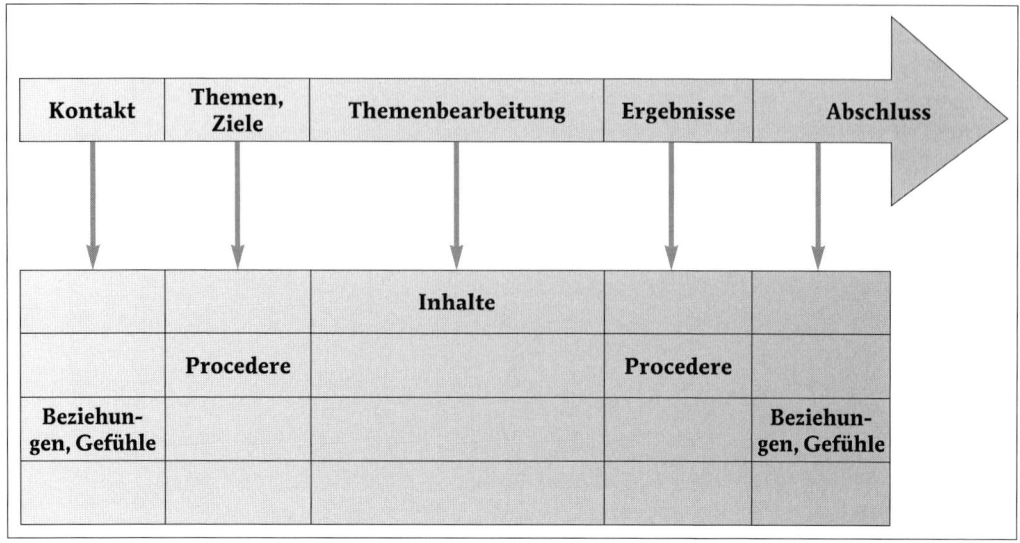

Abb. 4.2: Die Betonung der verschiedenen Gesprächsschichten in den einzelnen Gesprächsphasen

Auch Mitarbeitergespräche sollten demselben Verlauf folgen wie die „ganz normale" zwischenmenschliche Kommunikation

So sichert der strukturierte Ablauf des Gesprächs, dass die Schichten, die in der alltäglichen zwischenmenschlichen Kommunikation generell von Bedeutung sind, auch in der professionellen Kommunikation mit Mitarbeitern angemessen zum Tragen kommen. So kann eine in jeder Hinsicht zufrieden stellende, ganzheitliche Interaktion entstehen.

Das Grundschema der Gesprächsphasen bietet eine einfach zu handhabende, universelle Orientierung für die Planung und Durchführung von Mitarbeitergesprächen. Es hilft, alle relevanten Aspekte der Gesprächsführung zu berücksichtigen.

Im folgenden Kapitel wird es nun darum gehen, welches Handwerkszeug auf der Ebene der einzelnen Gesprächsbeiträge zur Verfügung steht, um die Kommunikation mit Mitarbeitern auf der Sach-, der Struktur- und der Beziehungsebene optimal zu gestalten.

5   Einzeltechniken der Gesprächsführung – Beschreibungen und Einsatzfelder

Ein Werkzeugkasten professioneller Gesprächsführung

Die im Folgenden beschriebenen Kommunikationstechniken bilden gleichsam den Werkzeugkasten professioneller Gesprächsführung. Sie können – situativ angepasst – in den verschiedensten Arten von Gesprächen angewandt werden, gleich, ob es sich um Gespräche mit informierendem, klärendem oder auch argumentativem Charakter handelt.

Die vorgestellten Techniken besitzen unterschiedlichen „Tiefgang". Es gibt solche, die Sie praktisch zu jeder Zeit im Gespräch einsetzen können; dies sind vorrangig diejenigen Techniken, die auf der Ebene der Inhalte und der Gesprächsorganisation ansetzen.

Die Techniken hingegen, die auf der Beziehungsebene ansetzen, markieren oft einen nachhaltigeren Eingriff in die Kommunikation, da mit ihnen unter Umständen die Beziehung zwischen den Gesprächsteilnehmern auf grundsätzliche Weise angesprochen wird; mit diesen Techniken kann man viel Positives bewirken, bei ungeschickter Wortwahl oder bei der Anwendung zur Unzeit allerdings auch einiges Porzellan zerschlagen. Bei der aktiven Aneignung der Techniken empfiehlt es sich daher, zunächst Erfahrungen mit den „unkritischen" Techniken auf der Ebene der Gesprächsinhalte und der der Strukturierung zu sammeln und sich dann nach und nach in den Bereich der im engeren Sinne beziehungsrelevanten Gesprächstechniken hineinzutasten.

Auf der Beziehungsebene ansetzende Techniken markieren oft einen nachhaltigeren Eingriff in die Kommunikation als solche, die auf die Inhalte und die Gesprächsorganisation abheben

Die Behandlung der einzelnen Gesprächsführungstechniken in diesem Kapitel orientiert sich an folgender Struktur:

1. BESCHREIBUNG DER TECHNIK – wie funktioniert sie?
2. TYPISCHE ANWENDUNGSSITUATIONEN – wann kann die Technik helfen, das Gespräch voranzubringen?
3. MÖGLICHE WIRKUNGEN AUF DEN VERSCHIEDENEN GESPRÄCHSEBENEN – wie könnte der Gesprächspartner reagieren, wie beeinflusst die Technik möglicherweise den Gesprächsverlauf und die Atmosphäre?

5.1 Aktives Zuhören

Eine der Grundaufgaben konstruktiver Gesprächsführung besteht darin, das Anliegen des Gesprächspartners, die Informationen, die er geben möchte, seine emotionale Befindlichkeit, auch seine etwaigen Vorbehalte und Bedenken genau aufzunehmen und zu verstehen. Nur wenn es dem Vorgesetzten im Gespräch gelingt, die Situation gleichsam mit den Augen des Mitarbeiters zu sehen, nur wenn sich der Vorgesetzte in die Welt des Mitarbeiters hineindenkt und hineinfühlt, wird er dem Mitarbeiter bei der Lösung seiner Probleme wirklich helfen können. Nur dann wird ihn der Mitarbeiter als „Partner" im Gespräch akzeptieren und nur dann kann der Vorgesetzte Fragen stellen und Hypothesen formulieren, die dem Mitarbeiter helfen, neue Handlungsmöglichkeiten für sich zu entdecken und auszuprobieren. Gutes Zuhören ist deshalb eines der wesentlichsten Elemente erfolgreicher Gesprächsführung.

Sich in die Situation des Mitarbeiters hineinversetzen

Die Technik des Aktiven Zuhörens wurde in den Vierziger- und Fünfzigerjahren von Carl Rogers für den Bereich psychotherapeutischer Gespräche entwickelt; heute wird sie in allen Bereichen professioneller Gesprächsführung (insbesondere in der Beratung, aber beispielsweise auch in der Verkaufskommunikation) mit großem Erfolg eingesetzt.

Es lassen sich drei Stufen des Aktiven Zuhörens – oft spricht man auch vom partnerzentrierten Zuhören – unterscheiden:
- Engagiertes Zuhören,
- Paraphrasieren und
- Spiegeln.

Erste Stufe: Engagiertes Zuhören

Schenken Sie Ihrem Gesprächspartner Ihre volle Aufmerksamkeit

Engagiert zuzuhören bedeutet: Sie schenken Ihrem Gesprächspartner Ihre volle Aufmerksamkeit.

Wichtige Aspekte beim engagierten Zuhören

- Genügend Zeit zur Verfügung stellen
- Sich voll auf den Gesprächspartner konzentrieren
- Positiven Blickkontakt halten
- Durch Kopfnicken verstehende und bejahende Haltung signalisieren
- Durch Bestätigungslaute wie „*Hm*", „*Ja*" zum Weitersprechen ermuntern
- Anteilnahme zeigen durch Äußerungen wie „*Erzählen Sie …*", „*Das interessiert mich*"
- Sich in die Lage des Gesprächspartners hineinversetzen, sich seine Argumente bildlich vorstellen
- Unvoreingenommen sein, keine Bewertungen vornehmen (gut – schlecht, effektiv – uneffektiv u.Ä.)
- Den Gesprächspartner ausreden lassen
- Pausen aushalten

Grundsätzlich sollte man immer versuchen, engagiert zuzuhören

Anwendungssituationen: Grundsätzlich sollte man immer engagiert zuhören und der Versuchung widerstehen, bereits den eigenen nächsten Gesprächsbeitrag zu planen, während das Gegenüber noch spricht.

Engagiertes Zuhören hebt das sachliche Niveau des Gesprächs

Wirkungen: Engagiertes Zuhören hebt das sachliche Niveau des Gesprächs, da die Situation des Gesprächspartners mit großer Genauigkeit erfasst werden kann. Es unterstützt die Klarheit des Gesprächsverlaufs, da eine geduldige und intensive Aufnahme der Sichtweisen und Zielsetzungen des Gesprächspartners, die nicht durch voreilige Reaktionen unterbrochen wird, hilft, Übereinstimmungen und Unterschiede zwischen den einzelnen Betrachtungsweisen im weiteren Verlauf des Gesprächs deutlicher herauszuarbeiten.

Engagiert zuzuhören bedeutet, den Gesprächspartner wichtig zu nehmen. Auf diese Weise wird eine Atmosphäre der Wertschätzung geschaffen. Gerade das Aushalten von Pausen (die andererseits natürlich nicht so lang gestaltet werden dürfen, dass eine peinliche Stille entsteht) führt oft dazu, dass sich der Sprechende öffnet und im Nachsatz Dinge anspricht, die ihn tiefer gehend beschäftigen.

Engagiertes Zuhören signalisiert dem Gegenüber die eigene Wertschätzung und wirkt so konstruktiv

Zweite Stufe: Paraphrasieren

Paraphrasieren bedeutet: Sie wiederholen mit eigenen Worten, was Ihr Gesprächspartner gesagt hat, seine Informationen, Argumente und Einschätzungen. Auf diese Weise können Sie sichergehen, dass Sie den Standpunkt Ihres Gesprächspartners wirklich verstanden haben. Die Konzentration auf den Gesprächspartner wird dadurch noch weiter intensiviert.

Haben Sie richtig verstanden? – Wiederholen Sie mit eigenen Worten, was Ihr Gesprächspartner gesagt hat

Die Technik verlangt einige Übung; anfangs werden Sie vielleicht überrascht sein, wie schwer es ist, eine Partneräußerung vollständig und richtig wiederzugeben.

Ein Beispiel:

Auf seine Frage, wie weit der Mitarbeiter mit dem Innovationsvorschlag sei, an dem dieser schon seit Wochen in seiner Freizeit arbeitet, erhält der Vorgesetzte seitens des Mitarbeiters die Antwort,

- *... im Unternehmen würde er mit seiner Idee nur noch auf Widerstände stoßen,*
- *... das Alltagsgeschäft würde ihm ohnehin schon praktisch das letzte bisschen Freizeit rauben,*
- *... seine Tochter bekomme gerade Zähne, sodass an Schlaf zur Zeit kaum noch zu denken sei,*
- *... er wisse nicht, ob sich überhaupt noch jemand für seine Idee interessiere.*

Tags darauf berichtet der Vorgesetzte beim Mittagessen einem Kollegen, dass der betreffende Mitarbeiter seinen Vorschlag möglicherweise nicht einreichen werde. Der Mitarbeiter erfährt von der Äußerung des Vorgesetzten und stellt ihn ärgerlich zur Rede: Natürlich werde er seinen Vorschlag präsentieren, er werde doch die Arbeit von Wochen nicht einfach in den Mülleimer werfen, ohne definitiv herausgefunden zu haben, ob die Sache funktioniere. Selbstverständlich werde er das Projekt in absehbarer Zeit abschließen – wenn auch nicht ganz so schnell wie geplant - und er werde nach Möglichkeiten suchen, die Kollegen von den Vorteilen der neuen Lösung zu überzeugen.

Die Angelegenheit hätte vermutlich einen völlig anderen Verlauf genommen, wenn der Vorgesetzte dem Mitarbeiter im Gespräch unmittelbar eine Rückmeldung darüber gegeben hätte, wie die Botschaften bei ihm angekommen sind:

„Sie überlegen also, das Innovationsprojekt abzubrechen?!"

Wichtige Aspekte beim Paraphrasieren

- Die Zusammenfassung angemessen gestalten (von der Verdichtung in einem einzigen Wort bis hin zum Rekapitulieren komplexer Gedankengänge)
- Eine Korrektur der eigenen Wiederholung durch den Gesprächspartner ermöglichen, z.B. durch Formulierungen wie: *„Wenn ich Sie richtig verstanden habe …"* oder *„Habe ich Sie richtig verstanden, Sie sind der Ansicht, dass …"*
- (Negative) Bewertungen und Ironie vermeiden wie etwa: *„Sie sind doch nicht etwa ernsthaft der Meinung, dass …"*
- Keine Ergänzungen vornehmen

Die Wiederholung der Äußerung des Gesprächspartners ist dann gelungen, wenn dieser – durch Worte oder körpersprachliche Signale - Zustimmung zeigt.

Paraphrasieren hilft …

Anwendungssituationen: Das Rückmelden von Partneräußerungen ist besonders dann sinnvoll, wenn man sich in dem Themengebiet, das der Gesprächspartner anspricht, nicht gut auskennt. Es hilft in dieser Situation, eigene Fehleinschätzungen und falsche Gewichtung von Argumenten zu vermeiden. Wenn sich der Gesprächspartner unklar oder weitschweifig ausdrückt, unterstützt das Paraphrasieren dessen Selbstklärungsprozess und es konzentriert das Gespräch auf die relevanten Aspekte.

… Missverständnissen vorzubeugen

… Zeit zu gewinnen

Wird die Technik gut beherrscht, kann das Rückmelden der Partneräußerung vom Vorgesetzten genutzt werden, um Zeit zu gewinnen. Während der Wiederholung des Gesagten kann er den nächsten Gesprächsbeitrag bedenken: Welche weiteren Informationen werden benötigt? Wie könnte die eigene Stellungnahme formuliert werden? Eine weitere Funktion des Paraphrasierens ist die Steigerung der eigenen Konzentration auf den Gesprächspartner.

… sich ganz auf den anderen zu konzentrieren

Wer sich vornimmt, die Äußerungen des Gesprächspartners zu reformulieren, verhindert mit einiger Sicherheit, dass er sich beim scheinbaren Zuhören nur auf das eigene nächste Argument konzentriert und dabei eben doch nicht „ganz Ohr" ist, sondern nur noch auf Bruchstücke des Gesagten reagiert.

Bei Meinungsverschiedenheiten und in Konfliktsituationen tendieren die Beteiligten im Verlauf dazu, ihren eigenen Standpunkt immer vehementer zu verteidigen und die Suche nach Ansätzen für Kompromisse oder Konsenslösungen zu vernachlässigen. Das Gespräch beschleunigt und verhärtet sich. Das Rückmelden der Partneräußerung hilft in dieser Situation, eigene Emotionen zu kontrollieren und die Sichtweise der anderen Gesprächsteilnehmer in die eigenen Überlegungen mit einzubeziehen.

... die eigenen Emotionen zu kontrollieren

Wirkungen: Auf der Sachebene unterstützt die Praxis des Paraphrasierens den fundierten Problemlösungs-Prozess, da die Wiederholung des Gesagten sicherstellt, dass keine wichtigen Informationen im Gespräch untergehen. Ein Aneinander-vorbei-Reden kann auf diese Weise verhindert werden (... am effektivsten dann, wenn alle Gesprächsteilnehmer diese Technik beherrschen).

Durch das Rückmelden von Partneräußerungen wird der Gesprächsfortschritt verlangsamt, sodass es in allen krisenhaften Gesprächssituationen, die zu einer Eskalation führen könnten, sinnvoll eingesetzt werden kann. Es unterstützt die Versachlichung von Konflikten.

Das Wiederholen der Partneräußerung unterstützt die Versachlichung von Konflikten

Das Wiederholen der Partneräußerung hat einen überwiegend analytischen Charakter. Es drückt einerseits aus, dass man den Standpunkt des anderen respektiert und für wichtig erachtet, sodass sich der Gesprächspartner in der Regel aufgewertet fühlt; andererseits zeigt sich der Paraphrasierende vor allem problemorientiert. Menschlich kann er die Distanz wahren.

Es hat einen überwiegend analytischen Charakter

Dritte Stufe: Spiegeln

Beim Spiegeln – oft wird diese Technik auch als „Verbalisieren" bezeichnet – wiederholen Sie wie beim Paraphrasieren die Äußerung Ihres Gesprächspartners. Außerdem geben Sie die Empfindungen Ihres Gesprächspartners, so wie sie bei Ihnen ankommen, wieder.

Im Verhältnis von Führungskraft und Mitarbeiter sind Gefühle zwar meist tabuisiert, d. h., es ist nicht üblich, über sie zu sprechen. In vielen Gesprächen spielen Emotionen aber eine wichtige Rolle, gerade dann, wenn Probleme zu lösen, Krisen zu bewältigen oder Konflikte zu bereinigen sind. In den Gesprächsbeiträgen schwingen Emotionen vielfach mit: Es werden Andeutungen gemacht, die uns sagen sollen: „So geht es mir."

Die Klangfarbe und die Lautstärke der Stimme, die Sprechgeschwindigkeit, die Atmung, Körperbewegungen, das Spiel der Gesichtszüge, die Qualität des Blickes geben uns Hinweise auf die Befindlichkeit des Sprechers. Spiegeln bedeutet, dass wir diese Anzeichen deuten und dem Sprecher diese Deutung zurückmelden.

Melden Sie Ihrem Gegenüber Ihre Wahrnehmung seiner Befindlichkeit zurück

Ein Beispiel

Aussage des Mitarbeiters:	*So könnten Sie spiegeln:*
„Die jungen Leute identifizieren sich nicht mit dem Unternehmen. Wenn es eng wird, bleibt die Arbeit auf mir hängen."	*„Sie ärgern sich über das mangelnde Engagement der jungen Mitarbeiter, und Sie fühlen sich mit vielen Arbeiten allein gelassen."*
„Ich weiß nicht mehr, wie ich den Auslieferungstermin für die neue Maschine halten soll. Die technischen Schwierigkeiten haben wir noch nicht gelöst und der Kunde ist schon ganz aufgebracht."	*„Sie haben Sorge, dass die Maschine nicht zum zugesagten Termin fertig wird, und Sie befürchten, dass der Kunde drastische Konsequenzen ziehen wird."*
„Ich will nicht ausschließen, dass wir in diese Richtung weiterdenken sollten."	*„Sie sind bereit, die Idee zu prüfen, aber ganz zufrieden sind Sie noch nicht."*

Wichtige Aspekte beim Spiegeln

- Benennen Sie die Gefühle Ihres Gesprächspartners mit großer Sensibilität und finden Sie heraus, ob er bereit ist, über seine Empfindungen zu sprechen. SPIEGELN SIE NUR, WENN IHR GESPRÄCHSPARTNER OFFEN DAFÜR IST, SEINE GEFÜHLE ZU THEMATISIEREN.
- Machen Sie beim Verbalisieren von Gefühlen deutlich, dass es sich hierbei lediglich um Ihre persönliche Wahrnehmung handelt und dass Sie keinen unbedingten Wahrheitsanspruch anmelden. Nutzen Sie gegebenenfalls moderate Formulierungen wie …
  „Dies hört sich an, als wären Sie …"
  „Ich habe den Eindruck …"
  „Es kommt mir so vor, als …", oder verwenden Sie Fragen wie
  „Könnte es sein, dass Sie …"
- VERMEIDEN SIE ÜBERINTERPRETATIONEN; nehmen Sie Ihr Gegenüber nicht „psychologisch" auseinander.

Spiegeln ist vor allem hilfreich …

… in Beratungssituationen

… wenn Befindlichkeiten und Gefühle thematisiert werden sollen

Anwendungssituationen: Spiegeln ist vor allem in Beratungssituationen hilfreich. Es kann mit Erfolg angewandt werden, wenn im Gespräch deutlich wird, dass die Situation/das besprochene Problem nicht nur durch Fakten und Argumente, sondern auch durch Gefühle geprägt ist. Spiegeln hilft dem Gesprächspartner, seine Gefühle auszudrücken und mit in den Prozess der Problemlösung einzubringen. Spiegeln ist eine Technik, die das Gespräch (und manchmal auch die Seele des Gesprächspartners) öffnet.

Der Vorgesetzte sollte diese Technik aus Gründen der Fairness und der persönlichen Glaubwürdigkeit nur dann einsetzen, wenn er sicher ist, dass er im weiteren Verlauf des Gesprächs unter allen Umständen auf Machtmittel verzichten kann.

Setzen Sie diese Technik nur ein, wenn Sie sicher sind, im weiteren Gesprächsverlauf auf Machtmittel verzichten zu können

Wirkungen: Spiegeln unterstützt Problemlösungs-Prozesse insofern, als es Aspekte in den Prozess miteinbeziehen hilft, die vorher möglicherweise außer acht gelassen wurden. Denn meistens kommt es nicht nur darauf an, welche Lösung faktisch und logisch die beste ist, sondern entscheidend auch darauf, wie die Menschen mit dieser Lösung leben können.

Spiegeln gibt Aufschluss darüber, wie die Menschen mit Situationen und Lösungen leben

Vorgesetzte, die wertschätzend spiegeln, zeigen, dass sie die Befindlichkeit ihrer Mitarbeiter ernst nehmen. Das Wiedergeben von Gefühlen kann helfen, die Distanz zwischen Vorgesetztem und Mitarbeiter zu verringern. Eine Atmosphäre gegenseitigen Verständnisses kann entstehen. Außerdem kann Spiegeln in vielen Fällen dazu beitragen, emotional aufgeladene Situationen zu entschärfen: Dadurch, dass die mitschwingenden Emotionen offen angesprochen werden, werden diese bearbeitbar; stockende Gespräche können in Richtung Lösung „weiterfließen".

5.2 Die Kunst zu fragen

Manche Führungskräfte neigen dazu, ihre Mitarbeiter zu unterfordern. Sie selbst haben schon viele Probleme gelöst und wissen, was funktioniert und was nicht funktioniert. Ob dies wirklich immer so stimmt, soll hier nicht näher untersucht werden, sondern interessant ist in diesem Zusammenhang vor allem, mit welcher Zielrichtung die Führungskraft in das Mitarbeitergespräch hineingeht. Eine mögliche Zielrichtung ist die, ein Problem schnell vom Tisch zu bekommen: Der Vorgesetzte benennt sein Anliegen, wünscht sich eine Bestätigung seiner Sicht der Dinge durch den Mitarbeiter und kennt auch schon eine gute, vielleicht sogar die beste Lösung des Problems. Diese Lösung „verkauft" er dann dem Mitarbeiter, der sie verstehen und am besten sofort eins zu eins umsetzen soll.

Wer nicht fragt, läuft Gefahr, die Fähigkeiten seiner Mitarbeiter nicht so wirkungsvoll einsetzen zu können, wie es eigentlich möglich wäre

Wird ein solcher Vorgesetzter umgekehrt von Mitarbeitern um Hilfe in herausfordernden bzw. schwierigen Situationen gebeten, hat er vielleicht bereits nach kurzem Zuhören einen passenden Ratschlag oder Appell parat, mit dem er den Mitarbeiter rasch aus dem Gespräch entlässt. Mitarbeiter lernen durch diese Form der „Beratung", dass Mitdenken unnötig, vielleicht sogar unerwünscht ist, und gewöhnen sich, werden sie nur häufig genug mit unmittelbaren Handlungsempfehlungen abgespeist, die eigenständige Suche nach Problemlösungen bald ab. Hierdurch entstehen und stabilisieren sich Kontexte, in denen Führungskräfte die Denkarbeit übernehmen oder auch an sich ziehen; die Folge:

Überlastung und Ärger über mangelndes Engagement. Dem Mitarbeiter bleibt die Funktion, das Vorgedachte auszuführen; die Folge: Demotivierung und Frustration.

Wo wenige Führungskräfte eine große Anzahl von Mitarbeitern führen, wo Arbeitsgebiete immer verzweigter und unüberschaubarer werden, ist die Grenze schnell erreicht, wo der Vorgesetzte nicht mehr in der Lage ist, unmittelbar zu erfassen, wie sich die Lage für den Mitarbeiter in einer Problemsituation darstellt; seine Ratschläge laufen Gefahr, wesentliche Aspekte der Realität außer Acht zu lassen.

Mitarbeiter zu fragen bedeutet, ihnen Hilfe zur Selbsthilfe zu geben

Fragen im Gespräch bewusst einzusetzen hilft, das Muster des Ratschläge Gebens und des Anweisens zu verändern und Mitarbeitern Hilfe zur Selbsthilfe zu geben.

FRAGEN HEISST, MITARBEITER ALS MITDENKENDE UND MITHANDELNDE ERNST ZU NEHMEN UND SIE DAFÜR ZU GEWINNEN, VERANTWORTUNG FÜR IHR HANDELN ZU ÜBERNEHMEN.

Fragen zu stellen ist eine der wirksamsten Methoden

- zur Erhöhung der Informationsbasis für Problemlösungen,
- zur Kreation neuer Sichtweisen und Ideen,
- zur Aktivierung des Gesprächspartners,
- zur Gesprächssteuerung,
- zur Intensivierung der zwischenmenschlichen Beziehung im Gespräch und
- zur Aufwertung und Motivierung des Gesprächspartners.

---

verschiedenste Frageaspekte

Es lassen sich die verschiedensten Typen von Fragen unterscheiden, je nachdem, ob man den Informationsaspekt, den Steuerungsaspekt oder den emotionalen Aspekt von Fragen beleuchten möchte. Im Folgenden soll es vor allem darum gehen, zu zeigen, wie durch Fragen ein gemeinsamer Erkenntnisprozess hervorgebracht werden kann und wie Fragen so aufeinander aufbauen können, dass die Handlungskompetenz des Mitarbeiters erhöht wird.

5.2.1 Fragedramaturgie

Im Gespräch empfiehlt es sich hierbei grundsätzlich, zunächst die augenblickliche Lage in ihrer Breite und Komplexität zu erfassen. Hierbei sollten auch die subjektiven Aspekte des Themas wie Einschätzungen und Empfindungen beleuchtet werden. Danach können Zukunftsszenarien entworfen und Wünsche oder Zielsetzungen erfragt werden.

Anschließend können Lösungsmöglichkeiten besprochen und auf ihre Tauglichkeit hin überprüft werden.

Bildlich lässt sich diese Fragedramaturgie wie ein Trichter darstellen.

Fragen zur Sachlage und nach Fakten

Fragen nach dem Kontext, nach Auswirkungen

Fragen nach Erklärungen, Einschätzungen, Empfindungen

Fragen nach Beziehungen

Fragen nach der Zukunft, nach Wünschen und Zielsetzungen

Fragen nach möglichen Lösungen

Abb. 5.1: Mögliche Abfolge von Fragen im Gespräch

Fragen müssen nicht immer in der skizzierten Reihenfolge gestellt werden. Der vorgestellte Ablauf beschreibt eine Möglichkeit, wie man im Laufe des Gesprächs tiefer in eine Thematik hineinfinden und neue Perspektiven gewinnen kann.

5.2.2 Fragetypen

Auf den nächsten Seiten finden Sie, basierend auf dem vorgestellten Modell der Abfolge von Fragen, eine Beschreibung wichtiger Frageformen, die sich für den Einsatz in Mitarbeitergesprächen eignen.

Eine Beschreibung wichtiger Frageformen, die sich für den Einsatz in Mitarbeitergesprächen eignen

- **Fragen zur Sachlage und nach Fakten**

Mit Hilfe dieser Fragen erfahren Sie unmittelbar, worum es geht, was in welcher Reihenfolge vorgefallen ist, welche Personen beteiligt sind, welche Zahlen eine Rolle spielen. Sie erhalten Informationen, mit deren Hilfe Sie sich ein erstes Bild von den unmittelbar wahrnehmbaren Gegebenheiten machen können.

Worum geht es ganz unmittelbar?

> *„Was ist bei dem Arbeitsunfall geschehen?"*
> *„Welche Personen haben es gesehen?"*
> *„Welche Kosten hat der Lieferverzug verursacht?"*
> *„Wann haben Sie von der Krankheit des Kollegen erfahren?"*
> *„An welche Gehaltssteigerung haben Sie gedacht?"*
> *„Haben Sie Zeit, den Termin wahrzunehmen?"*

Exkurs: Von offenen und geschlossenen Fragen

W-Fragen richten sich auf Fakten

Fragen zur Sachlage und nach Fakten beginnen meistens mit einem „W" („Wann haben Sie …?"). Man nennt sie deshalb auch „W-Fragen" oder offene Fragen, weil sie dem Gesprächspartner verschiedene Antwortmöglichkeiten offen lassen. Fragen nach Fakten können aber auch so gestellt werden, dass der Gesprächspartner vor der Wahl steht, „Ja" oder „Nein" zu sagen („Haben Sie Zeit, …?"); solche Fragen nennt man auch geschlossene Fragen.

In der Regel fallen die Antworten auf geschlossene Fragen genauso ausführlich aus wie die Antworten auf offene Fragen

Oft heißt es, wer fragt, führt. Als Lenkungstechnik wird dann gern empfohlen, zunächst offene Fragen zu stellen und die Antwortmöglichkeiten des Gesprächspartners im späteren Verlauf des Gesprächs durch geschlossene Fragen zunehmend einzugrenzen. Tatsächlich fallen aber die Antworten auf geschlossene Fragen meistens genauso ausführlich aus wie die Antworten auf offene Fragen. Auf die Frage *„Fahren sie den Wagen schon lange?"* könnte der Gesprächspartner zum Beispiel antworten: *„Ich fahre ihn ziemlich genau seit sechs Jahren. Wir haben schon oft überlegt, ihn abzugeben, aber irgendwie hängen wir an ihm. Außerdem sind neue Autos …"* und so weiter. Die Unterscheidung von offenen und geschlossenen Fragen ist deshalb in der Praxis nur begrenzt hilfreich. (Vgl. hierzu die Ausführungen zur Fragetechnik in Rackham 1989, bes. S. 29 f.) Offene und geschlossene Fragen lassen sich in allen Gesprächsphasen sinnvoll stellen.

Im Mitarbeitergespräch sollte man grundsätzlich darauf achten, die Antwortmöglichkeiten des Mitarbeiters nicht zu sehr einzugrenzen, da dies (während oder nach dem Gespräch) leicht Widerstand erzeugt; sich offener Fragen zu bedienen kann in diesem Zusammenhang ein Anhaltspunkt für die eigene Fragegestaltung sein, eine Gedächtnisstütze. Entscheidender als die grammatikalische Form der Frage ist aber eine offene und interessierte Haltung des Fragenden.

Klärungs- und Konkretisierungsfragen liefern oft entscheidende Zusatzinformationen

Oft wird über Probleme in sehr allgemeiner Form gesprochen, sodass es kaum möglich ist, im Gespräch auf eine konkrete Handlungsebene zu gelangen. Beispiel: *„Der Kollege XY ist nicht bereit, mit mir zusammenzuarbeiten."* KLÄRUNGS- UND KONKRETISIERUNGSFRAGEN, eine Variante der Fragen nach Fakten, erlauben ein noch detaillierteres Kennenlernen der von den Beteiligten wahrnehmbaren Situation. Durch sie werden wichtige Informationen genauer herausgearbeitet, sodass sichtbar wird, welches Verhalten vorliegt, welche Punkte konkret bemängelt werden und wo der Ansatzpunkt für die Veränderung liegt:

> *„Was tut/sagt Ihr Kollege genau, wenn er Ihnen seine Unterstützung verweigert?"*
> *„Woran haben Sie erkannt, dass der Kunde unzufrieden war?"*
> *„Wie haben sich die Kollegen verhalten, als Sie Ihren Ärger vorgebracht haben, mit welchen Worten haben sie reagiert?"*

„Wie lautete der Auftrag an die Marktforschung genau?"
„Was haben Sie als Erstes getan, als Sie diese Unregelmäßigkeit
entdeckten?"

Anwendungssituationen: Fragen nach Fakten und Klärungsfragen beziehen sich auf inhaltliche, objektive Aspekte der Situation. Sie eignen sich daher vor allem als Einstieg in die Besprechung von Poblemsituationen. Auch im weiteren Verlauf des Gesprächs bieten sie sich immer an, wenn Informationsbedarf besteht.

Fragen nach Fakten dienen als Einstieg in eine Problemsituation

Wirkungen: Es trägt zur Versachlichung der Situation bei, die Daten und Fakten genau zu ermitteln. Fragen nach der Sachlage werden in der Regel als partnerschaftlich und als nicht lenkend erlebt. Sie erlauben die Beibehaltung einer zwischen den Gesprächspartnern gegebenen Distanz.

Faktenfragen tragen zur Versachlichung bei

- **Fragen nach dem Kontext und nach Auswirkungen**

Diese Fragen schärfen das Bewusstsein dafür, dass der Mensch bzw. das Problem von den umgebenden Dingen und Verhältnissen nicht isoliert ist, sondern dass es wechselseitige Abhängigkeiten, Ursachen und Wirkungen, Gewichtungsunterschiede gibt.

Welche wechselseitigen Einflüsse und Abhängigkeiten gibt es?

„Wann und unter welchen Bedingungen tritt das Problem auf?"
„Wann tritt das Problem nicht auf?"
„Von wem in Ihrer Abteilung hängt der Erfolg des Projektes noch ab?"
„Wer weiß von Ihrem Wunsch, die Abteilung zu wechseln?"
„Wie steht Ihre Partnerin / Ihr Partner dazu?"
„Worin unterscheidet sich Ihre Art, mit den Kunden zu sprechen,
von der Art Ihrer Kollegen?"
„Welche Auswirkung hat Ihr Verhalten auf das Team?"
„Welchen Effekt hatten die Umbaumaßnahmen auf die Arbeits
abläufe?"
„Für wen ist das Problem größer, für unsere Firma oder für unseren
Lieferanten?"

Eine spezielle Ausprägung der Kontextfragen sind FRAGEN NACH GERÜCHTEN. Durch Sie fokussieren Sie die Meinungen, Tendenzen, Kraftfelder und Tabus, die in jeder Organisation existieren und die dort oft eine bedeutende Rolle spielen, ohne dass dies den beteiligten Menschen immer bewusst ist. In vielen „offiziellen" Gesprächen, zu denen Mitarbeitergespräche in der Regel gehören, werden Gerüchte und Stimmungen ausgeblendet. Gerade in den Gerüchten manifestieren sich jedoch oft die tieferen Ängste der beteiligten Personen, sodass es lohnt, mittels Fragen die Bearbeitung verdrängter Aspekte anzubieten:

Wie sieht es hinter den Kulissen aus?

> *„Wie ist die Stimmung in Ihrer Abteilung?"*
> *„Wie wird über die Unternehmensberater geredet?"*
> *„Gibt es Gerüchte darüber, wie es weitergehen soll?"*
> *„Wie reden die Kollegen über Sie?"*
> *„Gibt es Dinge, die man in Ihrer Abteilung besser nicht anspricht?"*

Durch Kontextfragen erfassen Sie auch auch die atmosphärischen Aspekte eines Sachverhaltes

Anwendungssituationen: Kontext- und Wirkungsfragen sollten Sie stellen, wenn Sie die Komplexität des Problems verstehen bzw. Ihrem Gesprächspartner vermitteln wollen. Durch das Moment der Nuancierung können Sie Ihren Gesprächspartner darin unterstützen, seinen Standpunkt in Relation zu anderen möglichen Standpunkten zu sehen. Indem Sie diese Fragen stellen, dringen Sie tiefer in den Sachverhalt und seine Einbettung ein und Sie erfassen auch atmosphärische Aspekte. Wenn Sie Kontext- und Wirkungsfragen stellen, sollten sie einen komfortablen Zeitrahmen zur angemessenen Bearbeitung des Gesprächsthemas einplanen.

Scheinbar einfache Probleme werden in ihrer Differenziertheit sichtbar

Wirkungen: Scheinbar einfache Probleme werden in ihrer Differenziertheit sichtbar. Verfestigte, lieb gewordene Standpunkte können sich auflösen. Die persönliche Sichtweise kann erweitert werden, sodass das Problem als Zusammenwirken verschiedener Faktoren in den Blick kommt. Fragen nach dem Kontext und nach Auswirkungen sind in Alltagsgesprächen seltener anzutreffen als Fragen nach Fakten. Wenn Sie detailliert nach den Zusammenhängen fragen, zeigen sie ein überdurchschnittliches Interesse am Problem und dessen Lösung. Die Intensität des Gesprächs wird dadurch erhöht.

- **Fragen nach Erklärungen, Einschätzungen und Empfindungen**

Wie erlebt und empfindet Ihr Gegenüber die Situation

Hier wird der Blick von den äußeren Gegebenheiten der Situation hinübergelenkt zur Innenwelt des Gesprächspartners. Wie erlebt er das thematisierte Ereignis, welche Begründungen hat er gefunden, mit welchen Gefühlen reagiert er auf die Lage?

> *„Wie erklären Sie sich, dass der Konflikt so schnell eskaliert ist?"*
> *„Was ist Ihrer Meinung nach die Ursache dafür, dass Ihre Kollegen Sie so gern mögen?"*
> *„Wie erleben Sie die Stimmung im Team zur Zeit?"*
> *„Wie schätzen Sie unsere Chancen ein, das Budget zu bekommen?"*
> *„Wie haben Sie sich gefühlt, als Sie erfuhren, dass Ihnen der Auslandsaufenthalt verweigert wird?"*
> *„Welche Bedeutung hat dieses Thema für Sie?"*

Anwendungssituationen: Einschätzungs- und Empfindungsfragen können Sie stellen, wenn Sie erfahren wollen, welches innere Bild sich

Ihr Gesprächspartner von der Lage macht. Sie helfen ihm darüber hinaus, seinen eigenen Standpunkt eingehender zu reflektieren und mit größerer Feinheit die eigene innere Tendenz wahrzunehmen und einen persönlichen Erkenntnisprozess in Gang zu setzen. Voraussetzung hierfür ist eine offene und vertrauensvolle Gesprächsatmosphäre.

Voraussetzung ist eine offene und vertrauensvolle Gesprächsatmosphäre

Wirkungen: Das Fragen nach persönlichen Einschätzungen und nach dem inneren Erleben des Gesprächspartners hat sehr oft eine klärende Wirkung im Gespräch. Die Trennung der äußeren Fakten von der inneren Bewertung und von den Gefühlen, die die äußeren Gegebenheiten auslösen, wird deutlich wahrnehmbar. Innere und äußere Aspekte können nun für eine Weile separat weiterverfolgt werden, bevor eine Gesamtlösung angesteuert wird. Fragen nach dem inneren Erleben machen dem Gesprächspartner seine Wichtigkeit bewusst. Sie werten den Gesprächspartner auf und vertiefen den zwischenmenschlichen Kontakt zwischen Ihnen und Ihrem Gegenüber.

Durch Fragen nach seinem inneren Erleben signalisieren Sie Ihrem Gesprächspartner, dass Sie ihn und seine Meinung ernst nehmen

- **Fragen nach Beziehungen**

Oft liegen Sachproblemen Störungen in der zwischenmenschlichen Beziehung zu Grunde; umgekehrt können Sachprobleme auch zu Beeinträchtigungen des persönlichen Kontaktes der betroffenen Personen führen. Fragen nach Beziehungen beleuchten diese beiden wichtigen Aspekte der Problemsicht:

Sachprobleme und Probleme im zwischenmenschlichen Bereich beeinflussen sich gegenseitig

> „Wie stehen Sie zueinander?"
> „Wie hat sich Ihre Beziehung seit diesem Vorfall verändert?"
> „Wie würden Sie die Qualität Ihrer Zusammenarbeit beschreiben?"
> „Behandelt Ihr Kollege Sie als gleichwertig?"

Fragen nach Beziehungen können als eine Sonderform der Einschätzungs- und Empfindungsfragen betrachtet werden, da der Gesprächspartner, wenn er antwortet, zweierlei tut: Zum einen drückt er aus, wie er selbst die Beziehung empfindet, zum anderen schätzt er ein, wie die anderen beteiligten Personen die Beziehung erleben. Es ist jedoch durchaus sinnvoll, die Beziehungen der Personen untereinander im Gespräch in einem eigenständigen Gesprächsteil durch Fragen zu ermitteln, da in diesem Bereich oft grundlegende Problemursachen liegen.

Anwendungssituationen: Fragen nach Beziehungen sollten im Zusammenhang mit Problemen gestellt werden, die immer wieder auftauchen und die durch einfache Vereinbarungen oder durch Änderungen in Abläufen nicht gelöst werden können. Sie empfehlen sich auch dann, wenn die Lage stark emotionsgeladen ist, sodass davon ausgegangen werden muss, dass Beziehungsstörungen in der Situation wirksam sind. Außer-

Tauchen bestimmte Probleme immer wieder auf?

Ist die Lage emotional stark aufgeladen?

Bei Alltagsthemen müssen die Beziehungen der Menschen nicht notwendig auf den Prüfstand gestellt werden

dem können Beziehungsfragen in allen Kontexten gestellt werden, in denen es um Aspekte der Zusammenarbeit in Teams oder mit externen Gesprächspartnern geht. Es müssen indessen nicht bei allen Alltagsthemen, die in Mitarbeitergesprächen behandelt werden, die Beziehungen der Menschen auf den Prüfstand gestellt und eingehend untersucht werden.

Beziehungsfragen nehmen emotional aufgeladenen Situationen die Spannung

Wirkungen: Beziehungsfragen erweitern die Sicht auf das zu besprechende Thema, da die Beziehungsseite von Problemen in Gesprächen und Diskussionen zwar oft mitschwingt, aber die genauen Wechselwirkungen zwischen dieser Ebene und den äußeren Problemsymptomen nur selten differenziert analysiert werden. Durch Beziehungsfragen können Tabuzonen in die Bearbeitung integriert werden. Die Situation wird hierdurch emotional entlastet. Fragen nach Beziehungen gehen meist mit einer weiteren Intensivierung des Kontaktes der Gesprächspartner einher.

• **Fragen nach der Zukunft, nach Wünschen und Zielsetzungen**

Wie stellt sich Ihr Gesprächspartnmer die Zukunft vor?

Haben die Gesprächspartner die Ist-Situation in ihren verschiedenen Facetten beleuchtet, sollte erfragt werden, wie sich der Gesprächspartner die Zukunft vorstellt und welche Wünsche er an die Veränderung der Lage heranträgt. In welche Richtung könnten bzw. sollten sich die augenblicklichen Gegebenheiten seiner Meinung nach entwickeln? Oft ist dem Gesprächspartner seine eigene Bewegungstendenz nicht von vornherein klar, sodass Fragen nach der Zukunft und nach Wünschen auch helfen können, sich des eigenen Wollens genauer bewusst zu werden.

Welche Wünsche hat er?

> *„Wie wird sich die Zusammenarbeit mit den Kunden Ihrer Meinung nach in den nächsten Jahren entwickeln?"*
> *„Welche Aufgaben sehen Sie in den nächsten Monaten auf sich zukommen?"*
> *„Wie sehen Sie Ihre zukünftige Rolle im Team?"*
> *„Welche Themen werden in ein, zwei Jahren wichtig für Sie sein?"*
> *„Welche Ihrer Fähigkeiten würden Sie zukünftig gern stärker an Ihrem Arbeitsplatz nutzen?"*

Probleme vor dem Hintergrund längerfristiger Entwicklungen

Anwendungssituationen: Fragen nach der Zukunft und nach Tendenzen sollten gestellt werden, wenn Probleme vor dem Hintergrund längerfristiger Entwicklungen – in persönlicher, organisations- und umfeldbezogener Hinsicht – gelöst werden müssen. Darüber hinaus sind sie immer sinnvoll, wenn die Weiterentwicklung des Mitarbeiters im Mittelpunkt des Gesprächs steht.

Wirkungen: Die Einbeziehung der Zukunftsperspektive ermöglicht es, Szenarien für eine mögliche Problemlösung zu entwickeln. Es geht nicht mehr nur um die Defizite im Hier und Jetzt, sondern auch darum, auf welche wahrscheinlichen zukünftigen Gegebenheiten Lösungen, Handlungen und Verhaltensänderungen zugeschnitten sein müssen. Fragen nach Zielen und Tendenzen zeigen den Respekt vor dem Entwicklungsweg des Gesprächspartners und vor seiner Selbstbestimmung. Diese Wertschätzung wirkt sich positiv auf das Gesprächsklima aus.

Fragen nach der Zukunftsperspektive helfen, Szenarien für eine mögliche Problemlösung zu entwickeln

• Fragen nach möglichen Lösungen

Lösungsfragen zielen darauf, den Gesprächspartner zu aktivieren. Ihnen liegt seitens des Fragenden die Haltung zu Grunde, dass der Hilfe Suchende am besten selbst die Lösung seiner Probleme erarbeiten kann (ganz abgesehen davon, dass man selbst gefundene Lösungen auch am engagiertesten umsetzt).

Lösungsfragen aktivieren den Gesprächspartner

> *„Haben Sie bereits Ideen, wie Sie das Problem lösen möchten?"*
> *„Welche Alternativen haben Sie gefunden?"*

Eine Hilfe auf dem Weg zur Lösungsfindung sind insbesondere HYPOTHETISCHE FRAGEN. Durch sie kann man vorwegnehmen, wie sich die Situation darstellen wird bzw. sollte, wenn das Problem gelöst ist, um dann notwendige Bedingungen für die Herbeiführung dieses Zustandes herauszukristallisieren. Außerdem helfen hypothetische Fragen, die Erfolgswahrscheinlichkeit einer bestimmten Lösungsalternative abzuschätzen. Positive und negative Möglichkeiten können durchgespielt werden:

Hypothetische Fragen nehmen vorweg, wie sich eine Situation entwickeln könnte

> *„Angenommen, Sie würden mit Ihrem Kollegen über den Konflikt sprechen, was würde dann geschehen?"*
> *„Stellen Sie sich vor, das Problem wäre gelöst, wie würde sich Ihre Zusammenarbeit dann gestalten?"*
> *„Gesetzt den Fall, Sie hätten die freie Wahl zwischen den Alternativen, für welche würden Sie sich entscheiden?"*

Anwendungssituationen: Lösungsfragen sollten Sie stellen, wenn die gegebene Lage eingehend genug analysiert wurde, also die relevanten Fakten, Zusammenhänge, Einschätzungen und persönlichen Erlebnisweisen gesammelt wurden. Sie empfehlen sich besonders auch dann, wenn Sie den Eindruck haben, Ihr Gesprächspartner hat sich noch keine genauen Gedanken über mögliche Handlungsalternativen gemacht, bzw. wenn er von Ihnen die Lösung des Problems erwartet (Rückdelegation), obwohl er grundsätzlich selbst über die hierfür notwendige Kompetenz verfügt.

Lösungsfragen regen Ihren Gesprächspartner nach Klärung der Sachlage zu selbstverantwortlicher Aktivität an

Wirkungen: Die gedanklichen Prozesse werden durch Lösungsfragen auf zukünftige Handlungen hin ausgerichtet. Sie sind für den Problemlösungsprozess sehr effektiv. Durch sie wird die Selbstverantwortung des

Die gedanklichen Prozesse werden auf zukünftige Handlungen ausgerichtet

Gesprächspartners betont, wodurch sich in der Regel sein Gesprächsengagement erhöht. Umgekehrt entlasten Lösungsfragen den Fragenden, sodass dieser die vorgebrachten Alternativen auf sich wirken lassen kann. Den weiteren Prozess kann er dann dadurch begleiten, dass er seinem Gesprächspartner durch ergänzende Fragen hilft, die möglichen Effekte der vorgeschlagenen Lösungen zu prüfen.

• Sonderformen von Fragen

Unter den vielen verschiedenen Fragearten – nicht alle können hier beschrieben werden – sind zwei weitere, auf die an dieser Stelle kurz eingegangen werden soll: Zirkuläre Fragen bieten sich oft als eine interessante Möglichkeit an, die an Gesamtzusammenhängen orientierte Gesprächsführung zu bereichern. Suggestivfragen – sozusagen auf der gegenüberliegenden Seite des Fragespektrums – zeigen eine ganz andere Seite des Gesprächs, nämlich diejenige der Verfolgung verdeckter Interessen, was oft bedeutet: Die Fragetechnik wird zum Instrument der Durchsetzung persönlicher Ziele.

• *Zirkuläre Fragen – interessant und anspruchsvoll*

Zirkuläre Fragen werfen ein Licht darauf, dass wir laufend Annahmen darüber anstellen, wie andere Personen die Situation und uns selbst erleben. Wie glaube ich mich von dir wahrgenommen? Oder noch weiter geführt: Was denke ich darüber, wie du dich von mir wahrgenommen glaubst? Dies kann man ad absurdum führen: Was meinst du, wie ich darüber denke, was du glaubst, wie ich ...? – Die möglichen Meinungen anderer beziehen wir oftmals in unsere Überlegungen ein, ohne jene letztlich genau zu kennen. So zeigen zirkuläre Fragen, dass unsere Hypothesen über die Sichtweisen und Meinungen anderer das Ergebnis unserer Interpretationen, also unserer Sichtweisen und Meinungen sind. Dies heißt auch: Sobald wir unsere Interpretationen überprüfen bzw. zu ändern bereit sind, kommt wieder Bewegung ins Spiel: Wir können uns selbst besser erkennen, neue Handlungsalternativen bieten sich an – und dies ist ja gerade eines der wesentlichen Ziele allen Fragens.

Zirkuläre Fragen zeigen, dass unser Wissen hinsichtlich dessen, was andere denken, begrenzt ist

> *„Wie schätzt Ihr Kollege Ihrer Meinung nach Ihre Zusammenarbeit ein?"*
> *„Was würde Ihr Kollege denken, wenn Sie ab morgen Ihr Vorgehen so ändern würden, wie Sie es eben vorschlugen?"*
> *„Wie, glauben Sie, beurteilt das Team den Konflikt zwischen Ihnen und Ihrem Kollegen?"*
> *„Wie schätzen Ihre Mitarbeiter Sie als Chef ein?"*
> *„Welches Bild hat der Lieferant vermutlich von der künftigen Kooperation?"*

Anwendungssituationen: In allen Kontexten, in denen eine genaue Untersuchung der Zusammenhänge, der Fakten und der inneren Bilder von der Lage und den gegebenen Möglichkeiten notwendig ist, sind zirkuläre Fragen hilfreich. Voraussetzung dafür ist die Bereitschaft und Fähigkeit Ihres Gesprächspartners, mit Ihnen in die Welt der Hypothesen und Annahmen einzutauchen.

Alle denkbaren Hinsichten einer komplexen Situation ausloten

Wirkungen: Oft ermöglicht eine zirkuläre Frage es dem Gesprächspartner, die Perspektive anderer Betroffener einzunehmen. Sich selbst sieht er dann – manchmal zu seiner eigenen Überraschung – wie von außen. Zirkuläre Fragen haben deshalb vielfach eine öffnende Wirkung im Gespräch.

Zirkuläre Fragen ermöglichen es, die Sicht anderer einzunehmen

• *Suggestivfragen – Vorsicht, Falle*

Suggestivfragen sind in vielen Fällen keine echten Fragen. Sie enthalten Bewertungen oder Unterstellungen, die die Antwortmöglichkeiten des Gesprächspartners stark einschränken oder auf eine einzige Alternative begrenzen (sollen).

Suggestivfragen arbeiten oft mit unterschwelligen negativen Tendenzen

Viele Suggestivfragen haben, wie unten dargestellt, eine negative Tendenz. Unterschwellig, unausgesprochen schwingen oft handfeste Vorwürfe, Abwertungen und Sanktionsandrohungen mit, die, wenn man sie in Worte kleiden würde, etwa so klingen würden:

Suggestive Frage	**Unterschwellige Tendenz**
„Sind Sie nicht auch der Meinung, dass Sie sich um diese Angelegenheit schon eher hätten kümmern müssen?"	*„Sie hätten sich unbedingt schon eher um diese Angelegenheit kümmern müssen!"*
„Wollen Sie nicht zuallererst Ihren Arbeitsplatz sichern?"	*„Wenn Sie Ihren Arbeitsplatz sichern wollen, sollten Sie sich meinen Ausführungen anschließen, ansonsten kann ich für nichts garantieren!"*
„Ist es Ihr Ernst, dass Sie in dieser angespannten Finanzlage auch noch das Personal aufstocken möchten?"	*„Gerade von Ihnen hatte ich einen kompetenteren Ratschlag erwartet!"*

Selbst wenn die Fragen vom „Sender" nicht so krass gemeint sind: Immerhin könnte ihr Gehalt vom Empfänger wie angedeutet interpretiert werden, was kaum im Interesse des Fragenden liegen kann.

Wirkungen: Der Gesprächspartner geht möglicherweise unmittelbar in den Widerstand und reagiert seinerseits aggressiv auf die unter-

Suggestivfragen wirken in der Regel negativ

schwelligen Angriffe (wobei er seine Gegenattacke vermutlich auf dem unverfänglichen Feld der Sachargumente austrägt), oder er folgt zwar dem geheimen Plan des Fragenden und gibt klein bei, ist aber hinterher nicht wirklich zufrieden mit dem Gesprächsergebnis, sodass er nachkartet oder das Gesprächsergebnis im Nachhinein unterwandert.

Deshalb:

VERZICHTEN SIE AUF SUGGESTIVFRAGEN MIT NEGATIVER TENDENZ!

Benutzen Sie besser positive Suggestionen, die den Gesprächspartner aufwerten und aktivieren

Wenn Sie werthaltige oder beziehungsrelevante Botschaften vermitteln wollen, können Sie positive Suggestionen nutzen, die den Gesprächspartner aufwerten und aktivieren. Verbinden Sie hierbei jeweils die positive Suggestion mit einer „echten" Frage. Diese Kombination nennt man auch Stimulationsfrage.

„Welches Vorgehen empfehlen Sie aus der Expertensicht?"
„Wie würden Sie aus Ihrer langjährigen Erfahrung heraus den akuten Fachkräftemangel in diesem Arbeitsbereich beheben?"

Doch auch hier sollte eine gewisse Vorsicht walten. Wird das Lob zu dick aufgetragen und fühlt der Gesprächspartner sich „eingeseift", ist Misstrauen die Folge.

Abschließend noch ein paar allgemeine Hinweise für das Formulieren von Fragen.

Tipps für das Formulieren von Fragen

- Stellen Sie Ihre Fragen so, dass deren Beantwortung nicht nur für Sie, sondern auch für den Mitarbeiter interessant und bereichernd ist.
- Formulieren Sie Ihre Fragen wertneutral.
- Fragen Sie in knappen Worten.
- Geben Sie bei ungewöhnlichen Fragen eine Begründung, warum Sie fragen.
- Machen Sie eine Pause, wenn Sie etwas gefragt haben; lassen Sie Ihrem Partner Zeit zum Nachdenken.
- Stellen Sie nicht mehrere Fragen auf einmal.
- Sind Sie in Frage-Antwort-Sequenzen als Fragender aktiv, bereichern Sie die Fragenfolge durch Informationen und persönliche Einschätzungen, damit beim Gesprächspartner nicht der Eindruck eines Verhörs entsteht.

5.3 Verständliches Informieren

Mitarbeiter zu informieren gehört zu den grundlegenden Führungsaufgaben. Die Unternehmen und die Unternehmensumwelten verändern sich immer rascher, sodass permanent Informationsbedarf herrscht: Welche Entwicklungen im Unternehmen sind im Augenblick relevant für unseren Arbeitsbereich? Welche Entscheidungen, von denen wir beeinflusst werden, hat das Management getroffen? Welche Wünsche tragen Kunden zur Zeit an uns heran? Welche Mitarbeiterbedürfnisse im Arbeitsbereich müssen aktuell koordiniert werden? –

Es herrscht permanenter Informationsbedarf

Oft besitzt die Führungskraft einen Informationsvorsprung, wenn es um die Beantwortung dieser und ähnlicher Fragen geht. Diesen Vorsprung abzubauen und Mitarbeiter zu informieren schafft Sicherheit. Diese wissen dann, woran sie sind. Sie können auf der Grundlage einer transparenten Situation selbst Prioritäten setzen und ihre Arbeit sinnvoll und zielorientiert strukturieren. Und sie brauchen keine Spekulationen darüber anzustellen, wie sich die Realität „wirklich" darstellt, ... was „hinter den Kulissen" läuft. Gerade in Phasen von Umstrukturierungen, Fusionen und einschneidenden Marktveränderungen ist dies von besonderer Bedeutung. Denn sich ankündigende Veränderungen werden immer von Fantasien und insbesondere der Furcht vor dem Verlust des Arbeitsplatzes begleitet. Es entsteht ein lebhafter Austausch von Meinungen und inoffiziellen Teilinformationen, der Zeit bindet und mentale Energie kostet. Wertschöpfende, effektive Tätigkeiten treten in solchen Phasen oft in den Hintergrund.

Informationsmangel in Bezug auf anstehende Veränderungen fördert Gerüchte und führt zu Unsicherheit

Doch nicht nur in den großen Zusammenhängen spielt verständliches Informieren eine wichtige Rolle. Auch bei konkreten operativen Führungstätigkeiten wie z. B. beim Delegieren einer Aufgabe ist es entscheidend, dass der Vorgesetzte die relevanten Informationen so „rüberbringt", dass der Mitarbeiter sie ohne Missverständnis aufnehmen und die übertragene Aufgabe im gewünschten Sinne ausführen kann.

Beim Delegieren einer Aufgabe ist es entscheidend, dass der Vorgesetzte die relevanten Informationen richtig „rüberbringt"

Dass Information wichtig ist, ist allgemein unbestritten. Nicht nur für den Bereich elektronischer Medien, für das Internet und das Intranet gilt, dass die rasche Verfügbarmachung und Vernetzung von Information vielleicht die wichtigste Voraussetzung für den Unternehmenserfolg von morgen ist. Das Gleiche trifft auch auf den zwischenmenschlichen Bereich zu. Es haben diejenigen Unternehmen einen Vorteil gegenüber den Mitbewerbern, in denen die Mitarbeiter schneller und unbürokratischer Informationslücken schließen und ihr Wissen leichter über hierarchische Grenzen hinweg miteinander teilen. Diese Unternehmen erreichen ihre Ziele effektiver und reibungsärmer. –

Unternehmen mit funktionierendem Wissens- und Informationsmanagement sichern sich Wettbewerbsvorteile

Die Frage, die sich im Bereich der mündlichen Kommunikation stellt, ist: Worauf sollte man beim Vermitteln von Informationen besonders

Was ist zu beachten, wenn mündliche Informationsübermittlung erfolgreich sein soll?

achten, wenn man sichergehen möchte, dass möglichst wenige Fakten verloren gehen bzw. entstellt werden.

Am griffigsten wurden die wesentlichen Merkmale adressatengerechten Informierens im berühmten **VERSTÄNDLICHKEITSMODELL** von Langer und Schulz von Thun (1981) formuliert. Ursprünglich bezog es sich auf den Bereich schriftlicher Kommunikation; es hat sich dann auch im Bereich der Gesprächsführung bewährt. In diesem Modell werden vier Dimensionen der Verständlichkeit unterschieden:

Einfachheit	Gliederung / Ordnung
Kürze / Prägnanz	Zusätzliche Anregung

Das „Verständlichkeitsfenster" von Langer und Schulz von Thun

Diese Dimensionen oder auch Hauptmerkmale der Verständlichkeit lassen sich so beschreiben:

Einfachheit

- Kurze Sätze
- Nebensätze nachgeordnet, keine Verschachtelungen
- bekannte, dem Partner geläufige Wörter
- Fremdworte werden erklärt
- Anschaulichkeit und Konkretheit

Komplizierte Formulierung

„Was die letzten Einzahlungen in die gemeinsame Kaffeekasse angeht, so habe ich registriert, dass einige Kollegen mit überraschenden finanziellen Limitierungen auf die spezifischen Differenzierungen beim Kaffeekonsum reagiert haben."

Einfache Formulierung

„Letzte Woche haben einige Kollegen weniger Geld in die Kaffekasse gezahlt, als wir vereinbart hatten. Dies haben sie damit begründet, dass sie weniger Kaffee als die anderen getrunken haben."

Gliederung/Ordnung

- Ankündigung, wie das Gesagte aufgebaut sein wird
- logischer Aufbau, ... alles schön der Reihe nach
- Unterscheidung von Wesentlichem und Unwesentlichem
- Zusammenfassungen
- Überleitungen von einem Gedanken zum nächsten

Unübersichtliche Formulierung

„Dazu fällt mir noch ein, dass wir auch noch über die Kaffeekasse sprechen wollten, aber vorher sollten wir natürlich mit dem Urlaubsplan weiterkommen. Vielleicht haben Sie ja auch noch Themen, die Sie heute gerne besprechen möchten, wobei wir natürlich nicht vergessen sollten, dass auch noch die Anschaffung neuer PCs auf dem Programm steht."

Gegliederte Formulierung

„Unser Hauptthema heute ist der Urlaubsplan, da die Zeit für einige von Ihnen drängt. Ein weiteres wichtiges Thema ist die Anschaffung neuer PCs. Ein letztes Thema, das ich heute einbringen möchte, ist das der Einzahlungen in die Kaffeekasse, da hier einige Kollegen Gesprächsbedarf angemeldet haben. Welche Themen möchten Sie noch in die Tagesordnung aufnehmen?"

Kürze/Prägnanz

- auf das Wesentliche beschränkt
- auf das Ziel konzentriert
- keine Abschweifungen
- sehr gedrängt

Weitschweifige Formulierung

„Immer sind drei Sachen gleichzeitig zu erledigen. Und immer ist alles gleich wichtig. Das Telefon klingelt, ich versuche hier die Monatszahlen auszuwerten, und Sie kommen herein und möchten mit mir über Ihre Urlaubsplanung sprechen. Gestern gab es eine ähnliche Situation, da kam der Kollege Müller und wollte unbedingt sofort ..."

Kurze Formulierung

„Würde es Ihnen etwas ausmachen, noch Mal in zehn Minuten zu kommen, damit ich zunächst die Auswertung der Monatszahlen abschließen kann?"

Zusätzliche Anregung

- Anreicherung durch Beispiele, Geschichten
- Nutzung von Metaphern, Bildern, Vergleichen
- Anrede, Motivierung des Partners
- Bezug auf Erfahrungen des Partners

Formulierung ohne zusätzliche Anregung	Formulierung mit zusätzlicher Anregung
„Ich empfehle, dass wir zunächst einen Testlauf durchführen, bevor wir entscheiden, ob wir die Maschine kaufen oder nicht."	*„Wir sollten zunächst einen Probelauf durchführen, bevor wir über einen Kauf der Maschine entscheiden. Das ist für mich wie beim Autokauf. Der Preis mag noch so günstig scheinen, aber bevor ich mich festlege, mache ich eine Probefahrt und überzeuge mich selbst von Vor- und Nachteilen. Und Sie erinnern sich an die Maschine, die wir im letzten Februar kauften. Da hat uns der Testlauf viel Ärger erspart."*

Die richtige Balance zwischen den Elementen der Verständlichkeit hängt von der jeweiligen Situation ab

Wenn Sie Mitarbeitern Informationen verständlich vermitteln wollen, sollten Sie also versuchen, Ihre Beiträge einfach, strukturiert, kurz und anregend zu formulieren. Jedoch lassen sich nicht immer alle vier Kriterien in gleichem Maße berücksichtigen. So können Sie einen Beitrag kaum sehr kurz und zugleich reichhaltig garniert mit Bildern, Vergleichen, ausschmückenden Details gestalten. Bezogen auf das Vorwissen, den Motivationsgrad des Partners und andere situative Faktoren wie zeitliche Rahmenbedingungen, müssen Sie entscheiden, welche Merkmale Sie besonders stark gewichten wollen. Finden Sie die richtige Balance!

Anwendungssituationen: Überall, wo Informationsdefizite existieren, wo Unklarheiten im Hinblick auf Ziele und Bewertungen herrschen, wo Spekulationen und Gerüchte kursieren, ist „freigebiges" Informationsverhalten von hoher Bedeutung.

Es trägt zur Versachlichung von Gesprächen bei, wenn alle Informationen auf dem Tisch liegen

Wirkungen: Es trägt zur Versachlichung von Gesprächen bei, wenn alle Informationen auf dem Tisch liegen. Der Gesprächspartner kann sein eigenes Verhalten am objektiv gegebenen Stand der Dinge ausrichten; seine Urteilsfähigkeit erhöht sich. In menschlicher Hinsicht fühlt er sich einbezogen und als Mithandelnder ernst genommen; gerade in veränderungsträchtigen Situationen wird der Korridor für „wilde" Spekulationen und überschießende Fantasien durch eine offene Informationspolitik geringer. Die Energien können wieder verstärkt für wichtige Tätigkeiten eingesetzt werden.

Durch „freigebiges" Informationsverhalten lässt sich dem Gesprächspartner Wertschätzung vermitteln

---

Tipps für partnerbezogenes Informieren

- Gestalten Sie Ihre informativen Beiträge so kurz und prägnant wie eben möglich; lange Monologe machen den Gesprächspartner passiv und erzeugen Unwillen. SELEKTIEREN SIE SINNVOLL!

- HOLEN SIE DEN ANDEREN DA AB, WO ER SICH GERADE BEFINDET. Welche Informationen besitzt er schon? Welche (Informations-)Bedürfnisse hat er aktuell? Wie relevant ist das Thema für ihn? Transportieren Sie durch anschauliche Beispiele komplizierte Sachverhalte so, dass der andere sie in seine Erfahrungswelt übertragen kann?

- MACHEN SIE DAS, WAS SIE SAGEN, SINNLICH ERFAHRBAR. Produzieren Sie Bilder für das Auge, Klänge für das Ohr, für die Hände Greifbares, vermitteln Sie Düfte und Geschmackseindrücke. So haben Sie die besten Chancen, das Sinnensystem zu treffen, auf das Ihr Gesprächspartner am meisten anspricht.

- ZEIGEN SIE SICH BETROFFEN UND BRINGEN SIE SICH PERSÖNLICH EIN; formulieren Sie Ich-Botschaften (siehe nächstes Kapitel) und sagen Sie, welche Bedeutung die vermittelten Informationen für Sie haben.

- ERMUNTERN SIE IHR GEGENÜBER ZU RÜCKFRAGEN.

- Bei wichtigen komplexen Sachverhalten oder Anweisungen BITTEN SIE IHREN GESPRÄCHSPARTNER, WIEDERZUGEBEN, WIE DIE INFORMATIONEN BEI IHM ANGEKOMMEN SIND, ... was er von ihnen aufgenommen hat. Nutzen Sie auch hierfür die partnerschaftliche Ich-Form, und übernehmen Sie die Verantwortung für einen möglicherweise misslungenen Kommunikationsvorgang. Beispiel: *„Ich bin nicht sicher, ob ich Ihnen die Reihenfolge der Bedienungsschritte verständlich genug vermittelt habe. Könnten Sie nochmal zusammenfassen, was bisher bei Ihnen angekommen ist?"*

5.4 Ich-Aussagen formulieren

Es ist aufschlussreich, kleine Kinder zu beobachten, die gerade eine unangenehme Erfahrung gemacht haben. Ein Kind sagt zum Beispiel: *„Ich bin traurig, weil der Ole mich nicht mitspielen lässt."* Ein paar Jahre später erlebt man bei dem Kind in einer vergleichbaren Situation oft eine veränderte Reaktion. Dann heißt es: *„Der Ole ist blöd. Der darf bei mir auch nie mehr mitspielen."* Im ersten Fall ist das Kind ganz bei sich, es ist eins mit seiner Traurigkeit. Später beginnt es, einem anderen die Schuld zuzuweisen und sich Sanktionen auszudenken. Der Keim für Eskalationen und sich verhärtende Fronten ist gelegt nach dem Motto „Wie du mir, so ich dir".

Oft drückt man nicht aus, was man selber empfindet, sondern überträgt die eigene Befindlichkeit in eine – vermeintlich objektive – Aussage über den Gesprächspartner

Diesen Vorgang der Übertragung eines eigenen Gefühls (z.B. *„Ich fühle mich ausgegrenzt"*) in eine Aussage über den anderen (z.B. *„Du bist nicht kooperativ"*) findet man nicht selten auch in der Kommunikation unter Erwachsenen. Gerade in der Arbeitswelt, in der Gefühle nach häufig vertretener Auffassung nichts zu suchen haben, ist die Übersetzung einer Empfindung in eine scheinbar objektive Beschreibung eines anderen immer wieder anzutreffen.

Aussagen über den anderen bezeichnet man hierbei als Du-Aussagen. Aussagen, mit denen man eigene Sichtweisen, Empfindungen und Reaktionen offenbart, nennt man Ich-Aussagen.

> Die klare Formulierung von Ich-Aussagen und die Vermeidung von Du-Aussagen ist vor allem in belasteten Gesprächssituationen eine der wirksamsten Methoden zur Aufrechterhaltung eines konstruktiven Gesprächsklimas.

Wissenswertes über Du-Aussagen

Zunächst einige Beispiele für Du-Aussagen (hier in der Höflichkeitsform des „Sie" formuliert):

„Sie immer mit Ihren neuen Ideen."	… verallgemeinern
„Seien Sie nicht immer so dominant."	… anleiten, befehlen
„Da haben Sie Unrecht."	… kritisieren, verurteilen
„Sie tun das nur, um sich zu profilieren."	… analysieren, psychologisieren
„Das müssten Sie eigentlich besser wissen."	… Maßstäbe setzen
„Es ist ein Gebot der Fairness, dass Sie auch die Kollegen zum Zuge kommen lassen."	… moralisieren
„Wenn Sie sich nicht ändern, werden Sie Schwierigkeiten bekommen."	… warnen, drohen
„Sie machen Fehler wie ein Auszubildender."	… spotten

Kritik oder Nicht-Übereinstimmung, die in der Du-Form geäußert wird, beeinträchtigt das Gesprächsklima. Thomas Gordon (1990) führt konkret folgende Gründe an, die gegen die Verwendung von Du-Aussagen sprechen:

Warum man Du-Botschaften vermeiden sollte:

1. Sie verursachen Schuldgefühle.
2. Sie werden als Tadel, Herabsetzung, Kritik, Ablehnung empfunden.
3. Sie können den Eindruck erwecken, man missachtet den anderen.
4. Sie provozieren häufig (…) Vergeltungsmaßnahmen.
5. Sie können der Selbstachtung des Empfängers schaden.
6. An Stelle der Bereitschaft für Veränderung können sie Widerstand gegen diese hervorrufen.
7. Sie können den anderen verletzen und später Groll in ihm wecken.
8. Sie werden häufig als bestrafend empfunden.

Neben den Du-Botschaften werden zum (oft unbewussten) Verdecken persönlicher Anliegen auch **MAN-BOTSCHAFTEN**, im Passiv geäußerte Botschaften oder auch Aussagen über „jeden" und „alle" genutzt:

Auch „Man-Botschaften" versuchen, persönliche Befindlichkeiten zu „objektivieren"

„Man strampelt sich hier ab und was ist der Dank dafür?"	statt	*„Ich strampele mich hier ab und finde, dass Sie dies zu wenig anerkennen."*
„Hier wird nur gemeckert!"	statt	*„Ihre Kritik nimmt mir die Lust an dieser Aufgabe."*
„Jeder von uns will doch das Projekt so schnell wie möglich abschließen."	statt	*„Ich will das Projekt so schnell wie möglich abschließen."*

Wenn wir Ich-Aussagen verwenden, verzichten wir auf den Schutz der Verallgemeinerung und auf die Verlagerung der Aufmerksamkeit auf eine andere Person. Wir verzichten darauf, den Ausdruck unserer etwaigen Aggressionen damit zu bemänteln, dass wir einem anderen Eigenschaften zuschreiben (wie faul, dominant, egoistisch, ehrgeizig). Mit Ich-Aussagen kehren wir zu uns selbst zurück. Sie sind einfach, kraftvoll und zeigen Selbstbewusstsein:

Ich-Aussagen zeugen von Selbstbewusstsein

„Von diesem Vorschlag bin ich sehr überrascht."
„Ich wünsche mir, dass Sie in Besprechungen andere Kollegen stärker zu Wort kommen lassen."
„In diesem Punkt bin ich nicht Ihrer Meinung."

„Ich habe nicht verstanden, warum Sie dies getan haben."
„Ich bin davon ausgegangen, dass Sie die notwendigen Informationen haben, um dieses Problem zu lösen."
„Ich möchte in diesem Punkt gern alle Kollegen gleich behandeln."
„Ich würde gern mit Ihnen darüber sprechen, welche Wirkungen dieses Verhalten hat."
„Mit diesem Fehler habe ich nicht gerechnet."
„Von Ihrer Vorlage bin ich schon ein wenig enttäuscht."
„Es hat mich geärgert, dass Sie nicht mit mir gesprochen haben, bevor Sie zu dem Kunden gefahren sind."
„Ich möchte mir dies in Ruhe überlegen."
„Bei dieser Aufgabe wünsche ich mir mehr Engagement von Ihnen."
„Ich freue mich, dass wir hier einer Meinung sind."

Die ersten acht dieser Formulierungsvorschläge können Sie übrigens als Alternativen zu den oben wiedergegebenen Du-Botschaften betrachten.

Statt Einsicht lösen Du-Botschaften Rechtfertigungen aus

Den Wahrheitsgehalt von Du-Botschaften leugnet der Empfänger häufig ab. Statt Einsicht lösen Du-Botschaften Rechtfertigungen aus. Zum Beispiel: *„Ich wollte mich mit diesem Verhalten nicht profilieren, sondern ich wollte nur alle darauf aufmerksam machen, dass ich …"* Im gleichen Atemzug folgt oft schon der Gegenangriff: *„Das finde ich schon erstaunlich, dass ausgerechnet Sie sagen, ich wolle mich profilieren, wo doch gerade Sie selbst immer wieder herausstellen, wie sehr …"* Durch Ich-Botschaften kann man diesen Gesprächskillern vorbeugen.

Hier einige Beispiele:

Du-Botschaft:	*„Was Sie da getan haben, war völlig unlogisch."*
Antwort:	*„Es war sogar sehr logisch, denn Sie müssten doch wissen, dass …"*
Stattdessen die Ich-Botschaft:	*„Ich habe nicht verstanden, warum Sie dies getan haben."*
Unwahrscheinliche Antwort:	*„Sie haben doch verstanden, warum ich dies getan habe."*
Wahrscheinliche Antwort:	*„Ich will Ihnen meine Gründe nennen."*
oder:	*„Was haben Sie daran nicht verstanden?"*
Du-Botschaft:	*„Ihre Vorlage war sehr dürftig."*
Antwort:	*„Ich habe genau diejenigen Aspekte herausgearbeitet, die Sie mir in unserem Vorgespräch nannten."*

Stattdessen die Ich-Botschaft:	*„Von Ihrer Vorlage bin ich schon ein wenig enttäuscht."*
Unwahrscheinliche Antwort:	*„Von dieser Vorlage sind Sie nicht enttäuscht."*
Wahrscheinliche Antwort:	*„Was hat Ihnen an der Vorlage nicht gefallen?"*

ICH-BOTSCHAFTEN LÖSEN EHER FRAGEN AUS STATT RECHTFERTIGUN-GEN. DAS GESPRÄCH BLEIBT KONSTRUKTIV.

• **Erweiterte Ich-Aussagen**

Um den Hintergrund Ihrer Ich-Aussagen deutlicher werden zu lassen und um Ihrem Gesprächspartner die Möglichkeit zu geben, sein Verhalten neu auszurichten, können Sie Ich-Aussagen erweitern.

Ich-Aussagen können erweitert werden, um dem Gesprächspartner die Möglichkeit zu geben, sein Verhalten neu auszurichten

Formel für erweiterte Ich-Aussagen:
VERHALTEN + WIRKUNGEN + GEFÜHLE + WUNSCH

Verhalten

Welches Verhalten habe ich bei meinem Gesprächspartner konkret beobachtet? Auf welche Handlung oder welchen Gesprächsbeitrag meines Gesprächspartners beziehe ich mich? Wodurch ist meine jetzige Äußerung veranlasst?

„Das Protokoll unserer letzten Projektbesprechung haben Sie den Teammitgliedern nicht zum besprochenen Termin zugänglich gemacht."

Wirkungen

Was hat das Verhalten oder was haben die Handlungen des Gesprächspartners ausgelöst? Welche Folgen sind eingetreten?

„Da das Protokoll wichtige Informationen enthält, können wir im Augenblick an einigen zentralen Punkten nicht weiterarbeiten. Vier Kollegen haben mich schon angerufen und mich gefragt, wann das Protokoll endlich da ist."

Gefühle

Welche Empfindungen hat das Verhalten des Gesprächspartners bei mir verursacht?

> *„Ich habe mich darüber geärgert, dass ich die Kollegen vertrösten musste, und ich mache mir Sorgen darüber, dass wir den vorgesehenen Endtermin unseres Projektes möglicherweise nicht werden halten können."*

Wunsch

Was wünsche ich mir vom Gesprächspartner? Worum möchte ich ihn bitten? Die Bitte kann als Frage geäußert werden. (In äußerst kritischen und dringlichen Situationen, z.B. bei Ermahnungen, können Sie als Vorgesetzter an dieser Stelle auch Anweisungen geben.)

> *„Ist es Ihnen möglich, den Teammitgliedern das Protokoll noch heute per E-Mail zuzusenden?"*

Die Reihenfolge der Elemente der Formel kann variiert werden.

Erweiterte Ich-Aussagen lassen sich nicht nur in Situationen, die Anlass zur Kritik geben, sinnvoll anwenden, sondern besonders auch dann, wenn Sie Ihrem Gesprächspartner ein konkretes Lob aussprechen wollen, an dem er weiter wachsen kann. (Zu Anerkennung und Kritik vgl. auch Teil 3, Kap. 5)

Ein Beispiel:

> *„Das Konzept, um das ich Sie bat, enthält alle wichtigen Punkte, und Sie haben es außerdem sehr ansprechend formuliert **(Verhalten)**. Ich werde es genau so, wie Sie es vorbereitet haben, weiterleiten **(Wirkungen)**. Mich freut es sehr, dass Sie sich so schnell in die Materie eingearbeitet haben **(Gefühle)**. Sie haben im konzeptionellen Bereich eine außergewöhnliche Stärke, die Sie so viel wie möglich nutzen sollten **(Wunsch)**."*

Wenn man darauf verzichten möchte, dass das Lob einen appellativen Charakter bekommt, kann man auf die Äußerung des Wunsches auch verzichten.

Ich-Aussagen können Sie einsetzen, wenn Sie Ihre persönliche Sichtweise, Ihre Wünsche und Ihre emotionale Stellungnahme verdeutlichen wollen

Anwendungssituationen: Ich-Aussagen können Sie immer dann einsetzen, wenn es Ihnen wichtig ist, Ihre persönliche Sichtweise, Ihre Wünsche und Ihre emotionale Stellungnahme deutlich kenntlich zu machen. Sie sind die Kernelemente jeder Rückmeldung (siehe dazu auch das nächste Kapitel) und finden daher Anwendung in praktisch allen Beurteilungs-, Zielvereinbarungs- und Entwicklungsgesprächen sowie in allen Konfliktsituationen. Vor allem dann, wenn Sie gefühlsmäßig stark involviert sind, sollten Sie Ich-Aussagen nutzen, um Ihren Standpunkt deutlich, wertschätzend und wirksam darzustellen.

Wirkungen: Ich-Aussagen haben einen klärenden Charakter. Sie zeigen Mitarbeitern, wie ihr Verhalten auf andere wirkt. Und sie verdeutlichen (gerade in Teamsituationen), dass diese Wirkungen durchaus variieren können: Ein Verhalten, das auf den einen Kollegen positiv wirkt, empfindet möglicherweise ein anderer als störend. So erhält die Person, die Ich-Botschaften empfängt, eine differenziertere Möglichkeit, sich auf verschiedene Situationen und Bedürfnisse genau einzustellen bzw. klar zu entscheiden, ob sie dies möchte oder lieber die Konsequenzen des bisherigen Verhaltens trägt. Ich-Aussagen sind deutlich als persönliche, relativierbare Stellungnahmen gekennzeichnet. Sie stellen nicht Einzelaussagen als allgemein gültig dar, sie fordern nicht und legen den anderen auch nicht auf Dauer auf eine bestimmte Charaktereigenschaft fest. Daher werden sie als wertschätzend empfunden. In kritischen Situationen wirken sie deeskalierend. Ich-Aussagen öffnen die Tür für ein gegenseitiges Verständnis und für persönliche Annäherung.

Wenn Sie gefühlsmäßig stark involviert sind, sollten Sie Ich-Aussagen nutzen, um Ihren Standpunkt deutlich, wertschätzend und wirksam darzustellen

Ich-Aussagen zeigen dem Gegenüber, wie sein Verhalten auf andere wirkt

5.5 Rückmeldung geben und empfangen – Feedback

Unternehmen und Unternehmensumfelder verändern sich immer rascher. Täglich werden an Führungskräfte und Mitarbeiter neue Anforderungen gestellt. Handlungsweisen, die gestern noch sinnvoll waren, sind es heute schon nicht mehr. Und niemand weiß, was objektiv richtig ist oder nicht: Wie sollten zwei Kollegen, die sich ein Büro teilen, miteinander umgehen? Rücksichtsvoll, sicherlich, aber was bedeutet das genau? Wie bekommen wir heraus, welche Rücksicht sich der andere wünscht, und wie formulieren wir unsere Rücksichtserwartung? Welcher Standard gelten soll, was geht und was nicht geht, dies muss jede „Bürogemeinschaft" individuell für sich herausfinden. Man spielt sich aufeinander ein, ich spüre, der andere mag es nicht so gern, wenn ich die Heizung so hoch drehe, ... denn er hat kurz sein Gesicht verzogen. Und er schätzt es nicht, wenn ich lange privat telefoniere, ... denn hinterher ist er immer sehr wortkarg. Wie wünschen sich „meine" Mitarbeiter mich als Chef? Sie sind immer sehr freundlich zu mir, also sind sie wohl mit meinem Führungsstil zufrieden. Wirklich? Weiß ich das oder glaube ich das? Vielleicht trauen sie sich nur nicht, mit mir über das zu sprechen, was sie an mir nicht mögen. –

Fazit: Wir haben mehr oder weniger treffende Annahmen darüber, wie andere uns wahrnehmen, aber Sicherheit gewinnen wir nur, wenn wir darüber sprechen, wie wir uns gegenseitig erleben.

Unternehmen und Unternehmensumfelder verändern sich immer rascher; Handlungs- und Verhaltensweisen werden ständig in Frage gestellt

RÜCKMELDUNG GEBEN BEDEUTET, EINEN ANDEREN MENSCHEN DARÜBER ZU INFORMIEREN, WIE WIR IHN WAHRNEHMEN, VERSTEHEN UND EMPFINDEN.

Eine „intakte Feedback-Kultur" ist für Teams und Arbeitsgruppen maßgebend, um zu gemeinsamem zielorientierten Handeln zu gelangen

Sich immer wieder offen Rückmeldungen zu geben – man spricht in diesem Zusammenhang auch von einer „intakten Feedback-Kultur" – ist für Teams und Arbeitsgruppen einer der zentralen Schlüssel, um zu gemeinsamem zielorientiertem Handeln und zu einer harmonischen Arbeitsbeziehung zu gelangen. Darüber hinaus ist Feedback eine der wichtigsten Möglichkeiten, den individuellen Wachstumsprozess einer Person zu unterstützen.

Die Bezeichnung „Feedback" entstammt ursprünglich der Kybernetik und bedeutet „Rückkopplung". Rückkopplungen geben wir laufend, wenn wir mit anderen Menschen interagieren. Jede Reaktion auf das Verhalten eines anderen, ein Stirnrunzeln oder ein Lächeln, das Verlassen des Raumes, jede unserer Antworten enthält Feedbackanteile. Durch die Kultivierung von Feedback werden diese Reaktionsmechanismen ins Bewusstsein gehoben und damit bearbeitbar, veränderbar gemacht.

Für das Geben und Nehmen von Feedback gibt es einige bewährte Regeln. Die wichtigste: den anderen nicht abwerten.

Regeln für das Geben von Feedback

- Geben Sie nur Feedback, wenn Ihr Gesprächspartner bereit ist, das Feedback anzunehmen und wenn die Situation Offenheit zulässt. FEEDBACK ANBIETEN, NICHT AUFDRÄNGEN!
- Beziehen Sie sich auf begrenzte Verhaltensweisen. Schildern Sie, was Sie an der anderen Person beobachtet haben, was Sie an sich selbst beobachtet haben und was Sie empfinden. NUTZEN SIE DAZU ICH-AUSSAGEN.
- Kennzeichnen Sie Beobachtungen als Beobachtungen, Meinungen als Meinungen und Hypothesen als Hypothesen.
- Verzichten Sie auf Wertungen.
- Die Verhaltensweisen, zu denen Sie Feedback geben, sollte der Empfänger auch verändern können (gerade bei kritischem Feedback).
- Verlangen Sie nicht vom Mitarbeiter, dass er Ihr Feedback sofort akzeptiert. GEBEN SIE IHM ZEIT, die Diskrepanz zwischen Selbstbild und Fremdbild zu verarbeiten.
- Wenn Sie feststellen, dass Ihr Gesprächspartner mit Rechtfertigungen auf Ihr Feeback reagiert, sprechen sie dies offen an, und fragen Sie, ob und ggf. warum Ihr Feedback als Vorwurf empfunden wird.

- **GEBEN SIE FEEDBACK SOBALD WIE MÖGLICH.** Direktes Feedback statt „globaler Abrechnung".
- Feedback sollte prinzipiell umkehrbar sein. Ein Feedback, das Sie Ihrem Gesprächspartner geben, sollte er im Sinne partnerschaftlicher Kommunikation auch Ihnen geben dürfen .
- Geben Sie Feedback nicht nur zu in Ihren Augen kritischen, sondern AUCH ZU POSITIVEN VERHALTENSASPEKTEN Ihres Gesprächspartners.

Einige Beispiele:

„Ich bin etwas überrascht, da ich mit einer Forderung in dieser Höhe nicht gerechnet habe."

„Ich merke, Sie zögern, einen konkreten Terminvorschlag anzubieten. Könnte es sein, dass Sie sich die Sache lieber noch einmal überlegen wollen, anstatt sich jetzt schon festzulegen?"

„In der vergangenen Woche sind Sie dreimal zu spät gekommen, und Sie wirken so, als wären Sie zurzeit besonderen Belastungen ausgesetzt."

„Sie haben sich bisher zu dieser Thematik noch nicht geäußert. Ich würde gerne Ihre Meinung kennen lernen."

„Wir sprechen bislang ausschließlich über Ihren Vorschlag, und ich befürchte, dass die Kollegen ihre Ideen nicht mehr einbringen können, wenn wir in diesem Tempo weitermachen."

„Ich sehe, Sie lächeln, und nehme das als Zustimmung zu meinem Vorschlag."

„Eine Zeit lang dachte ich, dass wir nicht gut zusammenarbeiten könnten, aber jetzt habe ich den Eindruck, dass wir uns gut verstehen."

Ebenso wichtig wie das Feedback, das Führungskräfte geben, ist das Feedback, das sie von ihren Mitarbeitern erhalten. Feedback erhalten können heißt Partnerschaft in der Zusammenarbeit ernst nehmen. Ein Vorgesetzter etwa, der auf eine kritische Rückmeldung seitens eines Mitarbeiters mit Rechtfertigungen oder gar Sanktionen reagiert, wird eine solche Rückmeldung vermutlich in Zukunft nicht mehr erhalten. Er wird künftig also weniger Informationen bezüglich der Wirkungen seines Handelns bekommen; die Datenbasis, auf deren Grundlage er agiert, wird schmaler. Überdies entsteht eine Atmosphäre der Distanziertheit, wenn nicht gar der Angst.

Ebenso wichtig wie das Feedback, das Führungskräfte geben, ist das Feedback, das sie von ihren Mitarbeitern erhalten

BITTEN SIE KOLLEGEN UND MITARBEITER UM FEEDBACK, DAMIT SIE MEHR ÜBER IHRE WIRKUNG AUF ANDERE ERFAHREN UND IHR EIGENES VERHALTEN ÜBERPRÜFEN KÖNNEN.

Auch für das Empfangen von Feedback haben sich einige Grundsätze bewährt.

Regeln für das Empfangen von Feedback

- ZUHÖREN und das Feedback aufnehmen.
- NICHT RECHTFERTIGEN, NICHT ARGUMENTIEREN.
- Fragen Sie nach, wenn Sie etwas nicht verstanden haben.
- Bringen Sie zum Ausdruck, dass Sie DANKBAR FÜR DAS FEEDBACK sind, das Sie erhalten haben, auch wenn Ihnen das, was Sie erfahren haben, zunächst nicht gefällt.
- Entscheiden Sie bewusst, was Sie beibehalten, was Sie verändern und was Sie weiter an sich beobachten möchten.
- GEBEN SIE DEM FEEDBACK-GEBER SPÄTER RÜCKMELDUNG darüber, was sein Feedback bewirkt hat.

Feedbackschleifen sind immer dann sinnvoll, wenn es gilt, Verhaltensweisen zu harmonisieren und Sichtweisen anzugleichen

Anwendungssituationen: Feedbackschleifen sollten Sie in Mitarbeitergespräche immer dann einbauen, wenn es wichtig ist, Verhaltensweisen verschiedener Personen miteinander zu harmonisieren, verschiedene Sichtweisen abzugleichen und zwischenmenschliche Beziehungen zu klären und transparent zu machen. Typische Gespräche, in denen Rückmeldungen eine hohe Bedeutung haben, sind Zielvereinbarungs-, Entwicklungs-, Beurteilungs-, Konflikt- und Kritikgespräche.

Positive Verhaltensweisen werden gestärkt, negative können korrigiert werden

Wirkungen: Positive Verhaltensweisen werden gestärkt, negative können korrigiert werden. Dadurch, dass Sichtweisen, Annahmen und die Qualität persönlicher Beziehungen transparent werden, verringert sich der Energieaufwand für Befürchtungen, Spekulationen und Fantasien (z.B. die Annahme eines Mitarbeiters *„Ich glaube, mein Chef hat etwas gegen mich"* wird korrigiert, wenn der Chef zurückmeldet, dass er die Arbeit des Mitarbeiters schätzt, nur zur Zeit infolge verstärkter Reisetätigkeit nicht die Gelegenheit hat, die Arbeitsergebnisse eingehender zu diskutieren). Die Bearbeitung tiefer liegender Aspekte der Zusammenarbeit hat oft eine befreiende und damit auch leistungssteigernde Wirkung.

5.6 Appelle angemessen formulieren

Stellen Sie sich vor, der Leiter einer Filiale eines Handelsunternehmens führt mit einem seiner Abteilungsleiter, der seiner Meinung nach zu wenig Ordnung hält, ein Kritikgespräch und benennt sein Anliegen wie folgt:

„Die Regale hier sehen im Augenblick ziemlich chaotisch aus" ... oder

„Es müsste hier mal wieder aufgeräumt werden"... oder
„Wir müssen hier unbedingt für mehr Ordnung sorgen"... oder
„Sie haben in Ihrem Arbeitsbereich völlig freie Hand, und Sie wissen,
welche Standards wir für die Warenpräsentation einhalten wollen."

Das Gemeinsame dieser vier Äußerungen besteht darin, dass der eigent-   *Vielfach wird der eigentli-*
lich gemeinte Appell bzw. Wunsch verdeckt wird. Im ersten Fall formu-   *che Appell nur verdeckt*
liert der Filialleiter eine Sachaussage und hofft, dass der Abteilungsleiter   *geäußert*
den Appell, für Änderung zu sorgen, heraushört. Im zweiten Fall benutzt
er eine Passivformulierung in der Hoffnung, dass der Angesprochene
versteht, dass er es ist, der aufräumen soll. Im dritten Fall bedeutet „Wir"
eigentlich „Sie". Und im vierten Fall hat die Äußerung einen doppelten
Boden: Hinter dem Hinweis auf die Entscheidungsmächtigkeit des Ab-
teilungsleiters verbirgt sich die Forderung, entsprechend den Vorschriften zu handeln.

Wer kennt nicht auch Vorgesetzte, die sagen, *„man müsste mal ..."* oder
„wir sollten endlich ...", die lange um den heißen Brei herumreden, ohne
konkret zu äußern, wer etwas tun und wer etwas nicht tun soll. Solche
Vorgesetzte übernehmen auch nicht die Verantwortung für ihre undeut-
lich geäußerten Wünsche. Da sie sich nicht festgelegt haben, finden sie
immer Gelegenheit, das, was letztendlich passiert ist, nach Gutdünken
zu akzeptieren oder zu kritisieren nach dem Motto: *„Eigentlich habe ich*
mir von Ihnen erhofft, das Sie das in diesem und jenem Sinne erledigen wür-
den." (... Ja, hätte er das nicht eher sagen können?)
    Kurz: Solche Vorgesetzte sind Meister im Erzeugen eines schlechten   *Vorgesetzte, die nicht klar*
Gewissens. Sie nehmen Einfluss, und wenn die Sache gutgeht, stellen Sie   *sagen was sie wollen, sind*
ihren Anteil daran heraus, wenn nicht, können sie sich von jeder Mit-   *Meister im Erzeugen eines*
schuld reinwaschen. – Die Mitarbeiter wissen oder spüren zumindest,   *schlechten Gewissens*
dass hier etwas nicht stimmt, und werden angesichts der permanenten
Unklarheit misstrauisch. Es geschieht wenig, da die Mitarbeiter Risiken
vermeiden und lieber gar nicht handeln, anstatt das Falsche zu tun, und
sie sichern sich ab, suchen festen Halt im Meer der Unverbindlichkeit
durch Aktennotizen und andere Formen der Dokumentation.

Die Empfehlung lautet hier schlicht:

SAGEN SIE KLAR, WAS SIE WOLLEN.

Für den Filialleiter im obigen Fall könnte dies bedeuten, einfach zu sagen:
    „Ich bitte Sie, in Ihrer Abteilung für mehr Ordnung zu sorgen."

Damit ist klar, wer die Verantwortung dafür trägt, dass die Regale aufgeräumt werden – der Abteilungsleiter könnte nun natürlich noch einen
Auszubildenden hinzuziehen ...

Ein direkter und offener Appell kann recht schroff wirken und Widerstand hervorrufen

So ein offener Appell kann natürlich recht schroff wirken und Widerstand hervorrufen, und so stellt sich die Frage, wie man sanft und dennoch deutlich artikulieren kann, was man möchte, und zwar so, dass man gute Chancen hat, den Gesprächspartner zur gewünschten Handlung zu bewegen.

Tipps für das Äußern von Appellen
(Wünsche, Bitten, Anweisungen)

- **Werden Sie sich zunächst selbst darüber klar, was Sie wollen.** Offene Appelle setzen eine innere Eindeutigkeit voraus.

- **Entwickeln Sie in sich die Haltung, dass der Appell vor allem eine Information für den anderen ist.** ... *Ich sage Ihnen, was ich möchte, damit Sie meinen Wunsch kennen. Ich bin nicht darauf bedacht, meinen Wunsch um jeden Preis durchzusetzen, sondern bereit, mit Ihnen darüber zu sprechen, ob mein Wunsch vernünftig ist.*

- **Tragen Sie Bitten wertschätzend vor** (in Ton und Wortwahl).

- **Formulieren Sie auch in kritischen Fällen, so lange es geht, Bitten, und setzen Sie Anweisungen nur „notfalls" ein.** Versuchen Sie dem Empfänger Alternativen offen zu lassen. Zum Beispiel können Sie Ihrem Mitarbeiter freistellen, auf welchem Wege er ein bestimmtes Ziel erreicht. Je deutlicher ihr Gesprächspartner wahrnimmt, dass er Entscheidungsfreiheit besitzt, desto eher wird er geneigt sein, Ihrem Wunsch nachzukommen.

- **Nutzen Sie Möglichkeiten, den Appell in der Art und Weise – nicht in der Sache – abzufedern:**
  - Formulieren Sie Ihre Bitten in Frageform:
    „Würde es Ihnen etwas ausmachen ... ?"
    „Wäre es Ihnen möglich ... ?"
  - Begründen Sie Ihre Wünsche:
    „Ich würde das Angebot gern persönlich übergeben, wenn ich morgen ohnehin beim Kunden bin. Können Sie es bis heute Nachmittag schreiben?"
  - Fügen Sie Ihren Wünschen **positive Beziehungsbotschaften** hinzu:
    „Sie würden mir einen großen Gefallen tun, wenn Sie den Termin mit dem Bewerber neu für mich vereinbaren könnten ..."

- **Vermeiden Sie unterschwellige Vorwürfe,** die das Klima auf der Beziehungsebene vergiften:
    „Könnten Sie wenigstens morgen zu der Besprechung pünktlich kommen?"
    „Diesmal möchte ich den Bericht aber vollständig bekommen."

> • **Seien Sie innerlich bereit, auch ein „Nein" zu kassieren** und entspannt über die Zurückweisung der Bitte zu sprechen bzw. sich nach weiteren Handlungsalternativen umzusehen.
> **Nur ein Empfänger, der in Freiheit Ja oder Nein zu Ihrer Bitte sagt, kann auch die Verantwortung für sein Handeln übernehmen.**

Anwendungssituationen: Wenn Sie sich entschieden haben, eine Bitte oder einen Wunsch zu äußern, sollten Sie dies immer so offen wie möglich tun.

Bitten und Wünsche immer so offen wie möglich äußern

Wirkungsweise: Offen ausgesprochene Wünsche zeigen ein klares Profil des Senders. Sie sind zukunftsorientiert und fokussieren das Gespräch auf konkrete Handlungen. In dem Augenblick, in dem die Bitte geäußert wird, beschleunigt sich das Gespräch: Der Empfänger muss sich entscheiden, den Wunsch zu erfüllen, ihn abzuschlagen, die Erfüllung zu verschieben oder den Wunsch zu hinterfragen. Ist die Hürde zur Erfüllung hoch, können Widerstände beim Adressaten bzw. eine längere Klärungsphase die Folge sein. Bleibt der Wünschende nicht geduldig und ist er nicht bereit, das Tempo wieder zu drosseln, können klimatische Spannungen entstehen, die der Adressat als erhöhten Druck interpretiert.

Offen geäußerte Wünsche fordern eine klare Rückmeldung des Empfängers heraus

6   Gespräche aktiv steuern

Der Verlauf von Gesprächen lässt sich nicht präzise vorausberechnen. Darauf wurde schon im Eingangskapitel hingewiesen. Kommunikationstechniken dienen dazu, im Gespräch Impulse zu setzen, die die Wahrscheinlichkeit eines erfolgreichen Verlaufs immerhin erhöhen. Die bisher beschriebenen Techniken sind grundlegende Werkzeuge gelingender Gesprächsführung. Sie können in den verschiedensten Situationen helfen, neue Informationen zu gewinnen, die Zielorientierung (wieder-)herzustellen und ein Klima des vertrauensvollen Umgangs miteinander zu unterstützen.

Kommunikationstechniken dienen dazu, die Wahrscheinlichkeit zu erhöhen, dass ein Gespräch erfolgreich ist

Über die Konzentration auf die Einzelsituation hinaus ist es im Gespräch auch wichtig, zu überschauen, wie sich diese Einzelsituationen zu einem Ganzen zusammenfügen.
Hier stellen sich konkret folgende Fragen:
• In welchem Maße sind *beide* Gesprächspartner an der Gestaltung des Gesprächsresultats insgesamt beteiligt?

Wie lassen sich die einzelnen Gesprächselemente zu einem sinnvollen Ganzen zusammenfügen?

- Wie können neue Weichenstellungen im Gespräch vorgenommen werden, wenn sich jenes vom eigentlichen Thema entfernt?
- Zeigen sich Widerstände beim Gesprächspartner und wie kann man ihnen begegnen?

Die Hilfestellungen, die auf den nächsten Seiten vorgestellt werden, zeigen Wege, wie man über den Tellerrand des Augenblicks hinwegschauen kann. Durch den Einsatz dieser Mittel lässt sich das Gespräch in seiner Gesamtdramaturgie besser gestalten.

6.1   Wer arbeitet hier eigentlich? …
Redeanteile steuern!

Stellen Sie sich vor, Sie würden im Mitarbeitergespräch eine jener Uhren mit zwei Zifferblättern verwenden, mit denen Schachspieler beim Blitzschach messen, wie viel Bedenkzeit jeder der beiden bislang insgesamt in dem Spiel benötigte. Sie würden die Uhr so einsetzen, dass Sie den Knopf, der die Zeitmessung für den Partner in Gang setzt, jeweils dann drücken, wenn Sie Ihren Gesprächsbeitrag beendet haben und Ihr Gegenüber mit dem Sprechen an der Reihe ist. Hat Ihr Partner seinen Gesprächsbeitrag beendet, würde er seinerseits auf den entsprechenden Knopf drücken, um die Zeiger Ihres Zifferblattes in Bewegung zu setzen. Am Ende des Gesprächs könnten Sie mit einem Blick auf die beiden Zifferblätter genau feststellen, wie die Dauer der Redeanteile unterm Strich verteilt war. Wer von Ihnen beiden hat länger gesprochen?

Was soll das? Sollen hier die Redeanteile in Sekunden berechnet und abgewogen werden? – Nein, keineswegs! Allerdings sind Führungskräfte mit der Versuchung konfrontiert, infolge ihres realen oder vermeintlichen Wissensvorsprungs und ihrer hierarchischen Stellung in Mitarbeitergesprächen viel zu lange zu reden. Dies bezieht sich sowohl auf die Redezeit, die sie sich insgesamt im Gespräch nehmen, als auch auf die Länge ihrer einzelnen Beiträge. Nun ist langes Reden nicht an sich schlecht. Es kann sehr informativ sein und interessante Argumente enthalten. Es kann sehr ausdrucksvoll und sehr offen sein. Nur hat es den Nachteil, dass es den Gesprächspartner in eine passive Rolle hineindrückt. Die Auswirkungen dürften den meisten Leserinnen und Lesern vertraut sein. Zunächst ist man als Empfänger des Redeschwalls noch ganz aufmerksam, dann schaltet man ab und schließlich wird man entweder gleichgültig und lässt das Wortgeriesel über sich ergehen, oder man geht in die offene oder geheime Opposition und denkt sich: Wollen wir doch mal sehen …

Führungskräfte reden manchmal viel zu lange

Zu lange Redeanteile drücken den Gesprächspartner in eine passive Rolle

Führungskräfte, die zu viel reden, machen sich das Leben doppelt schwer. Zum einen unterminieren sie den Tatendrang des Mitarbeiters, zum anderen sind sie es, die im Gespräch arbeiten, anstatt die Arbeit des Denkens, soweit es geht, dem Mitarbeiter zu überlassen. Und das ist doch eigentlich das Ziel der Führung: Anleiten, zum Denken und Handeln ermutigen, Freiräume schaffen. Wo aber nur einer redet und Ansichten, Meinungen und Ideen zum Besten gibt, da bleibt für den anderen kein Raum mehr, und diese Enge des Nicht-zu-Wort-Kommens ist manchmal beinahe physisch spürbar.

Führungskräfte, die zu viel reden, unterminieren den Tatendrang des Mitarbeiters

So ist es zwar nicht notwendig, die eigene Redezeit als Führungskraft in Sekunden zu messen, vergegenwärtigen Sie sich jedoch immer wieder, wie die Redeanteile im Gespräch ungefähr verteilt sind.

EIN MITARBEITERGESPRÄCH ZU STEUERN BEDEUTET VOR ALLEM, DEN MITARBEITER ZU AKTIVIEREN: IHN ZUM NACHDENKEN, ZUR PRODUKTION VON LÖSUNGSVORSCHLÄGEN, ZUM EINGEHEN VON SELBSTVERPFLICHTUNGEN ANZUREGEN. DIES GELINGT NUR, WENN SIE DEM MITARBEITER SO VIELE REDEANTEILE WIE MÖGLICH (AM BESTEN MEHR ALS 50 PROZENT) ÜBERLASSEN.

Dabei sollten Sie jedoch durchaus darauf achten, dass die Ausführungen des Mitarbeiters auch relevant sind: Wenn er abschweift oder sich in Einzelheiten ergeht, die das Gespräch nicht substanziell weiterbringen, ist es notwendig, ihn wieder zu Thema zurückzuführen.

So aktivieren Sie Ihren Gesprächspartner

Wenn Sie die Initiative und die Redeanteile des Mitarbeiters im Gespräch erhöhen wollen, sollten Sie ...

- ausgiebigen Gebrauch von FRAGEN machen (auch GEGENFRAGEN stellen, wenn der Gesprächspartner es bequem haben und Sie durch Fragen in die aktive Rolle hineindrängen möchte),
- den Mitarbeiter ZUM SPRECHEN ERMUNTERN (z.B.: *„Erzählen Sie doch mal von Ihrem letzten Besuch bei dem schwierigen Kunden XY."*),
- KONZENTRIERT ZUHÖREN – AKTIV ZUHÖREN (s. o. Kap. 5.1),
- GESPRÄCHSPAUSEN in gewissen Grenzen aushalten,
- KÖRPERSPRACHLICHE ZEICHEN DES PARTNERS BEACHTEN, die den Sprechwunsch signalisieren (z.B. Körper nach vorn bewegen, Hände zur Gestik anheben, zum Sprechen anhebender, hörbarer kurzer Atemvorgang), und das Gegenüber einladen, seine Ansichten unmittelbar zu äußern.

Darauf zu achten, dass der Gesprächspartner genügend Redeanteile hat, ist eines der einfachsten und zugleich effektivsten Instrumente zur Steuerung von Mitarbeitergesprächen.

6.2 Die Balance der Sprech-„Handlungen" anstreben

Reden ist Handeln

Reden ist Handeln. Ein ganzer Zweig der Sprachwissenschaft, die so genannte Sprechakttheorie, baut auf dieser Einsicht auf. Sagt etwa ein Standesbeamter im Rahmen einer Trauungszeremonie zum Brautpaar den Satz: *„Hiermit erkläre ich Sie zu Mann und Frau"*, sind dies nicht nur bloße Worte, sondern durch diesen Satz wird für das Leben des Paares tatsächlich eine nachhaltige Veränderung hervorgerufen.

Sprechend *tun* wir sehr verschiedene Dinge:

- DEKLARATIONEN ähnlich wie die obige sind sicherlich seltenere Fälle des Sprechhandelns: Einweihungen, Eröffnungen, Taufen ... – mit einem Wort: Zustandsveränderungen durch nichts als Sprache.
- INFORMATIONEN in Form von Erzählungen, Behauptungen, Beschreibungen, Berichten geben wir sehr viel häufiger.
- Auch AUFFORDERUNGEN gehören zum alltäglichen Repertoire einer Führungskraft. Hierunter fallen Anweisungen, Bitten und Befehle. Auch Fragen als Bitten um Information rechnet man diesem Bereich zu.
- Eine weitere Handlungsart sind VERPFLICHTUNGEN, die wir sprechend eingehen. Wir geben Zusagen, Vereinbarungen einzuhalten; wir machen Versprechungen.
- Andere Sprechhandlungen schließlich dienen der SELBSTKUNDGABE und der Stabilisierung sozialer Kontakte. Wir grüßen jemanden, sagen Dank oder entschuldigen uns für einen Fehler, den wir begangen haben.

Bleibt man zu lange in einem sprachlichen Handlungsmodus, läuft man Gefahr, seinen Gesprächspartner inhaltlich oder auch emotional zu überfordern

Um zu verdeutlichen, was mit der Balance der Sprechhandlungen gemeint ist, stellen Sie sich folgende Situation vor: In Ihre Abteilung ist ein neuer Mitarbeiter gekommen, der diesen Arbeitsbereich bislang nicht kannte. Sie bitten ihn zum Gespräch, um ihm die Arbeitsabläufe, Zuständigkeiten und seine künftigen Aufgaben zu erklären. In der Natur der Sache liegt es, dass der neue Mitarbeiter eine Fülle von Informationen braucht. Diese zu vermitteln ist der Zweck des Gesprächs.

Wenn Sie aber über fünf, zehn oder fünfzehn Minuten ohne Pause sprechen und dabei ausschließlich im Handlungsmodus des Informierens verbleiben, wird wahrscheinlich irgendwann der Punkt kommen, an dem der neue Mitarbeiter im übertragenen Sinne „nach hinten wegkippt"; er wird nicht mehr zuhören können bzw. nicht mehr zuhören *wollen*, denn die Einseitigkeit macht sich beim Zuhörer auch auf der emotionalen Ebene bemerkbar. Der Zuhörer fühlt sich mit Informationen überladen, zugeschüttet. Er wird unwirsch oder zieht sich innerlich zurück.

Nun könnte man meinen, hierbei handele es sich im Prinzip um den gleichen Gesichtspunkt wie den zuvor besprochenen: Es sei eben nicht gut, zu lange am Stück zu sprechen, sondern man müsse dem Gegenüber genügend Redeanteile überlassen.

Gemeint ist hier aber noch etwas anderes. Nehmen Sie einen anderen Handlungsmodus, zum Beispiel den des Fragens: Angenommen, ein Abteilungsleiter hat einen Kandidaten für eine neu zu besetzende Position zu sich in die Firma eingeladen und führt ein Bewerbungsgespräch. Sicherlich ist es in einem solchen Gespräch für die Führungskraft wichtig, viele Fragen zu stellen, um sich ein Bild von der fachlichen und persönlichen Eignung des Bewerbers zu machen. Wenn der Abteilungsleiter aber immer nur fragt, wird sich der Bewerber irgendwann *ausgefragt* fühlen, ganz gleich, wie viele Redeanteile er erhält und wie viele Pausen der Abteilungsleiter auszuhalten vermag und wie gut er zuhört; wenn der eine immer nur fragt und der andere immer nur antwortet, dann ist das Verhör nicht weit.

Ebenso verhält es sich mit den anderen Handlungsweisen im Gespräch: Wer im Gespräch allein auf soziale Verbindlichkeit und Selbstkundgabe setzt, indem er dankt, sich entschuldigt, seiner Freude Ausdruck verleiht und so fort, wird substanzarm, wenig greifbar und daher zuletzt nicht verbindlich wirken. Wer nur sich selbst verpflichtet, Dinge verspricht und Zusagen gibt, wird den anderen zu wenig fordern; und wer nur fordert, Bitten äußert und Anweisungen erteilt, wird den Gesprächspartner – auch emotional – schnell *über*fordern.

Gute Gespräche zeichnen sich in der Regel auch dadurch aus, dass sie vielseitig sind. In ihnen findet sich ein Wechselspiel des Fragens und Informierens, sie enthalten persönliche Bemerkungen, Bitten und Selbstverpflichtungen. An diesem Wechselspiel beteiligen sich beide Gesprächspartner; beide informieren, fragen und können Bitten mit der Aussicht auf Erfolg aussprechen. (Vgl. auch Bartsch 1985)

Gute Gespräche zeichnen sich in der Regel auch dadurch aus, dass sie vielseitig sind

Auch bei der Steuerung ausbalancierter Sprechhandlungen geht es wie bei der Verteilung der Redeanteile nicht um ein exaktes Messen und Abwägen. Es müssen nicht in jedem Gespräch alle beschriebenen Sprechhandlungstypen vorkommen und genau ausgeglichen unter den Gesprächspartnern verteilt sein. Ziel ist es vielmehr, im Gespräch Anhaltspunkte zu gewinnen, mit deren Hilfe man Unwuchten frühzeitig erkennen kann. Wichtig ist vor allem die Selbstreflexion: Man kann sich dahingehend überprüfen, ob man zu stark einen bestimmten sprachlichen Handlungstyp bevorzugt, der das Gespräch aus dem Gleichgewicht zu bringen droht, und man kann beobachten, ob man dem Gesprächspartner genügend Raum gibt, seinerseits im Gespräch vielseitig zu handeln: Informationen zu geben, zu fragen ...

Frühzeitig Unausgewogenheiten der Sprachhandlungen im Gespräch erkennen

Empfehlungen für partnerorientierte Sprechhandlungen

- Sorgen Sie für eine Mischung verschiedener Handlungstypen: Informieren Sie! Fragen Sie! Machen Sie persönliche Bemerkungen! Äußern Sie Bitten offen! Geben Sie verbindliche Zusagen! ... DIE MISCHUNG BELEBT DAS GESPRÄCH!

- Wenn es die Situation erfordert, dass ein Handlungstyp dominiert, stellen Sie die Gesprächsbalance wieder her, indem Sie DEN DOMINIERENDEN TYP DURCH ANDERE HANDLUNGSMUSTER ABFEDERN:

  „Vielen Dank zunächst dafür, dass Sie unser Gespräch so schnell möglich machen konnten. Was hat Sie eigentlich besonders an unserer Stellenanzeige interessiert?"

  „Eine wichtige Aufgabe in diesem Tätigkeitsbereich ist die Erstellung von Layouts für unsere Mailingaktionen. Haben Sie solche Layouts schon am Computer erstellt?"

  Wenn Sie viel fragen wollen oder müssen, geben Sie Ihren Fragen durch persönliche Bemerkungen „Wärme" oder unterfüttern Sie sie durch Informationen, die ihren Sinn verdeutlichen.

- Wenn informierendes Sprechen für Sie im Vordergrund steht, signalisieren Sie, dass Ihr Gesprächspartner Eingriffsmöglichkeiten besitzt und dass andere Muster gemeinsamen Sprechhandelns (hier: die Meinung des Gesprächspartners kennen lernen) folgen sollen.

  „Ich möchte Ihnen das Konzept, das die Werbeagentur für uns ausgearbeitet hat, kurz vorstellen. Anschließend würde ich Ihre Meinung dazu gern kennen lernen. Fragen Sie am besten sofort nach, wenn Ihnen etwas unklar ist."

- ERKUNDEN SIE IHRE „LIEBLINGSMUSTER" IM GESPRÄCH, und finden Sie heraus, ob Sie Gespräche durch zu einseitiges Vorgehen aus der Balance bringen, z.B. durch zu lange Informationssequenzen, zu sehr gehäufte Aufforderungen, zu stark insistierendes Fragen. Bitten Sie Ihre Kollegen und Mitarbeiter um Rückmeldungen dazu.

6.3 Die dynamische Balance der Gesprächsebenen anstreben

Gespräche kann man sich, wie weiter oben (Kap. 2) beschrieben, in verschiedenen Schichten aufgebaut vorstellen. Zur Erinnerung: Es wurden die vier Schichten bzw. GESPRÄCHSEBENEN DER INHALTE, des PROCEDERE, der BEZIEHUNGEN UND GEFÜHLE sowie der INDIVIDUELLEN BEDÜRFNISSE UND VISIONEN unterschieden. ALLE VIER SCHICHTEN SIND IMMER WIRK-

SAM, d. h., in jedem Gespräch kümmern wir uns nicht nur um die Inhalte, sondern wir fragen uns auch, ob die Inhalte auf sinnvolle Weise bearbeitet werden. (Wer darf hier eigentlich was? In welcher Reihenfolge arbeiten wir unsere Themen ab?) Wir fühlen uns im Kontakt mit den Gesprächspartnern mehr oder weniger wohl und wir vollziehen einen – vielleicht vor- oder unbewussten – inneren Abgleich, ob das Gespräch mit unseren persönlichen Bedürfnissen und Zielen in Einklang steht. Diese vier Ebenen stehen natürlich in Wechselwirkung miteinander. So kann es z.B. negative Gefühle gegenüber den anderen Gesprächsteilnehmern auslösen, wenn wir in einer Teambesprechung eine Aufgabe „aufgebrummt" bekommen sollen, die unseren persönlichen Neigungen und Bedürfnissen zuwiderläuft.

Alle vier Gesprächsebenen sind immer wirksam

Wenn nun im Gespräch stets alle vier Ebenen wirksam sind, bedeutet Steuerung in diesem Zusammenhang, dafür Sorge zu tragen, dass alle Ebenen angemessen gewichtet werden: Das Gespräch sollte so verlaufen, dass das Thema sachgerecht bearbeitet wird, dass die Methodik sinnvoll gewählt und jedem Teilnehmer transparent ist, und nicht zuletzt sollte sich jeder Teilnehmer im Kontakt mit den anderen Gesprächsteilnehmern gut aufgehoben und mit seinen persönlichen Bedürfnissen akzeptiert fühlen.

Alle vier Gesprächsebenen sollten angemessen gewichtet werden

> Vergegenwärtigen Sie sich im Gespräch von Zeit zu Zeit die vier Gesprächsebenen und überprüfen Sie, ob das Gespräch auf allen Ebenen positiv gestaltet ist.

Um die Zielrichtung einer optimalen Gesprächsgestaltung zu verdeutlichen, seien nochmals die „Gesprächsideale" auf den vier Kommunikationsebenen aufgegriffen und etwas differenzierter dargestellt.

Die Gesprächsideale auf den vier Kommunikationsebenen

- **Richtigkeit und Verständlichkeit auf der Ebene der Inhalte** bedeutet: Die Gesprächsteilnehmer geben ihre Meinung wahrhaftig wieder. Sie haben sich auf das Gespräch vorbereitet; das, was gesagt wird, entspricht den Tatsachen bzw. dem aktuellen Kenntnisstand; es wird logisch und anschaulich vorgetragen, sodass die Anwesenden die Inhalte nachvollziehen können.

Alle können die Inhalte nachvollziehen

- **Klarheit auf der Procedere-Ebene** bedeutet: Es wird eine sinnvolle Methodik zur Bearbeitung der Inhalte gewählt. Es wird nicht mit geheimen Tagesordnungen gearbeitet und nicht mit verdeckten Themen jongliert. Prioritäten der Themenbearbeitung werden gemäß nachvollziehbaren und akzeptierten Kriterien gesetzt. Die Gesprächsbeiträge sind für das Thema von Bedeutung. Die Spielregeln des Gesprächs sind allen bekannt und werden von allen akzeptiert. Das Gespräch wird fair gelenkt. Alle Gesprächsteilnehmer haben eine Mitsprachemöglichkeit in Bezug auf die Vorgehensweise.

sinnvolle Methodik zur Bearbeitung der Inhalte

Die am Gespräch beteiligten Menschen stehen einander positiv gegenüber

- **WÄRME UND VERTRAUEN AUF DER EBENE DER BEZIEHUNGEN UND EMOTIONEN** bedeutet: Die am Gespräch beteiligten Menschen stehen einander positiv gegenüber. Es herrscht ein Gesprächsklima, in dem gegenseitige Sympathie und Nähe gedeihen können und in dem sich jeder zur freien Äußerung seiner Ideen eingeladen fühlt. Man glaubt einander und unterstellt dem Gesprächspartner gute Absichten. Gefühle können offen angesprochen werden. Es gibt eine lebendige Feedback-Kultur. Konflikte werden beim Namen genannt; sie führen bei den Gesprächspartnern nicht zum Rückzug oder zur offenen Aggressivität, sondern man bemüht sich um Problemlösungen, die alle Betroffenen akzeptieren können.

Man versucht den anderen in seiner Individualität und Einzigartigkeit zu verstehen und wertzuschätzen

- **OFFENHEIT UND TOLERANZ AUF DER EBENE DER PERSÖNLICHEN BEDÜRFNISSE UND VISIONEN** bedeutet: Niemand zwängt dem anderen seine Weltsicht, seine persönlichen Ziele und seine moralischen Normen auf. Niemand maßt sich an, darüber ein Urteil zu fällen, was einem anderen Gesprächspartner gut tun würde. Man versucht den anderen in seiner Individualität und Einzigartigkeit zu verstehen und wertzuschätzen. Einzel- und Gemeinschaftsinteressen werden so weit wie möglich in Ausgleich gebracht. Wenn persönliche Interessen artikuliert werden, wird dies nicht als Ausdruck einer egoistischen Einstellung, sondern als bereichernder Beitrag zur Lösungs- und Konsensfindung betrachtet. Niemand wird jedoch zur Offenheit genötigt: Jede und jeder darf Grenzen ziehen und persönliche Bereiche aus dem Gespräch ausklammern, ohne damit rechnen zu müssen, dass das Gesprächsklima hierunter leidet oder jemand nachtragend reagiert.

Faktoren, von denen die jeweilige Betonung der einzelnen Gesprächsebenen abhängt

Die vier Ebenen werden selbstverständlich nicht in allen Gesprächen gleich gewichtet. Wie sehr einzelne Ebenen betont werden sollen, hängt von verschiedenen Faktoren ab.

Welche Art von Gespräch wird geführt?

Zunächst spielt die **ART DES GESPRÄCHS** eine wichtige Rolle. Geht es um einen reinen Informationsaustausch? Dann trägt sicherlich die Sachebene den Hauptschwerpunkt. Sollen zu vielen Tagesordnungspunkten in begrenzter Zeit Entscheidungen getroffen werden? In diesem Fall spielt die Klarheit des Vorgehens eine große Rolle. Sollen Konflikte gelöst oder eine persönliche Standortbestimmung vorgenommen werden? Hier werden die Ebenen der Beziehungen, Gefühle und Bedürfnisse stark aktiviert.

Welche Voraussetzungen bringen die im Gespräch handelnden Personen mit?

Entscheidend für die Gewichtung sind auch die **INDIVIDUELLEN VORAUSSETZUNGEN DER AM GESPRÄCH BETEILIGTEN PERSONEN**. Auf manche Gesprächsteilnehmer würde es befremdlich wirken, wenn sie aufgefordert würden, über ihre Beziehungen oder ihre persönlichen Bedürfnisse zu sprechen. Von vielen Mitarbeitern wurde es in ihrem bisherigen Berufsleben nie erwartet, Emotionen und persönliche Ziele zu äußern, und sie haben begreiflicherweise keine „Sprache" für diese Aspekte der Zusammenarbeit entwickelt. Der das Gespräch Leitende könnte die Beteiligten in diesem Fall nur langsam an die entsprechenden Gesprächsebenen heranführen. Mitarbeiter mit kommunikativer Schulung wiederum würden es umgekehrt erwarten, dass in Gesprächen auf persönliche und zwischenmenschliche Belange explizit eingegangen wird.

Ein weiterer wichtiger Faktor sind in diesem Zusammenhang die **Rah-menbedingungen,** in die das Gespräch eingebettet ist. Steht das Gespräch unter Zeitdruck oder haben die Teilnehmer genügend Raum für den intensiven Kontakt und das geduldige Ausdiskutieren wichtiger Fragen? Sind in der Unternehmenskultur professionelle Techniken der Mitarbeiterkommunikation etabliert, die ein strukturiertes Vorgehen erlauben, oder würde dies als ein Formalismus bzw. als Spinnerei empfunden?

Unter welchen Rahmenbedingungen findet das Gespräch statt?

Wichtig ist bei den zuvor beschriebenen Faktoren nicht allein, wie ein Gespräch richtigerweise zu führen wäre – obgleich ein hohes Niveau natürlich das Ziel bleibt -, sondern auch, welche Reaktionen das gewählte Vorgehen erzeugt. Wenn eine strukturierte, psychologisch durchgearbeite Methode der Gesprächsführung gleichwohl nicht zum Ziel führt oder sogar Ablehnung hervorruft, war die Dosis an methodischer Reflexion vermutlich zu hoch.

Welche Reaktionen erzeugt das gewählte Vorgehen?

6.3.1 Warum die Kommunikationsebenen aktiv gesteuert werden sollten

Wenn ohnehin jedes Gespräch individuell zu betrachten ist und seinen eigenen Gesetzen folgt, warum sollte es dann dennoch oft von kritischer Bedeutung für den Gesprächserfolg sein, die Gewichtung der verschiedenen Kommunikationsebenen aktiv zu steuern? Und: Wann genau sollte man dann steuern?
Die Antworten auf diese beiden Fragen ergeben sich, wenn man sich konkrete Gespräche, wie man sie in Unternehmen und anderen Organisationen tagtäglich erlebt, in Erinnerung ruft.

Gespräche verlaufen in der Regel nicht idealtypisch

Zur ersten Frage: In einer Vielzahl der Fälle sind Gespräche eben nicht von jenen oben skizzierten Idealen der Wahrheit, Klarheit, Wärme und wertschätzenden Offenheit geprägt. Gesprächsteilnehmer konzentrieren sich beispielsweise scheinbar auf das Sachthema: auf das Projekt, das vorangebracht, auf das Problem, das gelöst werden soll. Doch wir bemerken, dass sich einige besonders hervortun, die Stimmen werden lauter, die Gesichter verhärten sich, es werden Vorwürfe laut, als Antwort ertönen Sarkasmen, zwei geraten in einen erregten Disput darüber, wessen Meinung gelten soll, wobei sich beide wieder und wieder der bekannten Argumente bedienen. ... Es beschleicht uns das Gefühl, dass es hier in Wirklichkeit weniger um das Sachthema geht als darum, die Vorherrschaft zu erringen. – Mit anderen Worten: Die beziehungs- und persön-

Es geht nicht immer um die Sache oder darum, eine für alle Beteiligten akzeptable Lösung zu finden

lichkeitsorientierten Kommunikationsebenen sind höchst aktiv, dort spielt die eigentliche Musik, aber diesen Ebenen wird nicht die ihnen zukommende Bedeutung gewährt. Was dort geschieht, bleibt unbearbeitet, kann nicht in den Fluss des Gesprächs integriert werden; Stauungen entstehen, bald brechen die Dämme, destruktiv-aggressive und abwertende Verhaltensweisen entstehen oder das Gespräch endet in einer angespannten, beklemmenden Atmosphäre. Steuerung bedeutet in der Praxis oft, die tabuisierten Ebenen der Beziehungen, Gefühle und persönlichen Bedürfnisse bearbeitbar zu machen.

AKTIVE STEUERUNG KANN DAZU BEITRAGEN, ALLE RELEVANTEN ASPEKTE, INSBESONDERE DIEJENIGEN, DIE MIT DEN GEFÜHLEN UND PERSÖNLICHEN ZIELEN DER BETEILIGTEN ZUSAMMENHÄNGEN, IN DAS GESPRÄCH EINZUBEZIEHEN.

Schieflagen im Gespräch regulieren sich oft nicht von allein

Zur zweiten Frage: Steuerung ist dann nötig, wenn das Gespräch in eine Schieflage geraten ist und nicht damit zu rechnen ist, dass sich diese Schieflage gleichsam wieder von allein behebt. Ein kleines Beispiel: Es gibt in Gesprächen immer mal wieder ein lautes Wort, wenn aber der Tonfall insgesamt schärfer wird und gar keine leisen Töne mehr zu hören sind, kann dies mit einiger Sicherheit als ein Indiz dafür gewertet werden, dass Steuerung sinnvoll ist. Zu fragen wäre möglicherweise, ob einer der Gesprächspartner sich durch eine der bisherigen Äußerungen verletzt fühlt, ob das Thema eine menschlich unangenehme Vorgeschichte hat oder ob es Probleme oder persönliche Konflikte in anderen Bereichen gibt, die in dieses Gespräch hineinstrahlen (z.B. „alte Geschichten").

Anlässe für Steuerimpulse zur angemessenen Gewichtung der Gesprächsebenen – mögliche Richtung des Steuerimpulses

Verhalten/Situation	Richtung der Steuerung
• größere Lautstärke ➡ • erhöhtes Sprechtempo • Verzicht auf Sprechpausen • erhöhte Sprechstimmlage	• Ebene der Beziehungen • Ebene der persönlichen Bedürnisse
• Abwertungen von Personen ➡ • persönliche Angriffe • Ironie • Sarkasmus	• Ebene der Beziehungen • Ebene der persönlichen Bedürnisse

- Dauerreden ⮕ - Ebene der Strukturierung
- Reden um den heißen Brei und Gesprächsorganisation
- Themensprünge
- ausgedehnte Exkurse

- Trägheit ⮕ - Ebene der Strukturierung
- fahrige Äußerungen und Gesprächsorganisation
- Diskussion ohne Spannung - Ebene der persönlichen Bedürnisse
- überlange Pausen

Während eine Steuerung aus der Rolle des Beobachters oder des neutralen Gesprächsleiters heraus in der Regel problemlos von den übrigen Gesprächsteilnehmern akzeptiert wird und infolge der persönlichen Distanz relativ leicht zum richtigen Zeitpunkt vorgenommen werden kann, ist sie aus der Rolle eines in der Sache beteiligten Akteurs sehr viel schwieriger. Der Vorgesetzte, der in einem Meeting in der Sache hart angegangen wird, ist leicht versucht, mit gleicher Härte zu antworten, aber gerade in dieser Situation ist es besonders wichtig, herauszufinden, was die Schroffheit beim Gesprächspartner ausgelöst hat, oder in Form einer Ich-Botschaft den Ärger auszudrücken, den der Tonfall möglicherweise verursacht hat.

Je mehr jemand in das Gespräch involviert ist, desto schwerer wird es ihm fallen, steuernde Impulse zu geben

6.3.2 Themenzentrierte Interaktion (TZI)

Auf Arbeitsgruppen bezogen hat Ruth Cohn (1975) mit ihrem Modell der Themenzentrierten Interaktion (TZI) die dynamische Balance der Interaktionsebenen auf ähnliche Weise gefasst. Ihr Modell unterscheidet im Wesentlichen drei Elemente: das ICH, das WIR und das ES. Diese Elemente sind in den „Globe" eingebettet.

Das Ich, das Wir und das Es sind in den „Globe" eingebettet

Das Ich steht für ...

die Einmaligkeit der Person, individuelle Gedanken, Vorstellungen, Wahrnehmungen, Gefühle, innere Ressourcen.
Das Ich braucht genügend Raum, um sich wohl zu fühlen, aufnahmebereit zu sein und um die eigene Kreativität in den Prozess einfließen lassen zu können.

... die Einmaligkeit der Person

Das Wir steht für ...

das Ganze der Gruppe, für das Team oder die Dyade Vorgesetzter – Mitarbeiter (das Ganze ist mehr als die Summe seiner Teile), für Verbundenheit, gemeinsame Interessen und Anliegen.
Das Zusammengehörigkeitsgefühl muss hinreichend entwickelt sein, damit konstruktive Interaktion entstehen und für alle tragfähige Lösungen gefunden werden können.

... das Ganze der Gruppe

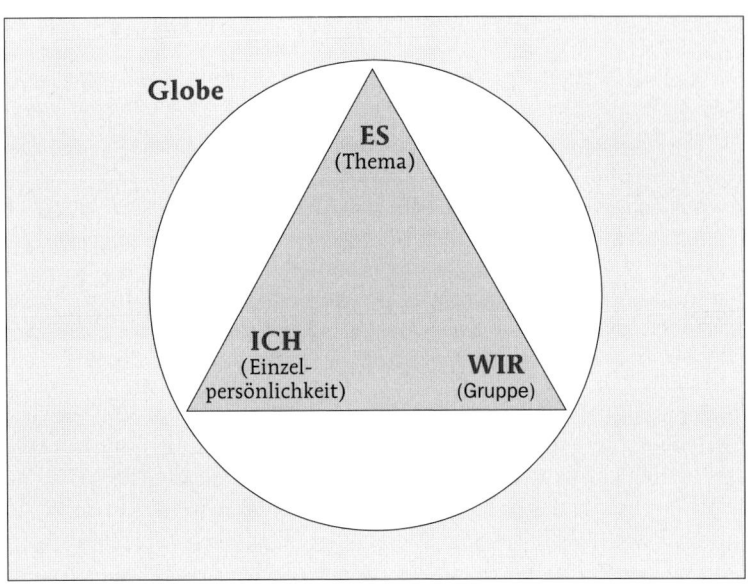

Abb. 6.1: Das TZI-Modell

Das Es steht für …

… das Thema das Thema, die Aufgabe, das zu erreichende Ziel.

Gerade im beruflichen Kontext, wo Kommunikation auf konkrete Sachzwecke gerichtet ist (und nicht wie im privaten Kontakt allein dem Selbstzweck dienen darf), ist es wichtig, dass ernsthaftes Interesse an der Lösung des Problems besteht und dass die Aufgabe als gemeinsames Anliegen wahrgenommen wird.

Der Globe steht für …

die Rahmenbedingungen die Rahmenbedingungen, die Umwelt (innerhalb und außerhalb der Organisation), Wertsysteme, Hintergründe, die persönlichen Umfelder der Einzelpersonen.

Im Arbeits- und Gruppenprozess müssen die Einflüsse aus der Umwelt hinreichend berücksichtigt werden, damit Problemlösungen funktionieren und der Realität standhalten. Konkret gehören hierzu in Organisationen z.B. begrenzte zeitliche und finanzielle Ressourcen sowie Hierarchien, Verantwortlichkeiten und definierte Abläufe. Zu berücksichtigende Umfeldfaktoren außerhalb der Organisation sind beispielsweise Bedingungen des Marktes und des Wettbewerbs.

Im Interaktionsprozess Im Modell der TZI sind die drei Elemente Ich, Wir und Es gleichwertig. Im
verschiebt sich das Interaktionsprozess verschiebt sich das angestrebte Gleichgewicht je
angestrebte Gleichgewicht doch immer wieder. In einigen Bereichen entstehen Überbetonungen, in
zwischen den Elementen anderen Defizite. Im betrieblichen Alltag liegt das Schwergewicht viel
immer wieder fach auf dem Es (im oben skizzierten vierschichtigen Kommunikations-

modell gleichzusetzen mit der Ebene der Inhalte), Defizite entstehen in den Bereichen des Ich und des Wir (ihnen entsprechen im vierschichtigen Modell die Ebenen der Beziehungen und der persönlichen Bedürfnisse).

Ein kleines Gedankenexperiment zeigt, dass im Gespräch keines der drei Elemente unberücksichtigt bleiben darf: Ein Gespräch, in dem die Belange der Individuen, also das Element des Ich ausgeblendet wird, kann zwar sachlich auf einem hohen Niveau stehen und von einer gemeinschaftsorientierten Zielführung getragen sein, es könnte aber leicht passieren, dass ein Gruppendruck entsteht, der Außenseiterpositionen und abweichende Meinungen nicht gelten lässt. Die an den Rand gedrängten Personen werden direkt in den Widerstand gehen oder später die verabschiedeten Maßnahmen nicht voll mittragen, geschweige denn umsetzen.

Im Gespräch darf keines der drei Elemente unberücksichtigt bleiben

Wird der Gemeinsinn, also das Element des Wir, ausgeblendet, mag das Gespräch gleichfalls fachlich hoch qualifiziert sein, und die Individuen werden ihre Bedürfnisse freimütig äußern. Es kann jedoch leicht passieren, dass die in sich stimmig argumentierten Positionen der Teilnehmer zentrifugal auseinander driften oder feindlich aufeinander prallen, da das gemeinsame Anliegen nicht sichtbar und die Notwendigkeit der Kompromissbereitschaft nicht deutlich genug ist. Diesen Fall trifft man zuweilen an, wenn sehr hoch qualifizierte, selbstbewusste und karriereorientierte Kompetenzträger in einer Projektgruppe zusammenarbeiten sollen. Auch in Assessment-Center-Verfahren, die auf die Selektion der Besten zählen, lassen sich in Gruppenübungen oft Verhaltensweisen beobachten, die auf die Durchsetzung des eigenen Standpunktes und auf die persönliche Profilierung zielen anstatt auf die optimale Lösung der gestellten Aufgabe unter Einbeziehung der guten Ideen aller Gruppenmitglieder.

Fehlt dem Gespräch zuletzt das Element des Es, also die fachliche Orientierung, mag sich zwar jeder persönlich wohl fühlen und ein (zunächst) positives Gruppenklima antreffen, aber der Interaktion mangelt es an dem Anspruch, ein sichtbares Ergebnis, etwas Großes und Bewegendes hervorzubringen. Das Gespräch degeneriert leicht zum unverbindlichen Geplauder; bald wird die Atmosphäre schal und die Gruppe bricht auseinander. Diesen Fall trifft man oft bei seit langem bestehenden Arbeitsgruppen an, deren Themen „alt" sind und für die sich in der Organisation kaum noch jemand interessiert.

Auch im Gruppenprozess nach Ruth Cohn bedeutet Steuerung:

Die Gewichtungen von individuum-, beziehungs- und sachorientierten Aspekten der Interaktion sollten immer wieder in ein fliessendes Gleichgewicht geführt werden.

Nun stellt sich die Frage: Wie kann man konkret vorgehen, wenn man Steuerungsimpulse zur (Wieder-)Herstellung des Gleichgewichtszustandes im Gespräch setzen möchte. Hinweise hierfür enthält die folgende „Anleitung".

6.3.3 Anleitung zur Ausbalancierung der Gesprächsebenen in Zweier- und Gruppengesprächen

1. Schritt: Wahrnehmung

- Ist gerade genug Kompetenz im Raum, um das Thema adäquat zu behandeln, oder müssen weitere Informationen beschafft werden, bevor fruchtbar weitergearbeitet werden kann?
- Ist das Tempo des Arbeitsfortschritts dem insgesamt zur Verfügung stehenden Zeitbudget angemessen?
- Reicht die zur Verfügung stehende Zeit auf der Basis des in diesem Augenblick des Gesprächs verfügbaren Informationsstandes zur Lösung der Aufgabe aus?
- Gibt es Beeinträchtigungen des Prozesses, z.B. durch zu spät kommende Personen oder durch klingelnde Handys?
- Sind alle Teilnehmer bei der Sache?
- Halten sich alle an vorher vereinbarte Spielregeln?
- Wird der Umgang miteinander partnerschaftlich gestaltet oder werden Personen abgewertet?
- Bemerken Sie an anderen Teilnehmern Verhaltensweisen, die auf Irritationen, Ungeduld, Enttäuschung, Verletztheit, Ärger oder Wut hindeuten (im Wesentlichen: Zeichen der Aggression oder des Rückzugs)?
- Was signalisiert Ihnen Ihr eigener Körper? Fühlen Sie sich wohl in Ihrer Haut oder nehmen Sie Unwohlsein, ein mulmiges Gefühl, Spannungen, Stresssymptome wie Herzklopfen oder feuchte Hände, Orientierungslosigkeit, Angst oder Ärger an sich wahr?

2. Schritt: Entscheidung

- Wenn alles in Ordnung ist, wenn der Prozess positiv fließt, lassen Sie ihn weiterfließen. Eine Intervention ist nicht notwendig.
- Wenn Sie eine Störung des Prozesses bemerken (siehe dazu die oben dargestellten „Anlässe für Steuerimpulse"), nutzen Sie die Regel der Themenzentrierten Interaktion:

STÖRUNGEN HABEN VORRANG!

Hintergrund dieser Regel ist: Wer sich gestört fühlt, konzentriert sich nicht mehr vollständig auf den Arbeitsprozess, ein Teil seiner Energien wird von der inneren Auseinandersetzung mit der Störung absorbiert. So betrachtet, nehmen sich Störungen Vorrang, auch wenn sie nicht explizit artikuliert werden, sondern sich nur atmosphärisch bemerkbar machen. Störungen dominieren das Geschehen ohnehin – zumindest bei der Person oder den Personen, bei der oder bei denen die Störung aufgetreten ist; oft jedoch auch bei den anderen Anwesenden, die jenes Unausgesprochene wie einen Vorwurf, eine Mahnung oder einen stillen Angriff spüren und mit darunter leiden müssen.

Störungen behindern einen erfolgreichen Kommunikationsprozess und sollten daher vorrangig behandelt werden

Wenn Sie daher eine Störung wahrnehmen, sprechen Sie sie an! Dadurch geben Sie ihr die Wichtigkeit, die ihr zukommt. Indem Sie die Störung ansprechen, machen Sie sie bearbeitbar. Auf diese Weise helfen Sie, sie zu beheben.

3. Schritt: Intervention

Wenn Sie die Störung ansprechen, können Sie nach Gehm (1997) folgende Schrittfolge wählen:

Benennen der Störung
↓
Vorschlag zur Veränderung
↓
Bitte um Zustimmung zu dem Vorschlag

Hierzu einige Beispiele:

*„Wir diskutieren gerade gleichzeitig über das Marketingbudget insgesamt und über neue Ideen zur Anzeigenwerbung. (**Formulierung der Störung**) Ich schlage vor, dass wir diese Themen getrennt voneinander behandeln und mit der Festlegung des Gesamtbudgets beginnen. (**Unterbreitung des Vorschlages**) Sind Sie damit einverstanden?" (**Bitte um Zustimmung**)*

*„Es haben erst zwei aus unserem Kreis über die aktuelle Vertriebssituation in ihren jeweiligen Regionen gesprochen, vier Statements stehen noch aus. Wir haben aber schon mehr als die Hälfte der uns heute zur Verfügung stehenden Zeit verbraucht. (**Formulierung der Störung**) Ich meine, wir sollten die Berichte so knapp wie möglich halten, damit Ihnen unser Kollege Herr Müller heute noch die neuen Materialien zur Vertriebsunterstützung vorstellen kann. (**Unterbreiten des Vorschlages**) Können wir uns darauf einigen?" (**Bitte um Zustimmung**)*

*„Frau Meyer hat eben den Ablagestil von Herrn Schmidt sehr stark
kritisiert, und ich hatte den Eindruck, dass Herr Schmidt über diese
Kritik nicht eben erfreut war. Er hat sich dann auch vehement ver-
teidigt.* **(Formulierung der Störung)** *Da die Ablage für alle von uns
wichtig ist, damit wir die Originalvorgänge wieder finden können,
schlage ich vor, dass wir uns für dieses Thema etwas Zeit nehmen.
Vielleicht können wir zunächst darüber sprechen, was unbedingt
abgelegt werden muss, und uns dann auf eine gemeinsame Gliede-
rung der Ordner einigen.* **(Unterbreiten des Vorschlages)** *Liegt das
in Ihrem Interesse?"* **(Bitte um Zustimmung)**

*„Ich merke, dass in der Frage der neuen Büroaufteilung von nie-
mandem mehr Kompromissvorschläge, Ideen oder Angebote kommen. Darüber bin ich ein wenig enttäuscht, und ich habe den Eindruck, dass wir heute in dieser Sache auch nicht weiterkommen
werden.* **(Formulieren der Störung)** *Ich möchte anregen, dass wir
die heutige Sitzung schließen und die bisherigen Stellungnahmen
und Vorschläge nochmals auf uns wirken lassen. Wir sollten alle
noch einmal überlegen, was uns persönlich am wichtigsten ist und
zu welchem Entgegenkommen jede und jeder Einzelne von uns bereit
ist. Morgen sollten wir uns dann in diesem Kreis noch einmal wieder treffen, da wir dem Architekten spätestens am kommenden
Montag unser Raumkonzept übergeben müssen.* **(Unterbreiten des
Vorschlages)** *Sind Sie damit einverstanden?"* **(Bitte um Zustimmung)**

Sollte Ihr Vorschlag nicht akzeptiert werden, können Sie nach der gleichen Methode neue Vorschläge einbringen, bis eine im Kreis der Anwesenden akzeptierte Lösung gefunden ist:

*„Aus Ihren Reaktionen entnehme ich, dass Sie doch heute noch an
der Raumaufteilung weiterarbeiten möchten. Vielleicht können wir
in diesem Augenblick zunächst einmal diejenigen Aspekte zusam-
mentragen, in denen wir uns einig sind. Ist das aus Ihrer Sicht ein
sinnvoller Ansatzpunkt?*

Effekte der Intervention:

- Es werden meist schnell tragfähige Lösungen gefunden.
- Die Atmosphäre wird durch das Benennen der Störung gereinigt;
  unter den Gesprächsteilnehmern gewinnen positive Gefühle
  schnell wieder Raum.

7 Hilfsmittel für gelingende Kommunikation – ein Sammelsurium

Der rote Faden, der sich bisher durch den zweiten Teil des Buches zog, führte von der Beschreibung der verschiedenen Gesprächsschichten – also von der Tiefendimension der Kommunikation – zur Beschreibung der Gesprächsphasen – also der chronologischen Dimension des Gesprächs inklusive Vor- und Nachbereitung. Weiter ging es mit der Beschreibung einzelner „Werkzeuge" professioneller Gesprächsführung, die in den verschiedensten Situationen eingesetzt werden können, worauf der Aspekt flexibler Steuerung des Gesprächs in seinem Gesamtzusammenhang näher beleuchtet wurde.

Der Nachteil eines roten Fadens besteht darin, dass er eben keine Fläche und schon gar kein Körper ist – will sagen: Im Bemühen, die einzelnen Aspekte der Gesprächsführung praxiorientiert und zugleich in einem möglichst logischen Aufbau zu präsentieren, bleiben rechts und links, oberhalb und unterhalb des roten Fadens manche interessante Gedanken und Erkenntnisse zur Gesprächsführung liegen. Es wäre zu schade, sie dem Leser vorzuenthalten, nur weil sie nicht so recht in den Rahmen passen wollen. Ich habe eine Reihe solcher praxiserprobter Tipps und Hilfsmittel daher in Form eines kleinen Katalogs – unter anderem ist er inspiriert durch Vopel (1994) – für Sie gesammelt. Er soll anregen und zum Assoziieren einladen. In der Zusammenstellung werden auch einige wichtige der in den bisherigen Kapiteln gewonnenen Erkenntnisse wieder aufgegriffen. Vielleicht fallen Ihnen Gesprächssituationen ein, in denen Sie die ein oder andere Empfehlung ausprobieren möchten.

Kein Mensch kann das immer alles zugleich berücksichtigen! ... mögen Sie beim Lesen der Empfehlungen denken. Das ist natürlich richtig. Vielleicht suchen Sie sich zwei oder drei Lieblingstipps aus, Tipps, die Ihnen hier und heute besonders interessant erscheinen, und nehmen sich vor, mit ihnen in nächster Zeit zu experimentieren. Vieles von dem, was Sie in der Zusammenstellung finden, setzen Sie vermutlich auch bisher schon intuitiv mit Erfolg um.

---

27 Tipps für gelingende Kommunikation

1. Überlegen Sie sich eigene Ziele für das Gespräch. Formulieren Sie Ihre persönlichen Anliegen; so machen Sie das Gespräch zu *Ihrem* Gespräch.

2. Ich-Aussagen sind gute Wegweiser, die Ihnen helfen, sich bei einem Thema einzubringen.

3. Entscheiden Sie, wozu Sie etwas sagen möchten, und auch, wozu Sie nichts sagen möchten.

4. In jedem Gespräch können Sie etwas Interessantes für sich lernen.

5. Unsere Handlungen und unser Körper sprechen lauter als Worte. Unsere Gesprächspartner können uns auf Grund des Klangs unserer Stimme, unseres Blicks, unserer Körperhaltung in der Regel recht zutreffend einschätzen. Und sie können beobachten, ob unsere Worte und unsere Aktionen übereinstimmen. Sorgen Sie für Stimmigkeit.

6. Menschen, mit denen wir über längere Zeit beruflich oder privat zusammen sind, werden Fachleute für unser Verhalten. Suchen Sie ihre Rückmeldung, um immer wieder neue Orientierungen für Ihr Handeln zu gewinnen.

7. Seien Sie relevant. Konzentrieren Sie sich auf die wichtigen Punkte. Halten Sie sich nicht mit Nebensächlichkeiten auf. Ihre Gesprächspartner werden es Ihnen danken.

8. Sprechen Sie klar und konkret. Fordern Sie dies auch von Ihren Gesprächspartnern ein. Dies gilt für Ideen, Argumente, Gefühle und Rückmeldungen.

9. Verzichten Sie auf lange Herleitungen. In den meisten Gesprächen ist dafür keine Zeit.

10. Halten Sie keine Vorlesungen und predigen Sie nicht. Zusammenarbeiten bedeutet: Lösungen gemeinsam entwickeln.

11. Kommunizieren Sie positiv. Seien Sie optimistisch. Zeigen Sie, dass Sie Situationen, Ideen und Menschen wohlwollend betrachten. Finden Sie heraus, welche Chancen in Schwierigkeiten verborgen liegen. Dies trägt entscheidend zu einem konstruktiven Gesprächsklima bei.

12. Sprechen Sie lösungsorientiert. Fokussieren Sie die Gegenwart und die Zukunft. Betonen Sie das Veränderbare. Haften Sie nicht an der Erinnerung an die Vergangenheit und an alten Geschichten.

13. Interessieren Sie sich ernsthaft für die Meinungen Ihrer Gesprächspartner.

14. Akzeptieren Sie, dass man jedes Problem von verschiedenen Standpunkten aus betrachten kann. Erleben Sie die verschiedenen existierenden Sichtweisen als Bereicherung des Diskussionsprozesses und als Reservoir für Ideen.

15. Sagen Sie spontan, wenn Meinungsäußerungen anderer Gesprächsteilnehmer bei Ihnen positive Resonanz finden, und sagen Sie auch, warum.

16. Bewahren Sie auch in komplexen sachbezogenen Diskussionen den persönlichen Bezug und die Nähe zu Ihren Gesprächspartnern.

17. Prüfen Sie, ob Ihre Annahmen stimmen. Auch wenn Sie Ihre Gesprächspartner gut zu kennen glauben, fragen Sie nach, ob das Bild, das Sie sich von ihrem Anliegen gemacht haben, mit ihren wirklichen Wünschen und Ansichten übereinstimmt.

18. Haben Sie den Mut, auch abweichende Ansichten zu vertreten, wenn Sie dies für notwendig halten. Versuchen Sie jedoch nicht, Ihren Standpunkt rücksichtslos durchzusetzen, sondern tragen Sie Ihre Meinung auf gewinnende Weise vor. Damit erhöhen Sie die Chancen, dass Ihre Gesprächspartner mit Offenheit reagieren.

19. Sie haben das Recht, sich abzugrenzen.

20. Seien Sie bereit, kritische Punkte und heiße Eisen anzusprechen, auch wenn dies bei Ihren Gesprächspartnern für Unruhe sorgt. Der Preis, den Sie zahlen, wenn Sie dies nicht tun und es akzeptieren, dass ein Großteil der vorhandenen Energie dafür eingesetzt wird, Ärger zu vertuschen, könnte sehr hoch sein.

21. Akzeptieren Sie keine geheimen Tagesordnungen und verdeckten Gesprächsthemen. Fördern Sie Ihre eigenen eigentlichen Themen zu Tage und sprechen Sie sie an. Wenn Sie Anzeichen unterschwelliger Themen bei Ihren Gesprächspartnern zu bemerken glauben, versuchen Sie durch taktvolles Fragen, durch Ich-Botschaften und Rückmeldungen zum Kern der Dinge vorzudringen. Dies kann Bremsen im Arbeitsprozess lösen und sich befreiend auf die Gesprächsatmosphäre auswirken.

22. Achten Sie bei wichtigen Themen darauf, den richtigen Zeitpunkt zu finden, um darüber zu sprechen. Wählen oder gestalten Sie eine Situation, in der Ihre Gesprächspartner aufnahmebereit sind und genügend Zeit haben, das Thema intensiv zu besprechen.

23. Akzeptieren Sie die Gefühle Ihrer Gesprächspartner. Anstatt zu bewerten versuchen Sie ihre Motive zu verstehen. Dies bedeutet nicht, dass Sie destruktive Verhaltensweisen hinnehmen müssen.

24. Achten Sie darauf, dass Ihre Gesprächspartner ihr Gesicht wahren können. Es ist wichtig, dass jeder Teilnehmer unbeschädigt aus der Besprechung herausgehen kann.

25. Verzichten Sie auf unfaire Tricks. Gesprächspartner spüren, wenn etwas nicht mit rechten Dingen zugeht, und antworten ihrerseits mit strategischem Vorgehen und der Sicherung der eigenen Position. Tricks lähmen die Kooperationsbereitschaft der Kollegen und untergraben die Glaubwürdigkeit dessen, der sie nutzt. Solche Tricks sind unter anderem: unterbrechen, provozieren, unterschwellig drohen, kalte Logik ohne Berücksichtigung der Menschen, doppelbödige Kommunikation wie Sarkasmus, Erinnern an alte Fehler, unzulässige Verallgemeinerungen, sprunghafte Themenwechsel. (Siehe dazu auch das folgende Kapitel.)

26. Benutzen Sie keine Ausreden; akzeptieren Sie keine Ausreden. Sagen Sie offen, wenn Sie etwas nicht tun möchten und warum sie dies nicht tun möchten. Und versuchen Sie auf respektvolle Weise herauszufinden, wo die wirklichen Gründe liegen, wenn sich Ihre Gesprächspartner an bestimmten Handlungen nicht beteiligen möchten. Entlasten Sie die Situation, indem Sie signalisieren, dass Ihnen an alternativen Möglichkeiten gelegen ist, die von allen mitgetragen werden können.

27. Achten Sie darauf, dass Ihren Gesprächspartnern mehrere Alternativen offen stehen. Verengen Sie deren Handlungsspielräume nicht zu sehr. Denn wenn nur noch eine Alternative bleibt, wird dies auch emotional als Beschneidung der persönlichen Autonomie erlebt. Widerstand ist die Folge.

8 Wenn Kommunikation nicht gelingt: Von Warnzeichen, Selbstverbergungstechniken und Manipulationen

Nicht immer erleben wir bei unseren Gesprächspartnern – und vielleicht auch bei uns selbst – die Offenheit und Klarheit, die wir uns wünschen mögen. Auch wenn wir, miteinander sprechend, immer stillschweigend davon ausgehen, dass es etwas bringt, in den Dialog zu gehen (denn sonst könnten wir ja auch andere Führungsmittel wählen wie: Anweisungen geben oder kommentarlos handeln), scheint in manchen Geprächen der Anteil dessen, was verborgen, verschwiegen, nicht sichtbar, geradezu unzugänglich ist, gewichtiger zu sein als das tatsächlich Gesagte. Die Rede ist hier von ...

Nicht immer herrschen Offenheit und Klarheit

- STRATEGISCHER, MANIPULATIVER GESPRÄCHSFÜHRUNG, die ihre Ziele nicht offen legt und diese gerade hierdurch zu erreichen sucht, und von
- DURCH (OFT UNBEWUSSTE) ABWEHRMECHANISMEN GEKENNZEICHNETER GESPRÄCHSFÜHRUNG, in der Ärger, Frustration, oft auch tiefe Kränkung sich ihren Weg bahnen, ohne dass jedoch die Ursache beim Namen genannt und dadurch bearbeitbar wird, vielleicht weil diese Ursache zu tief verschüttet liegt und alle Beteiligten sich über lange Zeit an Verbrämungen und Formen der „Ersatzkommunikation" gewöhnt haben.

BEIDEN ARTEN VERHÜLLENDER KOMMUNIKATION IST GEMEINSAM, DASS SIE SOWOHL DEN NUTZER ALS AUCH DEN ADRESSATEN SEHR VIEL ENERGIE KOSTEN, DIE DANN NICHT MEHR FÜR DAS SACHTHEMA UND DEN RATIONALEN KLÄRUNGSPROZESS ZUR VERFÜGUNG STEHT.

Im Falle der Manipulationstechniken steht der Frage des Senders ... *„Wie kann ich mein Ziel geschickt erreichen?"* beim Empfänger die Frage ... *„Welches Ziel hat mein Gesprächspartner, und wie kann ich verhindern, dass er es auf meine Kosten durchsetzt?"* gegenüber. Denn dass manipuliert werden soll, wird der Adressat der Techniken in einer ja meist langfristig angelegten Arbeitsbeziehung auf kurz oder lang bemerken und fortan stets mit der Manipulationsabsicht rechnen. Im Falle der abwehrenden, auf Selbstverbergung angelegten Gesprächsführung steht der bewussten oder unbewussten Frage des Senders ... *„Wie kann ich verhindern, dass mein Gesprächspartner erkennt, wie ich bin bzw. wie ich fühle?"* die Frage des Empfängers ... *„Wie ist mein Gesprächspartner wirklich und wie habe ich das, was er mir sagt, einzuschätzen?"* gegenüber.

Die Gesprächspartner taktieren, ohne zu thematisieren, worum es ihnen wirklich geht

So entsteht neben dem expliziten Gespräch zwischen den Partnern ein innerer Diskurs, den die Beteiligten mit sich selbst austragen. Und es entsteht zusätzlich zur Konzentration auf das Thema das Bemühen, die ver-

Neben dem expliziten Gespräch zwischen den Partnern entsteht ein innerer Diskurs, den die Beteiligten mit sich selbst austragen

*Man möchte die verborge-
nen Motive des taktieren-
den Partners dechiffrieren*

borgenen Motive des anderen zu dechiffrieren. Zwischen dem „offiziellen" Gespräch und den unterschwellig wirkenden Themen entsteht eine Differenz, ein Spalt, der sich unter anderem in erhöhter Anspannung oder auch Fahrigkeit bis hin zur geistigen Abwesenheit (wahrnehmbar zum Beispiel an leeren Blicken) im Gespräch äußern kann. Die Aktivität sitzt nicht „auf dem Punkt".

*Verhüllende Kommunikation erschwert oder
verhindert es, tragfähige
Lösungen zu finden*

In einem solchen Gespräch, in dem gleichsam auf mehreren Spielfeldern zugleich intensiv gespielt wird, ist kaum mit genialen Lösungen zu rechnen. Leicht gewinnt man den Eindruck, der Gesprächspartner (oder auch man selbst) „steht neben sich". Es entsteht ein Mangel an Stimmigkeit und Authentizität. In gewissen Grenzen ist es sicherlich normal und auch richtig, dass wir in Gesprächen Nebengedanken nachgehen, unsere Worte abwägen und nicht sofort alles aussprechen, was uns in den Sinn kommt. Ziel sollte es aber sein, solche Parallelaktivitäten zu begrenzen, um gemeinsam mit dem Gesprächspartner auf offene Weise ein optimales Gesprächsergebnis zu erarbeiten.

*Welche Selbstkonzepte
stecken hinter dem Einsatz
von Manipulations- oder
Abwehrtechniken?*

Interessant ist es, die Grundannahmen – man kann auch sagen: die Selbstkonzepte – herauszudestillieren, die dem Einsatz von Manipulations- oder Abwehrtechniken zu Grunde liegen.

Der Manipulierende

Der Manipulierende agiert prototypisch auf der Grundlage folgender These:

> *„Das Gespräch ist ein Kampf, in dem nur einer gewinnen kann. Ich möchte gewinnen und setze alle Mittel ein, die mich meinem Ziel näher bringen. Es hilft mir, Tricks einzusetzen und meine wahren Absichten zu verschweigen. Wenn ich clever genug bin bzw. wenn meine Gesprächspartner dumm genug sind, wird mein Vorgehen nicht auffallen."*

Der sich selbst Verbergende

Die Grundthese, die den sich selbst Verbergenden bewusst oder unbewusst bewegt, könnte man so formulieren:

> *„Ich darf mich anderen nicht so zeigen, wie ich bin. Wenn ich mich ihnen gegenüber öffnen würde, würden sie die Kränkungen erkennen, die ich erlitt, meine Bedürftigkeit, und sie würden um meine wirklichen Gründe und Absichten wissen. Sie würden mich vermutlich verachten, belächeln, mir ihre Zuwendung entziehen, wenn sie mich wirklich kennen würden. Ich gehe davon aus, dass meine wirklichen Bedürfnisse von den anderen nicht akzeptiert werden. Daher ist es für mich sinnvoll, meine Motive und Wünsche für mich zu behalten oder sie nach außen so darzustellen oder zu verändern, dass sie von ihnen gutgeheißen werden können. Dafür zahle ich auch den Preis, dass das, was ich bekomme, oft nicht mit dem übereinstimmt, was ich eigentlich möchte."*

Für das Gegenüber nun, das sich mit Manipulations- und Selbstverbergungstechniken konfrontiert sieht, entstehen einige Schwierigkeiten: dass der Gesprächspartner nicht offen agiert, ist ja zunächst einmal eine Hypothese, man könnte auch drastischer sagen: eine Unterstellung. Ob und gegebenenfalls in welchem Umfang die Hypothese stimmt, lässt sich in den allermeisten Fällen nicht restlos klären. Anders gesagt: Wenn wir glauben, unser Gesprächspartner agiert nicht offen, können wir uns auch irren. Manchmal haben wir Glück. Wir fragen zum Beispiel: *„Kann es sein, dass bei dir noch etwas anderes dahintersteckt?"*, und unser Gesprächspartner ist dankbar dafür, den Anstoß zu bekommen, endlich seine wahren Bedürfnisse artikulieren zu dürfen; er hört in diesem Augenblick auf, sich selbst zu verbergen.

Nehmen wir den anderen richtig wahr?

Werden dagegen Manipulationstechniken eingesetzt, können wir auf einen solchen Glücksfall kaum hoffen. Auf die Frage *„Kann es sein, dass du hier den und den Trick anwendest, um mich 'rumzukriegen'?"* wird unser Gesprächspartner nur in den seltensten Fällen antworten: *„Ja, stimmt."* Die Entlarvung der Manipulationstechniken wäre für den Anwender brüskierend; er wird sie deshalb mit aller Kraft zu verhindern suchen; gelingt die Entlarvung andererseits, ist das Resultat mit einiger Sicherheit eines, das wir gerade nicht wollen: Der ehemals Manipulierende fühlt sich in die Enge getrieben und wird erst recht versuchen, seine Felle zu retten.

Im Falle der Selbstverbergungstechniken entsteht, wenn sich der Gesprächspartner nicht preisgibt, ein weiteres Problem. Wenn wir darüber nachdenken oder uns darüber äußern, wo die Gründe für die Verschleierung liegen oder welches die wirklichen Antriebe unseres Gesprächspartners sind, geraten wir leicht in den vagen Bereich psychologischer Spekulation und Interpretation hinein, etwa indem wir davon sprechen, dass unser Gegenüber etwas „verdrängt", „kompensiert", dass er „regressiv" wird und so fort. Solche Interpretationen lassen sich in beliebiger Zahl bilden; ob sie stimmen, werden wir nie wirklich herausfinden, da wir über innerseelische Vorgänge sprechen, die wir nicht unmittelbar beobachten und schon gar nicht in einfachen Begriffen abbilden können, und so könnte es passieren, dass wir – um es psychologisch zu sagen – uns selbst durch die Anfertigung solcher Etiketten „entlasten" oder dass wir „Projektionen" unterliegen, indem wir eigene „verdrängte" Eigenschaften oder Mechanismen bei unserem Gegenüber wahrzunehmen glauben.

Versucht man die Gründe für den Einsatz von Selbstverbergungstechniken zu entschlüsseln, gerät man schnell in den vagen Bereich psychologischer Spekulation

W‍ICHTIG IST ES ABER ALLEMAL, DIE W‍ARNZEICHEN, DIE EINE VERSCHLEIERNDE ODER ABWEHRENDE K‍OMMUNIKATION ANZEIGEN, UND MÖGLICHE D‍EUTUNGSMUSTER ZU KENNEN. U‍ND MAN SOLLTE MIT EINIGEN F‍ORMEN DER M‍ANIPULATION VERTRAUT SEIN, UM G‍ESPRÄCHSVERLÄUFE SENSIBLER REGISTRIEREN UND AUF DIE A‍NWENDUNG ENTSPRECHENDER T‍ECHNIKEN ADÄQUAT REAGIEREN ZU KÖNNEN.

8.1 Typische Abwehrmechanismen und ihre Symptome

Zunächst seien einige typische Abwehrmechanismen mit den entsprechenden Symptomen vorgestellt. (Siehe dazu auch Neuberger 1990, Gehm 1997)

Abwehrmechanismus	Warnsignal/Verhalten
• Widerstand, Ablehnung, Trotz	Ständiges Widersprechen und Kritisieren, „Nein" zu allen Vorschlägen sagen, mürrische und bockige Bemerkungen
• Aggression, Vergeltung	„Auf den Tisch hauen", andere beherrschen und schädigen, etwas „heimzahlen", jemanden „auflaufen lassen", Papiere vom Tisch fegen, Sarkasmus, Zynismus, intrigieren, dominieren, ungestümes Unterbrechen anderer
• Fixierung	Sturheit, sich von seiner Meinung nicht abbringen lassen, insistieren, Uneinsichtigkeit, Pedanterie, Formalismus, auch an sinnentleerten Ritualen festhalten, „Dienst nach Vorschrift"
• Flucht in die Fantasie, Verleugnung der Wirklichkeit	Utopische Ideen vorbringen, Tagträume, Tatsachen leugnen, sich herausreden, prahlen, Ausreden finden
• Verschiebung und Projektion	Anderen die Schuld für eigenes Versagen geben, eigene Fehler und Schwächen anderen unterstellen, auf Nebensächlichkeiten völlig unangemessen reagieren, Ärger an Unschuldigen auslassen
• Resignation, Depression	Wortkargheit, Niedergeschlagenheit, Willenlosigkeit, Haltung

	des „Mir ist alles egal" oder des „Lasst mich in Ruhe!"
• Selbstbezichtigung	Anstatt die eigene Energie zur Lösung des Problems einzusetzen, wird sie gegen sich selbst gerichtet: Selbstkritik, Selbstzweifel, Herausstellen der eigenen Minderwertigkeit, Unsicherheit, Nervosität, Angst.
• Regression, Rückfall auf infantile Verhaltensweisen	Maßlose Forderungen, sich zum Clown aufspielen, schmollen, nachtragen, trotziges Verhalten
• Überkonformität und Anpassung	Sich durch „Einhundertfünfzigprozentigkeit" gegen Vorwürfe feien, Ja sagen, keine eigenen Ideen und Vorschläge
• Reaktionsbildung	Einschmeicheln, Schleimigkeit, Verhalten, das den eigentlichen Wünschen genau entgegengesetzt ist, aus Hass wird übertriebene Freundlichkeit u.ä.
• Rationalisierung und Intellektualisierung	„Klugscheißerei", sich wichtig machen durch scharfsinnige Herleitungen, Empfindungen hinter rein logischen Erklärungen verbergen, Gefühle anderer nicht gelten lassen
• Verdrängung zur Vermeidung von Angst und Schuldgefühlen	Realitäten nicht wahrhaben wollen, unangenehme Dinge/Aufgaben „vergessen"
• Sicherheit in sozialer Einbindung suchen	Sich hinter anderen verstecken, die „allgemeine Stimmung" artikulieren, sich als Sprachrohr darstellen, Sprechen in verallgemeinernden Man- oder Wir-Sätzen,

	sich Rückversicherungen gegen mögliche Misserfolge geben lassen.
• Kompensation	Schwächen und Misserfolge durch großes Engagement auf anderen Gebieten ausgleichen, durch beharrliche Anstrengung eigene Defizite abbauen und (unter Umständen verkrampft) in Stärken umwandeln

Negative Konsequenzen der verschleiernden und abwehrenden Kommunikation

Verschleiernde und abwehrende Kommunikation führt zu einigen GRAVIERENDEN NEGATIVEN KONSEQUENZEN:

- DER SACHERTRAG DES GESPRÄCHS LEIDET. Wichtige Informationen fließen in den Problemlösungs-Prozess nicht ein. Es wird auf Ersatzschauplätzen agiert.
- DIE ZWISCHENMENSCHLICHE DISTANZ ZWISCHEN DEN BETEILIGTEN WIRD KONSERVIERT. Man bleibt allein, wenn man Schwächen und Verletzungen voreinander verbirgt, und kann nicht entdecken, dass andere Menschen mit ähnlichen Problemen ringen wie man selbst. Abwehrende Kommunikation entzieht die Basis für gegenseitiges Verständnis und mitfühlenden Zusammenhalt.
- DIE SEELISCHE GESUNDHEIT IST GEFÄHRDET. Der Spalt zwischen den unbearbeiteten inneren Problemen, Misserfolgen und Verletzungen und der Fassade, die man nach außen an den Tag legen zu müssen meint, führt zu einer seelischen Dauerspannung, die auch in physische Krankheiten münden kann.

Menschen, deren Kommunikationsstil durch Abwehr- und Selbstverbergungsmechanismen geprägt ist, erleben ihren Kommunikationsstil „unterm Strich" als für sie selbst nutzbringend

Menschen, deren Kommunikationsstil durch Abwehr- und Selbstverbergungsmechanismen geprägt ist, verfolgen damit auf der anderen Seite jedoch eine nicht zu unterschätzende positive Absicht und erleben ihren Kommunikationsstil „unterm Strich" als für sie selbst nutzbringend: Die beschriebenen Bewältigungsstrategien helfen, das positive Selbstbild zu schützen und die Selbstachtung aufrechtzuerhalten. Angesichts einer Ablehnung oder Verletzung Realitäten auszublenden, indem man krank wird, verdrängt, Sündenböcke sucht usw., kann der schmerzvollen Auseinandersetzung mit eigenen Schwächen oder dem Mangel an innerer Souveränität vorbeugen. Man braucht sich nicht selbst in Frage zu stellen und nimmt dafür die negativen Nebenwirkungen wie Isolation, verengtes Handlungsrepertoire und eine Atmosphäre der Kälte in Kauf.

Deshalb ist im Umgang mit Abwehr- und Selbstverbergungsmechanismen grosse Behutsamkeit angebracht, denn harte Konfrontation nimmt derjenige, der sich aus subjektiv wichtigen Gründen nicht zeigen möchte, wie er ist, sehr leicht als einen Angriff auf das Selbstwertgefühl wahr.

Hinweise zum Umgang mit Abwehr- und Selbstverbergungsmechanismen

- Gehen Sie in sich und prüfen Sie, bevor Sie „Etiketten" anfertigen, eingehend, ob Ihre Verhaltensdeutung stichhaltig ist oder ob Sie selbst auf Grund Ihrer Interessenlage oder eigener Verschiebungsmechanismen einem verengten Blickwinkel unterliegen. Reflektieren Sie Ihre Sichtweise in gravierenden Situationen selbstkritisch mit anderen vertrauenswürdigen Personen in Ihrem Umfeld.
- Kommunizieren Sie aus einer Haltung hoher WERTSCHÄTZUNG gegenüber Ihrem Gesprächspartner.
- TOLERIEREN SIE STARKES EMOTIONALES VERHALTEN, mit dem Ihr Gesprächspartner zunächst einmal seine Unzufriedenheit zum Ausdruck bringt. Zeigen Sie Verständnis, und lassen Sie sich nicht aus der Ruhe bringen. Nehmen Sie den Druck aus der Situation.
- FINDEN SIE EINE GUTE BALANCE ZWISCHEN UNTERSTÜTZENDER, AKZEPTIERENDER KOMMUNIKATION UND DER KONFRONTATION MIT DER REALITÄT.
- VERZICHTEN SIE AUF PSYCHOLOGISCHE DEUTUNGEN UND „ANALYSEN" des Verhaltens Ihres Gesprächspartners. Das Mitarbeitergespräch stellt hierfür keine geeignete Plattform dar (wie z.B. eine Therapie).
- Nutzen Sie die Mittel beziehungsorientierter Kommunikation wie ICH-BOTSCHAFTEN UND FEEDBACK.
- Folgen Sie ausweichenden Themenwechseln und Exkursen Ihres Gesprächspartners für eine gewisse Zeit, und kommen Sie dann wieder auf die Ausgangsfragestellung zurück.
- ZEIGEN SIE SICH AN DEN EINSCHÄTZUNGEN UND ARGUMENTATIONEN IHRES GESPRÄCHSPARTNERS INTERESSIERT, auch wenn sie Ihnen unplausibel und irrational erscheinen. Formulieren Sie anschließend alternative Einschätzungen als mögliche „Varianten". Lehnen Sie die Meinungen Ihres Gesprächspartners nicht rundweg ab.
- NUTZEN SIE FRAGEMÖGLICHKEITEN wie Konkretisierungsfragen, Fragen nach Beziehungen und Empfindungen (siehe auch Kap. 5).
- Versuchen Sie gemeinsam NEUE LÖSUNGSMÖGLICHKEITEN zu entwickeln. Gewinnen Sie Ihr Gegenüber für das Experimentieren mit neuen Sichtweisen.

8.2   Strategische Argumentation, Manipulation

Manipulationstechniken werden gezielt dazu eingesetzt, in der Sache einen Vorteil zu erlangen

Während die oft unbewusst eingesetzten Strategien zur Bewältigung unbearbeiteter Misserfolge und Frustrationen der Aufrechterhaltung eines positiven Selbstwertgefühls dienen, werden Manipulationstechniken tendenziell gezielt dazu eingesetzt, in der Sache einen Vorteil zu erlangen. Der Gesprächspartner soll instrumentalisiert werden, er wird Mittel zum Zweck und somit als Persönlichkeit abgewertet. – Oft verläuft die Grenze zwischen Abwehr- und Manipulationsstrategien fließend: So kann aggressives Verhalten als Mittel der Abwehr eine manipulative Wirkung beim Gesprächspartner hervorrufen (z.B. wenn dieser nun ohne rationalen Grund klein beigibt); umgekehrt kann der Einsatz von Manipulationstechniken in vielen Fällen als Versuch gewertet werden, Minderwertigkeitsgefühle und Argumentationsschwäche zu kompensieren.

Es ist nicht leicht, zwischen mangelnder struktureller Klarheit und versuchter Manipulation zu unterscheiden

Es ist oft kaum zu entscheiden, ob der Mitarbeiter bewusst mit unlauteren Mitteln beeinflussen will oder auf Grund mangelnder struktureller Klarheit und fehlender Durchdringung des Themas zu „eingetrübten" Überzeugungs- und Überredungsformen greift, die einer genauen Prüfung nicht standhalten. Dem Mitarbeiter offensichtlich eine Täuschungsabsicht zu unterstellen würde die Gefahr von Irrtümern in sich bergen; zudem ist dieses Vorgehen nicht zielführend, da es mit einem Gesichtsverlust des Mitarbeiters einhergeht, der wiederum zu Widerständen führt. Es empfiehlt sich stattdessen eine wertschätzende, gleichwohl personen- und sachorientierte genaue Analyse der angebotenen Begründungen.

Unterschiedliche Aufgabenfelder von Psychologie und Rethorik

Der Übersichtlichkeit halber werden Manipulationstechniken hier gesondert besprochen. Dies hat auch einen sozusagen historischen Grund: Für die oben skizzierten Bewältigungsmechanismen erklärt sich die Psychologie zuständig und bietet eine entsprechende Begrifflichkeit an; die Auseinandersetzung mit Manipulationstechniken und strategischer Dialogführung ist traditionell in der Rhetorik – mit der ihr eigenen Terminologie – angesiedelt.

Wie Manipulation funktioniert, lässt sich leicht verstehen, wenn man sie der kooperativen Argumentation im Sinne nachvollziehbarer, fairer und lösungsorientierter Kommunikation gegenüberstellt.

Kooperative Argumentation	Strategische Argumentation, Manipulation
• Ziele und Interessen werden offen gelegt.	• Die eigentlichen Ziele und Interessen werden verschwiegen.
• Es soll eine für alle tragfähige Lösung gefunden werden.	• Es soll die eigene Maximalforderung durchgesetzt werden.

• Die Meinung des anderen wird als wichtig und wertvoll angesehen.	• Die Meinung des anderen wird nicht oder nur zum Schein anerkannt. Die Wertschätzung der gegnerischen Position dient nur dazu, eine bessere Ausgangsbasis für die Durchsetzung der eigenen Ziele zu erlangen.
• Die eingesetzten Überzeugungsmittel sind für den Gesprächspartner transparent, wie Fakten, Erfahrungen, persönliche Bedürfnisse, Werte und Normen, geltende Vereinbarungen, Beispiele, Prognosen.	• Die eingesetzten Mittel sollen, um wirksam zu sein, vom Gesprächspartner in Teilbereichen möglichst nicht durchschaut werden. Neben transparenten Überzeugungsmitteln werden Techniken der Verschleierung, Einschüchterung, Drohung, Emotionalisierung, des Unter-(Zeit-)Druck-Setzens, des persönlichen Angriffs und u. U. der Täuschung eingesetzt.
• Das Hinterfragen der Überzeugungsmittel ist akzeptiert und natürlicher Bestandteil des Diskussionsprozesses.	• Das Hinterfragen der Wirkungsmittel ist nicht erwünscht und stabilisiert oder verstärkt den Einsatz der intransparenten Techniken.

Manipulationstechniken existieren in kaum überschaubarer Fülle. Der Umgang mit ihnen wird oft dadurch erschwert, dass der Manipulierende nicht ausschließlich Tricks einsetzt, sondern mit einer (oft in Jahren der Diskussionspraxis erworbenen) Mischung aus Verschleierung und Transparenz operiert. Um das Kind nicht mit dem Bade auszuschütten, ist es ratsam, die kooperativen Argumentationsansätze des Gesprächspartners zu würdigen und eingestreute Manipulationsansätze konsequent abzuwehren. Auf diese Weise kann es gelingen, eine positive Gesprächsebene zu erhalten und das Gegenüber nach und nach für einen kooperativen Argumentationsstil zu gewinnen.

Es ist sinnvoll, vorhandene kooperative Gesprächsansätze zu würdigen

Mitarbeiter werden in Mitarbeitergesprächen sicherlich in aller Regel auf bestimmte Manipulationsformen verzichten. So ist es kaum wahrscheinlich, dass sie Formen der Einschüchterung oder der Androhung von Machtausübung einsetzen.

Die folgende Auflistung einiger typischer Manipulationsformen, die in Mitarbeitergesprächen anzutreffen sein könnten, soll helfen, Beeinflussungsversuche schneller zu erkennen; die angeführten Reaktionsmöglichkeiten sollen Ansatzpunkte für eine konstruktive Antworttendenz liefern.

Mögliche Manipulationsformen durch Mitarbeiter im Mitarbeitergespräch

- LOBEN, SCHMEICHELN, Rühmen des Expertenwissens und der Erfahrung der Führungskraft
  Reaktion: Sich für das Lob bedanken, Übertreibungen richtig stellen, mit der sachorientierten Argumentation unbeeindruckt fortfahren. Darauf achten, sich keine Aufgaben rückdelegieren zu lassen.

- BETROFFENHEIT AUSSTELLEN bzw. simulieren und dadurch Schuldgefühle auslösen
  Reaktion: Verständnis und Mitgefühl zeigen, Lösungssuche unterstützen, Möglichkeiten und Grenzen der Hilfeleistung klar aufzeigen.

- DURCH EXPERTENWISSEN BEEINDRUCKEN, Überschütten mit Informationen
  Reaktion: Interesse an den Fakten zeigen und die fundierte Sachkenntnis des Gesprächspartners anerkennen; um Verdichtung und Darstellung der wichtigen Punkte bitten, hinterfragen.

- ABLENKEN VOM THEMA, Einbringen nicht relevanter Themen, Desorientierung durch „Nebelwerfer-Taktik"
  Reaktion: Neue Themen aufnehmen (Paraphrasieren), nach Zusammenhang mit Hauptthema fragen, Themenprioritäten setzen, Behandlung der Nebenthemen auf einen anderen definierten Zeitpunkt verschieben.

- ZERMÜRBUNGSTAKTIK, Verschleppung wichtiger Themen, Zeitgewinn suchen, wichtige Informationen solange es geht zurückhalten
  Reaktion: Wichtige Themen geduldig ansprechen; nachfragen, warum die Bearbeitung des Themas zu Verzögerungen führt; nach persönlichen Widerständen fragen und Gespräch darüber anbieten; bei Resistenz behutsam Bearbeitungsalternativen formulieren, die zeigen, dass das Thema unter Umgehung des Mitarbeiters zeitgerecht bearbeitet werden kann. Sich vom Mitarbeiter periodisch über den aktuellen Stand informieren lassen (Information als „Bringschuld": vereinbaren, dass der Mitarbeiter auf die Führungskraft zukommt); Themenbearbeitung nachhalten (Wiedervorlage).

- **VEREINFACHEN,** Verharmlosen von Problemen
  Reaktion: Konkretisierungsfragen stellen, negative Auswirkungen der gegebenen Situation darstellen und nach Lösungsmöglichkeiten fragen, deutlich eigene Zielsetzung formulieren, konkrete Vereinbarung treffen und terminieren.

- **VERKOMPLIZIEREN,** Problem als so schwierig erscheinen lassen, dass eine Lösung unmöglich scheint
  Reaktion: Verständnis für die Komplexität des Themas zeigen; Hauptpunkte sowie kritische Erfolgsfaktoren erfragen bzw. gemeinsam herausarbeiten und deren Klärung als ersten Schritt vereinbaren; Zuversicht zeigen, dass das Problem lösbar ist und konkreten Weg aufzeigen; fragen, ob zur Lösung des Problems die zusätzliche Hilfe und Beratung anderer Personen notwendig ist, und Mitarbeiter dafür die Verantwortung übertragen, diese Personen einzubeziehen. Themenbearbeitung nachhalten, da Gefahr der Verschleppung (s.o.).

- **ENTWEDER-ODER-TAKTIK,** durch Darstellung von Extrempositionen Lösung und Kompromisse erschweren
  Reaktion: Akzeptieren der Extrempositionen als mögliche Alternativen, Hinzufügen und Begründen neuer Alternativen, gemeinsame Prüfung anhand von Kriterien.

- Den **TEUFEL AN DIE WAND MALEN;** Angst einjagen durch Heraufbeschwören großer Gefahren
  Reaktion: Verständnis für das Problem zeigen; Problemkontext gemeinsam durchleuchten; gemeinsam Prioritäten suchen; Ressourcen, die zur Problemlösung zur Verfügung stehen, genau benennen und Ressourcenbegrenzungen – z.B. finanzieller Art – unmissverständlich formulieren.

- **SICH DUMM STELLEN,** Nichtwissen vortäuschen
  Reaktion: Nach den Ursachen mangelnder Information fragen; Informationen, die verfügbar sind, unmittelbar anbieten; Informationsquellen benennen und Mitarbeiter die Verantwortung für deren Beschaffung übertragen; Mitarbeiter auffordern, Informationshemmnisse (z.B. durch dritte Personen) jeweils unmittelbar zu benennen, um eine Intervention zu ermöglichen; Themenbearbeitung nachhalten, um Verschleppung vorzubeugen (s.o.).

- **ÜBERRUMPELN;** unvermitteltes Einbringen wichtiger Informationen, ins-Spiel-Bringen dritter Parteien, um Ziele schnell zu erreichen

Reaktion: Neue Informationen aufnehmen; ruhig bleiben; sich Zeit zur Prüfung der Informationen ausbedingen und erneute (zeitnahe) Kontaktaufnahme vereinbaren.

- WICHTIGE INFORMATIONEN AM RANDE oder in nicht passenden Situationen geben, um Ziele durch Überraschungseffekt und vorgetäuschte Beiläufigkeit zu erreichen
  Reaktion: Sich für die Information bedanken und Termin zur gesonderten Besprechung des Themas vereinbaren; keine unmittelbare Entscheidung treffen.

- HANDLUNGSSPIELRAUM VERRINGERN durch Erinnerung an frühere Aussagen
  Reaktion: Auf gewandelte Situation hinweisen oder persönlichen Lernprozess, der zur neuen Einschätzung führte, darlegen.

- VERSTECKTE ANDROHUNG DER KÜNDIGUNG
  Reaktion: Interesse am Mitarbeiter durch Interesse an seinem Thema dokumentieren. Thema sachorientiert weiterbearbeiten und sich druckresistent zeigen. Als gesonderten Gesprächspunkt oder als Thema für ein weiteres Gespräch Dialog über die Arbeitszufriedenheit des Mitarbeiters anbieten.

- GEMEINSAME VERPFLICHTENDE ZIELSETZUNGEN POSTULIEREN; Äußerungen über gemeinsame Anliegen; *„Wir wollen doch alle ...“*, *„Wir sind uns doch darüber einig, dass wir im Interesse des Gesamtunternehmens handeln müssen ...“*
  Reaktion: Je nach Äußerung Bestätigung des Ziels oder behutsame Korrektur; sich an persönlicher Sichtweise des Mitarbeiters interessiert zeigen; differenziert eigene Sichtweise deutlich machen.

- Durch Ironie, Sticheleien, Ins-Wort-Fallen VERUNSICHERUNG UND EMOTIONALISIERUNG DES VORGESETZTEN
  Reaktion: Nachfragen, wie Sticheleien gemeint sind; darum bitten, aussprechen zu dürfen; Beziehungskommunikation suchen (Ich-Botschaften, Feedback) und persönliche Irritation bzw. Ärger ansprechen, um Plattform der Zusammenarbeit offen klären zu können.

- Durch ERINNERN AN ALTE FEHLER der Führungskraft oder Verletzungen, die diese ausgelöst hat, Schuldgefühle erzeugen und das Selbstwertgefühl der Führungskraft herabsetzen
  Reaktion: Bedauern über das Zurückliegende ausdrücken und nicht weiter darauf eingehen; keine Rechtfertigungen des Zurück-

liegenden; deutlich machen, dass beim aktuellen Thema die bestmögliche Lösung für alle Beteiligten gefunden werden soll.

- **Direkte Angriffe**; Vorwurf der Inkompetenz u.Ä.
  Reaktion: Sich nicht emotionalisieren lassen, keine Retourkut-
  schen; geduldig mit der Themenbesprechung fortfahren; keine unmittelbare Entscheidung treffen; bei Eskalation Gespräch beenden,
  um weiteres Vorgehen in Ruhe zu bedenken, und neuen Gesprächstermin suchen.

9 Die Einstellung bestimmt das Verhalten – über Werte und Ethik im Gespräch

Die vergangenen Kapitel behandelten im Wesentlichen „handfeste"
Techniken der Kommunikation: Wie kann man Gespräche strukturieren, welches Kommunikationswerkzeug steht beim Fragen, Informieren, Feedback-Geben zur Verfügung, wie kann man Gespräche lenken
und Kommunikationsstörungen konstruktiv begegnen? Das eigene
Verhalten im Sinne der beschriebenen Techniken zu trainieren hilft, die
Kommunikation mit Mitarbeitern entscheidend zu verbessern: Die
Kommunikation wird klarer und effektiver durch gesteigerte Professionalität. Das Verhalten und die Abfolge der Interaktionen ist hierbei die
sichtbare äußere Schicht des Kontaktes zwischen Führungskraft und
Mitarbeiter.

Ist das professionelle Kommunikationsverhalten der Führungskraft
allerdings nur eine antrainierte Fassade und möchte sie in Wirklichkeit
nur kompromisslos ihre Vorhaben durchsetzen, werden die erlernten
Kommunikationstechniken in stressbeladenen, belastenden Situationen vermutlich schnell in den Hintergrund treten und die alten Verhal-
tensmuster, etwa des Anweisungen-Gebens, Kontrollierens und Sank-
tionierens, werden wieder an der Oberfläche erscheinen.

Diesen Verhaltensbruch werden die Mitarbeiter als höchst problematisch erleben und einer späteren wieder gefundenen Freundlichkeit der
Führungskraft keinen rechten Glauben mehr schenken. – Sicherlich ist
kaum jemand davor gefeit, in einer äußerst krisenhaften Situation nicht
einmal die Contenance zu verlieren, doch ist diese grundsätzliche Ge-
fährdung menschlicher Verhaltensbalance kein Freibrief für einen lau-
nischen und willkürlichen Führungsstil. Aussicht auf Erfolg hat auf
Dauer allein eine Handlungsweise, die durch Glaubwürdigkeit und Ver-

lässlichkeit geprägt ist, durch solche Eigenschaften also, die Mitarbeiter davon entlasten, darüber nachzudenken, was ihr Chef wohl wie gemeint hat, was er insgeheim im Schilde führt und ob er gegebene Zusagen einhält. Entscheidend ist, dass Mitarbeiter sich in der Arbeitsbeziehung sicher genug fühlen, um sich ganz auf ihre Arbeit konzentrieren zu können, und nicht unnötig wertvolle Energien mit Spekulationen und Sorgen verlieren müssen. Mit einem Wort: Es geht um Kontinuität.

MENSCHLICHES VERHALTEN, LANGFRISTIG BETRACHTET, ZEIGT SICH ALS DIE FRUCHT VON EINSTELLUNGEN, HALTUNGEN UND WERTEN.

Unserem Handeln legen wir Annahmen zu Grunde. Wie denken wir über den anderen? Welchen Entwurf hegen wir im Hinblick auf dessen Möglichkeiten und Grenzen? – Und wie denken wir über uns selbst; wer, glauben wir, sind wir? Auf die Dauer, durch die Beobachtung immer wiederkehrender Handlungsmuster, erkennen Mitarbeiter, „wes Geistes Kind" ihre Führungskraft ist, und sie werden ihr eigenes Verhalten danach ausrichten; die Reaktionen ihres Chefs zeigen ihnen, ob es erlaubt ist, Fehler zu machen oder nicht, oder ob man, wie es in manchen Management-Etagen heute heißt, jeden Fehler nur einmal machen darf; sie registrieren, ob Initiative belohnt oder bestraft wird, ob Ungenauigkeiten bemerkt und korrigiert werden, oder ob es der Führungskraft nur um die „grobe Linie" geht. Mitarbeiter lernen schnell die Lieblingsthemen ihres Vorgesetzten wie auch seine Tabuzonen kennen. Sie spüren, was ihnen zugetraut wird, und auch, ob sie als Mensch von ihrem Vorgesetzten akzeptiert und gemocht werden.

9.1 Unterschiedliche Annahmen über den Mitarbeiter: „Theorie X" und „Theorie Y"

Berühmt geworden ist in diesem Zusammenhang die Theorie von McGregor (1970), der zwei einander entgegengesetzte Menschenbilder unterscheidet, zwei typische Meinungen, die Vorgesetzte über ihre Mitarbeiter hegen können; er nannte diese Menschenbilder „Theorie X" und „Theorie Y".

„Theorie X" besagt:
- Der Durchschnittsmensch hat eine angeborene Abneigung gegen Arbeit und versucht ihr aus dem Weg zu gehen.
- Er muss geführt, gelenkt und mit Strafe bedroht werden, damit er trotz seiner Arbeitsunlust das vom Unternehmen gesetzte Arbeitsziel erreicht.
- Er besitzt wenig Ehrgeiz.
- Er ist vor allem auf Sicherheit aus.

„Theorie Y" dagegen ist positiv, und sie spiegelt das Menschenbild wider, das McGregor denn auch real vertritt. Sie besagt:

• Der Durchschnittsmensch will sich engagieren und ist bereit, Verantwortung zu übernehmen.
• Sicherheitsstreben und Verantwortungsscheu sind das Ergebnis schlechter Erfahrungen.
• Mitarbeiter möchten sich aktiv für die Unternehmensziele einsetzen.

Aus diesen Annahmen oder Hypothesen erwächst jeweils ein Verhaltensstil, der die Tendenz hat, dafür zu sorgen, dass die getroffenen Annahmen auch tatsächlich der Realität entsprechen. Dies lässt sich am besten grafisch darstellen:

Der persönliche Führungsstil ist abhängig von dem Bild, das sich eine Führungskraft jeweils von ihren Mitarbeitern macht

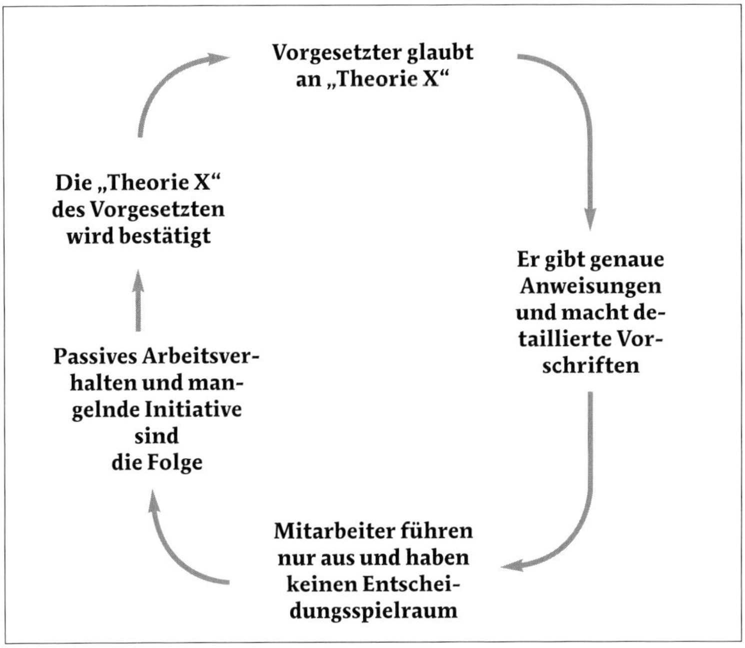

Abb. 9.1: Negativer Verhaltenszirkel der „Theorie X"

Man spricht in diesem Zusammenhang auch von einer sich selbst erfüllenden Prophezeiung oder von einer zirkulären Logik. Das Verhalten des Vorgesetzten (Ursache) und das der Mitarbeiter (Folge) stabilisieren sich gegenseitig oder – noch schlimmer – aus dem Kreislauf wird eine negative Verhaltensspirale: Die Mitarbeiter zeigen sich infolge der engen Vorschriften immer desinteressierter an ihrer Arbeit und der Vorgesetzte wird ein immer rigoroserer Verfechter der „Theorie X", worauf zunächst die innere Kündigung der Mitarbeiter und eine Haltung der Verweigerung, dann Sanktionen des Vorgesetzten, schließlich reale Kündigungen von Mitarbeitern folgen …

Das Bild, das sich ein Vorgesetzter von seinen Mitarbeitern macht, wird zu einer sich selbst erfüllenden Prophezeiung

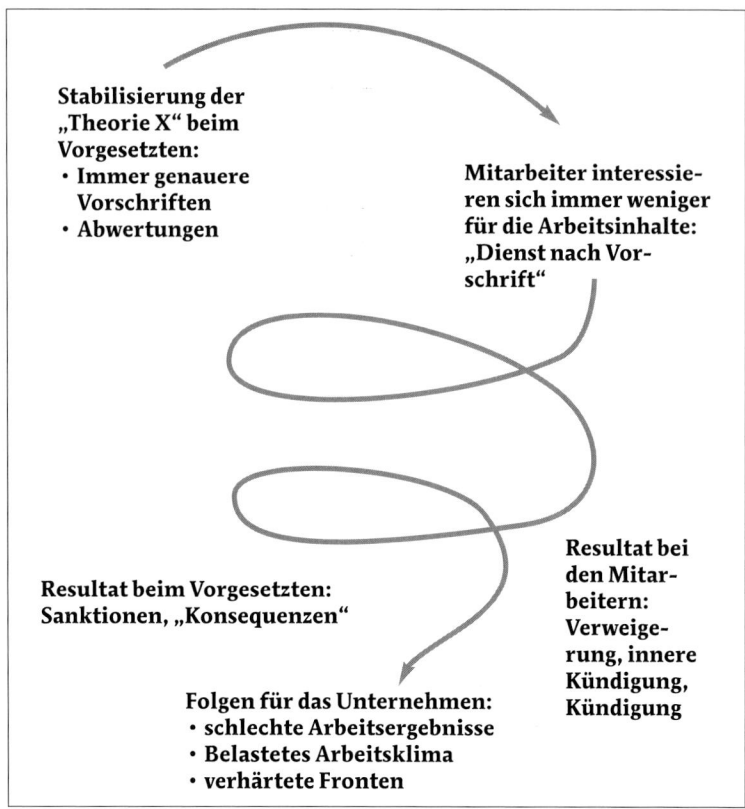

Abb. 9.2: Vom Verhaltenszirkel zur Verhaltensspirale bei der „Theorie X"

Ganz anders sieht der Verhaltenszirkel bei der „Theorie Y" aus. Interessante Arbeitsinhalte und Freiräume schaffen den Rahmen dafür, dass sich Mitarbeiter für die Unternehmensziele engagieren. Aus der negativen wird eine positive Verstärkung. Der Wirkmechanismus ist im Prinzip der gleiche, nur verfolgt er – wie in Abb. 9.3 dargestellt – die umgekehrte Richtung:

Die Verhaltensspirale bei angenommener „Theorie Y" verstärkt sich positiv

Auch dieses Modell trifft man oft in der Form einer – hier positiven und das Leistungsklima stimulierenden – Verhaltensspirale an (Abb. 9.4).

Auf welche Weise genau aus unseren subtilen Beweggründen Handlungen werden, welche emotionalen Nuancen unsere Handlungen tragen und ob sie geeignet sind, Mitarbeiter zu motivieren oder zu demotivieren, lässt sich im Einzelfall sicherlich nur schwer nachzeichnen. Wir bewegen uns immer auf unsicherem Grund, wenn wir mit obskuren Dingen wie Einstellungen und Haltungen umgehen, die man nicht schmecken, sehen, hören und fühlen kann. Und genau deshalb ist McGregors Modell der „Theorie X" und der „Theorie Y" wohl so berühmt geworden, weil es

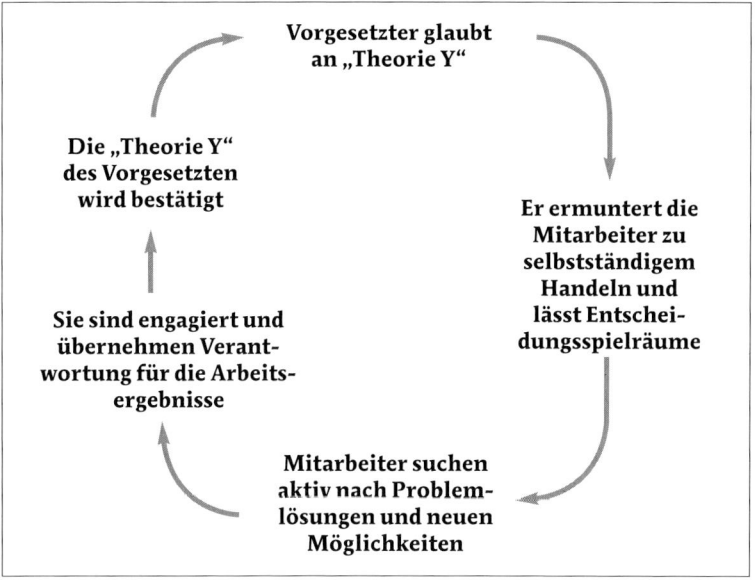

Abb. 9.3: Positiver Verhaltenszirkel der „Theorie Y"

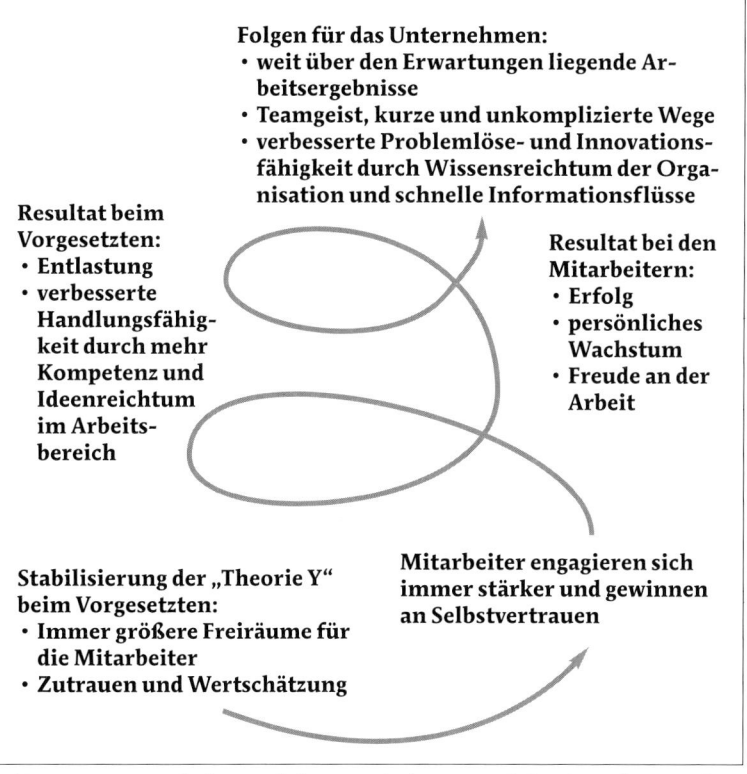

Abb. 9.4: Vom Verhaltenszirkel zur Verhaltensspirale bei der „Theorie Y"

so eindrücklich und plausibel zeigt, welche Macht Menschenbilder besitzen können.

Kommunikationsforscher und -lehrer sind immer wieder an jenen Punkt gelangt, an dem sie sich die Frage stellten, welche Werthaltungen erfolgreiche Kommunikation erleichtern bzw. überhaupt erst möglich machen. In verschiedenen Terminologien sind sie dabei auf einige Grundeinstellungen gestoßen, die helfen, auch in schwierigen Kommunikationssituationen mit sich selbst im Reinen zu bleiben, die Beiträge von Gesprächspartnern optimal zu integrieren und Gespräche auch in krisenhaften und konfliktären Situationen in Fluss zu halten. Diese Grundeinstellungen bilden die natürliche Basis der gesprächsfördernden Verhaltensweisen, die in den vorangegangenen Kapiteln besprochen wurden.

9.2   Zentrale Grundeinstellungen und Werte in Gesprächen

* SICH SELBST AKZEPTIEREN – das heißt
  ... sich so nehmen, wie man ist,
  ... die eigenen Gefühle respektieren,
  ... Verantwortung für die eigenen Worte und das eigene Handeln übernehmen,
  ... dafür Sorge zu tragen, dass das Gespräch in Verlauf und Ergebnis mit den eigenen Bedürfnissen im Einklang steht,
  ... nicht mehr geben, als man wirklich geben möchte, sich nicht hinreißen lassen.

* DEN GESPRÄCHSPARTNER WERTSCHÄTZEN – das heißt
  ... ihn so nehmen, wie er ist,
  ... seine Gefühle respektieren,
  ... sich für ihn interessieren,
  ... ihn unter allen Umständen sein Gesicht wahren lassen,
  ... anerkennen, dass er sein bzw. das gemeinsame Thema auf einzigartige Weise sieht und erlebt und dass diese Sichtweise nur in den seltensten Fällen vollständig mit unserer eigenen Sichtweise übereinstimmt,
  ... ihm die Verantwortung für sein Handeln überlassen,
  ... anerkennen, dass sein Verhalten, auch wenn es uns irritiert, stört oder wenn es kontraproduktiv scheint, einen spezifischen positiven Zweck für ihn erfüllt,
  ... dafür Sorge tragen, dass seine Bedürfnisse im Gespräch berücksichtigt werden,
  ... ihm zugestehen, dass er weiß, was gut für ihn ist,

... ihn als Experten für sein eigenes Leben sehen, der die Lösung seiner Probleme bereits in sich trägt,

... ihn nicht überreden wollen, nicht versuchen, ihn hinzureißen uns Dinge zu geben, die er uns eigentlich nicht geben möchte,

... auf Drohungen und Sanktionen verzichten.

- Sich selbst und den Gesprächspartner weder einseitig als Opfer noch als Täter sehen, sondern DEN MENSCHEN ALS BETEILIGTEN VERSTEHEN, DER UMWELTEINFLÜSSEN UNTERLIEGT UND ZUGLEICH AUCH IMMER INDIVIDUELLEN GESTALTUNGSSPIELRAUM BESITZT.

- VERTRAUEN ALS VORLEISTUNG WAGEN, denn, so stellte der Sozialwissenschaftler Niklas Luhmann fest: „Der Vertrauende entlastet sich durch sein Vertrauen von Komplexität, die er nicht tragen kann" (1989, S. 70).

9.3 Diskursethik

Wenn sich zwei auf ein Gespräch miteinander einlassen, dann gehen sie – zumindest stillschweigend – davon aus, dass es besser ist zu reden als zu schweigen, wegzugehen oder aufeinander einzuprügeln. Dies ist die Grunderkenntnis der Diskursethiker Karl-Otto Apel (1976) und Jürgen Habermas (1983), dass wir immer, wenn wir miteinander reden, eine Art idealer Sprechsituation zu Grunde legen: Wir glauben, dass es Sinn macht, zu argumentieren und den Argumenten der anderen Seite zuzuhören; wir glauben, dass es nicht zum besten Ergebnis führt, als Führungskraft die Muskeln spielen zu lassen und als Mitarbeiter demütig die nächsten Ansagen abzuwarten und ohne Verzug kritiklos danach zu handeln.

Diese IDEALE SPRECHSITUATION ist vor allem dadurch gekennzeichnet, dass Macht – oder im Politjargon: Herrschaft – darin keine Rolle spielt:

Unterstellung einer „idealen Sprechsituation", innerhalb derer nicht auf der Basis von Macht, sondern auf der Grundlage rationaler Argumente gehandelt wird

> JEDE UND JEDER DARF SEINE IDEEN EINBRINGEN UND AUCH BEHAUPTUNGEN PROBLEMATISIEREN. ENTSCHIEDEN WIRD NACH RATIONALEN GESICHTSPUNKTEN.

Eine entscheidende Rahmenbedingung im Mitarbeitergespräch ist, wie im Einführungskapitel bereits angedeutet, nun aber die, dass ein Machtgefälle zwischen Vorgesetztem und Mitarbeiter existiert. Vereinfacht gesagt: Der Mitarbeiter bereitet vor, arbeitet aus, berät, und die Führungskraft entscheidet – zumindest entscheidet sie darüber, ob sie gemeinsam mit dem Mitarbeiter nach Lösungen suchen und im Konsens entscheiden will, denn oftmals hat die Führungskraft die Wahl, ob sie auf der Grundlage eines Gesprächs oder per Dekret handelt.

Im Mitarbeitergespräch kann Macht nicht vollständig ausgeblendet werden

Im Mitarbeitergespräch sollte eine weitgehend hierarchiefreie Kommunkation herrschen

Auch wenn wir also die ideale Sprechsituation des so genannten „herrschaftsfreien Diskurses" nie verwirklichen können und gerade im Mitarbeitergespräch durch den Unterschied der formalen Rollen ein unüberbrückbarer Spalt bestehen bleibt, sollte hierarchiefreie Kommunkation, die auf die Nutzung von Macht und Herrschaftswissen verzichtet, unsere Richtschnur sein; wir sollten den Spalt so klein wie möglich halten.

Eine nicht empfehlenswerte Alternative wären Scheingespräche, in denen wir das Ergebnis schon vorher kennen und versuchen, die Betroffenen zu diesem Ergebnis „hinzumoderieren" – ein Vorgehen, das, großflächig angewandt, in Unternehmen nur zu leicht verbrannte Erde hinterlässt und Projekte partnerschaftlicher Organisationsentwicklung oft auf lange Zeit hin diskreditiert. Vermieden werden sollte auch die andere Alternative, ein Gespräch als Führungskraft „machtfrei" zu beginnen und dann, wenn sich der Gesprächspartner nicht den eigenen Argumenten fügt, auf die Variante der machtvollen Durchsetzung des gesetzten Ziels umzuschwenken. Den Schafspelz wird dieser Führungskraft niemand mehr glauben.

Wille zur Vernunft

Für Peter Ulrich (1981), der die Diskursethik auf den Unternehmensalltag angewandt hat, ist der **„Wille zur Vernunft"** die oberste ethische Maxime. Seinen Überlegungen ist die folgende Liste von Bedingungen idealer Kommunikation in der Managementpraxis entnommen.

Bedingungen idealer Kommunikation in der Managementpraxis

Verfahrensbedingungen

1. **Beteiligung aller Betroffenen**
   Authentische Einbringung aller Bedürfnisse und Wertungen
2. **Argumentative Einigung (Konsensus)**
   Nur allgemein akzeptierbare Argumente sind gültig.
3. **Chancengleichheit (Machtausgleich)**
   Die Verhandlungsmacht aller Beteiligten muss gleich sein.
4. **Zwanglosigkeit**
   Verzicht auf Persuasion und Sanktion
5. **Unbeschränkte Information**
   Alle vorhandenen relevanten Informationen sind allen Beteiligten zugänglich.
6. **Argumentative Kompetenz**
   Alle Dialogteilnehmer müssen fähig sein, vernünftig zu argumentieren.

VERHALTENSBEDINGUNG

7. Rationale Motivation („Wille zur Vernunft")
Alle Dialogteilnehmer müssen gewillt sein, vernünftig zu argumentieren, Gegenargumente unvoreingenommen zu prüfen und
einen allgemein akzeptierbaren Konsens zu erzielen.

In der Praxis sind reine „rationale Motivation" (ohne Ansehen der Gefühle argumentieren wie ein „Kopffüßler"), „unbeschränkte Information" (auch im Hinblick auf die geheimsten Strategiepapiere der Unter-
nehmensleitung), absolute „Chancengleichheit" usw. wohl niemals gegeben, aber die dargestellten Kriterien eines Idealgesprächs können ein
Ansporn sein. Sie helfen bei der persönlichen Analyse, wo man im Gespräch eigentlich steht: Wie hoch ist der Grad der Partnerschaftlichkeit
in der augenblicklichen Gesprächssituation tatsächlich und welche Ver-
zerrungen (z.B. durch Informationshemmnisse) beeinträchtigen das
Gepräch gerade? Die dargestellten Bedingungen idealer Kommunikation sind antimanipulativ. Eine Diagnose des augenblicklichen Ge-
sprächsstatus hilft auch, differenzierter wahrzunehmen, wer im Augenblick wem was zu suggerieren versucht und ob mit Tricks operiert wird
(siehe oben Kap. 8).

Diese idealen Bedingungen sind niemals völlig reali-siert, sie können aber als Kriterium dienen, eine fak-tische Gesprächssituation zu beurteilen und zu verbessern

10 Wir können auch anders –
die systemische Sichtweise

Es gibt keine wissenschaftlich abgesicherte Management- und Füh-
rungstheorie mit Erfolgsgarantie, ebenso wenig wie es ein abgesichertes
Gesprächskonzept geben kann, das in jeder Situation aufgeht. Die Komplexität der Einflussfaktoren, die auf ein einzelnes Gespräch einwirken,
ist unüberschaubar (siehe die Einführung in Teil I, Kap. 1).

Diese Unüberschaubarkeit potenziert sich noch, wenn wir auf die Belange einer gesamten Organisation schauen. Das Verhalten der Kunden
und der Wettbewerber, technologische Entwicklungen, Entwicklungen
im Rechtssystem, die Änderung volkswirtschaftlicher und politischer
Rahmenbedingungen, Trends und kulturelle Entwicklungen, Glücks-
und Katastrophenfälle, die unternehmensinterne Dynamik sowie die
Handlungsimpulse starker Persönlichkeiten bilden ein Geflecht unbere-
chenbarer Wechselwirkungen, demgegenüber wir uns bestenfalls mit einer Mischung aus Bewusstheit und Intuition verhalten können, hoff-
fend, dass unser Handeln genug Ankopplung an das Vorgefundene leis-

Die Komplexität von Kom-munikation in Organisa-tionen ist unüberschaubar

tet, um berücksichtigt zu werden, und dass zugleich unsere Gestaltungs-
bemühungen von der Übermacht der übrigen Wirkkräfte nicht vollständig absorbiert werden oder ins Leere laufen.

Nach welchen Regeln
verhälten sich Organisa-
tionen als „lebende"
soziale Systeme?

Nach welchen Regeln verhält sich eine Organisation? Wie lässt sie sich
steuern? Lässt sie sich überhaupt steuern? In den vergangenen fünfzehn
Jahren hat sich ein Verständnis etabliert, Organisationen wie z.B. Wirt-
schaftsunternehmen mit lebendigen Systemen zu vergleichen. Was bedeutet das?

Gehen wir vom umgekehrten Fall aus. Nehmen wir an, ein Unternehmen würde sich wie ein nicht-lebendes System wie etwa eine triviale
Maschine verhalten. Ein Auto beispielsweise ist eine solche triviale Maschine. Wenn wir beim Auto einen Input geben, können wir den Output
genau vorausberechnen. Drehen wir fahrend das Steuerrad nach rechts,
fährt das Auto nach rechts; geben wir Gas, fährt es schneller. Wie alt das
Auto ist, ist dabei relativ gleichgültig. Die Historie dieses Autos ist für seine Fahreigenschaften kein entscheidender Faktor – vorausgesetzt, es ist
technisch in Ordnung. Gibt es ein Problem und das Auto fährt nicht,
lässt sich der Fehler genau feststellen und beheben. Fehlt Benzin, betan-
ken wir das Auto und es fährt wieder. Dies funktioniert immer, wenn allein Benzin fehlt und nicht zusätzlich ein anderer Defekt aufgetreten ist.
Springt das Auto nicht an, weil die Batterie defekt ist, können wir sie ersetzen. Solche Autos lassen sich in beliebiger Zahl herstellen, indem wir
die notwendigen Einzelteile zusammensetzen.

Würden sich Unternehmen wie ein Auto verhalten, wäre Management eine vergleichsweise leichte Aufgabe. Wenn eine Abteilung die an
sie gestellten Anforderungen nicht erfüllt, könnten wir in diesem Falle
das Problem exakt bestimmen. Wir könnten „den Fehler" aufdecken und
beseitigen, und dies beliebig oft. Wir könnten voraussehen, wie die Abteilung insgesamt und die sie konstituierenden Menschen handeln werden. Mitarbeiter, die die gesteckten Ziele nicht (mehr) erreichen, ließen
sich durch neue Mitarbeiter, die die entsprechende Funktion ausfüllen,
ersetzen und das Ergebnis würde wieder stimmen.

Unternehmen sind keine
Maschinen, bei denen ei-
nem Input ein exakt bere-
chenbarer Output folgt

In der Realität beobachten wir aber gerade, dass sich Probleme nicht so
leicht eingrenzen und lösen lassen, sondern dass wir oftmals vernetzte
Problembündel vorfinden. Mitarbeiterwechsel führen zu völlig neuen
Arbeitsstilen in der gesamten Abteilung. Wir erleben, dass Mitarbeiter
und Abteilungen einer Bitte manchmal folgen und in anderen Situationen die gleiche Bitte mit Widerstand quittieren. Eine Führungskraft erhöht den ohnehin schon hohen Druck auf ihre Mitarbeiter, um bessere
Arbeitsergebnisse zu erzielen, eine Vorgehensweise, die schon mehrmals
funktionierte; aber plötzlich kommt es zu Minderleistung und Demotivation. Kurz: Die gewünschten Outputs stellen sich nicht mit Sicherheit
ein. Es ist nicht praktikabel, ein Unternehmen wie ein Auto zu behandeln.

Typischerweise resultieren aus dem trivialisierenden Umgang mit sozialen Systemen, wie Unternehmen sie darstellen, folgende Fehleinschätzungen und Fehlhandlungen (auf der Basis von Reither in Baumgartner u.a. 1995, S. 43):

Typische Ursachen von Fehleinschätzungen und Fehlhandlungen in Unternehmen

- MANGELHAFTE ZIELBILDUNG
  ... es soll ctwas verändert werden, aber die Richtung ist nicht definiert (Aktionismus) oder verschiedene Veränderungsimpulse laufen in entgegengesetzte Zielrichtungen.
- EINGESCHRÄNKTE UND/ODER STATIONÄRE SITUATIONSANALYSE
  ... man blickt nur auf die Symptome und geht nicht dorthin, wo die tieferen Problemursachen liegen; man sucht Sündenböcke; es wird nur auf Expertenmeinungen Wert gelegt ohne Befragung der Betroffenen.
- ANNAHME LINEARER TRENDS
  ... was heute funktioniert, wird auch morgen funktionieren; der Glaube, Erfolgsstorys ließen sich mit dcm bisherigen Handlungsrepertoire immer weiter fortschreiben; kein Einbeziehen möglicher Widerstände oder eventueller Kippeffekte.
- VERKENNEN ZEITVERZÖGERTER WIRKUNGEN
  ... davon ausgehen, dass sich Erfolge einer Therapie sofort zeigen müssen; Ungeduld bei positiv angelegten Veränderungsprozessen oder umgekehrt: verkennen, dass negative Einflüsse oft lange Zeit ohne Wirkung bleiben, es dann aber plötzlich zu einem Eklat kommen kann.
- MANGELHAFTE SCHWERPUNKTBILDUNG
  ... sich auf zu vielen Schauplätzen gleichzeitig betätigen, sodass sich die vorhandene Energie aufsplittert und die Betroffenen infolge mangelnder Transparenz der Vorgänge umso mehr verunsichert sind; Setzen falscher Prioritäten, sich auf Nebenkriegsschauplätzen aufreiben.
- PLANUNGSRIGIDITÄT
  ... mangelnde Flexibilität; Festhalten an alten Maßnahmenkatalogen, obwohl die aktuellen Entwicklungen die Planungsvoraussetzungen schon lange überholt haben.
- „REAKTIVE" PLANUNG
  ... von der Vielzahl der Entwicklungen überrollt werden und nur Feuerwehreinsätze fahren, ohne ein gestalterisches Gesamtkonzept zu verfolgen.
- MANGELHAFTE ANALYSE VON NEBENWIRKUNGEN
  ... allein das Hauptziel im Auge behalten, ohne zu berücksichtigen, wie die Veränderungsimpulse bei Mitarbeitern, anderen Abteilungen oder Kunden ankommen; negative Folgewirkungen außer Acht lassen.
- TENDENZ ZUR ÜBERDOSIERUNG, ÜBERSTEUERUNG
  ... Glaube, dass ein Mehr an Intervention automatisch zu einem ebenso großen Mehr an Erfolg führt; Überforderung des Systems/der Menschen ohne Sensibilität für Belastungsgrenzen.

- **TENDENZ, EINZELNE BEDINGUNGEN NUR ISOLIERT ZU VARIIEREN**
  ... den Gesamtzusammenhang und mögliche Wechselwirkungen zwischen den verschiedenen Situationsfaktoren nicht mit einbeziehen.
- **TENDENZ ZUR DOMINANZ** (und Ignoranz gegenüber vorhandenen Entwicklungen)
  ... das Aktionsmonopol liegt bei privilegierten Personen (z.B Inhaber, leitende Führungskräfte) oder Schlüsselgruppen, oder privilegierte Personen behindern notwendige und allgemein anerkannte Veränderungen durch Aussitzen und Verweigerung entsprechender Entscheidungen; ungenügende Einbeziehung der Betroffenen; zu kurz greifende Analyse.
- **GEWALTSAME LÖSUNGSVERSUCHE**
  ... das Problem auf Biegen und Brechen vom Tisch bekommen wollen, Hauruck- bzw. Nacht-und-Nebel-Aktionen; Brüskierung Betroffener; Operieren mit Drohungen und Sanktionen.

Unternehmensprobleme lassen sich nicht mit mechanistischen Formen der Bewältigung von Komplexität lösen

Es hat sich gezeigt, dass sich Unternehmensprobleme nicht mit mechanistischen Formen der Bewältigung von Komplexität lösen lassen: mit der Aufsplitterung des Gesamtproblems in einzelne Teilprobleme, die Spezialisten unabhängig voneinander bearbeiten, und mit dem anschließenden Zusammenfügen der Einzelergebnisse zu einer Gesamtlösung. Dieses Vorgehen erwies sich als zu starr und als unzulänglich gegenüber relevanten Vernetzungen der zahlreichen Einflussfaktoren und Kausalbeziehungen. Die Dynamik und gegenseitige Abhängigkeit der Wirkfaktoren, denen moderne Organisationen ausgesetzt sind und an denen sie selbst teilhaben, verlangen nach einem leistungsfähigeren Systemverständnis.

Bei einer Honigbiene, die in einem blühenden Obstbaum Pollen sammelt, weiß man nicht, welche der zahlreichen Blüten sie als nächstes anfliegt. Dennoch verhält sie sich keineswegs regellos. Ihr Flügelschlag folgt einem präzisen Takt, sie kann exzellent navigieren; Honigbienen leben in einem differenzierten sozialen Kontext zusammen und verfügen über ein gut entwickeltes Verständigungssystem. Alle Aktivitäten werden höchst effektiv am Ziel des Überlebens des Bienenvolks ausgerichtet. Eine Honigbiene ist ein nicht-triviales System.

Jeder Gesprächspartner ist ein nicht berechenbares nicht-triviales System

Auch ein Gesprächspartner ist ein nicht-triviales System (wir wissen nicht, was er als Nächstes sagen wird). Dies mag denjenigen, der im Gespräch ein bestimmtes Ziel erreichen will, verunsichern, und er könnte es deshalb darauf anlegen, sein Gegenüber auf bestimmte Antworten festzulegen, oder er verdrängt neue Nuancen in den Beiträgen des Gesprächspartners, um seine persönliche Sicht der Dinge und sein Bezugssystem aufrechtzuerhalten. Die Frage ist, ob man auf diese Weise die gewünschten Ergebnisse erhält, und wenn ja, ob der Gesprächspartner langfristig bereit ist, mit jemandem zu kooperieren, der ihn wie ein berechenbares Instrument behandelt. Auf größere Akzeptanz stößt es sicherlich, nicht *durch ihn,* sondern *gemeinsam mit ihm* Ziele zu erreichen.

Um zu erklären, was in Organisationen geschieht, erwiesen sich insbesondere biologische Forschungen an nicht-trivialen, lebendigen Systemen als sehr ergiebig. Diese haben die Theorien sozialer Systeme, wie Unternehmen sie darstellen, entscheidend befruchtet. Es würde den Rahmen dieser Darstellung überfordern, hier die verschiedenen Strömungen der Systemtheorie zu referieren. (Als prominentesten Vertreter siehe etwa Niklas Luhmann, 1988.)

Vergleich mit nicht-trivialen, lebendigen Systemen

Als Anregung sollen im Folgenden aber thesenartig einige Gedanken eines modernen systemischen Organisationsverständnisses vorgestellt und Folgerungen daraus für die Management-Praxis und die Führung von Mitarbeitern abgeleitet werden. Großenteils ergänzen sich die Thesen, teilweise stehen sie jedoch durchaus in einem dialektischen Spannungsverhältnis zueinander. Widersprüchlichkeit und Ambiguität wird derjenige, der sich mit systemischer Betrachtungsweise befasst, immer wieder finden. Systemisches Denken führt auch zu einer differenzierteren Einschätzung von Gesprächssituationen und Handlungsmöglichkeiten in der Kommunikation. Ein Aspekt „typisch" systemischer zirkulärer Logik wurde schon im Zusammenhang mit McGregors „Theorie X" und „Theorie Y" angeschnitten (s.o. Kap. 9.1): Die Verhaltenserwartung des Vorgesetzten hat Auswirkungen auf die Leistung des Mitarbeiters, und diese wirkt wieder auf das Bild der Führungskraft vom Mitarbeiter zurück.

Systemisches Denken führt zu einer differenzierteren Einschätzung von Gesprächssituationen und Handlungsmöglichkeiten in der Kommunikation

10.1 Organisationen aus systemischer Sicht – praktische Folgerungen

- Soziale Systeme sind **HOCHKOMPLEX** und **VIELSCHICHTIG** und erfordern daher auch eine hohe Komplexität im Umgang mit ihnen.

  Soziale Systeme sind hochkomplex und vielschichtig

  ➡ Versuchen Sie die zahlreichen Auffassungen, Wertstrukturen und Zielsetzungen, durch die das Unternehmen geprägt ist, zu erfassen; sprechen Sie mit Menschen aus verschiedensten Bereichen, die mit dem Thema, das Sie bearbeiten, zu tun haben.

  ➡ Seien Sie tolerant gegenüber den vielen Teilen der Organisation, die miteinander in Wechselwirkung stehen; legen Sie sich nicht zu früh auf Bewertungen der Situation fest, um offen für neue Sichtweisen zu bleiben.

  ➡ Akzeptieren Sie, dass Sie nicht alle Details und Vernetzungen kennen können und oft auf der Grundlage eines unscharfen Bildes handeln müssen.

  ➡ Bei negativen Entwicklungen gibt es nur selten *einen* Schuldigen; es ist wichtig, die Wechselwirkungen der Systemteile zu analysieren und die Anteile der verschiedenen beteiligten Personen sowie auch der Rahmenbedingungen (Organisationsstrukturen, festgelegte Abläufe) am augenblicklichen Zustand des Sytems zu verstehen. (Beispiel: Eine Führungskraft kritisiert das rücksichtslose, oft unabgestimmte Verhalten des Stellvertreters während ihrer häufigen Abwesenheiten; zugleich profitiert sie aber davon, dass der Vertreter ihr den Rücken von Kleinkram freihält.)

→ Handeln Sie differenziert und vielschichtig; seien Sie skeptisch gegenüber „einfachen Rezepten". Beachten Sie mögliche Neben- und Langzeitwirkungen.

→ Betrachten Sie Ihre Gesprächspartner sowohl als ganzheitliche Individuen als auch als Teile des Gesamtsystems.

→ Stellen Sie fest, in welchen Belangen der vielschichtigen Organisationsdynamik Sie Fremdbestimmung unterliegen und abhängig sind und welche Gestaltungsspielräume Sie besitzen.

→ Beachten Sie die verschiedenen Ebenen der Lenkung. Finden Sie den richtigen Ansatzpunkt und das rechte Maß für Interventionen. (Prioritäten setzen, wichtige Personen gewinnen, sinnvoller Zeitrahmen, angemessener Abstrahierungsgrad, strategische Ausrichtung, operative Machbarkeit.)

Will man in Organisationen handlungsfähig sein, muss man Komplexität reduzieren

• Damit die Komplexität der Organisation und ihrer Außenbeziehungen bewältigt werden kann, ist **KOMPLEXITÄTSREDUKTION** notwendig. Nicht jede mögliche Verknüpfung der Organisationsteile kann mit Leben erfüllt werden, sondern es müssen Entscheidungen getroffen werden.

→ Überprüfen Sie immer wieder, ob die Strukturen und Abläufe, die die Organisation gewählt hat, um die geforderte Leistung für die internen und externen Kunden zu erbringen, die wesentlichen Gesichtspunkte erfaßt oder ob sie zu einfach/zu kompliziert sind bzw. ob die Verknüpfungen der Elemente falsch gewählt wurden.

→ Klare Zielsetzungen und Spielregeln sind wichtig, damit die beteiligten Menschen den Korridor kennen, in dem sie auf Grund ihrer eigenen System- und Umweltkenntnis agieren können.

→ Analysieren Sie, ob die Fragestellungen und Probleme, mit denen Sie konfrontiert werden, die wirklich relevanten Aspekte berücksichtigen oder ob sie oberflächlich formuliert wurden im Sinne allzu bequemer Komplexitätsreduktion; überprüfen Sie, ob Schuldige gesucht werden bzw. „heilige Kühe" unangetastet bleiben sollen. (Beispiele: Für die mangelhafte Zusammenarbeit in der Abteilung hat man einen Sündenbock ausgeguckt, der „therapiert" werden soll, anstatt Klarheit in die undurchsichtigen Informationsströme zu bringen, die nicht alle Mitarbeiter in der Abteilung gleichermaßen erreichen. Oder: Eine Führungskraft beklagt die mangelnde Motivation in ihrem Arbeitsbereich und beantragt die Durchführung eines Motivationsseminars; sie nimmt aber nicht wahr, dass die Demotivation vor allem durch ihr eigenes autoritäres Verhalten ausgelöst wird.)

- **ORGANISATIONEN SIND ENTSCHEIDEND DURCH IHRE STRUKTUREN UND INTERAKTIONEN BESTIMMT.** Die Gestaltung von Aufbau- und Ablauforganisation, Entscheidungsstrukturen, Informationsflüssen, Kundenbeziehungen, Werten, Lernpraktiken und anderer Faktoren entscheidet darüber, welche Umweltaspekte die Organisation wahrnimmt und welche Handlungsoptionen sie besitzt.

  Welche Strukturen und welche Interaktionsformen eröffnen (erlauben) welche Wahrnehmungen und Handlungsmöglcihkeiten?

  ➠ Die bestehenden Strukturen sollten immer wieder auf ihre Sinnhaftigkeit überprüft werden.

  ➠ Es sollte darauf geachtet werden, dass die Orgnisation eine hinreichende „Ankopplung" an die Umwelt besitzt und nicht nur um sich selbst kreist. (Ist ein Unternehmen oder ein Profitcenter beispielsweise reaktionsfähig genug, um mit plötzlichen Umsatzeinbrüchen oder Veränderungen im Nachfrageverhalten konstruktiv umgehen zu können?)

  ➠ Die Organisation sollte in die Lage versetzt werden, ihre Strukturen zu verändern, wenn Umweltveränderungen dies erfordern. (So könnte es für ein Unternehmen überlebensnotwendig sein, Wege der Personalgewinnung, der Entlohnung und der Mitarbeiterförderung neu auszurichten, wenn in enscheidenden Arbeitsbereichen – z.B. im Bereich der Informationstechnologie oder im Forschungs- und Entwicklungsbereich – ein akuter Mangel an hoch qualifizierten Fachkräften entstanden ist.)

  ➠ Erhöhen Sie die Informationsdichte im Unternehmen. Nutzen Sie Medien wie das Intranet und das Internet, professionalisieren Sie die Unternehmenskommunikation, betreiben Sie eine Politik der offenen Türen und schaffen Sie Möglichkeiten für Dialoge und Teamgespräche, um den Informationsstand der Mitarbeiter zu erhöhen.

  ➠ Akzeptieren Sie und fördern Sie Redundanzen. Wenn wichtige Informationen und Kompetenzen an verschiedenen Stellen der Organisation vorhanden sind, kann Komplexität besser bewältigt werden; Engpässe sind leichter zu überwinden.

- Die Partner, die in der Organisation interagieren, verfügen über **VERSCHIEDENE HANDLUNGSMÖGLICHKEITEN.** Sie müssen sich nicht notwendigerweise so oder so verhalten, sondern sie können jeweils auch anders – und sie wissen dies auch voneinander (man nennt dies im Fachjargon „doppelte Kontingenz".).

  Bestehen genügend Handlungsspielräume, dass sämtliche Potenziale und Ressourcen auch ausgeschöpft werden können?

  ➠ Stärken Sie die Autonomie der Mitarbeiter und fördern Sie ihr Selbstbewusstsein, damit sie Mut gewinnen, Chancen zu registrieren und zu nutzen; unterstützen Sie sie darin, Entscheidungen eigenständig im Sinne des Unternehmens zu treffen.

➠ Unterstützen Sie Ihre Mitarbeiter darin, sich zielgerichtet weiterzubilden, damit sie ihre Handlungskompetenz erhöhen.

➠ Vorgesetzte sollten sich als Vereinfacher von Prozessen und als Dienstleister verstehen. Die Ausübung von Zwang als Management-Prinzip ist auf die Dauer weder sinnvoll noch möglich.

➠ Realisieren Sie eine Kultur der Partnerschaft und der gleichberechtigten Kommunikation und verabschieden Sie sich von hierarchischen Denkmodellen. (In manchen Bereichen, z.B. in der Informationstechnologie, sind hoch qualifizierte Mitarbeiter ohnehin kaum mehr bereit, einen anderen als einen partnerschaftlichen und wertschätzenden Führungsstil zu akzeptieren.)

➠ Stellen Sie Ressourcen bereit, um die Handlungsmöglichkeiten weiter zu erhöhen.

➠ Vorschriften und Anweisungen sollten nicht detaillierter als notwendig sein, damit Spielräume für intelligentes und situationsangepasstes Handeln bleiben.

➠ Ersetzen Sie vorgegebene Lösungswege, wo es geht, durch klare Zielsetzungen, und geben Sie Mitarbeitern Raum, eigene Lösungswege auszuprobieren.

Soziale Systeme unterliegen einer Eigendynamik

• **SOZIALE SYSTEME BILDEN SPONTAN ORDNUNGEN,** sie organisieren sich selbst.

➠ Schaffen Sie Rahmenbedingungen dafür, dass sich Arbeitsgruppen, Teams, Geschäftseinheiten sinnvoll selbst organisieren können.

➠ Geben Sie methodische Unterstützung, damit selbst organisierte Gruppen nicht in „Jammerzirkeln" münden. (Ermöglichen Sie z.B. einer Arbeitsgruppe, die sich selbst steuern soll, eine Weiterqualifikation zum Thema „Besprechungstechnik" oder „Teamentwicklung", um die natürlichen organisatorischen und zwischenmenschlichen Hürden, die in jedem Gruppenprozess auftauchen, souverän zu meistern.)

➠ Verabschieden Sie sich von dem Glauben, durch Nicht-Handeln die Dinge offen halten zu können. Strukturen, Gewohnheiten und Standards entstehen immer und überall.

➠ Halten Sie sich auf dem Laufenden darüber, ob die Selbstorganisation der Subsysteme produktiv für die Gesamtzielsetzung der Organisation ist oder ob sich die Subsysteme durch Informationsmängel und Verzicht auf Feedback isolieren und sich auf diese Weise von den Zielsetzungen der Gesamtorganisation entfernen.

➠ Finden Sie den richtigen Zeitpunkt dafür zu intervenieren oder die Dinge sich selbst zu überlassen.

➠ Finden Sie für sich selbst heraus, wieviel Kontrolle und Steuerung für Sie notwendig ist, um die Subsysteme auf dem richtigen Weg zu halten, und an welchen Punkten Sie „loslassen" können, auch wenn Sie die Dinge eigentlich lieber „im Griff" behalten würden.

➠ Betroffene sind daran interessiert, ihre Probleme selbst zu lösen. Nutzen Sie dies.

- **ORGANISATIONEN ENTWICKELN SICH LAUFEND WEITER.** Sie verändern ihre Größe, Stukturen, Abläufe, Produkte.

  Organisationen stehen in einem kontinuierlichen Veränderungsprozess

  ➠ Organisationen haben ihre Geschichte. Berücksichtigen Sie bisherige Erfolgs- und Misserfolgserfahrungen, wenn Sie Impulse geben.

  ➠ Es gibt keine endgültigen Lösungen. Halten Sie die Prozesse in Gang.

  ➠ Bewerten Sie Probleme und Fehler positiv als Lern- und Entwicklungschancen.

  ➠ Schaffen Sie eine gute Balance zwischen der Entlastung, die automatisierte Abläufe gewähren, und dem eperimentieren mit neuen Verhaltensweisen.

  ➠ Anerkennen und begrüßen Sie Konflikte und Fluktuationen. Sie sind natürlicher Bestandteil des Stoffwechsels der Organisation.

  ➠ Fördern Sie die Entfaltung von Menschen, Gruppen und Organisationseinheiten. Fixieren Sie sich nicht auf einen einzigen möglichen Entwicklungsplan.

  ➠ Halten Sie Ihre Sinne wach für neue Ideen, die in der Organisation entstehen. Fördern Sie Kreativität, damit sich die Organisation immer wieder neu erschaffen kann.

  ➠ Geben Sie Entwicklungen Zeit, um zu reifen. Effekte zeigen sich nicht immer sofort. Leiten Sie nicht zu viele Entwicklungen gleichzeitig oder in kurzer Abfolge ein, damit sich die Prozesse nicht gegenseitig stören.

- **EXTREME ZERSTÖREN DIE ORGANISATION.**

  Organisationen sind historisch gewachsene Systeme, der plötzliche Einbruch von Extremen kann ihren Bestand gefährden

  ➠ Achten Sie auf die Balance von Innovation und Tradition, Flexibilität und Ordnung, Wandel und Kontinuität, Team- und Personenorientierung, Selbststeuerung und Integration, operativem und strategischem Denken.

  ➠ Realisieren Sie Perspektivenwechsel, experimentieren Sie, irritieren Sie das System durch Überraschungen, aber vermeiden Sie dabei Brüskierungen, Brüche, zur Verhärtung führende Widerstände.

  ➠ Vermeiden Sie Unterverantwortlichkeit (Laissez faire) und Überverantwortlichkeit (Übersteuerung von Interventionen, ein „Zuviel" desselben). Finden Sie persönlich das richtige Maß von Nähe und Betroffenheit einerseits und Analyse ermöglichender Distanz andererseits.

Systemisch zu denken und zu handeln bedeutet, die konkreten Führungs- und Managementthemen des Alltags in ihrem Gesamtzusammenhang zu würdigen und das große Ganze im Auge zu behalten.

Die Aufgabe, Komplexität sinnvoll zu reduzieren, gilt indessen insbesondere für Mitarbeitergespräche

Die Aufgabe, Komplexität sinnvoll zu reduzieren, gilt indessen auch insbesondere für Mitarbeitergespräche: Zu lange, zu verzweigte Gespräche ermüden oder verärgern die Beteiligten.

ZUM SYSTEMISCHEN VORGEHEN IM GESPRÄCH GEHÖRT DAHER VOR ALLEM DIE DEFINITION DES RELEVANTEN THEMAS, EINE KLARE ZIELSETZUNG, DIE BEOBACHTUNG DER WECHSELWIRKUNG ZWISCHEN DER EIGENEN GEFÜHLSLAGE UND DER DES GESPRÄCHSPARTNERS UND DIE KLÄRUNG DER VERSCHIEDENEN REALEN UND MÖGLICHEN SICHTWEISEN DURCH GEEIGNETE FRAGEN.

So entspringen die in Kapitel 5.2 dargestellten Fragetechniken zu einem überwiegenden Teil einem systemischen, auf die Komplexität der Situation gerichteten Gesprächsansatz, indem sie unter anderem Beziehungen, Entwicklungstendenzen und die Einschätzungen der verschiedenen Beteiligten berücksichtigen.

Ein weiterer Aspekt sinnvoller Komplexitätsreduktion ist die transparente Strukturierung von Gesprächen, die in Kap. 4.2 mit einem universellen Phasenschema für Gespräche unterlegt wurde. Für den effektiven Umgang mit wiederkehrenden Gesprächsanlässen, wie z.B. Beurteilungs-, Zielvereinbarungs- oder auch Konfliktgesprächen, wurden darüber hinaus spezifische Verfahrensweisen entwickelt, die in der Regel Ausdifferenzierungen der bis hierher beschriebenen allgemein einsetzbaren Gesprächstechniken darstellen. Diese Verfahrensweisen helfen, den jeweiligen Gesprächsanlässen und -situationen noch besser gerecht zu werden; sie unterstützen einen konstruktiven, für alle Beteiligten akzeptablen Gesprächsverlauf und sind Gegenstand des folgenden Teils.

Teil III

Zentrale wiederkehrende Gesprächstypen

Es ist kein Wunder, sagt einer der Alten, dass der Zufall so viel über uns vermag, da wir bloß durch Zufall leben.

Wer nicht in Bausch und Bogen sein Leben zu einem gewissen Zweck eingerichtet hat, dem ist es unmöglich, seinen einzelnen Handlungen eine einhellige Richtung zu geben. Es ist demjenigen unmöglich, den einzelnen Teilen einen bestimmten Platz anzuweisen, der keine Form fürs Ganze im Kopfe hat. Wozu will der eine Sammlung von Farben anschaffen, der nicht weiß, was er malen will? Niemand macht einen festen Entwurf für sein Leben, und nur teilweise nehmen wir es unter unsre Überlegung. Der Bogenschütze muss doch erst wissen, wohin er zielen soll, und dann erst seine Hand, den Bogen, Sehne, Pfeil und Schneller danach einrichten. Unsre Anschläge sind nichtig, weil sie kein fest bezeichnetes Ziel haben.

Wer nach keinem bestimmten Hafen steuert, dem ist *kein* Wind günstig.

Michel de Montaigne,
Über die Unbeständigkeit der menschlichen Handlungen

1 Von der beruflichen Alltagskommunikation zum Mitarbeitergespräch

Es ergeben sich viele kleine, aktuelle Kommunikationsanlässe

Der Führungsalltag bringt viele aktuelle Kommunikationsanlässe mit sich, in denen Vorgesetzter und Mitarbeiter – oft zwischen Tür und Angel, per Telefon oder schriftlicher Notiz – Informationen austauschen, oder der Vorgesetzte nutzt diese kleinen Gelegenheiten dazu, Arbeitsaufträge zu erteilen. Zusätzlich können sich – etwa beim gemeinsamen Mittagessen – informelle Gespräche ergeben, in denen sich Stimmungen sondieren lassen, in denen man auch dies und das erfährt bzw. erzählen kann, was vielleicht nichts mit der offiziellen Tagesordnung zu tun hat, was aber dennoch wissenswert und wichtig ist, weil es persönliche Hintergründe bestimmter Handlungen deutlicher werden lässt oder einfach zum gegenseitigen Verständnis und zur positiven Beziehung zwischen Führungskraft und Mitarbeiter beiträgt.

Es gibt anlassbezogene, offizielle Gesprächssituationen

Darüber hinaus entstehen im Führungsalltag immer wieder einige zentrale Gesprächssituationen, die, auch wenn man sie sympathisch zu gestalten versucht, zuletzt offizieller Natur sind und die man daher auch klar von den tagesaktuellen Gesprächen – in denen unter Umständen Zuschauer und Zuhörer anwesend sind – absetzen sollte. In diesen Gesprächen geht es oft um KERNFRAGEN DER ZUSAMMENARBEIT; sie können großen EINFLUSS AUF DEN FORTGANG DER GESAMTEN ARBEITSBEZIEHUNG haben. Deshalb beanspruchen sie in der Regel mehr Zeit als die „kleinen" tagesaktuellen Gespräche und sie sollten in einem VERTRAULICHEN RAHMEN geführt werden.

Wie sind im Gespräch zwischen Führungskraft und Mitarbeiter zentrale und zukunftsweisende Themen zu bewältigen?

In diesem Abschnitt werden Vorgehensweisen vorgestellt, die sich bei den wichtigsten anlassbezogenen Gesprächsarten bewährt haben.

Die Darstellung bezieht sich dabei im Einzelnen jeweils auf folgende praxisrelevante Gesichtspunkte:

- Einbettung des Gesprächsanlasses in den Führungskontext
- Mögliche Gesprächsziele
- Spezifische Modelle und Techniken zur lösungs- und partnerorientierten Bewältigung der Gesprächssituation
- Situationsbestimmende Faktoren für den Mitarbeiter
- Aspekte der Gesprächsvorbereitung
- Gesprächsaufbau und Gesprächsinhalte
- Nachbereitung des Gesprächs

2   Das Delegationsgespräch

Gleichsam im Übergang vom „kleinen" beruflichen Alltagsgespräch zum klar abgegrenzten Mitarbeitergespräch angesiedelt, erfüllt das Delegationsgespräch eine wichtige Funktion im Führungsprozess. Delegation wird hier nicht im Sinne der schlichten Erteilung eines – vielleicht schon oftmals ausgeführten – Arbeitsauftrags verstanden; dies ließe sich auch nebenher erledigen. Es geht vielmehr darum, eine **KOMPLETTE AUFGABE,** vielleicht sogar ein **GANZES TÄTIGKEITSGEBIET** in die Hände des Mitarbeiters zu legen und ihm die **VERANTWORTUNG** dafür zu übertragen. Delegation bedeutet auch, dem Mitarbeiter die zur Erfüllung der Aufgabe **NOTWENDIGEN KOMPETENZEN** einzuräumen, wie z.B. erforderliche Kontaktmöglichkeiten mit internen und externen Gesprächspartnern sowie Entscheidungsspielräume. Die Übernahme eines Projektes, die Bitte, die Betreuung eines definierten Kundenkreises zu übernehmen, komplexe Recherchen oder Konzeptionsaufgaben sind typische „Objekte" der Delegation.

zwischen dem „kleinen" beruflichen Alltagsgespräch und dem klar abgegrenzten Mitarbeitergespräch angesiedelt

Delegation muss auch die notwendigen Kompetenzen einräumen

   Persönliches Verantwortungsgefühl – unabdingbar bei der erfolgreichen Übernahme einer neuen Aufgabe – entsteht beim Mitarbeiter jedoch nicht automatisch dadurch, dass er eine bestimmte Arbeit „aufs Auge gedrückt" bekommt, und Verantwortungsgefühl lässt sich auch nicht erzwingen.

Motivation und persönliches Verantwortungsgefühl entstehen nicht notwendig allein durch das Übertragen einer Aufgabe

   WIRKUNGSVOLLE DELEGATION SETZT DEN DIALOG VORAUS.

Der Dialog schafft Einsicht in die Bedeutung der Aufgabe, er hilft Zielsetzungen und notwendige Rahmenbedingungen zu klären; er ist das Instrument, mit dessen Hilfe die relevanten Aspekte der Gesamtsituation hinreichend beleuchtet werden können, um eine sachgerechte und tragfähige Vereinbarung zur Übernahme der Aufgabe herbeizuführen.

Delegation kann weit reichende Intentionen verfolgen, die über die Hoffnung, ein gutes Sachresultat zu erzielen, weit hinausgehen.

2.1   Zielsetzungen

Delegation bietet …

- Aufgaben sollen durch den größten Sachverstand gelöst werden – Delegation an den Spezialisten.
- Die Delegation herausfordernder Aufgaben kann ein wesentliches Instrument zur Mitarbeiterentwicklung sein – Delegation, um Wachstumsmöglichkeiten zu bieten.
- Die vollständige Übertragung anspruchsvoller Aufgaben oder Tätigkeitsgebiete kann die Identifikation mit den Arbeitsinhalten und dem Unternehmen erhöhen – Delegation zur Steigerung der Motivation.

… Expertenkompetenz

… Wachstumsmöglichkeiten für Mitarbeiter

… Motivationsplattform

... Entlastung der
Führungskraft

- Die Delegation von Fachaufgaben gibt dem Vorgesetzten Raum, sich auf strategische Fragen und seine Rolle als „Spielertrainer" zu konzentrieren – Delegation zur Chefentlastung.

2.2 Hinweise zur wirkungsvollen Delegation

- SEIEN SIE BEREIT, AUFGABEN „LOSZULASSEN", auch wenn Sie sie im Augenblick (noch) besser erledigen können als Ihre Mitarbeiter. Delegation ist mehr als eine Technik, sie ist auch eine Frage der Einstellung.
- Erleben Sie es als eine BEREICHERUNG IHRES ARBEITSBEREICHS UND ALS VERGRÖSSERUNG IHRES PERSÖNLICHEN HANDLUNGSSPIELRAUMES, wenn Sie bei der Erledigung bestimmter Aufgaben ersetzbar sind und Sie durch Delegation die Selbststeuerungsmöglichkeiten Ihres Mitarbeiterteams erhöhen. Dies gibt Ihnen die Möglichkeit, sich noch aktiver um die WEITERENTWICKLUNG IHRES ZUSTÄNDIGKEITSBEREICHS zu kümmern.
- SEIEN SIE GEDULDIG, wenn Sie Ihrem Mitarbeiter die Aufgabe, die Sie delegieren möchten, erklären. Die investierte Zeit gewinnen Sie später vielfach zurück.
- Haben Sie VERTRAUEN IN DIE LEISTUNGSFÄHIGKEIT IHRER MITARBEITER. Dies wirkt sich wie eine sich selbst erfüllende Prophezeiung aus; Ihr Vertrauen hilft Ihren Mitarbeitern, ihre persönlichen Potenziale zu erschließen und an neuen Aufgaben zu wachsen.

2.3 Die Situation aus der Sicht des Mitarbeiters

Ob ein Mitarbeiter die Übertragung einer Aufgabe als willkommene Herausforderung oder als Störung seiner Routine empfindet, hängt entscheidend davon ab, welche Erwartungen er an seine berufliche Erfüllung und Weiterentwicklung richtet. Ein Mitarbeiter, der an den Inhalten seiner Tätigkeit prinzipiell nicht stark interessiert ist und den Arbeitstag so früh wie möglich beenden möchte, wird die Delegation einer komplexen Aufgabe vermutlich als Belastung empfinden; ein engagierter und interessierter Mitarbeiter wird dagegen grundsätzlich positiv und aufgeschlossen reagieren.

Was erwartet der
Mitarbeiter?

Folgende Fragen, die die Sichtweise des Mitarbeiters bestimmen können, sollte der delegierende Vorgesetzte berücksichtigen:

- Ist die Lösung der Aufgabe bzw. die Übernahme eines neuen/zusätzlichen Arbeitsbereichs zeitlich zu bewältigen oder tritt Arbeitsüberlastung ein?

- Wenn die Lösung der Aufgabe Mehrarbeit bedeutet: Wird es sich hierbei nur um einen vorübergehenden Zustand handeln oder ist langfristig mit einer zeitlichen Zusatzbelastung zu rechnen?
- Ist die Lösung der Aufgabe auf der Grundlage der bisher erworbenen Kompetenz möglich oder übersteigt sie gegenwärtig die eigenen Möglichkeiten?
- Ist der Vorgesetzte bereit, die zur Lösung der Aufgabe nötigen Rahmenbedingungen zu schaffen? (Zeitliche Ressourcen, Arbeitsmittel, Entscheidungsspielräume)
- Ist es möglich bzw. vorgesehen, vorhandene Wissenslücken und methodische Defizite, die die Lösung der Aufgabe behindern würden, durch Schulungs- und Entwicklungsmaßnahmen abzubauen?
- Wird der Vorgesetzte mit Rat und Tat zur Seite stehen, wenn bei der Lösung der Aufgabe Probleme entstehen?
- Wird die Übernahme der Aufgabe von den übrigen Kollegen akzeptiert werden oder könnten Störungen entstehen durch mangelndes Vertrauen der Kollegen bzw. negative Reaktionen von Mitarbeitern, die sich angesichts der (herausfordernden) Delegation ihrerseits zurückgesetzt fühlen?

2.4 Gesprächsvorbereitung

Da sich die Aufgabe nach dem Delegationsprozess dem *permanenten* Zugriff des Vorgesetzten entzieht – wäre dem nicht so, wäre die Aufgabe nicht vollständig delegiert – sollte der Vorgesetzte, bevor er delegiert, über verschiedene Punkte Klarheit gewinnen und das Gespräch selbst gut vorbereiten:

- Ist die Aufgabe delegierbar? | *Darüber sollte sich der*
  Grundsätzlich delegierbar sind Fachaufgaben. | *Delegierende im Vorfeld*
  Grundsätzlich nicht delegierbar sind | *klar werden*
    - langfristige Zielsetzungen,
    - Grundsatzentscheidungen,
    - die Kontrolle fundamentaler Ergebnisse sowie
    - die Auswahl und Entwicklung der Mitarbeiter.
- Ist der Mitarbeiter für die Übernahme der Aufgabe prinzipiell geeignet?
    - Besitzt der Mitarbeiter das fachliche, methodische und soziale Potenzial, um die Aufgabe zu lösen?
    - Entspricht die Aufgabe dem Typ und den Neigungen des Mitarbeiters zumindest weitläufig, sodass Verantwortungsgefühl entstehen kann?
    - Ist die Lösung der Aufgabe vom Mitarbeiter zeitlich grundsätzlich zu bewältigen?

- Welche Aspekte der Aufgabendelegation liegen fest und über welche Aspekte kann im Dialog mit dem Mitarbeiter gemeinsam entschieden werden?
- Welche Entscheidungsspielräume können dem Mitarbeiter übertragen werden, und welche Restriktionen gibt es, die dem Mitarbeiter klar aufgezeigt werden müssen?
- Welche Kontroll- und Interventionsmöglichkeiten behält sich der Vorgesetzte vor?
- Auf welche Weise möchte der Vorgesetzte während der Lösung der Aufgabe über den Stand der Dinge informiert werden?
- Welche Ressourcen (zeitlich, materiell, personell) können dem Mitarbeiter zur Verfügung gestellt werden?
- Ergeben sich aus der Delegation Konsequenzen für das Umfeld (Teamkollegen, andere Abteilungen, Kunden), über die informiert/ gesprochen werden muss?
- Welche Unterstützung kann der Vorgesetzte anbieten, wenn bei der Lösung der Aufgabe Probleme entstehen?

2.5   Gesprächsablauf

Nach einer kurzen ...

Kontaktphase

... und der Benennung des Delegationsanliegens in der Phase der ...

Klärung der Themen, der Gesprächsziele und des Zeitrahmens

... wird die Aufgabe, die dem Mitarbeiter übertragen werden soll, in der Phase der ...

Themenbearbeitung

... vorgestellt.

Abfolge der einzelnen Schritte des Delegationsgespräches

Hierbei kann im Einzelnen folgende Schrittfolge angewandt werden:

1. BEDEUTUNG UND SINN DER AUFGABE WERDEN VORGESTELLT. Warum handelt es sich hierbei um eine wichtige Aufgabe? Welche Funktion erfüllt die Aufgabe im gesamten betrieblichen Ablauf? Welche Zielsetzungen sind mit der Lösung der Aufgabe verbunden? Bei der Übertragung besonders herausfordernder Aufgaben oder ganzer Aktivitätsbereiche kann der Vorgesetzte hervorheben, warum er seinen

Gesprächspartner für besonders geeignet hält, die Aufgabe erfolgreich zu lösen.

2 **Die Aufgabe wird so weit wie nötig beschrieben.** Müssen detaillierte Informationen gegeben werden, kann die Darstellung durch das Wort durch die Zuhilfenahme schriftlicher Materialien (Tabellen, Grafiken, Skizzen) und von Demonstrationsobjekten (z.B. Muster) angereichert werden? Kompetenzen, die dem Mitarbeiter übertragen werden, müssen deutlich benannt werden ebenso wie die Ressourcen, auf die der Mitarbeiter zurückgreifen kann.

3. **Der Mitarbeiter wird um Rückfragen gebeten.** Wenn es sich um eine sehr komplexe Aufgabe handelt und die Führungskraft befürchtet, vom Mitarbeiter nicht genau verstanden worden zu sein, kann sie anmerken, dass sie sich nicht sicher sei, ob sie sich verständlich genug ausgedrückt habe, und den Mitarbeiter darum bitten, zurückzumelden, was bislang von der Beschreibung der Aufgabe bei ihm angekommen ist.

4. **Details und mögliche Gestaltungsspielräume bei der Lösung der Aufgabe werden gemeinsam diskutiert.** Es können Ideen im Hinblick auf den besten Lösungsweg ausgetauscht werden. Eine besonders motivierende und die Führungskraft entlastende Vorgehensvariante ist diejenige, **den Mitarbeiter zu bitten, sich Zeit dafür zu nehmen, einen eigenen Lösungsweg zu entwickeln** und diesen dann gegebenenfalls in einem zweiten Gespräch gemeinsam zu besprechen. Auf diese Weise macht der Mitarbeiter die delegierte Aufgabe zu seiner eigenen Aufgabe. In diesem Schritt sollte auch geklärt werden, ob der Mitarbeiter fachliche Unterstützung, z.B. durch spezielle Seminare, oder den Rat erfahrener Kollegen benötigt.

5. **Nun sollte überprüft werden, inwieweit sich die Übernahme der neuen Aufgabe mit den bisherigen Tätigkeiten des Mitarbeiters verträgt.** Es sollte besprochen werden, ob zeitliche Engpässe auftreten werden und ob Abteilungskollegen oder andere Arbeitsbereiche näher informiert werden müssen. Gegebenenfalls müssen Prioritäten bei den übrigen vom Mitarbeiter zu erfüllenden Aufgaben neu gesetzt werden. Die Überprüfung der Machbarkeit nennt man auch „Hygiene-Check".

6. **Konkrete Vereinbarungen sichern das Gesprächsergebnis ab.** In welchem Zeitrahmen soll die Aufgabe erfüllt werden? Welche Unterstützungsmaßnahmen begleiten die Übernahme der Aufgabe und von wem werden diese initiiert? Auf welche Weise erhält der Vorgesetzte Rückmeldung über den Fortgang der Aktivitäten?

7. **Schliesslich sollte der Vorgesetzte den Mitarbeiter ermutigen, bei Fragen und Schwierigkeiten erneut das Gespräch zu suchen.**

Nach der auf die besprochenen Fakten bezogenen ...

Zusammenfassung des Gesprächsergebnisses

sollte der Vorgesetzte ein ...

Positives Gesprächsende

... herbeiführen, indem er sich für die konstruktive Besprechung der Thematik bedankt und seiner Zuversicht Ausdruck verleiht, dass der Mitarbeiter die delegierte Aufgabe erfolgreich lösen wird.

2.6 Nach dem Gespräch

Rückmeldungen des Mitarbeiters an die Führungskraft sichern den Arbeitsfortschritt

Je komplexer und herausfordernder die delegierte Aufgabe ist, desto mehr sollte die Führungskraft darauf achten, zunächst in kürzeren, dann in größeren Abständen vom Mitarbeiter **Rückmeldungen** über den Stand der Aktivitäten zu erhalten. Dies schützt den Mitarbeiter davor, möglicherweise längere Zeit in die falsche Richtung zu arbeiten und nach einem zu späten Kontakt mit der Führungskraft und einer negativen Rückmeldung wieder ganz von vorn beginnen zu müssen.

Wenn der Mitarbeiter die Bewältigung der Aufgabe als besonders schwierig empfindet und über kein hinreichendes Selbstvertrauen verfügt, kann es geschehen, dass er Rückdelegationsversuche unternimmt.

Im Falle von Rückdelegationsversuchen sollte versucht werden, gemeinsam Lösungsmöglichkeiten zu finden

Es ist für die Führungskraft von entscheidender Bedeutung, der **Rückdelegation zu widerstehen** (auch wenn es ihrem eigenen Kompetenzempfinden schmeicheln würde, die Sache nun selbst wieder in die Hand zu nehmen). Die Hindernisse und Schwierigkeiten bei der Bewältigung der Aufgabe sollte die Führungskraft mit dem Mitarbeiter gemeinsam analysieren, und beide sollten Wege miteinander besprechen, wie der *Mitarbeiter* – allenfalls *unterstützt* durch die Führungskraft – das Problem beheben kann. In der Folge sollte die Führungskraft sich in kürzeren Abständen über den Fortgang der Aufgabenbearbeitung informieren, damit sich der Mitarbeiter in der Phase der Unsicherheit nicht allein mit seinem Problem fühlt.

3 Das Sachgespräch zur Standortbestimmung und zur Problemlösung

Wachsende Führungsspannen und der zunehmende Komplexitätsgrad von Aufgabengebieten tragen zu einer immer höheren Eigenständigkeit der Mitarbeiter mit positiven Effekten wie Kompetenz- und Verantwortungswachstum bei. Diese Eigenständigkeit kann andererseits dazu führen, dass Führungskraft und Mitarbeiter sich im Tagesgeschäft aus den Augen verlieren und unkoordiniert ihre eigenen Wege gehen. Erweist sich dieser Zustand als tragfähig, hat sich die Notwendigkeit von Führung erledigt. Meistens aber wird ein regelmäßiger Informationsaustausch zwischen Führungskraft und Mitarbeiter sinnvoll sein, um zu ermitteln, wie die Bearbeitung der übertragenen Aufgaben voranschreitet, ob neue Fakten Führungsentscheidungen (etwa im Hinblick auf erforderliche Ressourcen) notwendig machen und ob Abstimmungen erforderlich sind.

Infolge der Vielfältigkeit der Aufgaben, mit denen Mitarbeiter heute betraut sind, ist es nicht sinnvoll, sich als Führungskraft den Überblick über den Stand der Dinge zwischen Tür und Angel zu verschaffen. Zeitdruck infolge des „Dazwischenquetschens" eines solchen Gespräches in die „operative Hektik" des Tagesgeschäfts und die fehlende Vorbereitung würden die Intensität und Qualität des Austauschs beeinträchtigen.

In der „operativen Hektik" des Tagesgeschäfts drohen sich die Dinge oft zu verselbstständigen

> ES IST DAHER SINNVOLL, REGELMÄSSIG MITARBEITERGESPRÄCHE ZUM ZWECK DER SACHBEZOGENEN STANDORTBESTIMMUNG UND ZUR LÖSUNG VON PROBLEMEN, DIE SICH IM FORTGANG DER AUFGABENERLEDIGUNG ERGEBEN HABEN, ANZUBERAUMEN.

Wohin fährt der Zug eigentlich?

Nicht zuletzt geben solche Gespräche dem Mitarbeiter Gelegenheit, eine qualifizierte Rückmeldung im Hinblick auf seine bisherige Verfahrensweise einzuholen und seinen Lösungsansatz gemeinsam mit der Führungskraft zu reflektieren.

3.1 Zielsetzungen

- Den Stand der Aufgabenbearbeitung kennen lernen
- Informationen über neue Entwicklungen vermitteln (z.B. Verschiebung von Prioritäten durch das Top-Management, relevante Neuaktivitäten in anderen Unternehmensbereichen, neue Marktgegebenheiten)
- Lösung von Problemen, die im Zuge der Aufgabenbearbeitung entstanden sind
- Erfolge bestätigen und anerkennen
- Etwaige Korrekturen auf dem Weg der Aufgabenbearbeitung anregen

3.2 Die Situation aus der Sicht des Mitarbeiters

Der Mitarbeiter fühlt sich und seine Arbeit gewürdigt

Angesichts regelmäßiger Gespräche zur Standortbestimmung gewinnt der Mitarbeiter den Eindruck, dass das Was und Wie seiner Arbeit beachtet und wichtig genommen wird. Allein diese Tatsache stärkt das Verantwortungsgefühl und fördert das Bemühen, eine gute Arbeit abzuliefern. Da es sich bei diesem Gespräch in gewissem Sinne um ein Ritual handelt, wird die erhöhte Belastung, die der Mitarbeiter möglicherweise vor den ersten Durchführungen empfindet, bald einem sicheren Sich-aufgehoben-Fühlen im professionellen Diskurs weichen.

Anliegen des Mitarbeiters im Gespräch zur Standortbestimmung

Anliegen des Mitarbeiters im Gespräch können sein:
- Ergebnisse vorlegen, die eigene Arbeit positiv darstellen
- Rückmeldung erhalten
- Sicherheit gewinnen, dass der gewählte Weg der Aufgabenerledigung der richtige ist
- Die Führungskraft von eigenen Ideen überzeugen
- Prioritätensetzungen und Entscheidungen einholen bei
  - Zielkonflikten (z.B. Perfektion versus Kostenersparnis)
  - Arbeitsüberlastung
- Hintergrundinformationen über Entwicklungen im Unternehmen erhalten
- Aktuelle Probleme lösen

3.3 Gesprächsvorbereitung

frühzeitige Vereinbarung des Gesprächstermins mit der Bitte um entsprechende Vorbereitung

Bei dieser Gesprächsart KOMMT ES VOR ALLEM DARAUF AN, DASS SICH DER MITARBEITER DETAILLIERT AUF DAS GESPRÄCH VORBEREITET. Informationen, Ausarbeitungen, Fragestellungen und eigene Lösungsideen sollte er komplett in das Gespräch mit hineinbringen, damit Vertagungen von Themen und zeitintensive Informationsbeschaffung während des Gesprächs selbst vermieden werden. Der Gesprächstermin sollte deshalb frühzeitig verbindlich mit der Bitte um entsprechende Vorbereitung vereinbart werden.

Woran die Führungskraft im Vorfeld denken sollte

Die Vorbereitung der Führungskraft sollte folgende Aspekte umfassen:
- Vergegenwärtigung der Ergebnisse und Vereinbarungen des vorangegangenen Gesprächs zur Standortbestimmung
- Vergegenwärtigung der relevanten Themen, mit denen der Mitarbeiter zur Zeit befasst ist, um sie aktiv ins Gespräch einbringen zu können, falls der Mitarbeiter sie nicht von sich aus erwähnt
- Vergegenwärtigung der Beobachtungen, die die Führungskraft in letzter Zeit im Hinblick auf die Aktivitäten des Mitarbeiters gemacht hat, um konkretes Feedback geben zu können

- Zusammenstellung der relevanten Informationen, die der Mitarbeiter im Gespräch erhalten sollte, damit dieser seine Aufgaben effektiv erledigen kann bzw. sie in den Zusammenhang der Gesamtaktivitäten zur Erreichung der Unternehmensziele einordnen kann
- Beim vom Mitarbeiter initiierten Problemgespräch: erste Hypothesen zur Situations- und Ursacheneinschätzung bilden
- Fragen notieren, um eigenen Informationsbedarf im Gespräch hinreichend decken zu können.

3.4 Hinweise zur Führung von Standortbestimmungs- und Problemlösungsgesprächen

- Gespräche zur Standortbestimmung im Hinblick auf Fragen des Tagesgeschäfts sollten Sie REGELMÄSSIG MIT ALLEN IHREN MITARBEITERN FÜHREN, damit sie nicht als außergewöhnliche Kontrolle erscheinen und nicht mit Kritikgesprächen verwechselt werden.
- Initiiert der Mitarbeiter das Gespräch, weil ein AKTUELLES PROBLEM gelöst werden muss, führen Sie das Gespräch bald und nehmen Sie sich GENÜGEND ZEIT. Ansonsten kann der Mitarbeiter möglicherweise nicht weiterarbeiten.
- Warten Sie nicht darauf, dass Mitarbeiter Sie auf ihre Probleme bei der Aufgabenbearbeitung ansprechen. Manchen Menschen fällt dies schwer; sie möchten sich lieber allein durchbeißen, was jedoch zu verengten Blickwinkeln bei der Lösung führen kann. FRAGEN SIE BEI IHREN MITARBEITERN IMMER WIEDER ZWISCHENDURCH NACH, „WIE ES SO LÄUFT", und finden Sie heraus, ob Sie sich im Hintergrund halten können oder in den Dialog gehen sollten. SEIEN SIE ALS GESPRÄCHSPARTNER PRÄSENT UND „NAH"; AUF DIESE WEISE KÖNNEN SIE FRÜHZEITIG FEHLENTWICKLUNGEN ERKENNEN UND KORRIGIEREN.
- SETZEN SIE IM GESPRÄCH KOMMUNIKATIONSMITTEL EIN, DIE DEN MITARBEITER AKTIVIEREN, wie die Techniken des Aktiven Zuhörens und des Fragens (siehe oben Teil II, Kap. 5.1 und 5.2); der Mitarbeiter sollte der eigentliche Akteur sein und im besten Falle das Gespräch selbst in die Hand nehmen; Ihre Aufgabe ist diejenige eines Beraters.
- Wenn Probleme gelöst werden müssen, BITTEN SIE DEN MITARBEITER IMMER ZUERST UM SEINE LÖSUNGSIDEEN, bevor Sie selbst Anregungen einbringen. Wenn der Mitarbeiter noch nicht über Lösungsansätze nachgedacht hat, können Sie auch einen neuen Termin vereinbaren und ihn bitten, sich bis dahin einige Gedanken zu machen. Dies wird den Vorbereitungsgrad des Mitarbeiters auf künftige Problemlösungsgespräche erfahrungsgemäß erhöhen.

3.5 Gesprächsablauf

Kontaktphase

- Warming-up; ein kurzer persönlicher Dialog bietet sich bei diesem Gespräch an; vielleicht haben Mitarbeiter und Führungskraft länger nicht intensiv miteinander gesprochen.

Klärung der Themen, der Gesprächsziele und des Zeitrahmens

- Sich die aktuellen Themen, die der Mitarbeiter in das Gespräch einbringt, nennen lassen
- Beim vom Mitarbeiter angeregten Problemgespräch; sich die „Überschrift" des Problems nennen lassen, ohne schon in die Analyse einzusteigen
- Gegebenenfalls eigene Themen ankündigen, die im Gespräch behandelt werden sollen,
- Gemeinsame Priorisierung der Themen
- Checken, ob die eingeplante Zeit für die Bearbeitung der verschiedenen Themen ausreichen wird; sonst weniger dringliche Themen ausgliedern und dafür separaten Termin vorsehen

Themenbearbeitung

1. Nachhalten wichtiger Punkte aus dem letzten Gespräch zur Standortbestimmung; ließen sich die besprochenen Vorgehensweisen realisieren/konnten die bestehenden Probleme gelöst werden? Gibt es außerordentlich wichtige Neuigkeiten im Unternehmen, sollte die Führungskraft zu Anfang des Gesprächs darüber berichten, da diese Informationen bei der Besprechung der Einzelthemen relevant werden können.
2. Der Mitarbeiter berichtet über seine aktuellen Themen in der Reihenfolge ihrer Wichtigkeit.
   - die Führungskraft fragt nach,
   - bestätigt Erfolge durch Anerkennung,
   - gibt Rückmeldungen zu ihren Wahrnehmungen und
   - gibt Anregungen, wo nötig.

   Beim Problemgespräch:
   - Ausführliche Darstellung des Problems durch den Mitarbeiter
   - Nachfragen; Ergänzungen zur Situationseinschätzung durch die Führungskraft
   - Bearbeitung des Themas mit Hilfe des fünfstufigen Problemlöseschemas (siehe oben Teil II, Kap. 4.2.3)

3. **D**IE **F**ÜHRUNGSKRAFT BRINGT IHRE **T**HEMEN IN DAS **G**ESPRÄCH EIN (Informations- und Diskussionsthemen) und geht mit dem Mitarbeiter darüber in den Dialog (Nachfrage-Möglichkeit schaffen; um Lösungsvorschläge bitten).

VEREINBARUNGEN SOLLTEN BEI JEDEM **T**HEMA SEPARAT GETROFFEN WERDEN (mit Verantwortlichkeiten und Terminierung), da das Absprechen von Maßnahmen im Block am Ende des Gesprächs bei einer Vielzahl besprochener Themen möglicherweise einen schwer verdaulichen Vereinbarungswust erzeugen würde.

Der skizzierte **A**BLAUF KANN VARIIEREN, beispielsweise, wenn die von der Führungskraft eingebrachten Themen die größte Wichtigkeit und Dringlichkeit besitzen und zuerst bearbeitet werden müssen.

Zusammenfassung des Gesprächsergebnisses

- Das Wichtigste nochmals wiederholen
- Termin für nächstes Gespräch zur Standortbestimmung klären

Positives Gesprächsende

- Zum Beispiel Dank für die gute Vorbereitung und Anerkennung für die innovativen Lösungswege zum Ausdruck bringen
- Den Mitarbeiter ermuntern, sich beim (weiteren) Auftreten von Problemen (wieder) an die Führungskraft zu wenden – Unterstützung anbieten
- Persönlicher „Gesprächsnachspann" möglich

3.6 Nach dem Gespräch

Grundsätzlich sollte der Mitarbeiter dafür verantwortlich sein, die Gesprächspunkte nachzuhalten. Zusätzlich kann sich die Führungskraft Notizen zu den wichtigsten Gesprächsaspekten machen, um sie zur Vorbereitung auf das nächste Gespräch nutzen zu können. Die gegebenen Unterstützungszusagen muss die Führungskraft verbindlich realisieren.

Der Mitarbeiter sollte dafür verantwortlich sein, die Gesprächspunkte nachzuhalten

4   Das Entwicklungs- und Förderungsgespräch

Bevor hier auf die spezifischen Aspekte der Gesprächsführung eingegangen wird, ist es sinnvoll, einige Gedanken darüber voranzustellen, wie sich die Entwicklung der Organisation und die Entwicklung des Individuums zueinander verhalten.

4.1   Wer entwickelt hier wen?

Unternehmen, Unternehmensumwelten und nicht zuletzt die für die Unternehmen arbeitenden Individuen verändern sich ständig. Die Organisation sucht nach neuen Formen, um ihre Leistungen noch kundenfreundlicher und preisgünstiger erbringen zu können; Produktlebenszyklen werden kürzer; technologische Fortschritte im Bereich der Informationstechnologie erzwingen oft geradezu Umstrukturierungen in den Arbeitsabläufen.

Der Mensch sieht sich mit dieser Dynamik konfrontiert. Um langfristig eine sinnvolle Funktion in der Organisation ausfüllen zu können, ist es für ihn notwendig, Anschluss zu behalten: Er muss beherrschen, was heute von ihm gefordert wird, und er muss stets weiterlernen, damit er auch morgen die von ihm geforderte Leistung erbringen kann. Die lernende Organisation benötigt den lebenslang lernenden Menschen.

Die lernende Organisation benötigt den lebenslang lernenden Menschen

Solche einschneidenden Veränderungen in der Organisation sind heute beispielsweise großflächige Projekte zur Einführung einer integrierten Software, die unter anderem betriebswirtschaftliche, kundenbezogene und produktionsbezogene Aspekte miteinander verknüpfen. Wird eine solche Software eingeführt, bedeutet dies oft, dass die realen Prozessabläufe dem Organisationsmodell, das die Software abbildet, angepasst werden. Für die in der Organisation arbeitenden Menschen hat dies vor allem zwei Auswirkungen: Sie müssen lernen, im Rahmen der neu definierten Strukturen zu agieren, und sie müssen sich mit der Software-Lösung selbst vertraut machen.

Die Organisation gibt den Takt vor und der Mensch muss folgen?

Ein Großteil der Weiterbildungsbudgets wird heute in den Unternehmen für die verschiedensten Fortbildungen im Bereich der Informationstechnologie (IT) ausgegeben: Die Organisation gibt den Takt vor und der Mensch muss folgen. – Dies ist jedoch nur die halbe Wahrheit. Denn die neuen Entwicklungen halten ja nicht von allein Einzug in die Unternehmen, sondern es sind Menschen (innerhalb und außerhalb der Organisation), denen etwas Neues einfällt und denen es gelingt, andere für die Umsetzung ihrer Ideen zu gewinnen. Menschen generieren, indem sie ihre Potenziale entfalten, Prozessoptimierungen, Kosteneinsparungen, neue Produkte und Vertriebsideen – mit einem Wort: die

Rendite des Unternehmens. Ein Beispiel für diesen Aspekt der Entwicklungsdynamik sind nun wieder die IT-Unternehmen selbst: Hoch qualifizierte und selbstbewusste Spezialisten produzieren dort Innovationen (für Kunden). Sagen ihnen die Strukturen bei ihrem Arbeitgeber nicht zu, suchen sie sich einen neuen Arbeitsplatz, was keine Schwierigkeit darstellt, oder sie machen sich selbstständig. Die Herausforderung für ein IT-Unternehmen besteht in einem solchen Fall also darin, die Strukturen (und nicht nur das Gehalt) den Bedürfnissen der Mitarbeiter anzupassen, will es nicht seine besten Leute verlieren.

Will eine Organisation gute Mitarbeiter halten, muss sie ihre Strukturen auch den Menschen anpassen

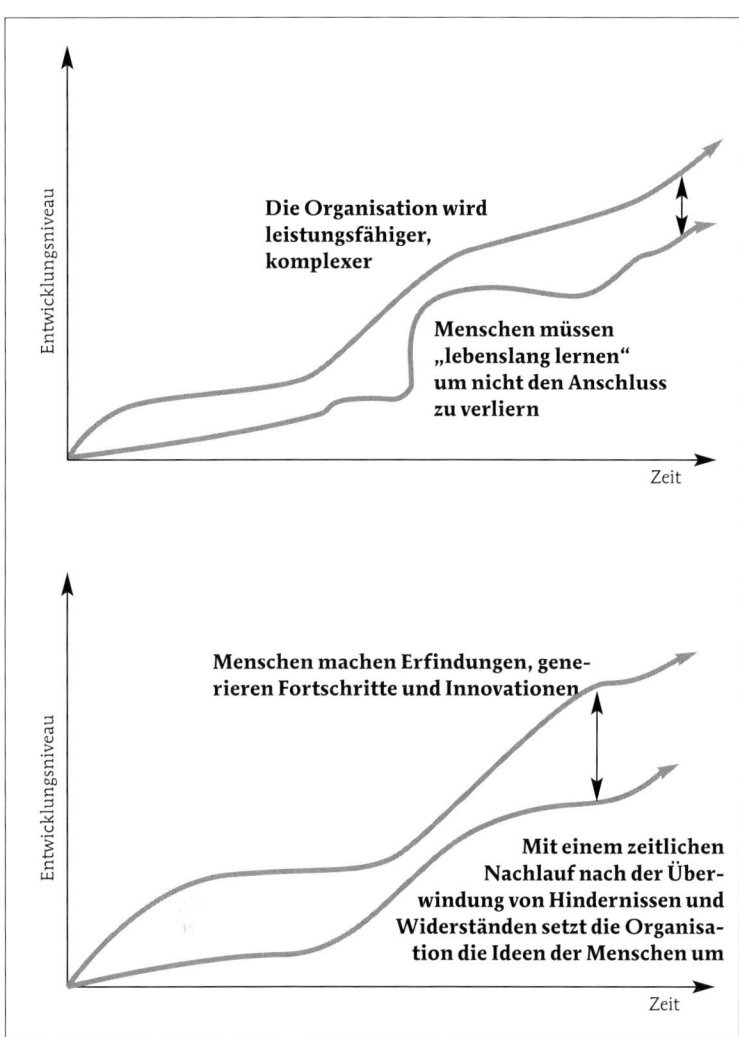

Abb. 4.1: Welche Sichtweise ist die richtige, die organisations-
oder die personenzentrierte?

Sicherlich können hier nicht Unternehmen aller Größenordnungen und Branchen – ganz zu schweigen von öffentlich-rechtlichen und Non-Profit-Organisationen – über einen Kamm geschoren werden. Die Rahmenbedingungen werden von Fall zu Fall in unterschiedlichem Maße festliegen bzw. Spielräume gewähren, und die Möglichkeiten des einzelnen Mitarbeiters, das Unternehmen an seinen persönlichen Entwicklungsschritten teilhaben zu lassen, werden stark variieren.

Eines ist aber sicher: Weder können Menschen je nach Erfordernis der Organisation „umprogrammiert" werden noch wäre dies erstrebenswert, denn dies hieße auf die Entwicklungs- und Wachstumsimpulse zu verzichten, die Mitarbeiter in das Unternehmen einbringen können.

Im Entwicklungs- und Förderungsgespräch zeigt sich, wie ernsthaft ein Arbeitgeber sich seinen Mitarbeiter wirklich als Impulsgeber wünscht

Gerade im Entwicklungs- und Förderungsgespräch zeigt sich, wie ernsthaft ein Arbeitgeber sich seinen Mitarbeiter wirklich als Impulsgeber für das Unternehmen wünscht.

AUF JEDEN FALL HANDELT ES SICH BEIM ENTWICKLUNGS- UND FÖRDERUNGSGESPRÄCH IM BESTEN FALL UM EINE GEGENSEITIGE KLÄRUNG VON MÖGLICHKEITEN, UNTERNEHMENS- UND MITARBEITERENTWICKLUNG IN EINE PRODUKTIVE BEZIEHUNG ZU SETZEN, NICHT ABER UM EINE VERANSTALTUNG, IN DEREN VERLAUF DEM MITARBEITER EINSEITIG DIE SICHT DER ORGANISATION VERKAUFT WERDEN SOLLTE.

4.2   Vorbemerkung zur Gesprächsführung

Ein Entwicklungs- und Fördergespräch kann ohne formalen Anlass zu jedem sinnvollen Zeitpunkt geführt werden

Ein Entwicklungs- und Fördergespräch kann – im Unterschied zum Beurteilungs- oder Mitarbeiterjahresgespräch – ohne formalen Anlass zu jedem Zeitpunkt, der den Beteiligten sinnvoll erscheint, geführt werden. Es kann also sowohl vom Mitarbeiter (z. B. als Bitte, einmal allgemein über Weiterentwicklungsmöglichkeiten im Unternehmen zu sprechen) als auch von der Führungskraft initiiert werden. Daher bietet es eine gute Möglichkeit, sich zwanglos und zugleich verbindlich über Zukunftsfragen auszutauschen und diesbezüglich Vereinbarungen zu treffen.

Der Charakter des Entwicklungsgesprächs sollte vor allem WERTSCHÄTZEND sein; der MITARBEITER MIT SEINEN STÄRKEN UND MÖGLICHKEITEN sollte Dreh- und Angelpunkt des Gesprächs sein. Wird das Gespräch nämlich aus einer Defizitorientierung heraus geführt, indem dem Mitarbeiter vor allem verdeutlicht wird, welche Kompetenzen ihm zur Bekleidung dieser oder jener Aufgabe noch *fehlen*, ist eine motivierende Wirkung kaum zu erwarten.

Es sollte deutlich von einem Beurteilungsgespräch abgegrenzt werden

Das Entwicklungs- und Förderungsgespräch sollte insbesondere klar von einem Beurteilungsgespräch (siehe Kap. 8) abgesetzt sein. „Entwickeln" bedeutet *ent-wickeln*, auswickeln. Entwicklung kann nur das sichtbar machen und herausarbeiten, was als Anlage und Neigung schon vorhanden ist. Training und Förderung haben in diesem Zusammenhang eine Unterstützungsfunktion. Die Selbsteinschätzung des Mitarbeiters und die Wahrnehmung besonderer Stärken durch die Führungskraft spielen hier eine wesentliche Rolle. Die Weichenstellung etwa, ob ein Mitarbeiter die Richtung fachlicher Spezialisierung einschlägt oder auf die Übernahme einer generalistischen Managementfunktion zusteuert, kann den weiteren Karriereweg entscheidend beeinflussen. Grundlegende Fehlentscheidungen lassen sich später oft nur schwer korrigieren.

Die Selbsteinschätzung des Mitarbeiters und die Wahrnehmung der Führungskraft sollten sich sinnvoll ergänzen

Ein typisches Beispiel: Auf Grund herausragender Leistungen als Verkäufer wird einem Mitarbeiter eine Position als Verkaufsleiter angeboten. Für die Steigerung der Leistungsfähigkeit seiner Verkaufsmannschaft und für Führungsfragen besitzt jener jedoch nur wenig Gespür. Trotz intensiver Trainings- und Coaching-Maßnahmen bleiben seine Führungsleistungen hinter den Erwartungen zurück. Nachdem ihm immer wieder „Chancen" gegeben worden sind, muss die Entscheidung, die Führungslaufbahn einzuschlagen, nach Jahren der Erfolglosigkeit wieder revidiert werden. – Ein solcher „Karriereknick" ist nicht leicht zu verarbeiten.

Ein „Karriereknick" ist nicht leicht zu verarbeiten

Ein geeignetes Hilfsmittel, um individuelle Entwicklungstendenzen im beruflichen Bereich herauszuarbeiten, ist das **MODELL DER KARRIEREANKER** von Schein (1978), siehe hierzu auch Wildemann (1994).

„Karriereanker" helfen, individuelle Entwicklungstendenzen im beruflichen Bereich herauszuarbeiten

4.3   Was sind Karriereanker?

Karriereanker spiegeln die Selbsteinschätzung wider, die ein Mensch durch seine bisherigen Erfahrungen im Hinblick auf seine eigenen Fähigkeiten, Möglichkeiten und Werte gewonnen hat. Sie bilden den selbst erstellten Maßstab dafür, welche Entscheidungen insbesondere im beruflichen Bereich als richtig und stimmig erlebt werden. Führungskräfte können den Entwicklungs- und Förderungsprozess des Mitarbeiters unterstützen, indem sie seine Karriereanker als handlungsleitende Konstanten gemeinsam mit ihm herauszufinden versuchen, damit auf dieser Grundlage konkrete Entwicklungsschritte definiert werden können. Schein unterscheidet folgende Karriereanker:

Welche Meilensteine definiert der Mitarbeiter für seine Karriere, welche Kompetenzen möchte er erwerben, welche Werte möchte er realisieren?

Fach- und Sachkenntnisse
Menschen mit diesem Karriereanker sind auf ihre fachspezifische Weiterentwicklung fokussiert. Sie fühlen sich wohl, wenn sie schwierige Aufgaben mit ihrem stets zunehmenden Expertenwissen lösen können. Ihr Interesse an übergreifenden und fachfremden Aufgaben ist gering, und sie bevorzugen daher eine Form des beruflichen Aufstiegs, der ihnen die weitere Tätigkeit im gewählten Fachgebiet ermöglicht.

Spezialistentum und Expertenwissen sind gefragt

Managementfähigkeiten

Organisationstalent und analytische und synthetisierende Fähigkeiten

Menschen mit diesem Karriereanker verknüpfen gern die Aktivitäten und Ergebnisse verschiedener Unternehmensbereiche miteinander. Auch auf der Basis einer unvollständigen Informationslage bleiben sie handlungsfähig. Sie analysieren die Situation und besitzen die Flexibilität, Verantwortung und Macht situationsadäquat einzusetzen. Sie agieren sensibel in Gruppensituationen, sind entscheidungsstark und können Einzelleistungen zu einer Gesamtlösung integrieren. Sie streben es an, verschiedene Verantwortungsbereiche gleichzeitig zu leiten.

Autonomie/Unabhängigkeit

Vielfach streben diese Menschen eine Selbstständigkeit an

Reglementierungen sind Menschen mit diesem Karriereanker ein Graus. Sie lassen sich nicht gern vorschreiben, was sie wann wie und mit welchem persönlichen Einsatz zu tun haben, sondern sie möchten darüber selbst entscheiden. Autonomieorientierte Menschen findet man oft in Beratungsberufen und in allen Bereichen selbstständiger Tätigkeit. Eine Beförderung, die ihren Freiheitsdrang einschränkt, lehnen sie ab.

Sicherheit/Stabilität

Sicherheit im beruflichen und privaten Umfeld wird höher geschätzt als Karrierechancen

Finanzielle Absicherung, die Verwurzelung an einem bestimmten Wohnort und das Bestreben, eine zukunftssichere Position im Unternehmen zu bekleiden, sind typische Ausprägungen des Lebensstils stabilitätsorientierter Menschen. Einen mit dem Risiko des Scheiterns verbundenen Aufstieg oder die Versetzung in einen hochdynamischen Arbeitsbereich ohne Rückfahrkarte kommen ihrem Naturell nicht entgegen.

Arbeit zum Wohle anderer/zielorientiertes Engagement

Die Umsetzung persönlicher Werte ist wichtig

Ethische Ideale und persönliche Wertvorstellungen spielen bei diesen Menschen eine große Rolle. Ihre Arbeit muss für die Gemeinschaft sinnvoll sein. Sie möchten dazu beitragen, das (Zusammen-)Leben der Menschen zu verbessern. Wirkungsfelder finden sie z.B. in therapeutischen, sozialen und politischen Arbeitsbereichen. Werden von ihnen Aktivitäten verlangt, die eine Preisgabe ihrer Ideale bedeuten, sind sie bereit, den Arbeitsplatz aufzugeben.

Die reine Herausforderung

Schwierigkeiten sind besonders reizvoll – Routine ist nicht gefragt

Eine Aufgabe ist für Menschen mit diesem Karriereanker nur so lange interessant, so lange sie beinahe unlösbar erscheint. Widrige Umstände und starke Gegenspieler stimulieren sie. Routine dagegen führt rasch dazu, dass sie sich einer neuen Herausforderung zuwenden. Im Hinblick auf das Arbeitsgebiet selbst sind sie weniger festgelegt.

Lebensweise

Das Gleichgewicht von Privat- und Berufsleben ist für Menschen mit diesem Karriereanker von hoher Bedeutung. Die Devise heißt „Arbeiten, um zu leben", nicht umgekehrt. Ihre Existenz ist für diese Menschen ein „Gesamtkunstwerk". Familienleben, kulturelle Aktivitäten, Sport und andere Interessen genießen bei ihnen einen hohen Stellenwert; ihr berufliches Fortkommen hat für sie nur eine nachrangige Bedeutung.

Gleichgewicht von Privat- und Berufsleben

Unternehmerisches Denken

Wesentliche Elemente dieses Karriereankers sind ein starker persönlicher Gestaltungswille, Innovationsfreude und eine grundlegende Risikobereitschaft. Unternehmerisch handelnde Menschen möchten sich im Zentrum der Aktivität aufhalten und bei allen zentralen Fragen mitentscheiden. Ein Unternehmen aufzubauen stellt für sie eine der interessantesten Herausforderungen dar.

starker persönlicher Gestaltungswille, Innovationsfreude und eine grundlegende Risikobereitschaft

Anliegen der Gesprächsführung sollte es bei der Arbeit mit den Karriereankern allerdings nicht sein, den Mitarbeiter in eine bestimmte „Schublade" zu stecken. Stattdessen sollte die Führungskraft über Fragen (z.B. Zukunftsfragen, s. o. Teil II, Kap 5.2) und Rückmeldungen helfen, Tendenzen herauszuarbeiten. Bei den allermeisten Menschen sind mehrere Karriereanker in verschiedenen Prioritätsabstufungen gleichzeitig wirksam, was zu inneren Konflikten führen kann, die ihrerseits in Entwicklungsgesprächen thematisiert werden können.

Es würde Potenzial verschenken, Mitarbeiter über das Modell der Karriereanker in eine bestimmte Schublade zu stecken

4.4 Zielsetzungen des Entwicklungsgespräches

- Der Mitarbeiter soll im Gespräch Gelegenheit haben, ENTWICKLUNGSWÜNSCHE UND AKTUELLE AUF SEINE PERSON BEZOGENE ENTWICKLUNGSTENDENZEN IM BERUFLICHEN BEREICH zu artikulieren.
- Der Mitarbeiter soll eine SELBSTEINSCHÄTZUNG im Hinblick auf seinen persönlichen Entwicklungsstand vornehmen.
- Der Mitarbeiter soll eine RÜCKMELDUNG darüber erhalten, wie der Vorgesetzte seinen derzeitigen Entwicklungsstand und seine nächsten konkreten Weiterentwicklungsmöglichkeiten einschätzt.
- Gegebenenfalls soll der Mitarbeiter IMPULSE UND REFLEXIONSANGEBOTE erhalten, auf deren Grundlage er sich Klarheit über seine eigenen Entwicklungstendenzen verschaffen kann (z.B. Information über Karriereanker).
- Der Mitarbeiter sollte INFORMATIONEN ÜBER ZIELSETZUNGEN UND LAUFENDE AKTIVITÄTEN IM UNTERNEHMEN erhalten, die für ihn karriererelevant sein können.
- Der Mitarbeiter soll davor geschützt werden, UNREALISTISCHE HOFFNUNGEN BEZÜGLICH MÖGLICHER ENTWICKLUNGSSCHRITTE zu hegen.
- ENTWICKLUNGSWÜNSCHE DES MITARBEITERS UND VOM UNTERNEHMEN ANGEBOTENE ENTWICKLUNGSMÖGLICHKEITEN SOLLEN ABGEGLICHEN

WERDEN; der Abgleich soll, wenn möglich, in die Formulierung einer konkreten Entwicklungsperspektive münden.

* **FÖRDERMASSNAHMEN,** die die Weiterentwicklung des Mitarbeiters unterstützen, sollen festgelegt werden.

4.5   Die Situation aus der Sicht des Mitarbeiters

Die Motivation zum Führen eines Entwicklungsgespräches ist meist hoch

Die Motivation des Mitarbeiters zur Führung eines Entwicklungs- und Fördergesprächs wird im Allgemeinen recht hoch sein. Hat er das Gespräch nicht ohnehin selbst initiiert, wird er in den meisten Fällen mit einer positiven Grundhaltung in das Gespräch hineingehen; allein der Begriff „Entwicklungsgespräch" weckt Assoziationen wie „Wertschätzung" und „Wachstum".

Nicht immer legt der Mitarbeiter alle seine Karten auf den Tisch

Es ist allerdings möglich, dass der Mitarbeiter bestimmte persönliche Entwicklungstendenzen bewusst nicht in das Gespräch mit einbringen möchte. Selbst wenn die Arbeitsbeziehung zum Vorgesetzten einwandfrei ist, wird er sehr hoch gesteckte Ziele, die einem Außenstehenden übertrieben erscheinen mögen, im Gespräch vermutlich nicht artikulieren (z.B.: *„Ich möchte in diesem Unternehmen Vorstand werden."*).

Auch würde er wohl die Tatsache unerwähnt lassen, dass er sich, um seine berufliche Entwicklung zu forcieren, gerade am Arbeitsmarkt orientiert. Hier werden „individuelle Bedürfnisse, Antriebe und Visionen" (s. o. Teil II, Kap. 2.4) wirksam, die im Gespräch mitschwingen und denen gegenüber die Führungskraft sich sensibel und taktvoll verhalten sollte.

Fragen, die sich für den Mitarbeiter ergeben

Konkret ergeben sich für den Mitarbeiter im Zusammenhang mit dem Entwicklungs- und Förderungsgespräch folgende Fragestellungen:

* Kann das Unternehmen den eigenen Entwicklungswünschen gerecht werden?
* Wie kann das Unternehmen die persönliche Entwicklung unterstützen?
* In welchem Maße wird die persönliche Zufriedenheit bzw. Unzufriedenheit mit der Arbeit und deren Rahmenbedingungen bei der weiteren Maßnahmenplanung berücksichtigt?
* Wie groß ist die entgegengebrachte Wertschätzung? (*„Wie sehr wird mir vertraut?"*)
* Welche Rückmeldung gibt die Führungskraft zum Arbeitsverhalten? (*„Wie werde ich gesehen?"*)
* Sind interessante Entwicklungsschritte realisierbar? (z.B. Projektverantwortung, Erweiterung des Arbeitsgebiets, Auslandsaufenthalt)
* Stehen Ressourcen für Entwicklungs- und Fördermaßnahmen zur Verfügung (z.B. Fortbildungsbudgets)?

- Welche Karrieremöglichkeiten bietet das Unternehmen?
- Was sind die nächsten Schritte?

4.6 Gesprächsvorbereitung

Da der Mitarbeiter mit seinen Wünschen und Potenzialen im Zentrum des Gesprächs steht, ist es hier besonders wichtig, dass sich die Führungskraft das bisher beobachtete Mitarbeiterverhalten sorgfältig vergegenwärtigt und sich Gedanken über einen möglichen Entwicklungskorridor macht.

Im Einzelnen sollte sich die Führungskraft folgende Fragen beantworten.

Was die Führungskraft für sich klären sollte

- Welche besonderen Stärken hat der Mitarbeiter bislang an seinem Arbeitsplatz sichtbar werden lassen?
- Welche Tätigkeiten entsprechen seinen Neigungen und Talenten der konkreten Beobachtung nach nicht so sehr?
- Wie verhalten sich die beobachteten Stärken und Schwächen zu den gegenwärtigen Anforderungen des Arbeitsplatzes?
- Durch die Entfaltung welcher Talente könnte der Mitarbeiter einen überdurchschnittlichen Beitrag zum Unternehmenserfolg leisten?
- Verläuft die bisherige Entwicklung klar und geradlinig oder sind Diskrepanzen zwischen Wollen und Können beobachtbar? Sind Zielkonflikte beim Mitarbeiter wahrnehmbar (z.B. durch das Wirken konträrer Karriereanker), und wenn ja, welche?
- Wie wird die gegenwärtige Zufriedenheit des Mitarbeiters mit den Arbeitsinhalten und den Rahmenbedingungen der Arbeit erlebt?
- Welche Fragen könnten Neigungen und persönliche Zielperspektiven des Mitarbeiters erhellen?
- Welche Entwicklungsmöglichkeiten können dem Mitarbeiter mittelfristig konkret angeboten werden? Wie könnte eine längerfristige Karriereplanung aussehen? Welche Optionen können offen angesprochen werden, und über welche sollte (noch) nicht geredet werden, um keine zu hohen Erwartungen zu wecken?
- Welche Entwicklungs- und Fördermaßnahmen sind sinnvoll und sollten diskutiert werden?
- Welche Restriktionen gibt es, welche Entwicklungen sind unmöglich?

Auch der Mitarbeiter sollte die Möglichkeit haben, sich intensiv auf das Gespräch vorzubereiten. Vereinbaren Sie den Gesprächstermin frühzeitig und bitten Sie ihn, sich im Vorfeld des Gesprächs darüber Gedanken zu machen, wie er seine gegenwärtige berufliche Situation erlebt und welche Weiterentwicklung er anstrebt.

Vereinbaren Sie den Gesprächstermin frühzeitig

4.7 Hinweise zur Führung von Entwicklungs- und Förderungsgesprächen

- Überlassen Sie Ihrem MITARBEITER HOHE REDEANTEILE; ermuntern Sie ihn, seine KARRIEREPLANUNG AKTIV MIT ZU GESTALTEN.
- Bitten Sie Ihren Mitarbeiter, seine Selbsteinschätzung auf Grund KONKRETER FAKTEN UND BEISPIELE vorzunehmen; vermitteln auch Sie Ihre Einschätzung des Mitarbeiterpotenzials auf der Basis von Beispielen und Verhaltensbeobachtungen.
- Hegt Ihr Mitarbeiter UNREALISTISCHE HOFFNUNGEN, geben Sie ihm – mit freundlichen Worten – eine EHRLICHE RÜCKMELDUNG bezüglich seiner tatsächlichen mittelfristigen Entwicklungsmöglichkeiten im Unternehmen. Begründen Sie Ihre Einschätzung.
- Machen Sie KEINE ZUSAGEN ODER VERSPRECHUNGEN, DIE SIE SPÄTER NICHT EINLÖSEN KÖNNEN, nur um einen Mitarbeiter zu „halten". Die gute Zusammenarbeit wäre sofort erheblich beeinträchtigt, sobald der Mitarbeiter erkennt, dass sich der im Gespräch eröffnete Karriereweg nicht realisieren lässt.
- Die ENTWICKLUNG VON MITARBEITERN – oder besser: Unterstützung bei der Selbstentwicklung – gehört zu den UREIGENEN FÜHRUNGS-AUFGABEN. Sie lässt sich nicht an einen Seminartrainer oder persönlichen Coach delegieren; jene können nur eine temporäre Begleitungsfunktion ausfüllen.
  Achten Sie bei der Vereinbarung von Weiterbildungsmaßnahmen auf klare Absprachen im Hinblick auf Seminarziele, und bleiben Sie selbst im Boot, indem Sie sich eine Rückmeldung hinsichtlich des Weiterbildungserfolgs geben lassen.

4.8 Gesprächsablauf

Kontaktphase

Zunächst ist ein kurzes „Warming-up" sinnvoll, um ein positives Gesprächsklima zu schaffen.

Klärung der Themen, der Gesprächsziele und des Zeitrahmens

Um die Transparenz des Gesprächs zu erhöhen, sollte in dieser Phase ein konkreter Gesprächsablauf vorgeschlagen werden (s.u.).

Themenbearbeitung

Folgender Ablauf sei hier empfohlen:
1. SELBSTEINSCHÄTZUNG DES MITARBEITERS bezüglich

- Zufriedenheit mit dem gegenwärtigen Aufgabengebiet,
- besondere Stärken, Neigungen und weniger stark ausgeprägte Talente/Neigungen,
- mittelfristige Entwicklungswünsche (bis ca. 3 Jahre).

... anschließend Verständnis- und Vertiefungsfragen durch den Vorgesetzten

2. EINSCHÄTZUNG DES VORGESETZTEN bezüglich
   - besonderer wahrnehmbarer Stärken des Mitarbeiters,
   - Entwicklungsmöglichkeiten am gegenwärtigen Arbeitsplatz,
   - mögliche mittelfristige Entwicklungsperspektive im Unternehmen.

   ... anschließend Verständnis- und Vertiefungsfragen durch den Mitarbeiter

3. Besprechung von ÜBEREINSTIMMUNGEN UND DIFFERENZEN bezüglich der Sichtweisen von Mitarbeiter und Vorgesetztem;
   - gemeinsame KLÄRUNG EINES REALISTISCHEN ENTWICKLUNGSKORRIDORS
   - Vereinbarung KONKRETER ENTWICKLUNGSSCHRITTE UND FÖRDERMASSNAHMEN bezüglich
     - Übernahme weiterer Aufgaben,
     - Übernahme von Projektverantwortung,
     - Mitarbeit in bereichsübergreifenden Arbeitsgruppen,
     - Referententätigkeit bei internen Schulungen,
     - Wechsel in ein anderes Aufgabengebiet,
     - Auslandsaufenthalt,
     - Entsendung in Führungsnachwuchs-Kreise,
     - Vertretung des Vorgesetzten während dessen Abwesenheit,
     - Weiterbildungsseminare,
     - Coaching.
   - Besprechung der Verantwortlichkeiten: Wer initialisiert die Maßnahmen (Hauptaktivität, wenn möglich, beim Mitarbeiter belassen), Terminierung
   - Verabredung über den Rückmeldezyklus (z.B. weitere Treffen, um den Entwicklungserfolg festzustellen)

Zusammenfassung des Gesprächsergebnisses

Insbesondere Hervorhebung neuer Gesichtspunkte, die das Gespräch zu Tage gefördert hat.

Positives Gesprächsende

Bei einem guten Gesprächsverlauf kann an dieser Stelle die Zuversicht betont werden, dass die besprochenen Entwicklungsmaßnahmen sicher zum Erfolg führen werden. Klaffen der Entwicklungwunsch des Mitarbeiters und eine realistische Entwicklungsperspektive zu weit auseinan-

der, weisen Sie darauf hin, wie wichtig es war, die unterschiedlichen
Sichtweisen kennen zu lernen und offen zu diskutieren. Heben Sie hervor, dass Sie mit dem Mitarbeiter darüber im Gespräch bleiben wollen,
wie man die Unterschiede vermitteln könnte (konkrete Terminvereinbarung!).

4.9 Nach dem Gespräch

Den Worten müssen
unbedingt Taten folgen

Achten Sie vor allem darauf, dass den Worten auch Taten folgen. Wurde
im Gespräch eine konkrete Entwicklungsperspektive aufgezeigt bzw.
wurden konkrete Entwicklungsmaßnahmen vereinbart, sollten rasch
die ersten Schritte in die Tat umgesetzt werden, damit der Mitarbeiter Gewissheit erlangt, dass tatsächlich etwas geschieht und Verbindlichkeit
gewünscht ist.

Halten Sie die Zusagen ein, die Sie gegeben haben, und fragen Sie Ihren
Mitarbeiter nach den Aktivitäten, die er übernommen hat (z.B. Recherche passender Fortbildungsangebote). Werden bereits Entwicklungsperspektiven umgesetzt (z.B. Erweiterung des Aufgabengebietes), fragen Sie
nach, ob die Erwartungen der Realität entsprechen. Bleiben Sie als Gesprächspartner präsent.

5 Anerkennung und Kritik aussprechen

Gerade das Führen von Kritikgesprächen wird von vielen Vorgesetzten als besonders schwierig und unangenehm empfunden. Kritikgespräche zu trainieren ist einer der am häufigsten genannten Teilnehmerwünsche in Seminaren zur Gesprächsführung mit Mitarbeitern.

Kritikgespräche werden vielfach als unangenehm empfunden

Fragt man genauer nach, erfährt man, dass auch das Führen von Anerkennungsgesprächen eine Herausforderung für die meisten Führungskräfte darstellt, da das Geben positiver Rückmeldungen in vielen Unternehmen – immer noch – ein Ausnahmeverhalten darstellt, dass man also nicht auf eine in der Organisation bewährte Praxis konkret geäußerter Wertschätzung zurückgreifen kann, sondern damit eher „gegen den Strom" schwimmt; oftmals befürchten Führungskräfte infolge eines solchen unternehmensweiten Mangels, dass ein „gelobter" Mitarbeiter sich zu deutlich von seinen Kollegen abgehoben fühlt: *„Wird der Mitarbeiter, wenn ich Anerkennung ausspreche, nicht sofort Forderungen an mich richten, zum Beispiel mehr Geld haben wollen oder auf eine Beförderung spekulieren?"*

Auch das Geben positiver Rückmeldung ist vielfach keine oft geübte Praxis

Dass die Äußerung von Anerkennung und Kritik zu den zentralen Führungsaufgaben gehört, ist allgemein unbestritten. Vier Hauptfunktionen lassen sich nach Neuberger (1998) unterscheiden:

Vier Hauptfunktionen von Anerkennung und Kritik

- **Informationsaspekt**

Nachdem er gelobt oder kritisiert wurde, weiß ein Mitarbeiter, wo er steht. Erfüllt er die gesetzte Norm oder gibt es eine Soll-Ist-Abweichung? Oft bilden Mitarbeiter informelle Standards für die Aufgabenbewältigung heraus, die nicht mit den unternehmensseitig gewünschten übereinstimmen. Eine Rückmeldung durch den Vorgesetzten schafft hier Klarheit.

Der Mitarbeiter weiß, wo er steht

- **Lernaspekt**

Anerkennung kann gewünschtes Verhalten stabilisieren, Kritik kann dazu beitragen, nicht gewünschtes Verhalten zu verändern – nach dem „Abstellen" des negativen Verhaltens kommt es hier darauf an, eine neue Verhaltensvariante zu entwickeln. Am höchsten ist der Lernerfolg, wenn der Vorgesetzte sowohl positive als auch kritische Rückmeldungen gibt.

Der Mitarbeiter kann sein Verhalten entsprechend stabilisieren oder verändern

- **Motivationsaspekt**

Anerkennung und Kritik können Antrieb und Engagement von Mitarbeitern erhöhen, wobei beim Äußern von Kritik jedoch auch das Risiko der Demotivation besteht. Folgende Punkte sollten hier besonders beachtet werden:

Der Mitarbeiter kann motiviert werden

- Die Wirkung eines Lobs ist besser voraussagbar als die Wirkung von Kritik: Erfolg zieht im Allgemeinen gesteigerte Anstrengungen nach sich; Kritik kann wirkungslos bleiben, leistungssteigernd, aber auch leistungsmindernd wirken.
- Auf ängstliche Personen wirkt Misserfolg eher leistungsmindernd.
- „Erfolgsmenschen", die eine Lerngeschichte voller positiver Verstärkungen hinter sich haben, erhöhen nach Misserfolgen in der Regel ihre Anstrengungen.
- Misserfolg führt insbesondere bei Routineaufgaben zu verbesserter Leistung.
- Bei komplexen Aufgaben mit hohen Präzisions- oder Kreativitätsanforderungen wirkt Misserfolg oft leistungsmindernd.
- Personen, deren Motivation vor allem durch „Furcht vor Misserfolg" bestimmt ist, reagieren nach Misserfolgen extremer (z.B. Setzen sehr hoher oder sehr niedriger Ziele) als erfolgsorientierte Personen.
- Öffentlicher Misserfolg und hohe Ich-Beteiligung verursachen tendenziell extremere Reaktionen.
- Misserfolge bewirken häufig emotionales und chaotisches Folgeverhalten.
- Anhaltende Misserfolgserfahrungen begünstigen eine defensive Haltung und das Auftreten psychologischer Abwehrmechanismen (siehe oben Teil II, Kap. 8)

- **Sozialer Aspekt**

Anerkennung kann ein positives Selbstwertgefühl verstärken bzw. zu einer Verbesserung des Selbstbildes führen. Nach einem Kritikerlebnis kann dagegen ein Versagens- und Minderwertigkeitsgefühl eintreten. Hier besteht die Gefahr einer sich selbst erfüllenden Prophezeiung (s.o. Teil II, Kap. 9.1).

Positiv verstärkendes
Verhalten sollte weit
stärker als kritisierendes
Verhalten betont werden

Anerkennung intensiviert in der Regel die Beziehung zwischen dem Anerkennung Gebenden und dem Empfänger. Kritik wird dagegen gefühlsmäßig in der Regel nicht so positiv aufgenommen und kann zu einer Vergrößerung der Distanz und zu einer Abkühlung des zwischenmenschlichen Kontaktes führen. Da die Arbeitsbeziehung zwischen Vorgesetztem und Mitarbeiter in der Regel auf Langfristigkeit angelegt ist, sollte daher positiv verstärkendes Verhalten weit stärker als kritisierendes Verhalten betont werden.

Die Bewertung des
Verhaltens durch den
Vorgesetzten kann für den
Mitarbeiter karriere-
relevante Folgen haben

Zudem stehen Anerkennung und Kritik in einem spezifischen hierarchischen Kontext. Die Bewertung des Verhaltens durch den Vorgesetzten kann für den Mitarbeiter karriererelevante Folgen haben. Und: Jener darf loben und tadeln; dieser muss es aushalten. Dies bedeutet, dass es zu einer Stabilisierung der hierarchischen Distanz beitragen kann, Anerkennung und Kritik (oft wird noch die krassere Formulierung verwandt: „Lob und Tadel") als Führungsinstrumente zu penetrieren – auf Kosten des partnerschaftlichen Umgangs. Neuere Führungsansätze versuchen jene Distanz zu relativieren, indem sie umgekehrt auch Führungskräfte mit den Rückmeldungen der Mitarbeiter konfrontieren – etwa durch das Instrument der Vorgesetztenbeurteilung. (Siehe hierzu auch die Ausführungen zum Mitarbeiterjahresgespräch in Teil IV.)

Ein weitere Fassette des sozialen Aspektes von Anerkennung und Kritik besteht darin, dass das bewertende Verhalten für den Vorgesetzten selbst eine Verarbeitungs- und Entlastungsfunktion besitzen kann: Sich selbst aufzuwerten, Ärger und Frustration abzureagieren können Beweggründe für negative Kritik sein, die von Mitarbeitern bald durchschaut werden und bei diesen die Bereitwilligkeit, die Rückmeldung und die Führungskraft selbst zu akzeptieren, massiv untergraben.

Positive Hervorhebung durch Anerkennung und (empfundene) Herabsetzung durch Kritik beeinflussen nicht zuletzt auch das Miteinander im Kollegenkreis. In einem Umfeld, in dem viele Kollegen darum wetteifern, eine eng begrenzte Zahl höherwertiger Positionen zu erreichen, stellen Anerkennung und Kritik entscheidende Marksteine im Konkurrenzprozess dar mit möglichen Begleiterscheinungen wie Neid und Missgunst. Diese Nebenwirkungen können das Informationsverhalten untereinander und die Bereitschaft zu gegenseitiger Hilfestellung – beides ist im heutigen dynamisierten Unternehmen von größter Bedeutung (siehe Einführungskapitel) – erheblich beeinträchtigen.

Auch der Kollegenkreis wird von „Lob und Tadel", den ein Mitarbeiter erfährt, betroffen

Viele Faktoren beeinflussen, wie diese Ausführungen zeigen, die Wirksamkeit von Anerkennung und Kritik. Es bleibt daher der Führungskraft überlassen, in Anbetracht der Situation und insbesondere des Entwicklungsstandes des Mitarbeiters die richtige Dosis bewertenden Verhaltens zu finden.

Es gilt die richtige Dosis bewertenden Verhaltens zu finden

KONSTRUKTIV GEÄUSSERTE ANERKENNENDE UND KRITISCHE RÜCKMELDUNG HILFT DEM MITARBEITER, SEINE KOMPETENZ ZIELGERICHTET WEITERZUENTWICKELN UND EIN STABILES SELBSTVERTRAUEN AUFZUBAUEN.

Einseitig negative und zu schroff vorgetragene Kritik frustriert und erzeugt Widerstände; allein lobende Äußerungen können auf der anderen Seite dazu führen, dass der Mitarbeiter ein unrealistisch überhöhtes Selbstbild gewinnt und die „Bodenhaftung" verliert. Vollkommen fehlende Rückmeldung schließlich kommt beinahe schon einer Abwertung gleich. Leicht vermeint der Mitarbeiter dann die Botschaft zu vernehmen: „Ich bin für den Vorgesetzten nicht da, ich bin nicht wichtig." Spekulationen, warum dem so ist, werden folgen und das Selbstvertrauen wird leiden.

Die Vorgehensweise beim Aussprechen von Anerkennung und Kritik leitet sich unmittelbar aus den Kommunikationstechniken der erweiterten

Ich-Aussagen und des Gebens von Rückmeldungen ab (s.o. Teil II, Kap. 5.4, 5.5). Die fallbezogenen Anwendungen seien hier vorgestellt.

5.1 Anerkennung aussprechen

Ausgesprochene Anerkennung ist der fassbare Ausdruck von Wertschätzung. Ein freundlicher Blick, die wiederholte Delegation wichtiger Aufgaben, sich positiv und verbindlich im Gespräch zeigen: Dies sind Zuwendungszeichen, die Interpretationsspielräume lassen. Aber Anerkennung ist Anerkennung. Für eine positive Rückmeldung ist immer Zeit, denn sie dauert nicht lang. Man sagt, sie sei ein Geschenk, das nichts koste. Dies stimmt jedoch nur bedingt. Ein Lob kostet zwar kein Geld, aber es erfordert unsere Bereitschaft, uns für einen Augenblick ganz dem Mitarbeiter zuzuwenden und seine Handlungen differenziert zu würdigen. Anerkennung soll positives Verhalten verstärken und zu weiteren Anstrengungen auf dem beschrittenen Weg ermuntern. Damit dies gelingt, sollte man Anerkennung genau äußern.

Anerkennung differenziert äußern

Ein Lob wie: *„Ihre Präsentation fand ich toll!"* ist zwar ein schönes Kompliment, aber es trägt beim Mitarbeiter wenig dazu bei, die eigenen Stärken genau zu erkennen, um bei der nächsten Gelegenheit genauso gut oder vielleicht noch besser zu präsentieren.

Einige „Regeln" für das Aussprechen von Anerkennung

- Nicht nur die Spitzenleistung, AUCH EINE KONTINUIERLICH GUTE LEISTUNG, die unspektakulär erbracht wird, verdient Anerkennung. Bedenken Sie, dass an vielen Arbeitsplätzen kaum Raum für herausragende Leistungen ist.
- Die POSITIVE LEISTUNG SOLLTE SPEZIFISCH GEWÜRDIGT werden. Was sind genau die positiven Aspekte? Zeigen Sie Ihrem Mitarbeiter, dass Sie sich mit seinem Arbeitsergebnis intensiv auseinander gesetzt haben.
- LOB SOLLTE NICHT EINGESCHRÄNKT WERDEN (z.B. „*... schon ganz ordentlich*"); suchen Sie nicht das Haar in der Suppe, wenn Sie positiv verstärken wollen (z.B. *„Ihr Konzept ist sehr gut ausgearbeitet, aber ich hätte es mir ein wenig kürzer gewünscht"*).
- Sprechen Sie Anerkennung DIREKT aus. Die Freude über die Anerkennung ist am größten, unmittelbar nachdem die Leistung erbracht wurde.
- LOBEN SIE ANGEMESSEN und bleiben Sie Sie selbst. Äußern Sie dort Anerkennung, wo Sie sich ein Urteil erlauben können. Finden Sie den Tonfall, der Ihrem Naturell entspricht. Sprechen Sie Anerken-

nung offen und klar aus, aber es ist nicht notwendig, den Mitarbeiter „über den grünen Klee" zu loben. Setzen Sie lobendes Verhalten nicht ein, um beim Mitarbeiter bestimmte Ziele zu erreichen. Dies würde das Lob entwerten.

- Sprechen Sie Anerkennung PARTNERSCHAFTLICH aus. Damit der Mitarbeiter sich nicht von oben herab begutachtet fühlt und die Nähe im Gespräch erhalten bleibt, können Sie ihm rückmelden, welche Bedeutung seine gute Leistung für Sie persönlich hat.

- Entscheiden Sie bewusst, ob Sie Anerkennung UNTER VIER AUGEN ODER IN ANWESENHEIT ANDERER aussprechen. Vor anderen ausgesprochene Anerkennung führt der Gruppe vorbildhaftes Verhalten vor – mit der Gefahr, dass Neid entsteht oder der hervorgehobene Mitarbeiter seine Leistungen wieder auf das Normalmaß herunterschraubt, um dem niedrigeren Gruppenstandard wieder zu entsprechen. Äußern Sie LOB IM ZWEIFELSFALLE UNTER VIER AUGEN. Vor anderen sollten Sie ein Lob dann aussprechen, wenn ein Mitarbeiter sich besonders für das gesamte Team eingesetzt hat und jeder die öffentliche Anerkennung erwartet.

- Anerkennung ist nicht alles. Finden Sie auch Möglichkeiten, zusätzlich zum ausgesprochenen Lob ETWAS FÜR IHRE MITARBEITER zu TUN wie die Schaffung von Aufstiegsmöglichkeiten, die Übertragung von mehr Verantwortung oder die Empfehlung einer Gehaltserhöhung. Ansonsten könnte sich die Wirkung der Anerkennung schnell abnutzen.

Vorgehen beim Aussprechen von Anerkennung:

Folgende Schrittfolge kann hier eine Hilfestellung sein:

1. Beschreiben Sie das KONKRETE VERHALTEN, das Sie positiv verstärken wollen.

   „Die Umsatzzahlen der von Ihnen betreuten Produktlinie sind gegenüber dem gleichen Vorjahreszeitraum um 30 % gestiegen, obwohl wir uns zur Zeit in einem konjunkturell schwierigen Umfeld bewegen. Diese Steigerung verdanken wir ganz überwiegend Ihrer kreativen Marketing-Konzeption und Ihrem Engagement, mit dem Sie den Vertrieb von der Neupositionierung der Produktlinie überzeugt haben. "

2. Beschreiben Sie, WIE DAS VERHALTEN AUF SIE WIRKT und welche Bedeutung es für Sie hat.

   „Es freut mich, die Produktlinie bei Ihnen in guten Händen zu wissen. Ich war anfangs nicht ganz sicher, ob wir den positiven Progno-

sen, die Sie auf der Grundlage der Marktforschungen wagten, glauben durften. Heute bin ich sehr froh darüber, dass wir Ihnen vertraut haben. "

3. Sprechen Sie gegebenenfalls mit Ihrem Mitarbeiter darüber, wo und wie er seine besonderen Stärken noch einsetzen könnte.
   Dieser dritte Schritt ist eine Kann-Fortführung; nicht jede Anerkennung muss durch die Übertragung auf neue Bereiche „aufgeladen" werden.

   „Ich würde gern mit Ihnen darüber sprechen, ob Sie daran interessiert wären, sich mit Ihren Kollegen aus dem Marketing, die andere Produktlinien betreuen, regelmäßig auszutauschen. Auf diese Weise könnten wir vielleicht auch bei den Produkten, die zur Zeit nicht so gut laufen, von Ihren analytischen Fähigkeiten und Ihren Ideen profitieren. "

5.2 Das Kritikgespräch

Kritik ist immer unangenehm

Kritikgespräche sind manchmal notwendig. Dies ist die eine Seite. Die andere ist, dass die meisten Menschen mit Kritik unangenehme Erfahrungen verbinden.

Diese Erfahrungen sind oft tief in der Kindheit verwurzelt. Konfrontiert mit einer Maßregelung, dem Ausdruck von Ärger und Aggression, dem Vergleich mit Vorbildern, fühlt sich das kritisierte Kind nicht angenommen und verletzt. Es resigniert oder wird unartig. Der Erwachsene, der eine „kritische" Rückmeldung erhält – sei es auch mit einer positiven Entwicklungsabsicht – empfindet vielleicht das Aufbrechen alter Kindheitswunden, und er greift auf erprobte Möglichkeiten zurück, um sein Selbstbild intakt zu halten.

Trotz oder gerade wegen der Kritik zu der kritisierten Person eine positive Grundbeziehung aufrechterhalten

Der eigentlich entscheidende Punkt beim Kritisieren ist daher nicht das verwendete Instrumentarium, die eingesetzte Gesprächstechnik, sondern die Fähigkeit, zur kritisierten Person (trotzdem) eine positive Grundbeziehung aufrechtzuerhalten. (Und diese äußert sich nicht nur durch die Art und Weise und die Inhalte unserer Gesprächsbeiträge, sondern sie manifestiert sich in unserer gesamten Art und Weise dem anderen gegenüberzutreten.)

Nur auf der Grundlage einer positiven Grundbeziehung kann Kritik konstruktiv werden.

Das sensible Erleben der augenblicklichen emotionalen Ebene im Gespräch gibt Hinweise darauf, welche Worte man wählen sollte, und vielleicht auch, wie viele ...

5.2.1 Zielsetzungen

- Der Mitarbeiter soll auf sein FEHLVERHALTEN/EINE NICHT AUSREICHENDE LEISTUNG aufmerksam gemacht werden.
- Er soll die GRÜNDE für die negative Bewertung erfahren.
- Er soll über die KONSEQUENZEN informiert werden, zu denen sein Verhalten führen kann.
- Er soll die Möglichkeit haben, SICH ZU SEINEM VERHALTEN/DEM VORFALL ZU ÄUSSERN.
- Es sollen LÖSUNGEN herausgearbeitet werden, die eine Wiederholung verhindern und die Situation bereinigen.
- Es soll geklärt werden, welche HILFESTELLUNG der Mitarbeiter gegebenenfalls benötigt, um das Problem zu lösen.
- Der Mitarbeiter soll sich als Person weiterhin WERTGESCHÄTZT fühlen.

5.2.2 Die Situation aus der Sicht des Mitarbeiters

In vielen Fällen ist dem Mitarbeiter das – durch ihn verursachte – Problem bekannt, bevor der Vorgesetzte das Kritikgespräch mit ihm führt. Persönliches Fehlverhalten (wie Nichteinhalten definierter Arbeitszeiten, überlange private Telefonate, mangelnde Hilfestellung gegenüber Kollegen) steht als Thema oft schon länger im Raum und ist vielleicht schon seit geraumer Zeit Gegenstand von informellen Bemerkungen im Teamkreis, bevor der Vorgesetzte davon erfährt bzw. die Entscheidung trifft, das Verhalten offiziell zu monieren.

Oft steht der Gegenstand der Kritik – mehr oder weniger bewusst wahrgenommen – schon länger im Raum

Oft sorgt auch schlicht die Sachlage dafür, dass das Problem offensichtlich ist: Die mangelnde Sorgfalt eines Sachbearbeiters beispielsweise beim Treffen von Absprachen mit Kunden führt immer wieder zu fehlerhaften Lieferungen, woraufhin sich der Kunde beschwert, zunächst beim betreffenden Sachbearbeiter selbst, und als dies nichts ändert, wendet er sich schließlich an den Vorgesetzten als Ansprechpartner für seine Reklamation. Oder ein Mitarbeiter, der den Auftrag erhielt, eine Präsentation vorzubereiten und durchzuführen, ist trotz bekannter Anforderung und hinreichendem zeitlichem Vorlauf ungenügend vorbereitet und weiß auf die Fragen seiner Zuhörer keine Antworten. Die negative Resonanz, die sein Auftritt hervorrief, ist ihm schon bekannt, wenn sein Vorgesetzter ihn darauf anspricht. Der Mitarbeiter befindet sich, wenn das Gespräch stattfindet, also schon mitten in der Auseinandersetzung mit seinem Problem. Der Vorgesetzte sollte dies berücksichtigen.

Das Kritikgespräch kann aber auch überraschend kommen: Ein Kunde beschwert sich über den schroffen Tonfall eines Mitarbeiters angesichts einer Reklamation unmittelbar beim Vorgesetzten, ohne dass der betroffene Mitarbeiter hiervon etwas weiß. Der Mitarbeiter wird den Augenblick, in dem er vom Vorgesetzten mit der Beschwerde konfrontiert wird,

Ein Kritikgespräch kann aber auch überraschend kommen

aller Wahrscheinlichkeit nach als Stress- und Gefahrensituation entschlüsseln. Er wird in diesem Fall möglicherweise dazu neigen, eine spontane, also tendenziell unüberlegte Reaktion (gehorchend einem Flucht- oder Angriffsimpuls) an den Tag zu legen. Auf einer solchen Basis lassen sich im Dialog dann kaum konstruktive Lösungen herausarbeiten.

IM SINNE EINER KONSTRUKTIVEN LÖSUNG KOMMT ES IM KRITIKGESPRÄCH GRUNDLEGEND DARAUF AN, DIE EMOTIONALE BELASTUNG DES MITARBEITERS SO GERING WIE MÖGLICH ZU HALTEN.

Erhält ein Mitarbeiter eine kritische Rückmeldung, können ihn folgende Anliegen bewegen:

Was bewegt den Mitarbeiter, wenn er kritisiert wird?

- Der Mitarbeiter möchte herausfinden, ob er tatsächlich der „Schuldige" ist oder ob es andere (Mit-)Verursacher des Problems gibt.
- Er möchte Gelegenheit haben, dem Vorgesetzten seine Sicht der Dinge mitzuteilen.
- Er möchte herausfinden, ob er weitergehende Konsequenzen befürchten muss bzw. ob das Arbeitsverhältnis entscheidend gestört ist.
- Er ist an einer Änderung des Zustandes, einer Lösung des Problems interessiert; er möchte das erneute Auftreten des Problems vermeiden.
- Er sucht Hilfestellung.
- Er möchte wissen, wie der Vorgesetzte zu ihm steht und ob er als Person noch wertgeschätzt wird.
- Er möchte sein Gesicht wahren.

5.2.3   Gesprächsvorbereitung

Wie ist die genaue Sachlage?

Da das Kritikgespräch ein eingegrenztes Verhalten zum Gegenstand hat, sollte der Vorgesetzte die Vorbereitung vor allem nutzen, um die Fakten zu klären. Fragen zur Vorbereitung können im Einzelnen sein:

- Welches Verhalten soll genau kritisiert werden? Wie lässt sich der Sachverhalt beschreiben?
- Welches Ziel soll das Gespräch haben? Einsicht? Sensibilisierung? Verhaltensänderung? Information des Mitarbeiters über Konsequenzen? – Welches Ziel ist realistisch?
- Welche Ursachen könnte das kritisierte Verhalten haben?
- Welche Bedeutung hat das kritisierte Verhalten im Kontext des Gesamtverhaltens und der Gesamtleistung des Mitarbeiters? Wie kann das Kritikgespräch in einen Rahmen gesetzt werden, der die Gesamtleistung des Mitarbeiters gleichwohl würdigt?
- Wie steht die Führungskraft gegenwärtig zum Mitarbeiter insgesamt?

Beeinflussen andere Vorfälle ihre Sicht auf den Kritikpunkt (mildernd oder verschärfend)?
- Gibt es einen Eigenanteil der Führungskraft an der problematischen Situation? (Zum Beispiel Zulassen von Rückdelegation und gleichzeitiges Kritisieren mangelnder Selbstständigkeit)

GERADE IM RAHMEN DES KRITIKGESPRÄCHS IST ES WICHTIG, DASS SIE DEN MITARBEITER IM VORFELD ÜBER DEN GENAUEN GESPRÄCHSANLASS INFORMIEREN.

Auf diese Weise geben Sie dem Mitarbeiter die Gelegenheit, sich auf die für ihn heikle Situation vorzubereiten; die Möglichkeit der Vorbereitung nehmen Sie als Vorgesetzter ebenso für sich selbst in Anspruch und so ist die frühzeitige Ankündigung nicht zuletzt ein Zeichen von Partnerschaftlichkeit und Fairness. Bei der Ankündigung des Gesprächs kommt es darauf an, Tonfall und Formulierung so zu wählen, dass der Mitarbeiter keine unnötigen Befürchtungen hegt.

Der Mitarbeiter muss Gelegenheit haben, sich auf die für ihn heikle Situation vorzubereiten

„In der gestrigen Projektpräsentation vor dem Lenkungsausschuss konnten Sie einige wichtige Fragen nicht beantworten. Ich würde mit Ihnen gerne über diese Angelegenheit sprechen, um zu klären, an welchen Punkten das Projekt zur Zeit Probleme macht. Denn wir sollten die Irritation, die die Teilnehmer geäußert haben, so schnell wie möglich bereinigen. Können wir uns morgen vormittag treffen?"

Ein vorbereiteter Mitarbeiter wird in der Regel weniger zu emotionalen Spontanreaktionen und zu Rechtfertigungen neigen, sondern vermutlich schon vor dem Gespräch über Lösungsideen nachdenken. In jedem Falle hebt eine beiderseitige Vorbereitung das Gesprächsniveau (auf Kosten des zweifelhaften „Überraschungseffektes", der einen autoritären Führungsstil kennzeichnet). Die Chancen für einer konstruktive Veränderung der Situation wachsen.

Wenn beide Seiten vorbereitet sind, wachsen die Chancen für eine konstruktive Veränderung der Situation

5.2.4 Hinweise für konstruktive Kritikgespräche

- Üben Sie Kritik aus einer UNTERSTÜTZENDEN HALTUNG heraus. Kritik soll helfen.
- Führen Sie das Kritikgespräch MÖGLICHST BALD NACH DEM BETREFFENDEN VORFALL.
- Führen Sie ein Kritikgespräch AUSSCHLIESSLICH UNTER VIER AUGEN.
- Planen Sie HINREICHEND ZEIT EIN, denn die Ursachenforschung könnte zu gravierenderen Gesprächsthemen führen (Beispiel: familiäre Probleme als Ursache für unkonzentriertes Arbeiten).

- Benutzen Sie eine BESCHREIBENDE SPRACHE, und seien Sie zurückhaltend mit Bewertungen.
- Kritisieren Sie nur Verhaltensweisen, die der Gesprächspartner auch ÄNDERN kann.
- Wählen Sie das Maß und den Stil Ihrer Kritik so, dass der andere sie VERARBEITEN KANN. Kritikpunkte begrenzen.
- Wärmen Sie KEINE ALTEN FEHLER auf.
- Seien Sie bereit einzugestehen, DASS SIE SICH GEIRRT HABEN, wenn neue Fakten auftreten oder sichtbar wird, dass der Vorfall auch anders bewertet werden kann. (Siehe auch die Zusammenstellung von Wahrnehmungstendenzen und Beurteilungsfehlern in Kap. 8.5.)
- Das Wichtigste am Kritikgespräch ist die GEMEINSAME SUCHE NACH LÖSUNGEN. Am besten, Ihr Mitarbeiter hat die Lösungsidee selbst; fragen Sie ihn nach konstruktiven Alternativen.
- TRENNEN SIE PERSON UND VERHALTEN. Das Verhalten kann kritisiert werden; als Person sollte sich Ihr Mitarbeiter weiterhin Ihrer Wertschätzung sicher sein.
- Es besteht keine Notwendigkeit, die Thematik im Gespräch abschließend zu behandeln. Zeigt sich, dass die Sache komplizierter ist als zunächst angenommen, oder tauchen neue Fakten auf, können Sie sich und Ihrem Gesprächspartner BEDENKZEIT EINRÄUMEN und einen neuen Gesprächstermin vereinbaren. Der Wegfall von Zeit- und Ergebnisdruck entspannt die Situation und wird die Lösungsfindung letztendlich beschleunigen.
- GEHEN SIE ERST DANN ZUR LÖSUNGSSUCHE ÜBER, WENN ÜBEREINSTIMMUNG IN DER BEWERTUNG DER SITUATION HERGESTELLT IST. Ohne Einsicht in das Problem wird der Mitarbeiter auch die beste Lösung nicht überzeugt mittragen.

5.2.5   Gesprächsablauf

Kontaktphase

- Positives Klima herstellen
- Jedoch auf Smalltalk (z.B. Frage nach der Familie oder dem geplanten Urlaub) verzichten; das ernste Thema ist bekannt, und die Situation lässt sich am besten entlasten, indem man direkt zur Sache kommt.

Klärung der Themen, der Gesprächsziele und des Zeitrahmens

- Den Gesprächsanlass nennen
- Nach Vorschlag der Gesprächsdauer Zielvorstellung formulieren; hier besonders die Lösungsabsicht positiv betonen.

Themenbearbeitung

1. DARSTELLUNG DES SACHVERHALTS AUS DER SICHT DES VORGESETZTEN auf der Grundlage der Regeln für erweiterte Ich-Aussagen und Rückmeldungen (s. o. Teil II, Kap. 5.4, 5.5):
   - Beschreibung des Verhaltens
   - Beschreibung der Auswirkungen, die das Verhalten auf die Führungskraft hatte (Bedeutung des Verhaltens für die Führungskraft, Empfindungen)
   - Konsequenzen, die das Verhalten für andere Personen hatte bzw. noch haben könnte (z.B. Mehrarbeit, Behinderungen im Arbeitsvorgang)
   - Formulierung des Änderunganliegens
2. STELLUNGNAHME DES MITARBEITERS – wie stellt sich der Vorfall/das Verhalten aus seiner Sicht dar?
3. VERGLEICH DER WAHRNEHMUNGEN des Vorgesetzten und des Mitarbeiters; Klärung von Unterschieden und möglicherweise von Missverständnissen; Herstellung einer im Wesentlichen übereinstimmenden Situationseinschätzung
4. SONDIERUNG MÖGLICHER URSACHEN, die zu dem Vorfall/dem Verhalten geführt haben
5. FRAGE AN DEN MITARBEITER NACH LÖSUNGSALTERNATIVEN (z.B.: *„Welche Möglichkeiten sehen Sie zu verhindern, dass dieser Fehler nochmals auftritt?"*)
6. GEMEINSAME LÖSUNGSSUCHE
7. Klärung, inwieweit bei der Lösung HILFESTELLUNG vom Vorgesetzten oder von anderen Personen nötig ist
8. Konkretes UNTERSTÜTZUNGSANGEBOT des Vorgesetzten
9. Treffen von VEREINBARUNGEN mit Verantwortlichkeiten und Terminierung; insbesondere Vereinbarung über den RÜCKMELDEZYKLUS, damit Führungskraft und Mitarbeiter darüber im Gespräch bleiben, ob sich die erarbeitete Lösung realisieren lässt.

Zusammenfassung des Gesprächsergebnisses

- Wichtigkeit betonen, die die Klärung der verschiedenen Sichtweisen hatte
- Gegebenenfalls Dank für die Offenheit aussprechen, mit der der Mitarbeiter über sich selbst und die Hintergründe der Situation berichtet hat

Positives Gesprächsende

- Zuversicht äußern, dass die besprochenen Änderungsmaßnahmen zum gewünschten Ergebnis führen werden

5.2.6   Nach dem Gespräch

Wie entwickelt sich die Situation nach dem Gespräch?

Der Vorgesetzte sollte nach dem Gespräch beobachten, wie sich die Situation weiter entwickelt. Ändert der Mitarbeiter sein Verhalten? Ist das Team bereit, etwa entstandene Vorbehalte wieder abzubauen? Tritt keine Verbesserung der Situation ein, sind möglicherweise weitere Gespräche nötig, um das gesetzte Ziel zu erreichen und zu verdeutlichen, dass eine Änderung des gegenwärtigen Zustandes von der Führungskraft unter allen Umständen angestrebt wird (beispielsweise dann, wenn der Mitarbeiter zwar sagt, dass er sein Verhalten ändern möchte, es aber in Wirklichkeit bei einem Lippenbekenntnis bleibt).

Treten nach dem Kritikgespräch die gewünschten Veränderungen ein, sollte die Führungskraft durch Zeichen der Wertschätzung und das Aussprechen von Anerkennung zeigen, dass die Situation bereinigt ist, und zwar „ohne Rückstände".

6 Konfliktbewältigungsgespräche

Das Marketingteam tagt. Der Marketingleiter gibt bekannt, dass die Entscheidung über den Aufbau der neuen Produktlinie endlich gefallen ist: Die Vorstudien und die ersten Prototypen wurden vom Vorstand positiv bewertet; das Budget für die Entwicklung zur Serienreife und der Marketingplan wurden genehmigt.

Die Frage ist jetzt: Wer von den anwesenden Produktmanagern nimmt sich der neuen Produktlinie an und betreut die Markteinführung? Ein jüngerer Kollege, erst vor einem Jahr zum Senior befördert, meldet sich, kaum dass der Marketingleiter die Frage in den Raum gestellt hat: Ihn würde das Projekt reizen, zumal die neue Linie ganz gut zu den bislang von ihm betreuten Produkten passen würde.

Scheinbar völlig überraschend ergreift darauf ein erfahrener Kollege, der sich um die umsatzstärksten (Alt-)Produkte des Hauses kümmert, das Wort und attackiert mit ungewohnter Schärfe den Vorredner: Jener habe sich auch schon das letzte Neuprodukt unter den Nagel gerissen und er sei mit seinen gegenwärtigen Aufgaben gut ausgelastet.

Allen Anwesenden ist sofort klar: Hier ist etwas aufgebrochen, hier bahnt sich eine Auseinandersetzung kraftvoll ihren Weg, die längst fällig war. Die Chemie zwischen den beiden stimmte schon seit langem nicht. Der weitere Verlauf der Diskussion gibt den Befürchtungen Recht. Der jüngere Produktmanager lässt dies nicht auf sich sitzen und weist auf den Erfolg seiner letzten Neueinführung hin; ähnliche Wachstumsraten ließen sich bei den Altprodukten seines Wissens nicht verzeichnen. Die Spitze sitzt. Wortreich geht der Ältere in die Rechtfertigung. Vorwürfe werden laut. Hier werde mit zweierlei Maß gemessen. Und es komme ja auch nicht von ungefähr, dass man an die Hauptumsatzträger des Unternehmens nicht einen Neuling heranlasse. Beide geraten wie Kampfhähne aneinander. Sie unterbrechen sich immer wieder gegenseitig, ihre Stimmen sind laut geworden.

Die zaghaften Schlichtungsversuche des Vorgesetzten misslingen. Mit einem solchen Streit hat er nicht gerechnet. Er fühlt sich überfordert angesichts der Wucht der verletzenden Bemerkungen, die wie Wurfmesser durch den Raum fliegen. Den Frieden in seiner Abteilung sieht er dahinschwinden.

Irgendwann verlässt dann einer der beiden Kontrahenten wutentbrannt den Raum.

Konflikte entstehen überall, wo Menschen zusammenleben und -arbeiten. Individuen oder auch die verschiedenen Gruppen im Unternehmen haben heterogene Zielsetzungen, Bedürfnisse und Werte, sie nehmen die Welt unterschiedlich wahr und kommen zu differierenden Beurteilungen von Situationen; Ressourcen sind oft begrenzt und können nur einmal verteilt werden, es existieren wechselseitige Abhängigkeiten und Erwartungen an den Mitmenschen, die jeweils erfüllt oder zurückgewiesen werden können. Letzteres führt oft zu Enttäuschung oder Zorn. Diese

Konflikte entstehen überall, wo Menschen zusammenleben und -arbeiten

Reaktionen sind normal und fester Bestandteil unserer biologischen Ausstattung.

Konflikte bergen oft sehr viel Energie in sich. Da diese Energie in vielen Fällen – wie auch in dem oben skizzierten – eine destruktive Richtung nimmt, zum Beispiel als Drohung, offener Kampf oder als verhärtete Funkstille zwischen den Parteien, genießen Konflikte vielfach einen schlechten Ruf. Man mag es lieber harmonisch – Friede, Freude, Eierkuchen.

Im Untergrund schwelende und nicht offen ausgetragene Konflikte vergiften die Arbeitsatmosphäre

Doch auch mit der Konfliktvermeidung gehen Risiken einher. Die verdrängte Spannung wandert in den Untergrund unseres Seelenlebens ab und lässt dort Antipathien wachsen. Es gedeihen Fantasien und Spekulationen. Das Entstehen „gestörter" Kommunikationsformen (z.B. Abwehrmechanismen und manipulative Strategien, s. o. Teil II, Kap. 8) wird begünstigt. Der verdrängte Konflikt ist erst recht unkontrollierbar, der Eklat in jedem Augenblick möglich.

MAN IST SICH HEUTE DARÜBER EINIG, DASS KONFLIKTE ETWAS SEHR WERTVOLLES SEIN KÖNNEN. KONFLIKTFÄHIGKEIT IST EIN WICHTIGER BESTANDTEIL DER SOZIALKOMPETENZ UND GEHÖRT IN VIELEN UNTERNEHMEN ZUM KANON DER ANFORDERUNGEN AN DAS MANAGEMENT.

„Der Krieg ist der Vater aller Dinge" – Konflikte können ausgesprochen produktiv sein

Denn Konflikte werfen Fragen auf. Sie schärfen den Blick dafür, wie vielfältig die Möglichkeiten sind, Situationen zu beurteilen. Sie zeigen, wo Probleme gelöst und Entscheidungen getroffen werden müssen, und sie können – wenn sie richtig angegangen werden – Kreativität freisetzen. Entscheidungen, um die man gemeinsam „gerungen" hat, gelten nicht umsonst als gut fundiert und einigermaßen zukunftssicher. – Die Einsicht, dass Konflikte ausgesprochen produktiv sein können, ist dabei nicht neu: Dialektisches Denken basiert seit der Antike auf der Erkenntnis, dass der Widerstreit der Kräfte und Meinungen ein gutes Medium ist, die Wahrheit ans Licht zu bringen und Fortschritt zu generieren.

Konfliktsituationen wie die eingangs angedeutete machen mit einem Schlag deutlich, wie komplex und ernsthaft die grundlegenden Fragestellungen sind, mit denen Mitarbeiter und Führungskräfte in einem Arbeitsbereich konfrontiert sind. Und es gibt kaum einen anderen Weg, Konflikte konstruktiv und dauerhaft zu lösen, als den, sich dieses Knäuls miteinander verwobener Fragestellungen anzunehmen.

Klärende Fragen zum eingangs dargestellten Konfliktbeispiel

Im obigen Fall könnten die zu Grunde liegenden Fragen beispielsweise folgendermaßen lauten:

- Nach welchen Kriterien sollen in dem Marketing-Team neue Aufgaben zugewiesen werden? Teilt die Führungskraft zu? Gibt es einen Konsensprozess unter Maßgabe objektiver Kriterien? Oder kriegt der den Job, der am lautesten „hier" ruft?

- Was muss ein Produktmanager tun, um im Unternehmen Karriere zu machen? Sind die Spielregeln transparent oder geheim – oder herrscht Willkür?
- Werden alte und neue Produkte in gleichem Maße wertgeschätzt?
- Werden alte und neue Mitarbeiter in gleichem Maße wertgeschätzt? (Oder traut man einem älteren Mitarbeiter nicht mehr zu, ein neues Projekt auf die Schiene zu bekommen?)
- Hat der Marketingleiter vielleicht sogar (einen) Lieblingsmitarbeiter und lässt dies die anderen Kollegen spüren?
- Gibt es eine transparente Leistungsbeurteilung und eine Kultur klarer Rückmeldungen, oder bleibt vieles in einem Nebel, der verschiedene Deutungen und fehlgehende Selbsteinschätzungen zulässt?
- Wie stellt sich die Beziehung der Kollegen untereinander dar? Haben die beiden Kontrahenten eine alte Rechnung zu begleichen, die nur sie betrifft, oder ist der Konflikt ein Ausdruck dafür, dass im gesamten Team zur Zeit eine Schräglage (z.B. durch eine Außenseiterproblematik oder Koalitionsbildung) eingetreten ist?
- Als wie effektiv erweist sich der Führungsstil des Vorgesetzten? Plant er seine Interventionen genügend vor oder folgt er den Launen des Augenblicks und sagt, was ihm gerade in den Sinn kommt, ohne über die möglichen Folgen nachzudenken?

Man kann davon ausgehen, dass die Führungskraft im dargestellten Fall mit dem Verlauf der Teamsitzung nicht sehr glücklich ist und sich fragt, ob sie für die Klärung, wer die neue Produktlinie übernimmt, nicht lieber einen anderen Zeitpunkt und ein anderes Forum hätte wählen sollen. Vielleicht wären Einzelgespräche zur Sondierung und Abstimmung mit den für die Betreuung in Frage kommenden Produktmanagern die bessere Variante gewesen. Aber geschehen ist geschehen. Jetzt muss die Führungskraft mit dem aufgebrochenen Konflikt, so wie er sich nun einmal entwickelt hat, umgehen. Handelt sie nicht, laufen sie und die betroffenen Mitarbeiter Gefahr – und mit ihnen der gesamte Arbeitsbereich –, noch tiefer in die Dynamik unkontrollierter Konflikte hineinzurutschen.

Dramaturgie unkontrollierten Konfliktgeschehens
(nach Doppler/Lauterburg 1995)

1. Die Diskussion
- Im Zentrum steht die Sachfrage.
- Das Problem ist nicht „auffällig" (in der Vergangenheit ist man mit ähnlichen Themen gut klargekommen).

In welchen Eskalationsstufen entwickeln sich Konflikte?

2. Die Überlagerung

- Argumente werden nicht „geglaubt".
- Man unterstellt sich gegenseitig Eigennutz, Taktik und Unaufrichtigkeit.
- Personen-, Beziehungs- und Wertfragen kommen ins Spiel.
- Die Konfliktparteien sind zusehends emotionalisiert.

3. Die Eskalation

- Wut und Empörung stellen sich ein.
- Verbündete werden gesucht.
- Den Worten folgen Taten; der Kampf mit dem Ziel, den Konfliktgegner zu besiegen, hat begonnen.
- Die Logik weicht irrationalen Aktionen.
- Die Wahrnehmung ist selektiv und verzerrt: Es wird nur noch das registriert, was bestehende Vorurteile bestätigt.

4. Die Verhärtung

- Eine der Parteien hat gesiegt, oder es ist eine Pattsituation entstanden.
- Man hat gelernt, mit der Situation umzugehen.
- Aus dem „heißen" Konflikt ist ein „kalter" Konflikt geworden: Das Engagement im Konflikt hat nachgelassen, aber ...
  ... man spricht nicht miteinander und geht sich aus dem Weg,
  ... die Kooperation bleibt auf der Strecke,
  ... das Konfliktpotenzial ist nach wie vor vorhanden; der Konflikt kann jederzeit wieder aufbrechen.

Im oben skizzierten Fall ist der Konflikt direkt in die zweite Phase der „Überlagerung" gesprungen. Die Kompetenz des jeweils anderen wird nicht mehr akzeptiert. Nebenkriegsschauplätze werden aufgemacht, indem alte Vorfälle aufgewärmt werden, anstatt im Detail über die neue Produktlinie zu sprechen. Und: Niemand stellt dem anderen mehr Fragen. Man ist allein damit beschäftigt, der Legitimität der eigenen Position Gehör zu verschaffen. Zur Eskalation ist es von hier aus nur noch ein kleiner Schritt.

Fünf Arten des Umgangs mit Konflikten

Fünf Konfliktstile Was tun? Grundsätzlich lassen sich fünf Arten des Umgangs mit Konflikten – sie werden auch Konfliktstile genannt – unterscheiden:

- **Kämpfen**
Man möchte um jeden Preis gewinnen, den Gegner niederringen. Die eigenen Interessen sollen so weit wie möglich durchgesetzt werden. Es

wird also einen Gewinner und einen Verlierer geben. Dies ist einkalkuliert.

Es kann nur einen Gewinner geben

- **Anpassung, Unterwerfung, Harmonisierung**

Man gibt nach um des lieben Friedens willen. Vielleicht glätten sich die Wogen wieder von allein; vielleicht kommt ein günstigerer Zeitpunkt, die eigenen Interessen ins Spiel zu bringen. Man ist bereit zu verlieren, um Beziehungen nicht zu gefährden.

Man gibt nach um des lieben Friedens willen

- **Vermeidung und Verdrängung**

Auch dies ist eine Verliererstrategie. Der Konflikt wird nicht wahrgenommen bzw. ausgeblendet. Man verlässt den Kampfplatz – aus Angst vor dem Gegner oder aus Klugheit, um einen günstigeren Zeitpunkt für den eigenen Angriff abzupassen.

Der Konflikt wird nicht wahrgenommen bzw. ausgeblendet

- **Verhandeln und Kompromissbildung**

Man versucht zwischen den entgegengesetzten Positionen zu vermitteln, indem man sich „auf halbem Wege" entgegenkommt. Gearbeitet wird auf der Grundlage der bekannten Argumente. Ziel ist es, die Sache schnell vom Tisch zu bekommen und ein für beide Seiten tragfähiges Ergebnis zu erzielen. Es könnte aber passieren, dass dabei ein „fauler Kompromiss" herauskommt. – Keine der beiden Parteien gewinnt wirklich.

Man kommt sich auf halbem Wege entgegen

- **Zusammenarbeit und Problemlösung**

Man wendet sich ernsthaft den Interessen des Konfliktpartners zu, ohne dabei die eigenen Zielsetzungen zu verleugnen. Es wird angestrebt, eine Lösung zu erarbeiten, die beide Seiten auf die bestmögliche Weise zufrieden stellt. Dieses Vorgehen nennt man auch die „Jeder-gewinnt-Methode" (siehe Gordon 1990). Die Beteiligten engagieren sich in starkem Maße. Das Ergebnis kann eine Lösung sein, die kreativer ist und weiter reicht als die ursprünglich verfolgten Einzelziele. Doch eine Erfolgsgarantie gibt es nicht; denn keine der Parteien weiß vorher, ob der Atem zur Erarbeitung der Lösung lang genug sein wird und ob tatsächlich neuartige Ideen entstehen.

Jeder-gewinnt-Methode

Der Stil offenen oder verdeckten Kampfes ist in Unternehmen durchaus häufig anzutreffen. Er entspringt einem informellen Wertsystem, in dem es darum geht, Wettbewerbsunternehmen zu „besiegen" oder in der internen Konkurrenz um die karriereträchtigsten Positionen die Nase vorn zu haben – wobei man nach außen durchaus die Fassade zeitgemäßer Partnerschaftlichkeit aufrechterhält.

Der Kampf verschleißt Kräfte: Statt mit Sachfragen und mit Kunden befasst man sich mit Personalien, mikropolitischer Strategiebildung, Angriffs- und Verteidigungsaktionen. Das Arbeitsklima leidet. Kollegen

Der Kampf verschleißt Kräfte

sollen auf die eine oder andere Seite gezogen werden und stehen unter permanentem Diplomatiezwang, wenn sie nicht zwischen die Fronten geraten wollen.

PRODUKTIV NUTZEN LASSEN SICH KONFLIKTE DAGEGEN, WENN SIE DURCH ZUSAMMENARBEIT UND PROBLEMLÖSUNG BEREINIGT WERDEN.

Überfällige Fragestellungen kommen auf diese Weise auf die Tagesordnung, alte Zöpfe können abgeschnitten werden; lieb gewordene Gewohnheiten und alte Denkweisen können überprüft werden.

Kein Porzellan zerschlagen: Konflikte nicht eskalieren lassen, sondern möglichst frühzeitig in eine konstruktive Auseinandersetzung überleiten

Erfahrungsgemäß können Konflikte am besten problemlösend bearbeitet werden, wenn noch kein Porzellan zerschlagen worden ist, das heißt, wenn noch keine persönlichen Verletzungen und Abwertungen im Raum stehen. Gerade in der ersten Konfliktphase, der Diskussion, kommt es daher darauf an, sensibel wahrzunehmen, wenn Emotionen aufzuwallen beginnen, wenn das eigentliche Thema verlassen wird und wenn „Gesprächsregeln" verletzt werden. Je eher man diese Warnzeichen registriert, desto frühzeitiger kann man intervenieren und die konstruktive Auseinandersetzung mit dem Konflikt einleiten, bevor Überlagerung und Eskalation eintreten.

Die Grafik in Abb. 6.1 zeigt solche konkret wahrnehmbaren Warnzeichen im Gespräch in Form einer ESKALATIONSSPIRALE. Das untere schraffierte Feld gibt sozusagen den akzeptablen Bereich engagierter Diskussion wieder, in dem Interventionen nicht notwendig sind. Sobald die Kontrahenten beginnen, sich gegenseitig zu unterbrechen und die Gesprächsbeiträge zu lang werden, wird dagegen die aktive Steuerung des Gesprächs notwendig.

Der Beispielfall

Mögliche Alternativen im Beispielfall

Vielleicht hätte es für die Führungskraft im Beispielfall die Chance gegeben, gleich zu Beginn auf den Disput zwischen den Produktmanagern moderierend einzuwirken, indem sie
- Beiträge wiederholt zur Verständnissicherung,
- Fragen stellt,
- das Gespräch immer wieder zur aktuellen Sachfrage zurückführt,
- andere Sitzungsteilnehmer in neutraler Form mit in den Gesprächsprozess einbezieht und um ihre Meinung bittet,
- darauf besteht, dass Gesprächsregeln eingehalten werden (z.B. ausreden lassen – kurze Beiträge),
- die klimatische Störung offen anspricht und die Bearbeitung anbietet,
- persönliche Angriffe und Abwertungen klar missbilligt.

Aber der Konflikt schwelt in unserem Fall nun einmal vorerst weiter.

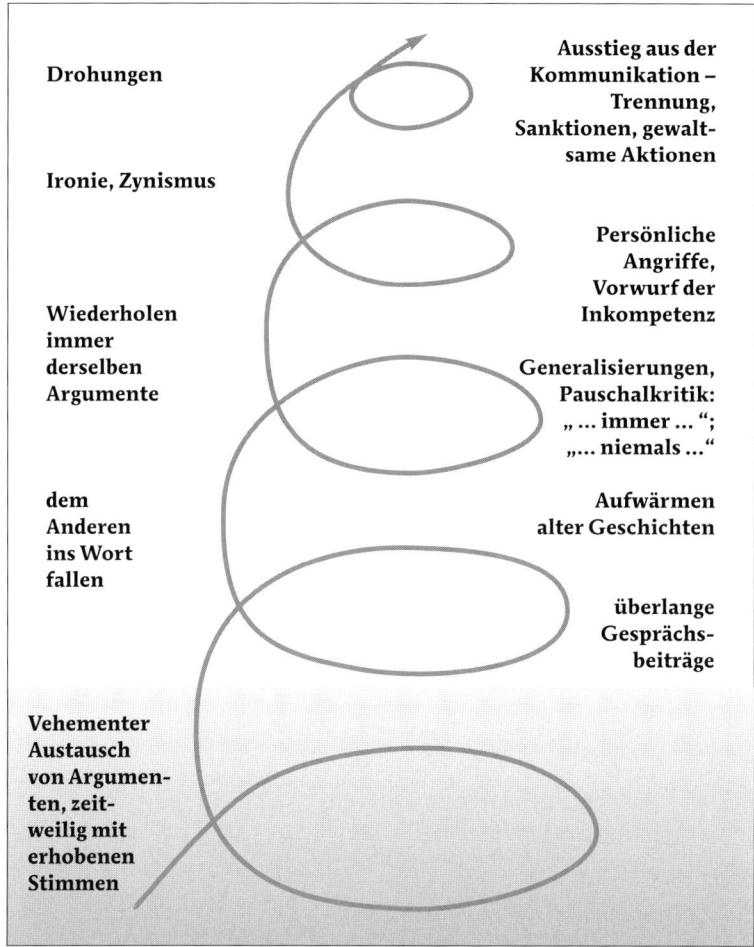

Drohungen

Ausstieg aus der
Kommunikation –
Trennung,
Sanktionen, gewalt-
same Aktionen

Ironie, Zynismus

Persönliche
Angriffe,
Vorwurf der
Inkompetenz

Wiederholen
immer
derselben
Argumente

Generalisierungen,
Pauschalkritik:
„ ... immer ... “;
„... niemals ...“

dem
Anderen
ins Wort
fallen

Aufwärmen
alter Geschichten

überlange
Gesprächs-
beiträge

Vehementer
Austausch
von Argumen-
ten, zeit-
weilig mit
erhobenen
Stimmen

Abb. 6.1: Eskalationsspirale im Konfliktgespräch

Zwei grundsätzliche Verlaufsalternativen sind nun möglich. Entweder der Vorgesetzte ist selbst Konfliktpartei, wenn sich nämlich die Spannungen auch direkt gegen ihn richten, oder der Vorgesetzte bleibt selbst außen vor, ist aber möglicherweise als externer Konfliktbegleiter gefragt.

6.1 Der Vorgesetzte als Konfliktbeteiligter

Das Szenario – erste Alternative zur Fortschreibung des Beispielfalls vom Kapitelbeginn:

Nach der misslungenen Teamsitzung hat der Vorgesetzte verschiedentlich deutlich gemacht, dass er eine Einigung über die Übernahme der neuen Produktlinie nach wie vor im konsensorientierten Teamprozess herbeiführen

Das Szenario

möchte. Der ältere der beiden opponierenden Produktmanager will dieses Procedere jedoch nicht akzeptieren. Über das bisherige Vorgehen des Vorgesetzten ist er ärgerlich. Er selbst ist stark daran interessiert, die herausfordernde Aufgabe zu übernehmen; er befürchtet aber, dass die Mehrheit des Teams sich hinter den jüngeren Kollegen stellen wird, da jener seiner Meinung nach über das bessere Netzwerk privater Beziehungen im Kreis der Kollegen verfüge.

Der erfahrene Produktmanager hat den Vorgesetzten um ein Gespräch gebeten, um diesen von seiner Sichtweise zu überzeugen.

Der Vorgesetzte hätte nun die Möglichkeit, AUTORITÄR ZU ENTSCHEIDEN und das Diskussionsanliegen seines Mitabeiters kurzerhand zurückzuweisen. VON DIESER MÖGLICHKEIT IST ABZURATEN. Folgewirkungen wie die weitere Eskalation des Konflikts oder die innere Kündigung des Mitarbeiters angesichts des schwer wiegenden Dissenses sind möglich und in ihrer Tragweite kaum prognostizierbar.

Die Führungskraft sollte ihre Hintergrundkenntnis erweitern

Die Komplexität eventueller tiefer liegender Probleme in der Abteilung wird zudem von der Führungskraft möglicherweise nicht überschaut, und so tut sie gut daran, jede Möglichkeit zu nutzen, neue Informationen zu gewinnen, den eigenen Standpunkt kritisch zu überprüfen und gegebenenfalls zu modifizieren.

Für den Beispielfall sei daher angenommen: Die Führungskraft geht auf die Bitte des Mitarbeiters um ein klärendes Gespräch ein.

6.1.1   Zielsetzungen des Konfliktgesprächs

- Die Sichtweise des Mitarbeiters und tiefer liegende Konfliktursachen kennen lernen
- Verständnis für die Sichtweise des Kollegen zum Ausdruck bringen
- Die eigene Sichtweise und deren Hintergründe verdeutlichen
- Gemeinsam neue Handlungsmöglichkeiten erarbeiten und bewerten
- Das Fortbestehen der bislang emotional positiven Arbeitsbeziehung sichern

6.1.2   Die Situation aus der Sicht des Mitarbeiters

Die emotionale Belastung von in Konfliktsituationen befindlichen Mitarbeitern kann kaum überschätzt werden

Die emotionale Belastung eines Mitarbeiters, der sich in einer derartigen Konfliktsituation befindet, kann kaum überschätzt werden. Jenem geht es wahrscheinlich nicht nur um die Übernahme einer neuen Aufgabe, sondern für ihn könnte darüber hinaus die grundsätzliche Frage seiner weiteren Unternehmenszugehörigkeit im Raum stehen. Konkret beschäftigen ihn im Beispielfall vermutlich folgende Themen:

Was bewegt den Mitarbeiter?

- Welche Perspektive hat er im Unternehmen (noch)?
- Wird er dem alten Eisen zugerechnet oder gilt er noch etwas?
- Sollte er sich einen neuen Arbeitgeber suchen?

- Nimmt ihm der Vorgesetzte seinen lautstarken Auftritt während der Sitzung übel?
- Auf welcher Seite steht der Vorgesetzte? Hegt er besondere Sympathien?
- Wie wird sich die Beziehung zwischen ihm und dem jüngeren Kollegen weiterentwickeln?
- Wie lässt sich die Situation sachlich lösen? Lässt sich der Vorgesetzte überzeugen? Warum sucht jener eine Lösung durch das Team?
- Wie kann er gegenüber dem Vorgesetzten und den anderen Teamkollegen sein Gesicht wahren?

6.1.3 Gesprächsvorbereitung

Gerade weil der Verlauf des Konflikts grundsätzlich über die künftige Zusammenarbeit entscheiden kann, ist es wichtig, das Konfliktgespräch sorgfältig vorzubereiten. Die Vorbereitung des Vorgesetzten sollte folgende Punkte umfassen:

Daran sollte der Vorgesetzte denken

- Vergegenwärtigen der Fakten
- Bildung von „Arbeitshypothesen" zu möglichen Konfliktursachen
- Klärung des eigenen Konflikterlebens, Bewusstmachen der eigenen Emotionen
- Sich hineinversetzen in den Mitarbeiter: Wie erlebt er vermutlich den Konflikt?
- Überlegen von Maßnahmen/Rückmeldungen, die helfen, das Selbstwertgefühl des Mitarbeiters zu steigern
- Sich mit der Historie des Konfliktes beschäftigen: bisheriger Verlauf, was wurde schon unternommen, um den Konflikt zu bereinigen?
- Suchen neuer Lösungsmöglichkeiten.

6.1.4 Hinweise für das Führen von Konfliktgesprächen

- Nehmen Sie sich GENÜGEND ZEIT für das Gespräch. Konfliktlösungen kann man nicht über das Knie brechen. Schließen Sie Störungen aus und sorgen Sie für eine ENTSPANNTE ATMOSPHÄRE.
- Räumen Sie Ihrem GESPRÄCHSPARTNER HOHE REDEANTEILE ein, damit Sie seinen Standpunkt genau verstehen können.
- Fragen Sie Ihren Gesprächspartner danach, welche BEDEUTUNG der Konflikt für ihn hat und welche EMOTIONEN er bei ihm auslöst.
- Fixieren Sie sich nicht auf Positionen, sondern versuchen Sie DIE TIEFER LIEGENDEN INTERESSEN IHRES GESPRÄCHSPARTNERS zu erkunden. Hier liegt oft der Schlüssel für eine tragfähige Lösung verborgen, da Sie mit der Kenntnis der Hintergründe möglicherweise im Laufe des Gesprächs Optionen anbieten können, die nicht der Aus-

gangsposition Ihres Konfliktpartners entsprechen, aber seinen grundlegenden Bedürfnissen entgegenkommem (z.B. dem Wunsch nach größerer beruflicher Herausforderung ... oder nach Entlastung, nach eigenständigem Arbeiten, Karrieremöglichkeiten, finanziellem Zugewinn.) Diese tiefer liegenden Interessen fußen oft auf den Karriereankern (s.o. Kap. 4.3).

- Zeigen Sie Zuwendung und Verständnis durch **Aktives Zuhören, Paraphrasieren** und **Spiegeln** (s.o. Teil II, Kap. 5.1).
- Formulieren Sie Ihren eigenen Standpunkt mit **neutralen, beschreibenden Formulierungen.** Sagen Sie Ihre Meinung offen und sprechen Sie auch unangenehme Dinge – in wertschätzender Form – aus. Dies schafft Klarheit und erhöht Ihre Glaubwürdigkeit.
- Seien Sie **freigebig mit Informationen.**
- Unterstützen Sie die Nachvollziehbarkeit Ihrer Gedankengänge, indem Sie **Ihre Beiträge klar strukturieren.** (*„Ich höre aus Ihrem Einwand zwei Kritikpunkte heraus, nämlich erstens ... und zweitens ... Ich möchte zunächst auf den ersten Punkt eingehen."*)
- **Legen Sie Ihre Interessen und Ziele offen.** Auf diese Weise kann Ihr Gesprächspartner Sie besser einschätzen und findet weniger Raum für Spekulationen und Befürchtungen.
- **Betonen Sie Gemeinsamkeiten,** bevor Sie auf das Trennende zu sprechen kommen.
- Drücken Sie Ihre eigenen Gefühle in Form von **Ich-Botschaften** aus, um Ihr Gegenüber nicht zu verletzen.
- Halten Sie **Ihre Stimme und Ihre Atmung entspannt und ruhig,** damit das Gespräch emotional nicht zusätzlich aufgeladen wird.
- Bleiben Sie ruhig und sachlich, wenn Ihr Gesprächspartner Sie angreift.
- Zeigen Sie, dass Sie bereit sind, sich zu bewegen. **Gehen Sie einen ersten Schritt auf Ihren Gesprächspartner zu,** wenn Sie festgefahrene Situationen wieder in Fluss bringen wollen.
- Treten neue Fakten auf oder mangelt es an Gesprächsimpulsen, gönnen Sie sich und Ihrem Gesprächspartner eine **Denkpause. Vereinbaren Sie einen neuen Termin.** Der Konflikt muss nicht im ersten Gespräch gelöst werden.
- Für die problemorientierte Lösung des Konflikts kann das **Problemlöseschema** (s.o. Teil II, Kap. 4.2.3) angewandt werden. Auch hier gilt: Erst dann nach Lösungen suchen, wenn Einigkeit über die Problembeschreibung herrscht, um nicht aneinander vorbeizureden; mit der Bewertung der Lösungsmöglichkeiten warten, bis mehrere Alternativen auf dem Tisch liegen.
- Vereinbaren Sie nicht nur sachliche Lösungsmaßnahmen, sondern auch „**Spielregeln**", mit deren Hilfe sich das Wiederauftreten des Konflikts vermeiden lässt.

6.1.5 Gesprächsablauf

Kontaktphase

- Positives Klima herstellen
- Dank dafür zum Ausdruck bringen, dass der Mitarbeiter das Gespräch initiiert hat, um bei diesem wichtigen Thema eine Klärung herbeizuführen (bei Initiative des Vorgesetzten für die Dialogbereitschaft des Mitarbeiters danken)
- Wegen des spannungsgeladenen Anlasses auf Smalltalk verzichten

Klärung der Themen, der Gesprächsziele und des Zeitrahmens

- Konfliktthema kurz umreißen
- Mitarbeiter nach seiner Zielsetzung fragen
- Eigene Zielsetzung offen legen; geht es Ihnen darum,
  ... die Meinung Ihres Gesprächpartners kennen zu lernen,
  ... Meinungen auszutauschen,
  ... Lösungsmöglichkeiten zu sondieren oder
  ... eine Klärung in diesem Gespräch herbeizuführen?
- Möglichst Konsens über den Zielrahmen herstellen – aber nicht insistieren

Themenbearbeitung

1. Darstellung der Konfliktsituation aus der SICHT DES MITARBEITERS (unterstützt durch Nachfragen des Vorgesetzten); zu betrachtende Konfliktebenen:
   - Sachliche Argumentation der eigenen Position
   - Hat der Konflikt eine Vorgeschichte? Wenn ja, welche?
   - Ergeben sich aktuelle Konsequenzen aus dem Konflikt (wie belastetes Arbeitsklima, Auswirkungen auf anstehende Problemlösungen)?
   - Wie geht es dem Mitarbeiter mit dem Konflikt (emotionale Auswirkungen, Auswirkungen auf das Arbeitsverhalten)?
   - Welche Interessen liegen den Positionen zu Grunde; etwa im hier angeführten Beispiel: Warum ist dem Produktmanager die Übernahme der neuen Produklinie so wichtig: Weil ihn die Aufgabe reizt? Weil er sich als fachlich besonders qualifiziert einschätzt? Weil er auf Beförderung/besseres Einkommen hofft? Aus Senioritätsgründen, d.h., weil er als Älterer zuerst gefragt werden möchte?
   - Hat der Mitarbeiter Ideen für eine mögliche Lösung?
2. Darstellung der Konfliktsituation aus der SICHT DES VORGESETZTEN (den Mitarbeiter zu Nachfragen einladen)
   - Sachliche Argumentation der eigenen Position

- Persönliche Wahrnehmung der Vorgeschichte
- Faktische Konsequenzen aus dem Konflikt
- Emotionales Erleben des Vorgesetzten
- Interessen, die der eigenen Position zu Grunde liegen; etwa im hier angeführten Beispiel: Ziel, eine Lösung im Hinblick auf die Übernahme der neuen Produktlinie zu finden, mit der alle Mitarbeiter leben können; Wunsch, auf die Ausübung von Macht zu verzichten; dem Bedürfnis der Führungsspitze Rechnung tragen, dass die Übernahme wichtiger Aufgaben objektiven und transparenten Kriterien folgt

3. PERSPEKTIVEN EINER MÖGLICHEN LÖSUNG besprechen auf der Basis der beiderseits geäußerten Interessenlagen
   - Welches sind gemeinsame Interessen?
   - Was ist das Trennende, das überbrückt werden muss?
   - Gibt es andere Personen, die in die Lösungsfindung integriert werden sollten?
4. BESPRECHEN KONKRETER LÖSUNGSIDEEN mit Bewertung vor dem Hintergrund der Gesamtsituation (Ist die Lösung auch für andere Personen/Bereiche tragbar?)
5. VEREINBARUNGEN treffen

Nicht alle diese Aspekte müssen im Rahmen jeder Konfliktbearbeitung behandelt werden. Das Vorgehen wurde auf der Folie des hier beschriebenen Beispielfalls dargestellt und muss jeweils im Hinblick auf das konkrete Thema modifiziert bzw. ergänzt werden.

Zusammenfassung des Gesprächsergebnisses

- Wichtigkeit des Gesprächsergebnisses betonen, auch wenn noch nicht die letztendliche Lösung möglich war – warum war der Gedankenaustausch, die Sondierung von Lösungsmöglichkeiten oder die offene Aussprache über die Verschiedenheit der Ansichten wichtig?
- Gegebenenfalls weiteres Vorgehen oder neuen Gesprächstermin vereinbaren.

Positives Gesprächsende

- Gespräch als guten Schritt auf dem Weg zu einer nachhaltigen Lösung des Konflikts hervorheben (da jedes Gespräch die Situation verändert).

6.1.6   Nach dem Gespräch

Nehmen wir an, das Ergebnis sei im Beispielfall das folgende:
Im Konfliktgespräch hat sich herausgestellt, dass der Mitarbeiter die Routine, die die langjährige Betreuung einer – wenn auch sehr wichtigen – Pro-

duktlinie mit sich bringt, beenden möchte. Er möchte gerne eine neue Auf-
gabe übernehmen; es muss aber nicht unbedingt die neu zu vergebende Linie
sein. Er und der Vorgesetzte einigen sich darauf, dass hierüber wie vorgese-
hen aus Transparenzgründen im Team entschieden wird.

Auf jeden Fall wird es aber im Laufe der nächsten Monate für den Mitar-
beiter einen Aufgabenwechsel geben. Infolge aktueller Umstrukturierungen
gibt es zurzeit mehrere herausfordernde Alternativen. – Seine Zusage kann
der Vorgesetzte direkt mit hoher Sicherheit geben, da er in diesem Bereich die
Entscheidungskompetenz besitzt und seitens des Topmanagements Rücken-
deckung genießt. (Eine offizielle Absegnung ist gleichwohl selbstverständlich
erforderlich.)

Vor dem Aufgabenwechsel, so der Konsens, muss die Einarbeitung eines
anderen qualifizierten Kollegen in den bisherigen Aufgabenbereich sicherge-
stellt werden. Im Hinblick auf die Thematik der vom Mitarbeiter wahrge-
nommenen Cliquenbildung in der Abteilung kommen beide zu dem Ergebnis,
dass es sinnvoll sei, die Frage der Zusammenarbeit offen im Team zu diskutie-
ren. Hierzu wird sich der Vorgesetzte mit der Abteilung Personalentwicklung
in Verbindung setzen, um sich zu informieren, wie man eine professionelle
Analyse und Entwicklung der Kooperation im Team – unter Umständen mit
externer Hilfe – gestalten könnte. Der Vorgesetzte wird dem Mitarbeiter im
Laufe der kommenden Woche hierzu eine Rückmeldung geben und das Thema
in die nächste Teamsitzung hineintragen.

Der Vorgesetzte sollte nach dem Gespräch seine Wahrnehmung intensiv darauf richten, wie sich die Stimmungslage des Mitarbeiters entwickelt. Das Verhalten, das dieser an den Tag legt (Äußerungen, Körpersprache, Kooperationsverhalten), kann Rückschlüsse darauf zulassen, ob Entspannung eintritt oder der Konflikt weiterhin auf die Eskalation bzw. Verhärtung zusteuert. Auf der Basis dieser Wahrnehmungen sind weitere Schritte planbar. Der Vorgesetzte sollte mit seinem Konfliktpartner im Gespräch bleiben und ihn auf dem Laufenden über Neuigkeiten halten, um Fantasien und Befürchtungen vorzubeugen. Ist der Konflikt bereinigt, sollte er möglichst rasch zur Normalität der bisherigen positiven Arbeitsbeziehung zurückfinden und den Blick wieder auf die aktuell anstehenden gemeinsamen Projekte richten.

Wie entwickelt sich
die Stimmungslage
des Mitarbeiters?

6.2   Der Vorgesetzte als unparteiischer Konfliktbegleiter

Das Szenario – zweite Alternative zur Fortschreibung des Beispielfalls vom Kapitelbeginn:

Wieder befinden wir uns in der Zeit nach der misslungenen Teamsitzung.
Angenommen sei nun, die Sache habe sich so entwickelt, dass der Vorgesetzte

Das Szenario

nicht mehr im Mittelpunkt des Konflikts steht: Verschiedentlich hat der Vorgesetzte deutlich gemacht, dass er es für einen richtigen Weg hält, die Entscheidung über die Betreuung der neuen Produktlinie im Team herbeizuführen. Er hat betont, dass es bei der Klärung auch darum gehen kann, bestehende Zuständigkeiten zu hinterfragen, um eine in etwa gleichmäßige Belastung der Teammitglieder zu gewährleisten. Dieses Vorgehen wird von allen akzeptiert.

Der jüngere Produktmanager jedoch, der sich spontan um die Übernahme des neuen Produktes bewarb, wendet sich jetzt an den Vorgesetzten, um ihn um Hilfe zu bitten. Der ältere Kollege, mit dem er in der Sitzung aneinander geraten ist, schneide ihn nur noch. Hinter seinem Rücken rede jener – wie er von anderen Kollegen weiß – schlecht über ihn; unter anderem werde ihm krankhafter Ehrgeiz, gepaart mit fachlicher Inkompetenz, vorgeworfen. Diese Anwürfe und diesen Verhaltensstil sei er nicht mehr bereit hinzunehmen. Er bittet den Vorgesetzten, sich der Sache anzunehmen und mit dem älteren Kollegen zu sprechen.

Der Vorgesetzte in der Rolle als externer Konfliktbegleiter

Wird ein Vorgesetzter zur Untertützung der Konfliktbearbeitung hinzugezogen, ohne dass er selbst in in die Auseinandersetzung involviert ist, hängt der nachhaltige Erfolg seiner Aktivitäten wesentlich davon ab, ob es ihm gelingt, folgende Grundhaltung einzunehmen und zu bewahren:

DIE AUFGABE DES EXTERNEN KONFLIKTBEGLEITERS BESTEHT DARIN, DARAUF ZU ACHTEN, DASS SPIELREGELN AUF DEM WEG ZUR KONFLIKT-LÖSUNG EINGEHALTEN WERDEN. DER KONFLIKTBEGLEITER KANN METHODEN ZUR KONFLIKTLÖSUNG EMPFEHLEN. IN DIE INHALTLICHE DISKUSSION DER MEINUNGEN DARF ER SICH JEDOCH NICHT EINMISCHEN. KEINESFALLS DARF ER PARTEI ERGREIFEN.

Durch Autorität herbeigeführte Lösungen wirken, wenn überhaupt, nur kurzzeitig

Für das obige Szenario bedeutet dies zunächst, dass der Vorgesetzte den Konflikt zwischen den Mitarbeitern nicht durch ein „Machtwort" beilegen kann, indem er konkrete Lösungen vorgibt, von den beiden „fordert", sich wieder zu vertragen, oder an ihre Bereitschaft zur Zusammenarbeit „appelliert". Durch Autorität herbeigeführte Lösungen wirken, wenn überhaupt, nur kurzzeitig; an der gestörten Beziehung zwischen den Konfliktbeteiligten ändern sie nichts.

Auch wäre der Vorgesetzte nicht gut beraten, wenn er nun etwa zum älteren Mitarbeiter hingehen würde und jenen ersuchen würde, sein Verhalten gegenüber dem jüngeren Kollegen zu ändern. Denn sicherlich stellt sich die Situation aus der Sicht des Älteren anders dar, als der Jüngere sie schilderte.

ZIEL DER KONFLIKTBEGLEITUNGSMASSNAHMEN SOLLTE ES SEIN, DIE BETEILIGTEN DAHIN ZU FÜHREN, DEN KONFLIKT IM DIREKTEN GESPRÄCH MITEINANDER ZU LÖSEN.

Der Vorgesetzte sollte sich die Konfliktsicht des jüngeren Mitarbeiters mit Verständnis und Anteilnahme anhören. Er sollte ihn um seine Lösungsideen bitten und ihn fragen, ob er schon versucht hat, den Konflikt im unmittelbaren Kontakt mit dem älteren Kollegen beizulegen bzw. ob er bereit dazu ist, einen solchen Versuch zu unternehmen. Stimmt der jüngere Kollege diesem Vorgehen zu, kann der Vorgesetzte den Mitarbeiter unterstützen, indem er ihn fragt, ob er schon wisse, auf welche Weise er ein solches Gespräch führen wolle; wenn dem Mitarbeiter das Vorgehen nicht klar ist, kann der Vorgesetzte wichtige Aspekte eines solchen Gespräches mit dem Mitarbeiter durchgehen (s.o.: Verhalten als Konfliktbeteiligter, Bedeutung des aktiven Zuhörens und des Sprechens in Form von Ich-Botschaften). Danach kann er abwarten, was das Gespräch ergibt.

Der Vorgesetzte kann den am Konflikt beteiligten Personen helfen, sich auf ein Konfliktgespräch vorzubereiten

Ist der Mitarbeiter jedoch nicht bereit, direkt mit dem Konfliktpartner zu sprechen, oder ist der Konflikt bereits in eine Phase gelangt (fortgeschrittene Überlagerung, Eskalation), in der ein direktes Gespräch vermutlich entgleisen und dadurch noch mehr Öl ins Feuer gelangen würde, ist der Vorgesetzte gefordert, den Prozess der Konfliktlösung aktiv (mit)zusteuern, um schwer wiegenderern Konsequenzen in seinem Arbeitsbereich vorzubeugen.

Der Vorgesetzte könnte nun im vorliegenden Fall anregen, dass der jüngere Mitarbeiter den älteren Mitarbeiter um ein Gespräch bittet, in dem der Vorgesetzte als Moderator fungiert. Schließt der Mitarbeiter auch diese Variante für sich aus, kann sich der Vorgesetzte dazu bereit erklären, ein Vorgespräch mit dem älteren Kollegen unter vier Augen zu führen, um jenem vom Problem des Jüngeren zu berichten und ihm das moderierte Dreiergespräch vorzuschlagen. Mit diesem „Eröffnungszug" beginnt der Prozess der durch den Vorgesetzten unterstützten Konfliktregelung.

Ist der Konflikt schon fortgeschritten, kann die Führungskraft als Moderator fungieren

Der folgende **PROZESS DER BEGLEITETEN KONFLIKTBEARBEITUNG** lässt sich, wie nachfolgend dargestellt, in sechs Phasen unterteilen:

Prozess der begleiteten Konfliktbearbeitung

Phasenmodell der Konfliktregelung
(nach Doppler/Lauterburg 1995)

Phase 1: Vorbereitung
- Der Vermittler/Konfliktmanager hält Kontakt zu beiden Seiten.
- Er versucht die Geschichte und die Hintergründe des Konflikts aus den Perspektiven beider Seiten zu verstehen.
- Er sondiert die Interessen der Parteien.
- Er schafft die Voraussetzungen für die direkte Kommunikation: Er wirbt für Perspektiven, macht Mut, stellt die Hoffnungslosigkeit der Situation in Frage.

• Er schlägt Spielregeln für die direkte Begegnung der Konfliktparteien vor.

Phase 2: Eröffnung
• Die Parteien setzen sich – endlich – wieder an einen Tisch und sind bereit, miteinander zu reden.
• Die in den Vorgesprächen abgesteckten Rahmenbedingungen werden nochmals bestätigt:
  die Definition der Ausgangslage, das Ziel des Prozesses, die Vorgehensschritte, die Spielregeln, die Rolle des Moderators und die Rolle der Konfliktparteien, der Zeitplan.

Phase 3: Konfrontation
• Die Parteien schildern offen Ihre Sicht der Dinge, ihr persönliches Erleben der Konfliktgeschichte, ihre Emotionen.
• Der Moderator achtet streng auf die Einhaltung der Spielregeln:
  – Die Parteien sprechen nacheinander – ohne Unterbrechung durch die andere Seite.
  – Die Beiträge werden bis zum Ende angehört; danach sind Verständnisfragen möglich.
  – Eine Diskussion der Beiträge findet zunächst nicht statt.

Phase 4: Auswertung
• Wenn die Konfliktparteien sämtliche Fakten, Sichtweisen und Emotionen offen dargelegt haben, werden alle Aspekte des Konflikts sorgfältig gewürdigt:
  – Die Aspekte werden zu Themenkreisen geordnet.
  – Offene Fragen werden geklärt.
  – Neue Erkenntnisse werden festgehalten.
  – Missverständnisse werden aufgeklärt.
  – Es wird offen über alte „Wunden" gesprochen.

Phase 5: Verhandlung
• Die tiefer liegenden Interessen, die sachlichen und emotionalen Anliegen werden auf beiden Seiten freigelegt und priorisiert; dann werden sie ausgetauscht.
• Die Parteien äußern ihre Lösungsideen.
• Die Ideen werden im Hinblick auf ihre Tragfähigkeit nach beiden Seiten hin geprüft. Es wird so lange verhandelt, bis eine für beide Seiten langfristig tragbare Lösung gefunden wird.
• Maßnahmen werden verabredet.
• Das Vorgehen im Falle möglicher Pannen wird besprochen.
• Spielregeln für den weiteren Umgang miteinander werden vereinbart.

- Der Termin für ein erneutes Treffen wird festgelegt, um Zwischenbilanz zu ziehen.

Phase 6: Realisierung
- Nach der Erleichterung, die die Verhandlung hervorgerufen hat, glauben die Parteien, jetzt sei alles in Ordnung. Um so wichtiger ist jetzt die Einhaltung der besprochen Spielregeln.
- Die Parteien prüfen, ob die andere Seite es mit der verabredeten Zusammenarbeit ernst meint.
- Die Zusammenarbeit und das Arbeitsklima normalisieren sich.
- Der Konflikt rückt zusehends in den Hintergrund.

Angenommen sei im Beispielfall:

Auf der Grundlage von Einzelgesprächen, die der Vorgesetzte mit den beiden Produktmanagern im Vorfeld führt, erklären diese sich zu einem moderierten Konfliktbewältigungsgespräch bereit.

In Fällen wie diesem fördern die Vorgespräche oft zu Tage, dass die akute Auseinandersetzung durch ein ganzes Knäuel verschiedenartiger, oft weit in die Vergangenheit reichender Konflikte ausgelöst wurde. Dieses Knäuel gilt es aufzulösen, um künftigen ähnlich gelagerten Auseinandersetzungen den Boden zu entziehen.

Welche Geschichte(n) steckt(en) hinter dem aktuellen Konflikt?

So könnte der Vorgesetzte hier z.B. vom jüngeren Produktmanager erfahren, dass er von Anfang an den Eindruck hatte, der Ältere gönne ihm seine Erfolge nicht, und er könnte von Situationen berichten, in denen der Ältere ihm seiner Meinung nach wichtige Informationen vorenthalten habe, um seinen Elan zu bremsen. Später habe es dann auch einige fachliche Auseinandersetzungen gegeben, in denen der Ältere, statt gute Argumente zu liefern, versucht habe, andere Kollegen auf seine Seite zu ziehen ...

Der ältere Kollege auf der anderen Seite könnte im Einzelgespräch mit dem Vorgesetzten rückschauend eingestehen, dass er den seinerzeit noch sehr „grünen" Kollegen zunächst nicht ganz ernst genommen und vielleicht ein wenig links liegen gelassen habe. Ganz zu Anfang habe der Jüngere ihn einmal vor versammelter Mannschaft ziemlich angefahren (ob er, der Vorgesetzte, sich noch daran erinnern könne?), und er habe ihm dann in der Folgezeit schon seine Grenzen aufgezeigt. Die fachlichen Ansichten des „Nachwuchsmanagers" habe er – obwohl er oft einen anderen Standpunkt vertreten habe – recht interessant und auch beeindruckend gefunden, dies jedoch vielleicht zu wenig zum Ausdruck gebracht. Es gehe ihm jedoch ziemlich auf die Nerven, dass jener sich bei jeder Gelegenheit vordrängeln würde, um bei den anstehenden Projekten die Rosinen für sich herauszupicken ...

Schon das offene Anspre-
chen von Problemen und
Empfindungen ist ein wich-
tiger Bestandteil eines kon-
struktiven Konfliktverlaufs

Schon das offene Ansprechen dieser Themen in den Vorgesprächen ist ein wichtiger Bestandteil eines konstruktiven Konfliktverlaufs. Hierdurch kommen die Themen wieder in Fluss; die probehaften Formulierungen können helfen, im späteren Dialog mit dem Konfliktpartner die richtigen Worte für das Geschehene zu finden.

Die AUFGABE DES VORGESETZTEN besteht in den Vorgesprächen vor allem darin, DIE KONFLIKTPARTEIEN GEDULDIG ANZUHÖREN. Durch WIEDERHOLEN und VERDICHTEN ihrer Beiträge kann er Verständnissicherung betreiben. Er sollte sie ermutigen, sich auch an die tieferen Konfliktthemen (z.B. gestörte Beziehungen) heranzutrauen; er sollte behutsam IMPULSE geben, SICH IN DIE ANDERE SEITE HINEINZUVERSETZEN, und schließlich sollte er die Parteien mit den Spielregeln des späteren moderierten Konfliktbewältigungsgesprächs (s.u.) vertraut machen. Er sollte mit den Beteiligten eine ZIELSETZUNG FÜR DIE KONFLIKTREGELUNG ERARBEITEN, die beide Parteien im moderierten Gespräch akzeptieren können. Ebenso sollte er vorab eine EINIGUNG ÜBER DIE RAHMENBEDINGUNGEN ERZIELEN (worüber soll gesprochen werden, worüber nicht?).

Positionen sollten nicht
bewertet und eigene
Lösungen nicht mit ins
Spiel gebracht werden

Vermeiden sollte es der Vorgesetzte dagegen, Positionen zu bewerten oder eigene Lösungen ins Spiel zu bringen. Auch sollte er selbstverständlich Verschwiegenheit bewahren und die Informationen, die er von den Konfliktpartnern erhält, für sich behalten. Sollte es allerdings sinnvoll und im Sinne der Beteiligten sein, Informationen über ihn als Mittler an die andere Partei weiterzugeben, sollte er mit der Partei, die die Information bzw. das Anliegen weitergeben möchte, genau abstimmen, was er im Detail übermitteln soll.

Wenn das Terrain bereitet und die Gesprächsbereitschaft auf beiden Seiten hergestellt ist – und nur dann –, kann das direkte Treffen der Konfliktpartner stattfinden.

6.2.1   Zielsetzungen

- Bereitschaft der Beteiligten zum direkten Gespräch miteinander fördern
- Bereitschaft befestigen, sich im Konfliktbearbeitungsprozess an Spielregeln zu halten
- Emotionen deeskalieren/Verhärtungen auflösen
- Offenes Gespräch über die verschiedenen Positionen, Interessen, Erfahrungen und Emotionen fördern
- Lösungsansätze finden und gemeinsam bewerten
- Verbindliche Vereinbarungen treffen

Oft können nicht alle Zielsetzungen im ersten Gespräch erreicht werden. Bei einem seit langem verhärteten Konflikt könnte das Ziel „Gesprächsbereitschaft fördern" für ein erstes Treffen bereits eine hinlängliche Herausforderung darstellen. Der Regelungsprozess sollte in vielen Fällen sinnvollerweise mehrere Treffen umfassen, damit die Konfliktbeteiligten zwischen den Gesprächen neue Erkenntnisse und Vorschläge bedenken und emotional verarbeiten können.

Vielfach sind die Dinge nicht im Rahmen eines einzigen Gespräches zu regeln

6.2.2 Die Situation aus der Sicht der am Konflikt beteiligten Mitarbeiter

Die Spannung der Beteiligten vor dem Gespräch ist groß. Wie wird das Gespräch verlaufen? Werden die Wellen erneut hochschlagen?
Mit folgenden die Situation prägenden Faktoren sollte der Konfliktmoderator rechnen:

Was die am Konflikt beteiligten Personen bewegt

- Die Beteiligten können angesichts des Wiedertreffens wieder stark emotionalisiert sein. Sie sind gefährdet, wieder in das alte Konfliktmuster zurückzufallen.
- Sie sind vermutlich nach wie vor der Ansicht, ihre jeweilige Meinung sei die richtige und allein gültige.
- Sie haben bereits Lösungsansätze vorgedacht, die im Einklang mit ihren jeweiligen Positionen stehen.
- Da die Beteiligten bisher allein nicht in der Lage gewesen sind, den Konflikt beizulegen, sind sie hilfsbedürftig. Sie brauchen methodische Unterstützung.

6.2.3 Gesprächsvorbereitung

Die Vorgespräche haben es dem Konfliktmoderator möglich gemacht, sich ein Bild von der Situation zu machen. Auf dessen Grundlage kann er Eckpunkte des Konfliktbewältigungsgesprächs vordenken:

Was der den Konflikt begleitende Moderator im Vorfeld bedenken sollte

- Vergegenwärtigung der Spielregeln für die Konfliktregelung, die er den Beteiligten nahe bringen will (s.u.)
- Planung des Grobablaufs mit ungefährem Zeitansatz (s.u.)
- Vergegenwärtigung möglicher Eigenanteile am Konflikt als Vorgesetzter (wie damit im Gespräch umgehen?) zur persönlichen Klärung der Gesprächsrolle als Moderator – eine reine Neutralität ist aus der Vorgesetztenrolle heraus kaum zu verwirklichen; Ziel: die maximale Neutralität herstellen
- Vorsortierung von Fragenkreisen, in die sich der Konflikt aufgliedern lassen könnte
- Vordenken möglicher Lösungsansätze, die die Bedürfnisse beider Konfliktparteien befriedigen würden

Die beiden letzten Punkte sollte der Konfliktmoderator jedoch nicht aktiv in das Konfliktbewältigungspräch einbringen, sondern er sollte seine Überlegungen als Grundlage für Leitfragen nutzen, mit deren Hilfe er die Beteiligten dahin führen kann, den Konflikt selbst zu strukturieren und Lösungsideen hervorzubringen.

6.2.4 Hinweise für die Gesprächsführung – Regeln für Konfliktmoderationen

- Eine Konfliktmoderation sollte der Vorgesetzte NUR DANN übernehmen, WENN BEIDE PARTEIEN GESPRÄCHSBEREIT SIND oder WENN DIE LÖSUNG DES KONFLIKTS UNBEDINGT ERFORDERLICH IST, um betriebliche Ziele zu erreichen. Ist ein Scheitern des Prozesses vorhersehbar, sollte er auf den Schlichtungsversuch verzichten.
- SPIELREGELN, auf deren Einhaltung der Moderator die Beteiligten verpflichten sollte, sind:
  - Beide Parteien sind GLEICHBERECHTIGT.
  - Beide Parteien dürfen AUSREDEN, ohne unterbrochen zu werden.
  - Zuhören, um die SICHT DER ANDEREN SEITE zu VERSTEHEN!
  - Probleme sollen OFFEN UND DIREKT angesprochen werden.
  - Verhalten, Fakten, Ansichten und Erfahrungen KONKRET beschreiben – keine Vorwürfe und Anschuldigungen!
  - GEFÜHLE dürfen und SOLLEN AUSGEDRÜCKT WERDEN.
  - Anwesende Personen sollen DIREKT ANGESPROCHEN werden.
  - NUR BEOBACHTBARES VERHALTEN UND DESSEN WIRKUNG auf die eigene Person beschreiben; NICHTS IN DEN ANDEREN HINEININTERPRETIEREN.
- INTERVENIEREN SIE BEI REGELVERSTÖSSEN SOFORT UND KLAR, sonst wird der Verstoß zu Standard.
- SEIEN SIE GEDULDIG.
- ZEIGEN SIE BEIDEN PARTEIEN IHRE WERTSCHÄTZUNG.
- FÖRDERN SIE DIE KOMMUNIKATION DER KONFLIKTPARTEIEN UNTEREINANDER. Bitten Sie sie, sich in die Lage der anderen Partei hineinzuversetzen. Fragen Sie sie konkret, wie die Beiträge der anderen Seite bei ihnen „angekommen" sind, welche Interessen und Bedürfnisse sie aufgenommen haben.
- Ermuntern Sie die Parteien, ihre INTERESSEN UND IDEEN ZU ÄUSSERN.
- HALTEN SIE GEMEINSAMKEITEN FEST – aber ohne Übertreibung.
- HALTEN SIE SICH MIT EIGENEN STEUERUNGSIMPULSEN ZURÜCK, WENN Sie wahrnehmen, dass DIE KONFLIKTPARTEIEN IN EINEN PRODUKTIVEN DIALOG GELANGEN. Stören Sie sie nicht dabei, neues Problemlösungsverhalten auszuprobieren.
- STELLEN SIE DIE POSITIVEN UND KONSTRUKTIVEN ASPEKTE DER GESPRÄCHSBEITRÄGE HERAUS und formulieren Sie mögliche Anknüpfungspunkte, wenn sich der Prozess der Problemlösung nicht von allein trägt.

- BEWAHREN SIE in jeder Phase Ihre NEUTRALITÄT.
- Bleiben Sie eindeutig. VERHALTEN SIE SICH IM MODERIERTEN GESPRÄCH GENAUSO WIE IN DEN VORANGEGANGENEN VORGESPRÄCHEN UNTER VIER AUGEN. Durch Ihre Glaubwürdigkeit erhöhen Sie das Vertrauen in den Lösungsprozess.
- DOKUMENTIEREN SIE ALS MODERATOR DIE ERGEBNISSE (in Abstimmung mit den Beteiligten); dies sichert den Beteiligten die Neutralität des Protokolls und entlastet sie davon, die Ergebnisse selbst mitschreiben zu müssen.

6.2.5 Gesprächsablauf

Kontaktphase

- Positives Klima herstellen
- Ansonsten keine langen Vorreden – Phase sehr kurz halten

Klärung der Themen, der Gesprächsziele und des Zeitrahmens

- Konfliktthema benennen
- Kurz auf die Vorgeschichte (Vorgespräche) eingehen; wie ist es zu diesem moderierten Treffen gekommen?
- Die im Vorfeld mit den Konfliktparteien erarbeitete Zielsetzung wiederholen
- Abgesprochene Rahmenbedingungen wiederholen
- Spielregeln wiederholen und bestätigen lassen

Themenbearbeitung

1. DARSTELLUNG DER KONFLIKTSICHT DURCH DIE ERSTE PARTEI (von der Vorgeschichte bis zur aktuellen Situation); anschließend Verständnisfragen der anderen Partei
2. DARSTELLUNG DER KONFLIKTSICHT DURCH DIE ZWEITE PARTEI; anschließend Verständnisfragen der anderen Partei
3. SONDIERUNG DER VERSCHIEDENEN TEILTHEMEN, in die sich der Konflikt aufgliedern lässt
4. EINIGUNG AUF DIE ABFOLGE, IN DER DIE THEMEN BEARBEITET WERDEN SOLLEN; Anregung: mit leichten Punkten beginnen, die eine schnelle Einigung zulassen
5. DETAILLIERTE BESPRECHUNG DER EINZELNEN THEMEN:
    - Situation
    - Interessen und Bedürfnisse der Parteien
    - Lösungsideen

- Prüfung der Tragbarkeit der Ansätze für beide Seiten
- Möglichen besten Lösungsweg festhalten

Anregung: Definitive Entscheidung über die einzelnen Punkte erst dann treffen, wenn alle Themen besprochen wurden und die Teilergebnisse abgewogen und in Relation gesetzt werden können.

6. Nach der Besprechung aller Punkte LÖSUNGSWEG BESCHLIESSEN
7. UMSETZUNG PLANEN: Zeitrahmen, Verantwortlichkeiten
8. SPIELREGELN FÜR DIE WEITERE KOMMUNIKATION UND KOOPERATION GEMEINSAM FESTLEGEN

In einem ersten Gespräch kann möglicherweise nicht der gesamte Zyklus der Bearbeitungsschritte durchlaufen werden. Können nur die ersten Punkte behandelt werden, kann die Arbeit in einem weiteren Gespräch fortgesetzt werden.

Zusammenfassung des Gesprächsergebnisses

- Geleistete gemeinsame Arbeit würdigen
- Die nächsten Schritte besprechen
- Termin für Fortsetzung bzw. Zwischenbilanz vereinbaren

Positives Gesprächsende

- Bei positivem Verlauf den konstruktiven Gesprächsstil würdigen

6.2.6   Nach dem Gespräch

Wie werden die vereinbarten Maßnahmen umgesetzt?

Wie entwickeln sich die Konfliktparteien?

Beobachten Sie, ob die vereinbarten Maßnahmen umgesetzt werden und wie sich die Zusammenarbeit der Konfliktpartner entwickelt. Bleiben Sie den Beteiligten als Gesprächspartner „nah", z. B. durch Interesse am aktuellen Stand der Dinge, ohne sich jedoch aufzudrängen. Je weniger Sie als Moderator weiterhin gebraucht werden und je enger sich der Kontakt zwischen den ehemaligen „Gegenspielern" gestaltet, desto besser. Erinnern Sie, falls nötig, die Beteiligten an Verabredungen zu Folgegesprächen. Versuchen Sie, die Initiative und Verantwortung für die weiteren Schritte mehr und mehr in die Hände der Beteiligten zu legen (z.B. Organisation und Vorbereitung der Treffen).

Das Szenario

Der Konflikt im Beispielfall könnte sich so lösen:
Die Missverständnisse, die vor allem die persönliche Beziehung des jüngeren und des älteren Kollegen prägten, können geklärt werden; durch offene Rückmeldungen und den Rückblick auf die Anfänge ihrer Zusammenarbeit gelingt es den beiden, eine Basis zu schaffen, auf deren Grundlage sie künftig wertschätzend und akzeptierend miteinander umgehen können. Sie verabre-

den einen regelmäßigen Informationsaustausch über aktuelle Projekte und gelangen von dort aus zu der Idee, diesen Informationsaustausch auf die gesamte Abteilung – die viel zu selten zusammenkomme – auszudehnen. Viele kleine Probleme aus dem Tagesgeschäft könnten sich auf diese Weise schnell regeln lassen. Hier und da auftretende Doppelarbeiten könnten früh aufgedeckt und abgestellt werden; Ausfälle, z.B. durch Krankheit, ließen sich leichter auffangen und es könnten Aufgaben von den einzelnen Produktmanagern flexibler übernommen werden.

7   Das Zielvereinbarungsgespräch

„Führen mit Zielvereinbarungen"

Das Management-Instrument „Führen mit Zielvereinbarungen" erlebt seit einigen Jahren eine Renaissance. Mit ihm hat auch das Zielvereinbarungsgespräch als operatives Führungsmittel – wieder – eine zentrale Funktion in der Kommunikation zwischen Führungskraft und Mitarbeiter erlangt. Der in den 1950er- und 1960er-Jahren in den USA entwickelte Ansatz (Management by Objectives) fand in den 1970er-Jahren Eingang in die deutsche Managementpraxis. Er wurde begrüßt als Instrument der Unternehmenssteuerung, und er passte im Gefolge der 68er-Bewegung gut in ein Führungsklima, das ein kooperatives Miteinander von Führungskraft und Mitarbeiter suchte.

Management by Objectives

partnerschaftlich eine Vereinbarung darüber treffen, welche Leistung ein Mitarbeiter in einem bestimmten Zeitraum zu erbringen bereit ist

Der Paradigmenwechsel bestand im Kern darin, den Mitarbeiter nicht mehr autoritär mit einem bereits beschlossenen Anforderungskatalog und einer entsprechenden Leistungserwartung zu konfrontieren, sondern mit ihm partnerschaftlich eine Vereinbarung darüber zu treffen, welche Leistung er in einem bestimmten Zeitraum zu erbringen bereit ist.

Dass es sich hierbei nicht um die ideale Partnerschaftlichkeit zweier autonomer Individuen handelt, ist klar: Die Asymmetrie der Führungsbeziehung, kurz umrissen mit den Begriffen „Machtgefälle" und „Abhängigkeit", kann auch im Zielvereinbarungsprozess nicht vollständig ausgeblendet werden. Dennoch erweist sich die Konzeption des „Führens mit Zielvereinbarungen" bis heute als ein außerordentlich stabiles, erfolgreiches und akzeptiertes Führungsinstrument von hoher Rationalität – vielleicht ist es das beste und sicherste Führungsinstrument, über das wir zur Zeit verfügen.

Über Ziele lässt sich die Koordination von Mensch und Unternehmen unter den heutigen komplexen Bedingungen effektiv und verträglich leisten

Der Grund dafür, dass sich viele Unternehmen gerade in den letzten Jahren wieder auf die Bedeutung von Zielen besinnen, liegt allerdings wohl weniger im Bedürfnis nach mehr Demokratisierung der Unternehmenswelten, sondern darin, dass Ziele eine gute Möglichkeit darstellen, die Koordination von Mensch und Unternehmen unter den heutigen komplexen Bedingungen effektiv und verträglich zu leisten:

Das dynamisierte Unternehmen mit seinen flachen Hierarchien (und den daraus resultierenden vergrößerten Führungsspannen), mit seinen dezentralisierten, in hohem Maße eigenständig agierenden Einheiten (z.B. Center-Konzepte), mit seinen bereichsübergreifenden Projekten und mit seinen vielfältig vernetzten Aktivitäten, die eine hohe Selbststeuerung flexibel agierender Mitarbeiter verlangen, entzieht einem Führungsstil, der auf Anweisung und Kontrolle setzt, zusehends den Boden, denn im herkömmlichen Sinne ist das Geschehen nicht mehr kontrollierbar. Die vielfache Trennung von fachlicher und disziplinarischer Zuständigkeit, vermehrte Reisetätigkeit international operierender Mitarbeiter (oder der Führungskraft selbst), die zunehmende Fülle zu verarbeitender Informationen und viele andere Faktoren machen es vielen

Führungskräften unmöglich, den Mitarbeitern ständig auf die Arbeit zu schauen und nötige Korrekturen sinnvoll vorzunehmen.

Der gänzliche Verzicht auf Steuerung kann indessen die Lösung nicht sein. Er würde dazu führen, dass die verschiedenartigen Prozesse allein ihrer Eigendynamik gehorchen und zentrifugal auseinander driften bzw. nebeneinanderher laufen würden. Hier setzen Zielvereinbarungen als Instrument der Untenehmensführung heute vor allem an:

Auf der Grundlage der strategischen Unternehmensziele werden Teilziele für Unternehmenseinheiten und Arbeitsbereiche abgeleitet. Auf der operativen Ebene werden diese Ziele bis hin zum einzelnen Mitarbeiter konkret ausdifferenziert.

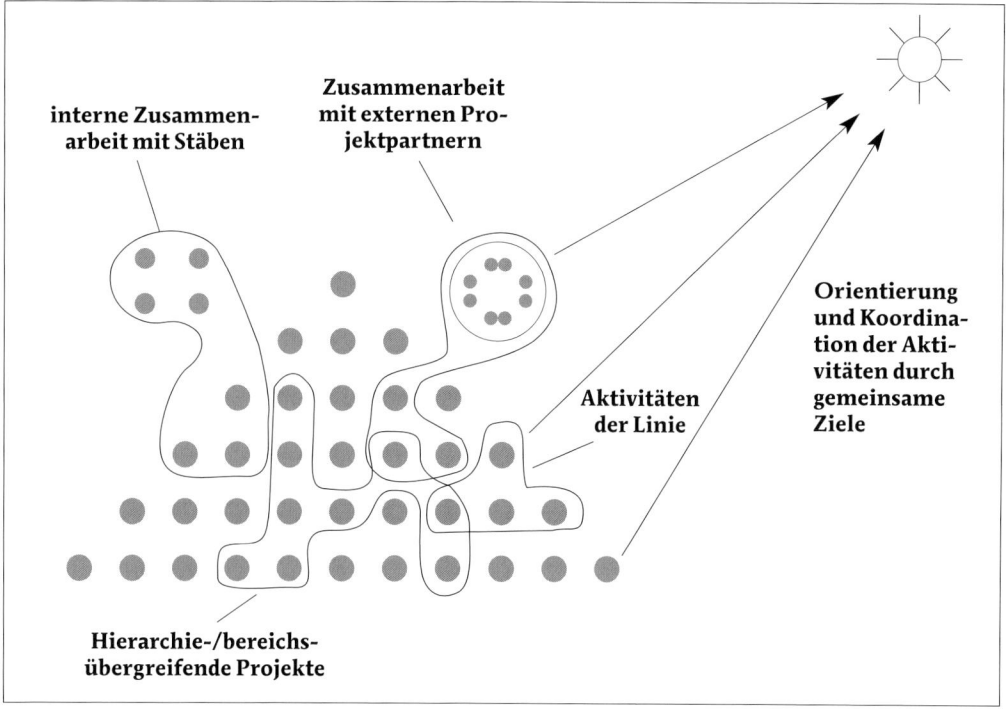

Abb. 7.1: Ziele geben den verschiedenen Aktivitäten im Unternehmen eine gemeinsame Richtung

Grundsätzlich ist in der Praxis zielbezogener Führung zu unterscheiden, ob mit einer Zielvorgabe gearbeitet wird (und der Mitarbeiter nur noch im Hinblick auf das „Wie" der Zielerreichung eine Mitgestaltungsmöglichkeit besitzt) oder ob eine Zielvereinbarung im eigentlichen Sinne angestrebt wird, bei der der Mitarbeiter Einfluss auf die Zieldefinition selbst nehmen kann.

Hier soll es darum gehen, das Zielvereinbarungsgespräch mit aktiver Beteiligungsmöglichkeit des Mitarbeiters als eigenständige Gesprächsform vorzustellen, die nicht unbedingt an das Vorhandensein eines unternehmensübergreifenden Zielmanagements gebunden sein muss. Die Möglichkeit, Zielvereinbarungen als integrierten Bestandteil eines jährlichen Mitarbeitergesprächs zu nutzen, das Rückschau, Vorschau, Feedback zur Leistung, eine Leistungsvereinbarung und eine persönliche Weiterentwicklungsplanung umfasst, wird unten in Teil IV vorgestellt.

Basis des Zielvereinbarungsgesprächs ist der Wille zum Dialog

Basis des Zielvereinbarungsgesprächs ist der Wille zum Dialog. Führungskraft und Mitarbeiter bringen Vorstellungen in das Gespräch ein und diskutieren über das Machbare. Sichtweisen werden ausgetauscht, Meinungsunterschiede offen angesprochen und bearbeitet, bis am Ende ein Konsens entsteht, hinter dem beide Gesprächspartner stehen können.

7.1   Was ist der Nutzen von Zielvereinbarungen?

Der partnerschaftliche Ansatz gemeinsamer Zielabsprachen bringt sowohl für den Mitarbeiter als auch für das Unternehmen eine Reihe von Vorteilen mit sich:

Vorteile für das Unternehmen
- Durch die Vereinbarung von Gesamt- und Teilzielen können Prozesse und Aufgaben leichter koordiniert werden (gemeinsame Ausrichtung, Vermeidung von Doppelarbeiten).
- Prioritäten können vermittelt und diskutiert werden.
- Die Mitarbeiterbeurteilung wird vereinfacht, da die Erreichung genau definierter Ziele gut messbar ist.
- Die aufgabenbezogenen Kenntnisse und Erfahrungen des Mitarbeiters fließen mit in den Planungsprozess ein.
- Die Vereinbarung von Zielen steigert die Identifikation des Mitarbeiters mit den Arbeitsinhalten.
- Ziele schaffen Freiräume für Kreativität und Innovationen, die dem Unternehmen zugute kommen.
- Ziele haben positive Auswirkungen auf das Leistungsverhalten.
- Dadurch, dass die Ziele im gegenseitigen Einvernehmen festgelegt werden, fühlt sich der Mitarbeiter für die Zielerreichung stärker verantwortlich.
- Ziele unterstützen die Selbstkontrolle des Mitarbeiters und vermindern die Notwendigkeit von Kontrollen seitens des Vorgesetzten.
- Zeitintensive Abstimmungsprozesse im Tagesgeschäft können verkürzt werden, da die Prioritätensetzungen und Handlungsspielräume des Mitarbeiters durch die Zielvereinbarungen klarer geregelt sind.

Vorteile für den Mitarbeiter:

- Der Mitarbeiter wird aktiv in die Festlegung der für ihn maßgeblichen Ziele mit einbezogen.
- Ziele erhöhen die Selbststeuerungsmöglichkeiten des Mitarbeiters; sie eröffnen Spielräume für Kreativität und Autonomie.
- Die Kriterien, anhand derer der Mitarbeiter später beurteilt wird, werden offen gelegt.
- Der Mitarbeiter erhält die Unterstützung, die er zur Zielerreichung benötigt.
- Er kann eine genauere Selbsteinschätzung vornehmen.
- Er erhält Rückmeldungen im Hinblick auf Stärken und Schwächen durch den Prozess der Zieldefinition und späteren Besprechung des Ergebnisses.
- Gute Leistungen werden nicht so schnell vergessen, sondern bleiben als erreichte Ziele gegenwärtig.
- Die Motivation steigt, da die Aufgaben in hohem Maße selbst gewählt sind.
- Herausfordernde Ziele unterstützen die persönliche Weiterentwicklung.
- Wer sich fest vornimmt, Ziele zu erreichen, hat erwiesenermaßen mehr Erfolgserlebnisse.

Um die beiderseitigen Vorteile von Zielvereinbarungen tatsächlich zu realisieren, ist es wichtig, dass FÜHRUNGSKRAFT UND MITARBEITER SICH INTENSIV AUF DAS MITARBEITERGESPRÄCH VORBEREITEN (s. u.). Nur dann kann die Grundidee eingelöst werden, im kombinierten Top-down- und Bottom-up-Verfahren strategische Intentionen des Unternehmens, Mitarbeiter-Know-how und Perspektiven der Mitarbeiterentwicklung zu verknüpfen.

7.2 Zielarten im Mitarbeitergespräch

• Aufgabenbezogene Ziele

Es bereitet in der Regel kaum Schwierigkeiten, im Mitarbeitergespräch aufgabenbezogene Ziele zu definieren – vorbehaltlich der Akzeptanz der Ziele durch den Mitarbeiter. Der Erreichungsgrad kann im Anschluss anhand konkret vorliegender Zahlen und Fakten unmittelbar gemessen werden.

Aufgabenbezogene Ziele lassen sich objektiv formulieren

> *„Durch aktive Kundenansprache wird der Umsatz des Produktes XY bis zum Jahresende um 15 % gesteigert. "*
> *„Der Krankenstand in der Abteilung Auftragsbearbeitung wird in diesem Jahr, unterstützt durch die Einführung von Rückkehrgesprächen, um 2 % gesenkt. "*

„Die Zahl der Verbesserungsvorschläge wird im nächsten Berichtszeitraum verdoppelt."

• Verhaltensbezogene Ziele

Verhaltensbezogene Ziele sind schwieriger zu operationalisieren

Schwieriger zu operationalisieren, aber nicht minder wichtig sind verhaltensbezogene Ziele. Diese sind besonders in solchen Bereichen relevant, in denen die Ergebnisse der Mitarbeiteraktivitäten bislang nicht hinlänglich erfasst wurden, wie bei administrativ eingesetzten Mitarbeitern oder bei Führungskräften.

„Angebote werden ab sofort innerhalb von drei Tagen erstellt. Das Telefon soll nicht öfter als dreimal klingeln, bis abgehoben wird. Diese Absprachen gelten zunächst für ein halbes Jahr."
„Die Weiterentwicklung der Mitarbeiter wird dadurch gefördert, dass der Vorgesetzte innerhalb des nächsten Quartals mit jedem Mitarbeiter ein Entwicklungsgespräch führt und entsprechende Entwicklungs- und Fördermaßnahmen mit den Mitarbeitern vereinbart. Die Maßnahmen sollen innerhalb des kommenden Jahres realisiert werden."

Wie kann bewertet werden, ob das Ziel erreicht wurde?

Gerade bei den verhaltensbezogenen Zielen sollten gemeinsam mit dem Mitarbeiter regelmäßige Standortbestimmungen angesetzt werden. Darüber hinaus sollte mit dem Mitarbeiter auch eine Vereinbarung dahingehend getroffen werden, auf welche Weise bewertet werden kann, ob das Ziel erreicht wurde (z.B. bezogen auf die Beispiele: Umfrage zur Kundenzufriedenheit; Dokumentation der Mitarbeitergespräche und Nachhalten der Entwicklungsmaßnahmen).

Vereinbarungen über Verhaltensziele werden oft als Kritik verstanden

Mit Vereinbarungen über Verhaltensziele betritt man oft ein sensibles Terrain; ein entsprechender Zielvorschlag seitens des Vorgesetzten kann leicht wie eine Kritik am bisherigen Verhalten aufgefasst werden. So könnten Mitarbeiter sich – oder den Vorgesetzten – bezüglich der obigen Beispiele fragen:

„Habe ich vorher meine Angebote zu langsam oder zu spät geschrieben, und habe ich das Telefon zu lange klingeln lassen?"
„Habe ich meine Mitarbeiter bislang nicht genügend gefördert und zu selten mit ihnen gesprochen?"

Es sollte dargestellt werden, warum die Verhaltensänderung sinnvoll ist

Liegt dem Zielvereinbarungswunsch kein Kritikimpuls zu Grunde, sollte die Führungskraft begründen, warum eine entsprechende Absprache in Anbetracht der augenblicklichen Situation, vielleicht vor dem Hintergrund veränderter Rahmenbedingungen auf der Markt-, Wettbewerbs- oder Unternehmensseite, wichtig ist.

Strebt die Führungskraft dagegen eine verhaltensbezogene Zielvereinbarung an, weil sie in der Tat unzufrieden mit dem bisherigen Mitarbeiterverhalten ist, sollte dies offen in Form einer Rückmeldung ausgesprochen werden (vgl. hierzu die Ausführungen zum Kritikgespräch, Kap. 5.2).

In beiden genannten Fällen ist es wichtig, die erwarteten positiven Auswirkungen des neuen Verhaltens so darzustellen, dass der Mitarbeiter das vorgestellte „Zielbild" akzeptieren kann (z.B. Geschwindigkeitsvorteil bei der Auftragserteilung, mit der Serviceleistung zufriedene Kunden; hoch motivierte Mitarbeiter auf aktuellem Kenntnisstand, denen neue Herausforderungen übertragen werden können).

Der Mitarbeiter muss das vorgestellte Zielbild auch akzeptieren können

- **Persönliche entwicklungsbezogene Ziele**

In der sich schnell verändernden, „lernendenden" Organisation sind auch persönliche entwicklungsbezogene Ziele von großer Bedeutung. Die Erweiterung des bisherigen Know-hows und die Perspektive beruflicher Weiterentwicklung sind sowohl für das Unternehmen als auch für den Mitarbeiter attraktive Aspekte dieser Zielart.

In lernenden Organisationen sind entwicklungsbezogene Ziele von großer Bedeutung

> *„Der Mitarbeiter baut seine Englischkenntnisse aus, um Verhandlungen und Schriftwechsel professionell in der Fremdsprache gestalten zu können. Mit einem entsprechenden Kurs wird sofort begonnen; nach drei Monaten beginnt die Umsetzung des Gelernten im Unternehmen durch eine Erweiterung des Aufgabengebietes."*
>
> *„Der Teamleiter absolviert eine Train-the-Trainer-Ausbildung, um den teaminternen Wissenstransfer zu professionalisieren, um die Kooperation der Mitarbeiter weiter zu intensivieren und um seine eigene Rolle im Team besser reflektieren zu können. Die Seminargebühren übernimmt das Unternehmen; dafür investiert der Teamleiter seine Freizeit in die Fortbildung."*

Da sich bei entwicklungsbezogenen Zielen die strategischen Perspektiven des Unternehmens und persönliche Entwicklungsbedürfnisse des Mitarbeiters oft sehr leicht in Einklang bringen lassen, bietet diese Zielart große Chancen zur Erhaltung und Steigerung der Mitarbeitermotivation.

7.3 Die Formulierung der Ziele

Zielvorschläge wie …
   … *„Arbeiten Sie so gut weiter wie bisher"* oder
   … *„Im kommenden Jahr sollten Sie sich mehr um die Kundenzufriedenheit kümmern"* oder auch
   … *„Bauen Sie Ihren kooperativen Führungsstil weiter aus"*
werden kaum die gewünschte leistungssteigernde und motivatorische Funktion erfüllen. Derartige Zielempfehlungen sind zu ungenau, und

wie wollte man auf einer so wackeligen Basis später entscheiden, ob das Ergebnis dem Soll entspricht.

„Wohl formulierte" Ziele sind nachvollziehbar umzusetzen und überprüfbar

Für den Erfolg von Zielvereinbarungen spielt daher die richtige Formulierung der Ziele – man spricht auch von „wohl formulierten" Zielen – eine wichtige Rolle.

Kriterien für Zielformulierungen

Folgende **Kriterien** sollten Zielformulierungen erfüllen:

- SPEZIFISCH FORMULIEREN: Was soll genau erreicht werden? Wie sieht das Ergebnis konkret aus?
- FÜR MESSBARKEIT SORGEN: Woran lässt sich feststellen, dass das Ziel erreicht wurde? Wie soll gemessen werden?
- ZIELE HERAUSFORDERND GESTALTEN: Es muss interessant und attraktiv sein, das Ziel zu erreichen.
- AUF MACHBARKEIT ACHTEN: Der Mitarbeiter muss in der Lage sein, das Ziel unter den gegebenen Umständen in der zur Verfügung stehenden Zeit aus seiner eigenen Initiative heraus zu erreichen.
- Die ZIELE MÜSSEN KOORDINIERT SEIN: Die vereinbarten Ziele dürfen nicht im Widerspruch zueinander oder zu den übergeordneten Unternehmenszielen stehen.
- ZIELE BRAUCHEN TERMINE: Bis wann soll das Ziel erreicht werden?

Um den Erfolg der Zielvereinbarungen zu sichern, hat es sich bewährt, im Gespräch nicht nur den oben genannten formalen Anforderungen an Zieldefinitionen zu genügen, sondern darüber hinaus auch einige psychologische Grundregeln des effektiven Umgangs mit Zielen zu beachten. Diese finden Sie im Folgenden zusammengefasst.

7.4   Tipps für erfolgreiche Zielvereinbarungen

- Die Zielformulierungen sollen KEINE NEGATIONEN enthalten. Sagen Sie nicht: *„Es soll darauf geachtet werden, dass die wöchentlichen Teambesprechungen nicht mehr so lange dauern"*, sondern: *„Die wöchentlichen Teambesprechungen sollen auf 60 Minuten begrenzt werden."*
- Die Zielformulierungen sollen KEINE VERGLEICHE enthalten wie *„besser als ..."*, *„mehr als ..."*, *„so gut wie ..."* Beschreiben Sie eindeutig, wie der Zielzustand gestaltet sein soll.
- Ziele entfalten dann am besten ihre Kraft, wenn man SICH DEN ERWÜNSCHTEN ZUSTAND BILDLICH VORSTELLEN kann. Sprechen Sie die Sinne an! Entwerfen Sie die Zielsituation in visuellen Vorstellungen, Klängen, Gerüchen ...
- Finden Sie im Gespräch mit dem Mitarbeiter Wege, wie er VORHANDENE FÄHIGKEITEN UND RESSOURCEN ZUR ERREICHUNG DER ZIELE EINSETZEN kann.

- In der Regel werden ZIELE FÜR EIN JAHR VEREINBART. Sehen Sie darüber hinaus KURZE UND REGELMÄSSIGE RÜCKMELDESCHLEIFEN vor. Woran lässt sich schnell feststellen, ob der Weg zum Ziel richtig gewählt ist? Wann führen Sie mit dem Mitarbeiter das erste Meilensteingespräch? Kurze Rückmeldeschleifen wirken leistungssteigernd, und sie helfen, Fehlentwicklungen schnell durch Unterstützungsmaßnahmen zu korrigieren.
- Die vereinbarten Ziele müssen DEM WERTESYSTEM DES MITARBEITERS ENTSPRECHEN, um Akzeptanz zu finden.
- Überprüfen Sie in der Phase der Zielklärung gemeinsam mit dem Mitarbeiter die VOR- UND NACHTEILE DER ZIELERREICHUNG, und vergewissern Sie sich, ob der Mitarbeiter bereit ist, die KONSEQUENZEN DER ZIELERREICHUNG zu tragen (Beispiel: Ist ein Mitarbeiter, dessen Ziel es ist, sich für einen längerfristigen Auslandseinsatz fit zu machen, tatsächlich bereit, sich auf eine neue, unsichere Position in einem fremden Kulturraum einzulassen? Trägt seine Familie den Veränderungswunsch ebenfalls mit?)
- Vereinbaren Sie NICHT ZU VIELE ZIELE. Fünf bis acht Ziele sind genug. Eine höhere Anzahl führt leicht zu einer Entwertung der Einzelziele.
- BETONEN SIE NICHT ZU SEHR SPÄTERE BELOHNUNGEN; es ist wichtig, dass die Zielerreichung für sich allein wertvoll und attraktiv ist.
- Unterstützen Sie als Führungskraft die Zielerreichung, indem Sie STETS ANSPRECHBAR SIND UND IMMER WIEDER POSITIVES FEEDBACK GEBEN.

7.5 Die Situation aus der Sicht des Mitarbeiters

Wenn in einem Arbeitsbereich durchgängig mit allen Mitarbeitern Zielvereinbarungsgespräche geführt werden, kann davon ausgegangen werden, dass die Mitarbeiter das Gespräch als selbstverständliches Medium partnerschaftlich-verbindlicher Zusammenarbeit akzeptieren und als ein Führungsmittel, das Transparenz schafft, begrüßen.

Auch direkt nach Antritt einer Arbeitsstelle oder bei einem Wechsel des Einsatzfeldes wird das Zielvereinbarungsgespräch als „Initialzündung" für die Einarbeitung sicherlich als klärend und unterstützend erlebt. Eine solche durchgängige Durchführung von Zielvereinbarungsgesprächen mit allen Mitarbeitern und zusätzlich bei bestimmten Anlässen (wie etwa nach einer Versetzung) wird hier empfohlen.

Irritationen können dagegen auftreten, wenn nur mit einzelnen Mitarbeitern Zielvereinbarungsgespräche geführt werden und so der Eindruck entsteht, bestimmte Personen hätten eine Sonderrolle, etwa weil sie die geforderten Leistung nicht erbringen. In solchen Fällen sollte die

Je mehr Zielvereinbarungsgespräche zur Institution werden, desto besser werden sie akzeptiert

Alle Mitarbeiter sollten gefördert werden

Führungskraft die Durchführung des Gesprächs transparent und nachvollziehbar begründen: Aus welchem Anlass wird das Gespräch geführt? Warum ist dieser Mitarbeiter betroffen?

Was Mitarbeiter mit einem Zielvereinbarungsgespräch erreichen wollen

Folgende **INTENTIONEN** könnte der Mitarbeiter im Gespräch verfolgen:
- Persönliche Entwicklungsmöglichkeiten nutzen – Ziele vereinbaren, deren Erreichung eine Verbesserung der persönlichen Aufstiegschancen mit sich bringt
- Ein machbares Arbeitspensum vereinbaren
- Transparenz im Hinblick auf Prioritäten erhalten: Was ist wichtig? Was ist unwichtig?
- Einfluss auf Prioritätensetzungen nehmen
- Kompetenzen und Spielräume klären
- Den eigenen Beitrag an der Erreichung der Unternehmensziele erkennen
- Persönliche Interessen und Lieblingsprojekte in Form von Zielen verankern
- Ressourcen und Entwicklungsunterstützung erhalten (z.B. Arbeitsmittel, Fortbildung)
- Die eigene Kompetenz positiv darstellen
- Rückmeldung über das eigene Potenzial erhalten

7.6   Gesprächsvorbereitung

Konkrete, schriftlich fixierte Leitfragen sichern ein zielgerichtetes Gespräch

Sowohl seitens der Führungskraft als auch seitens des Mitarbeiters ist eine Vorbereitung des Zielvereinbarungsgesprächs anhand konkreter Leitfragen wichtig, um zu soliden Absprachen zu gelangen, die gleichermaßen die strategischen Belange des Unternehmens wie die persönliche Entwicklungsperspektive des Mitarbeiters berücksichtigen. Es ist hilfreich, wenn die Leitfragen zur Gesprächsvorbereitung der Führungskraft und dem Mitarbeiter in schriftlicher Form vorliegen, damit der Reflexionsprozess optimal unterstützt wird.

Die Führungskraft sollte insbesondere bei der erstmaligen Durchführung mit dem Mitarbeiter im Vorfeld ein kurzes Einstimmungsgespräch führen, in dem sie ihn über Sinn und Zweck des Zielvereinbarungsgesprächs informiert und ihm die Leitfragen zur Vorbereitung übergibt.

Vorbereitung der Führungskraft (Muster eines Fragenkatalogs)

- *Welche mittel- und langfristigen Ziele hat sich das Unternehmen gesetzt und welche Ziele werden insbesondere für den nächsten Vereinbarungszeitraum angestrebt?*
- *Welches sind die mittel- und langfristigen Entwicklungsschwerpunkte Ihres Arbeitsbereiches?*

- *Welche Ziele sind seitens des Unternehmens für Ihren Arbeitsbereich for-muliert worden?*
- *Welche Ziele haben Sie sich persönlich für Ihren Arbeitsbereich gesetzt?*
- *Welchen Beitrag leisten die Ziele des Mitarbeiters zu den Gesamtzielen des Unternehmens und des Arbeitsbereichs?*
- *Wie sehen Sie den Beitrag des Mitarbeiters zur Weiterentwicklung Ihres Arbeitsbereichs?*
- *Wo sehen Sie die Hauptaufgabe des Mitarbeiters im kommenden Verein-barungszeitraum?*
- *Auf welche Ziele sollte sich der Mitarbeiter im kommenden Vereinba-rungszeitraum konzentrieren?*
  Bitte pro Ziel festhalten:
  - *Was soll der Mitarbeiter konkret erreichen?*
  - *Woran werden Sie feststellen können, dass das Ziel erreicht wurde? (Messbarkeit des Ziels)*
- *Wie würden Sie diese Ziele gewichten? (Bitte begründen)*
- *Entsprechen die genannten Ziele den bisherigen Fähigkeiten?*
- *Welche Voraussetzungen müssen gegeben sein, damit der Mitarbeiter die-se Ziele erreichen kann:*
  - *Welche Ressourcen (Arbeitsmittel, personelle Unterstützung, Zeit) werden benötigt?*
  - *Sind organisatorische Änderungen sinnvoll? (z.B. Abläufe, Aufgaben-verteilung)*
  - *Mit wem muss der Mitarbeiter kooperieren, und welche Schnittstellen müssen mit einbezogen werden?*
  - *Benötigt der Mitarbeiter spezifische Fortbildungen und Trainings?*

Vorbereitung des Mitarbeiters (Muster eines Fragenkatalogs)

- *Welche mittel- und langfristigen Entwicklungsschwerpunkte sehen Sie für Ihren Arbeitsbereich?*
- *Welchen persönlichen Beitrag möchten Sie im Rahmen dieser Entwicklung leisten?*
- *Wo sehen Sie Ihre Hauptaufgabe im kommenden Vereinbarungszeitraum?*
- *Welche Ziele möchten Sie im kommenden Vereinbarungszeitraum errei-chen?*
  Bitte pro Ziel festhalten:
  - *Was möchten Sie konkret erreichen?*
  - *Woran werden Sie feststellen können, dass Sie Ihr Ziel erreicht haben? (Messbarkeit des Ziels)*
- *Wie würden Sie diese Ziele gewichten? (Bitte begründen)*
- *Entsprechen die genannten Ziele Ihren bisherigen Fähigkeiten?*
- *Welche Voraussetzungen müssen gegeben sein, damit Sie diese Ziele errei-chen können:*
  - *Welche Ressourcen (Arbeitsmittel, personelle Unterstützung, Zeit) be-nötigen Sie?*

- *Sind organisatorische Änderungen sinnvoll? (z.B. Abläufe, Aufgaben-verteilung)*
- *Mit wem müssen Sie kooperieren und welche Schnittstellen müssen mit einbezogen werden?*
- *Benötigen Sie spezifische Fortbildungen und Trainings?*

Formular für das Zielvereinbarungsgespräch

Die Ergebnisse des Ziel-vereinbarungsgesprächs sollten schriftlich doku-mentiert werden

Sowohl für den Mitarbeiter als auch für die Führungskraft ist es sinnvoll, die Zielvereinbarung schriftlich zu dokumentieren. Es bietet sich an, ein standardisiertes Formular (siehe Abb. 7.2) zur Fixierung der Vereinba-rungen einzuführen. Auf diese Weise wird die Bedeutung der Ziele her-vorgehoben und die Verbindlichkeit der Absprachen erhöht.

7.7   Gesprächsablauf

Kontaktphase

- Kurzes Warming-up

Klärung der Themen, der Gesprächsziele und des Zeitrahmens

- Falls nicht vorher geschehen, Bedeutung und Funktion des Zielver-einbarungsgesprächs für das Unternehmen/den Arbeitsbereich und die unmittelbare Zusammenarbeit hervorheben
- Gesprächsablauf vorschlagen

Themenbearbeitung

1. Die FÜHRUNGSKRAFT INFORMIERT den Mitarbeiter über die ZIELSET-ZUNGEN DES UNTERNEHMENS UND DES ARBEITSBEREICHS sowie über AK-TUELLE ENTWICKLUNGEN, die für die Zielvereinbarung relevant sein können; anschließend Rückfragen des Mitarbeiters.
2. Der Mitarbeiter skizziert die MITTEL- UND LANGFRISTIGEN ENTWICK-LUNGEN, die der Arbeitsbereich seiner Einschätzung nach vollziehen sollte.
3. Der MITARBEITER beschreibt, worin er SEINEN BEITRAG zu den Unter-nehmenszielen und seine HAUPTAUFGABE im nächsten Verinbarungs-zeitraum sieht.
4. Der MITARBEITER STELLT DIE ZIELE VOR, DIE ER SICH SETZEN MÖCHTE.
5. Die FÜHRUNGSKRAFT stellt vor, WELCHEN BEITRAG SIE VOM MITARBEI-TER im nächsten Vereinbarungszeitraum ERWARTET und worin sie die Hauptaufgabe des Mitarbeiters sieht.
6. Die Führungskraft benennt die ZIELE, DEREN ERREICHUNG SIE SICH VOM MITARBEITER WÜNSCHT.

Protokoll zur Zielvereinbarung

Name der Mitarbeiterin / des Mitarbeiters:

Name der Führungskraft:

Datum:

Ziel	Priorität	Mess-kriterium (Woran ist die Erreichung des Ziels erkennbar?)	Hilfsmittel, Ressourcen	Beteiligte Personen, Schnitt-stellen	Förderungs-maßnahmen (z.B. Fort-bildung)	Erste Schritte, Maßnahmen	Termin (Bis wann soll das Ziel er-reicht werden)

Unterschrift der Mitarbeiterin / des Mitarbeiters:

Unterschrift der Führungskraft:

Abb. 7.2: Muster für ein Formular zur Dokumentation von Zielvereinbarungsgesprächen

7. Die vom Mitarbeiter und von der Führungskraft vorgestellten ZIELE WERDEN GESICHTET UND PRIORISIERT. Es findet ein Austausch über MUSS- UND KANN-ZIELE, über das MACHBARE und über die AKZEPTANZ DER ZIELE UND DER KONSEQUENZEN statt.

8. Ist grundsätzlich besprochen, auf welche Ziele sich Führungskraft und Mitarbeiter einigen wollen, werden in der Reihenfolge der Gewichtung DETAILABSPRACHEN ZU DEN EINZELNEN ZIELEN getroffen (Termin, Kompetenzen, Ressourcen, Beteiligte, Unterstützung, Maßnahmen).

9. Nachdem alle Ziele unter Dach und Fach sind, wird in der Überschau nochmals GEMEINSAM GEPRÜFT, OB DER VEREINBARTE ZIELKATALOG BEWÄLTIGT WERDEN KANN.

Zusammenfassung des Gesprächsergebnisses

- Nach der Zusammenfassung der wichtigsten Punkte (insbesondere der abgesprochenen Maßnahmen) TERMIN FÜR DAS NÄCHSTE MEILENSTEINGESPRÄCH vereinbaren, in dem ein erstes Feedback zur Zielerreichung ausgetauscht werden kann.

Positives Gesprächsende

- Die Bedeutung des Informationsaustausches und des vereinbarten Gesprächsergebnisses würdigen

7.8   Nach dem Gespräch

Geht der Mitarbeiter die vereinbarten Ziele tatsächlich motiviert an?

Beobachten Sie, ob der Mitarbeiter die vereinbarten Ziele tatsächlich motiviert angeht oder ob diese, z. B. wegen Überlastung im Tagesgeschäft, in den Hintergrund treten. Achten Sie auch darauf, wie sich die Arbeitszufriedenheit des Mitarbeiters in der folgenden Zeit entwickelt. Tritt ein positiver „Schub" ein oder wirken sich die neuen Aktivitäten eher stimmungsdämpfend aus?

Wenn Sie negative Signale aufnehmen, sollten Sie bald ein neues Gespräch vereinbaren

Wenn Sie positive Signale aufnehmen, brauchen Sie bis zum nächsten Meilensteingespräch nichts Besonderes zu unternehmen (außer regelmäßigen interessierten Nachfragen und aufbauenden Feedbacks). Wenn Sie dagegen negative Signale aufnehmen, sollten Sie bald ein neues Gespräch vereinbaren, um die Ursachen zu ergründen und gegebenenfalls die getroffenen Zielvereinbarungen gemeinsam zu hinterfragen.

8 Das Beurteilungsgespräch

Die Beurteilungssysteme vieler deutscher Unternehmen befinden sich in einem tief greifenden Wandel. Hoch formale, quantifizierende Verfahren mit Planungs-, Bewertungs- und Kontrollfunktion werden zusehends in Führungsinstrumente umgewandelt, die vom Mitarbeiter als hilfreich und wertschätzend erlebt werden sollen und die vor allem auf die Entwicklung und Förderung des Personals ausgerichtet sind.

Die Beurteilungssysteme vieler deutscher Unternehmen befinden sich in einem tief greifenden Wandel

Erwies sich das Beurteilungsgespräch traditioneller Machart vielfach schlicht als die einbahnstraßenartige „Eröffnung" eines bereits feststehenden, scheinbar objektiven Beurteilungsergebnisses durch den Vorgesetzten, zielen die neu entwickelten Verfahren auf einen Dialog lernbereiter Partner, in dem intersubjektiv Selbst- und Fremdwahrnehmungen ausgetauscht werden sollen, um die gemeinsame Zukunft im Unternehmen besser gestalten zu können. Der einseitige Beurteilungsvorgang (in dem das beängstigende Wort „Urteil" enthalten ist) weicht einem Gespräch, aus dem beide Partner – Mitarbeiter und Führungskraft – anders herauskommen, als sie hineingegangen sind.

Der einseitige Beurteilungsvorgang (in dem das beängstigende Wort „Urteil" enthalten ist) weicht einem partnerorientierten Gespräch

„*Durch die Gesprächsorientierung soll der Beurteilungsvorgang entformalisiert, entmathematisiert und in die ,weiche' zwischenmenschliche Sphäre zum Zwecke der Kommunikation, Motivation und Pflege des sozialen Klimas zurückgeführt werden. Der Zielschwerpunkt gesprächsorientierter Konzepte liegt, jedenfalls wenn sie ernst gemeint sind, auf den Zielen Förderung, Entwicklung, Kommunikation und Personalführung.*" So fasst Breisig (1998, S. 85) auf der Grundlage zahlreicher empirischer Befunde die Neuorientierung im Bereich der Personalbeurteilung zusammen.

Von hier aus ist es dann nur noch ein kleiner Schritt dahin, die Besprechung zurückliegender Leistungen mit der Vereinbarung neuer Ziele (siehe vorhergehendes Kapitel) zu verbinden oder den Bewertungsaspekt in die grundsätzlichere Regelkommunikation des Mitarbeiterjahresgesprächs zu integrieren, in dem alle wesentlichen fachlichen und menschlichen Aspekte der Zusammenarbeit im Hinblick auf einen definierten Zeitabschnitt beleuchtet werden und in dem zugleich die ziel- und entwicklungsbezogenen Weichen für die nächste Periode gestellt werden (siehe Teil IV).

In diesem Abschnitt wird das Beurteilungsgespräch als gesonderte Gesprächsform behandelt. In der Praxis werden Beurteilungsgespräche je nach Zielsetzung und Unternehmenskultur sehr verschieden gehandhabt. Sowohl die Beurteilungsinstrumente als auch die Praxis und Rituale der Durchführung unterscheiden sich beinahe von Organisation zu Organisation, zum Teil von Bereich zu Bereich und Hierarchieebene zu Hierarchieebene, sodass eine überschlägige Bearbeitung des Themas hier nicht möglich ist.

Beurteilungsgespräche werden in der Praxis jeweils völlig unterschiedlich gehandhabt

Klarheit über den Anspruch
und die Reichweite des
Beurteilungsverfahrens

Wichtig ist es aber für die beurteilende Führungskraft, Klarheit über den Anspruch und die Reichweite des von ihr genutzten Verfahrens zu besitzen. Hierzu seien im Folgenden einige Unterscheidungen getroffen.

8.1 Leistungs- und Potenzialbeurteilung

Die Leistungsbeurteilung
bezieht sich auf in der
Vergangenheit erbrachte
Arbeitsergebnisse

Die Mitarbeiterbeurteilung wird in der Regel als eine LEISTUNGSBEURTEILUNG verstanden, und dies ist auch gut so. Das heißt, die Bewertung bezieht sich auf die Arbeitsergebnisse, die der Mitarbeiter in der Vergangenheit erbracht hat. Solche Ergebnisse sind beobachtbar; zumeist lässt sich hinreichend sicher feststellen, ob und inwieweit eine Aufgabe erfüllt, ein Ziel erreicht wurde. Man kann mit dem Mitarbeiter anhand konkreter Beispiele darüber sprechen, was er erarbeitet hat und wie er es erarbeitet hat.

Die Potenzialbeurteilung
versucht zu erfassen, für
welche Aufgaben ein
Mitarbeiter zukünftig
geeignet sein könnte

Davon zu unterscheiden ist die POTENZIALBEURTEILUNG, die zu erfassen sucht, für welche weit ergehenden Aufgaben – z.B. im Führungsbereich – ein Mitarbeiter zukünftig geeignet sein könnte. Das bedeutet, eine Potenzialbeurteilung versucht Aussagen über Fähigkeiten zu treffen, die bislang noch nicht sichtbar sind, sondern noch entfaltet und entwickelt werden könnten. Nun kann man nicht in die Zukunft blicken und so betritt man mit Leistungs- und Kompetenzprognosen grundsätzlich schwankenden Boden.

Unternehmen, die die Potenziale ihrer Mitarbeiter systematisch erkennen und entwickeln möchten, sollten zur Potenzialermittlung spezielle Verfahren wie psychologische Tests, Assessment Center (mit den Ableitungen „Orientierungs-Center", und „Development-Center"), Management Audits und besondere Interviewformen jeweils in einer sinnvollen Kombination nutzen und hierbei unbedingt auf entsprechend ausgebildete und erfahrene interne oder externe Berater zurückgreifen.

Leistungsbeurteilung und
Potenzialeinschätzung soll-
ten nicht vermischt werden

Zu äußerst unsicheren oder fehlerhaften Prognosen gelangt man dagegen, wenn man die Potenzialeinschätzung ohne Trennschärfe in die Leistungsbeurteilung mit einfließen lässt und die beurteilenden Führungskräfte en passant nach höherwertigen Verwendungsmöglichkeiten für den Mitarbeiter fragt oder schlicht von vergangenen auf zukünftige Leistungen schließt.

Dies kann leicht dazu führen, dass Mitarbeiter mit positiver Beurteilung so lange von Position zu Position befördert werden, bis sie eine Position erreicht haben, die sie mit ihren Fähigkeiten eben nicht mehr ausfüllen können. Sie unterliegen dann dem berühmten „Peter-Prinzip", indem sie die „Stufe ihrer persönlichen Inkompetenz" erreicht haben (siehe Peter und Hull 1970).

8.2 Beurteilung von Merkmalen, Aufgaben und Zielen

Am häufigsten wenden Unternehmen noch immer MERKMALSORIEN-TIERTE EINSTUFUNGSVERFAHREN an: Es werden Beurteilungskriterien vorgegeben – oft über das ganze Unternehmen hinweg –, und dem Vorgesetzten obliegt es, die Ausprägung der Merkmale anhand einer Skala zu bewerten – etwa durch Ankreuzen von Kästchen in einem schulnotenähnlichen Raster.

Weit verbreitet sind merkmalsorientierte Einstufungsverfahren

Die Kriterien variieren in der Anzahl von Unternehmen zu Unternehmen beträchtlich; zusammengefasst beziehen sie sich zumeist auf folgende Aspekte (nach Breisig 1998, S. 65):

Kriterien für eine Leistungsbeurteilung

- Leistung bzw. Arbeitsergebnisse (z.B. Arbeitsmenge und -qualität)
- Qualifikation (z. B. Fachwissen, Fähigkeiten)
- Arbeitsverhalten (z.B. Kooperation, Verantwortungsbereitschaft, Verhalten gegenüber Kunden)
- Führungsverhalten (bei Mitarbeitern mit Personalverantwortung; z.B. Delegation, Förderung)
- Persönlichkeitseigenschaften (z. B. Initiative, Belastbarkeit)
- Künftige Entwicklungs- und Einsatzmöglichkeiten (s.o.: Potenzialbeurteilung)

Die Konstruktion der Kriterien stellt eines der größten Probleme der merkmalsorientierten Beurteilungsverfahren dar. Eindeutig definiert sollen die Kriterien sein, sie sollen das relevante Mitarbeiterverhalten nahezu ganzheitlich abbilden, zugleich sollen sie praktikabel sein und die Komplexität möglicher Wahrnehmungen auf einige überschaubare Merkmale reduzieren. Dies gleicht der Quadratur des Kreises. Hinzu kommt, dass Eigenschaften, die in der Person liegen, als solche nicht beobachtbar sind, sondern beobachtbar ist immer nur gezeigtes Verhalten.

Man kann nicht „wirklich" herausfinden, wie belastbar ein Mitarbeiter ist, sondern nur konstatieren, wie er in einem bestimmten von uns als Belastungssituation interpretierten Kontext reagiert hat, ohne letztlich zu wissen, wie der Mitarbeiter die Situation selbst erlebt hat, welche zusätzlichen Einflüsse zu dem Zeitpunkt möglicherweise auf ihn eingewirkt haben und ob er in einer ähnlichen Situation zukünftig wieder auf gleiche Weise agieren würde.

Kriteriensetzungen können nicht objektiv sein. Oftmals sind definierte Kriterien jedoch aus pragmatischen Gründen ausdrücklich gewünscht und auch sinnvoll, beispielsweise um eine Vergleichbarkeit von Beurteilungen herzustellen mit dem Ziel der gerechten Selektion förderungswürdiger Mitarbeiter oder um eine übersichtliche Entscheidungsgrundlage für das Top-Management zu schaffen, das strategische Maßnahmen zur Personalrekrutierung und -entwicklung auf der Basis des

Kriteriensetzungen können nicht objektiv sein

Leistungsbildes ganzer Mitarbeitergruppen (z.B. Führungsnachwuchs-kräfte) einleiten möchte.

Die nicht einzulösende Objektivität der Kriterien kann durch ihre hohe Akzeptanz ersetzt werden

Es hat sich bewährt, bei der Kriterienbildung den uneinlösbaren An-spruch der Objektivität durch einen hohen Verständigungsgrad der be-teiligten Gruppen zu ersetzen. Dies bedeutet zunächst, dass sich die we-sentlichen Entscheidungsträger auf Bewertungskriterien einigen, die den Managementstil, die Kultur und die Zielsetzungen des Unterneh-mens abbilden. (Die Formulierung der Kriterien fällt bei einer Werbe-agentur sicherlich anders aus als bei einer Bank.)

Wesentliche Schlüssel-anforderungen werden in Einzelmerkmale ausdiffe-renziert und mit konkreten Verhaltensbeschreibungen unterlegt

Die erarbeiteten und definierten wesentlichen Schlüsselanforderungen an Mitarbeiter werden in Einzelmerkmale ausdifferenziert und mit kon-kreten Verhaltensbeschreibungen unterlegt. Woran erkennt man bei-spielsweise, dass ein Mitarbeiter eine hohe Methodenkompetenz besitzt? In der Beurteilungspraxis werden die Kriterien dann auf das spezifische Arbeitsfeld des zu beurteilenden Mitarbeiters übertragen: Relevante Merkmale werden ausgewählt, gewichtet und vielleicht ergänzt. So spielt bei einem Abteilungsleiter mit großer Führungsspanne der Aspekt der so-zialen Kompetenz in der Regel eine sehr viel größere Rolle als bei einem gewerblichen Mitarbeiter ohne Personalverantwortung; bei diesem kön-nen überdies Management- und Führungskompetenzen aller Wahr-scheinlichkeit nach überhaupt nicht in Ansatz gebracht werden. Dafür ist bei einem gewerblichen Mitarbeiter die Arbeitsmenge unter Umstän-den sehr viel besser messbar als bei einem Abteilungsleiter, der sich über-wiegend auf seine Führungsaufgaben konzentriert.

Die Interpretationsspan-nen bleiben beträchtlich

Um eine Vergleichbarkeit der Beurteilungen im Unternehmen oder in Arbeitsbereichen herzustellen, reichen auch differenzierte Definitionen und Merkmalsbeschreibungen nicht aus: Die Interpretationsspannen bleiben beträchtlich. Diese können effektiv vermindert werden, indem gerade bei der Enführung eines neuen Beurteilungsinstruments, aber auch später von Zeit zu Zeit Gelegenheiten geschaffen werden – etwa in Form von Workshops –, bei denen die Beurteilenden eine gemeinsame Sprachregelung im Hinblick auf die praktische Anwendung der Kriterien finden sowie Erfahrungen austauschen können, um auf diese Weise ei-ne konsensuelle Beurteilungsplattform herzustellen. Diese Gelegenhei-ten können auch genutzt werden, um Vorschläge zu erarbeiten, wie die Kriterienkataloge passgerecht zur aktuellen Unternehmens- und Um-feldentwicklung fortgeschrieben werden sollten.

8.2.1 Schlüsselkriterien zur Beurteilung von Führungskräften

Als Beispiel eines Katalogs merkmalsorientierter Anforderungen an Mit-arbeiter werden auf den folgenden Tafeln Schlüsselkriterien wiedergegeben, die auf der Basis des aktuellen Diskussionsstandes der Thematik sowie zahlreicher realisierter Firmenprojekte für die Beurteilung von Führungskräften entwickelt wurden (Jürgen Scholz, Institut für Management-Entwicklung, Bielefeld; unveröffentlichte Beratungsunterlage).

Die Kriterien folgen der heute vielerorts gebräuchlichen Einteilung in KOMPETENZFELDER: Wert gelegt wird beim vorgestellten Ansatz insbesondere auf diejenigen Kompetenzen, die in den sich rasch verändernden Unternehmenswelten an Bedeutung gewinnen, wie die Methodenkompetenz und die Lernfähigkeit. Zielgruppenspezifisch wird die Führungs- und Management-Kompetenz beschrieben. Im Zuge der Besinnung auf den Mitarbeiter als wichtigste Produktivkraft des Unternehmens erfährt die personale Kompetenz – wie heute bereits in zahlreichen Organisationen praktiziert – eine hohe Gewichtung in der Darstellung. Ergänzt wird der Katalog von Kompetenzen durch das besonders erfolgsrelevante Kriterium der Leistungsmotivation.

- **Acht Kompetenzfelder, auf denen Führungskräfte sich bewähren sollten** (nach Scholz)

Fachkompetenz		
Definition	*Merkmale*	*Verhalten*
Unter Fachkompetenz verstehen wir neben dem formalen Ausbildungs- und Erfahrungshintergrund die Erfahrungssicherheit und das Fach-Know-how einer Person, den initiativen Einsatz und die problemlösungsorientierte Anwendung der Kenntnisse, die eigenständige Weiterqualifizierung in dem verantwortlichen Kompetenzbereich und den eigenständigen Erwerb von Kenntnissen und Wissen anderer unternehmensrelevanter Funktionen und deren Zusammenspiel.	<ul><li>Ausbildungsniveau</li><li>Erfahrungssicherheit</li><li>Einsatz und Anwendung von Fachkenntnissen</li><li>Eigenständige Weiterqualifizierung im verantwortlichem Kompetenzbereich</li><li>Eigenständiger Erwerb von Kenntnissen und Wissen auch anderer unternehmensrelevanter Funktionen</li></ul>	… hat hervorragendes fachliches Know-how im Bereich X … besitzt ein hohes Maß an fachlicher Erfahrungssicherheit und arbeitet gezielt die kritischen Erfolgsfaktoren und Ansatzpunkte für Lösungen heraus … hat die fehlenden Fachkenntnisse im Bereich Y sehr initiativ und schnell aufgebaut … hat Kenntnis von unternehmenspolitischen Zusammenhängen und unternehmenskulturelles Verständnis … hat klare Vorstellungen über das fachliche Zusammenspiel der verschiedenen Funktionsbereiche

Intellektuelle Kompetenz

Definition	Merkmale	Verhalten
Unter intellektueller Kompetenz sind die kognitiven Fähigkeiten einer Person zu verstehen, d.h. ihre intellektuelle Ausstattung. Unter dieses Obermerkmal lassen sich zusammenfassen die Intelligenz; die Fähigkeit, Risiken zu erkennen, zu bewerten und Entscheidungen zu treffen, komplexe Informationen wahrzunehmen, zu differenzieren, auf das Wesentliche zu reduzieren, Zusammenhänge zu erkennen, problemlösungsorientiert in Alternativen zu denken und zu handeln, strategisch und vorausschauend zu denken; Fantasie und Flexibilität.	• Analyse komplexer Informationen • Erkennen von Zusammenhängen • Abstraktionsfähigkeit • Fähigkeit, Auswirkungen von Entscheidungen zu bewerten • Denken in Alternativen und Möglichkeiten • Strategisches und vorausschauendes Denken • Konzeptionelle Fähigkeiten • Kreativität und Fantasie	… durchdenkt Einzelheiten und Zusammenhänge eigenständig, sachlich und folgerichtig … bringt unterschiedliche bzw./und vielfältige Gedanken, Meinungen auf eine höhere Abstraktions-/Verständnisebene … wägt Alternativen ab und nimmt überlegt Bewertungen vor … ist nicht ohne kritisch-rationale Überprüfung zur Zustimmung bereit … tendiert nicht zu unangemessenen Verallgemeinerungen … entwickelt Entscheidungsalternativen und wählt auch unter Zeitdruck überlegt aus … fällt nach kritischer Analyse und Bewertung begründete Entscheidungen … entwickelt neue, fantasievolle und geeignete Lösungen, die zu konkreten Resultaten führen … greift Probleme umfassend auf, strukturiert, nimmt Beurteilungen vor, zieht logische Schlüsse … benennt widersprüchliche Informationen und setzt sich mit ihnen auseinander

Methodenkompetenz

Definition	Merkmale	Verhalten
Unter Methodenkompetenz lassen sich alle Techniken, Instrumente, Darstellungsweisen und Verfahren verstehen, die	• Zielgerichtetes Vorgehen • Planungsverfahren • Projektplanung und -steuerung	… erledigt Aufgaben systematisch und zielgerichtet … unterscheidet wichtige von unwichtigen Informationen … setzt Prioritäten in der Arbeitsplanung

jemand zur positiven Bewältigung seiner Aufgaben einsetzt.

Im Einzelnen handelt es sich darum, professionelles „Handwerkszeug" zu erwerben und anzuwenden, um die eigene Arbeit effizient zu planen und zu realisieren. Darüber hinaus gilt es, die eigenen Arbeitsbeiträge auf wirkungsvolle Weise zu kommunizieren, zu präsentieren und nachvollziehbar darzustellen.

- Zeitmanagement
- Arbeitstechniken
- Moderation
- Visualisierung
- Präsentation
- Dokumentation
- Vortrag
- Gesprächsführung
- Verhandlungsführung

… entwickelt konkrete Pläne zur Erledigung der Arbeit

… plant Projekte umfassend und sinnvoll

… trägt Gedanken, Vorstellungen, Arbeitsergebnisse überzeugend vor

… nutzt die zur Verfügung stehenden Arbeitsmittel und -techniken

… führt Gespräche/Verhandlungen einfühlsam und ergebnisorientiert

… präsentiert engagiert, gewinnt die Aufmerksamkeit der Zuhörer

… versteht es, eigene Ideen, Planungen, Ergebnisse zu visualisieren

… beherrscht die Moderationstechnik

Lernfähigkeit und -bereitschaft

Definition	*Merkmale*	*Verhalten*
Lernen ist die ständige Anpassung eines Menschen an die Anforderungen der Umwelt. Der Lernprozess setzt Lernfähigkeit und Lernwilligkeit voraus. Lernfähig/-willig sind Personen, die aus eigenen und fremden Erfahrungen (Fehlern und Erfolgen) Schlussfolgerungen für ihr Handeln ziehen. Sie setzen sich ständig mit neuen Inhalten, Erkenntnissen und Methoden ihres Fachgebietes auseinander und wenden neu erworbenes	• Neugier und Interesse • Unvoreingenommenheit und Offenheit • Mut, Neues auszuprobieren • Veränderungsbereitschaft • Umstellungsfähigkeit • Zukunftsgerichtetheit	… gibt sich mit bekanntem Wissen nicht zufrieden … ist wach und aufgeschlossen für neue Ideen, Erkenntnisse und Weiterentwicklungen … bemüht sich ständig, neue Methoden, Verfahren und Erfahrungen kennen zu lernen und nutzbringend auf sein Aufgabengebiet zu übertragen … kann sich schnell und erfolgreich auf neue Situationen, Methoden, Ziele und Personen einstellen … lässt sich flexibel auf andere Denkrichtungen ein und kombiniert sie mit eigenen Denkweisen … hält nicht starr am Gewohnten fest … arbeitet sich in ungewohnte Probleme ein

Wissen sinnvoll an. Sie suchen von sich aus nach neuen Wegen, Möglichkeiten und Lösungen und reagieren unvoreingenommen auf Veränderungen der Situation und der handelnden Personen.

... bezieht langfristige und übergeordnete Trends sowie zukünftige Veränderungen, Probleme und Erfordernisse in seine Überlegungen mit ein

... investiert private Zeit für Fort- und Weiterbildung

Soziale Kompetenz

Definition	Merkmale	Verhalten
Unter sozialer Kompetenz verstehen wir die Fähigkeiten, Situationen und Menschen angemessen einzuschätzen, aktiv partnerschaftliche Kontakte zu knüpfen, Beziehungen aufzubauen – auch unter Schwierigkeiten –, aufrechtzuerhalten bzw. angemessen zu beenden. Sozial kompetente Menschen sind auf Grund ihrer Interessen in der Lage, mit vielen verschiedenen Menschen Kontakt aufzunehmen, sie sind in ein soziales Netzwerk eingebunden. Bei der Bearbeitung gemeinsamer Aufgaben zeigen sie Verhaltensweisen, die zur Mitarbeit anderer beitragen und sie inhaltlich, methodisch und emotional unterstützen. Sozial kompetente Menschen besitzen die Fähigkeit, zuzuhören, aus der Perspektive anderer mitzudenken, Ideen und Interessen anderer aktiv in das eigene Handlungsspektrum mit einzubeziehen.	• Kontaktfreude und -initiative • Einfühlungsvermögen und Zuhörbereitschaft • Abstimmungs- und Konsensorientierung • Team- und Kooperationsfähigkeit • Integrationsfähigkeit • Unterstützungs- und Hilfsbereitschaft • Kommunikationsfähigkeit mit unterschiedlichen Personengruppen • konkrete, anschauliche und überzeugende Ausdrucksweise	... ist initiativ im Knüpfen und Pflegen von Kontaktnetzwerken nach innen und außen ... ist vor der Umsetzung von Entscheidungen und Konzepten abstimmungs- und teambewusst und bindet andere in seine Überlegungen aktiv mit ein ... hört anderen zu, lässt sie ausreden und kann das Gesagte kurz und präzise zusammenfassen ... unterstützt andere tatkräftig und nimmt die Hilfestellung anderer Personen an ... erfragt, insbesondere in Konfliktsituationen, die Wünsche und Gefühle anderer und macht konsensfähige Vorschläge ... begegnet anderen vorurteilsfrei und mit ernsthaftem Interesse an deren Sichtweisen ... ist geduldig, kompromissbereit und um Interessenausgleich sichtlich bemüht

Führungs- und Management- (unternehmerische)Kompetenz		
Definition	*Merkmale*	*Verhalten*
Führungs- und Managementkompetenz bezeichnet eine Summe von Fähigkeiten, einzelne oder eine Gruppe von Menschen auf inhaltlich-methodischer und emotional-motivationaler Ebene – auch unter Schwierigkeiten – zu selbst gesetzten oder fremdgesetzten Zielen hinzuführen. Wesentlich dabei sind auf der einen Seite Fähigkeiten, die es ermöglichen, andere sachlich-argumentativ und persönlich-emotional für eigene Ideen, Vorstellungen und Pläne – auch bei Widerstand und in Konfliktsituationen – gewinnen zu können und auf ein Ziel hinzulenken. Auf der anderen Seite geht es um Fähigkeiten und methodische Vorgehensweisen, seine Aktivitäten und die Aktivitäten anderer zu planen, zu strukturieren, Entscheidungen unter Abwägung klarer Prioritäten zu treffen, sie handlungsorientiert umzusetzen und den Fortschritt der Aktivitäten zu kontrollieren. Entscheidungen und Handlungsweisen orientieren sich dabei an der Ausbalancierung von Kundeninteressen, unternehmerischen Aufwands-/Nutzen-Aspekten und Mitarbeiterinteressen.	• Persönliche und sachliche Überzeugungskraft • Sicheres Auftreten • Durchsetzungskraft • Begeisterungs- und Motivationsfähigkeit • Konfliktfähigkeit • Ziel- und Ergebnisorientierung • Mut und Risikobereitschaft • Prioritätensetzung • Entscheidungsbereitschaft • Delegation, Koordination und Kontrolle • Planungs-, Steuerungs- und Lenkungs-Know-how • Effizienzorientiertes Denken und Handeln (Zeit und Kosten) • Kundenorientierung	... macht seine Zielvorstellungen und Absichten deutlich ... vertritt seine Position, auch in Verhandlungen, offensiv und mit emotionalem Engagement ... untermauert seine Position mit schlüssigen Argumenten ... erkennt Konflikte und trägt offensiv zur Lösung bei ... bleibt auch bei Widerstand gelassen und souverän ... steuert das Vorgehen mit Strukturierungsvorschlägen; Vorgehensweisen, die von anderen akzeptiert werden ... trifft zum Schluss des Gesprächs konkrete Vereinbarungen zum weiteren Vorgehen ... trifft seine Entscheidungen unter Aufwands-/Nutzenüberlegungen mit klaren Prioritäten ... trifft Entscheidungen auch bei unsicherer, unklarer Ausgangslage ... ist schnell, druckvoll und zielgerichtet in der Realisierung von Maßnahmen ... erkennt und nutzt Handlungsspielräume ... ist rationell und effizienzbewusst in seiner Arbeitsorganisation

Personale Kompetenz		
Definition	*Merkmale*	*Verhalten*
Zur personalen Kompetenz gehören verschiedene Charakter-/Persönlichkeitsmerkmale, die im Zusammenhang mit der Persönlichkeitsstärke und emotionalen Intelligenz einer Person stehen. Eine hohe personale Kompetenz liegt vor, wenn Personen sich ihrer Denk-, Handlungs- und Wirkungsweise bewusst sind, auch starken Belastungen gewachsen sind, stets überlegt und besonnen reagieren und dabei ihre Ziele nicht aus den Augen verlieren. Sie lassen sich durch Suggestionen nicht beeinflussen, zeigen keine Minderwertigkeitsgefühle, lassen Willensstärke erkennen und gehen mit sich und anderen humorvoll und konstruktiv um.	• Glaubwürdigkeit / Verlässlichkeit / Integrität • Selbstvertrauen • Selbstbewusstheit • Zuversicht • Emotionale Stabilität, Belastbarkeit • Souveräner Umgang mit unklaren oder mehrdeutigen Situationen (Ambiguitätstoleranz) • Selbstkontrolle • Realistische Selbsteinschätzung • selbstironischer Humor	… ist selbstbewusst in Argumentation und Handlungen … kann mit unklaren oder mehrdeutigen Situationen umgehen … ist selbstkritisch, akzeptiert Kritik … kann eigene Wünsche und Interessen klar formulieren … scheut keine Konflikte … zeigt eine realistische Einschätzung der eigenen Kenntnisse und Fähigkeiten … gibt eigene Fehler zu … widersteht Verlockungssituationen … bleibt auch bei persönlicher Ablehnung handlungsfähig … bleibt auch in schwierigen Situationen (Zeitdruck, Widerstände, Misserfolge) emotional ausgeglichen, zuversichtlich und behält den Überblick … ist gegenüber Vorgesetzten, Kollegen und Mitarbeitern aufrichtig und verdient Vertrauen … hat eine natürliche Autorität … identifiziert sich mit den Aufgaben, dem Unternehmen und mit gefällten Entscheidungen … ist humorvoll und geht auf den Humor anderer ein

Leistungsmotivation		
Definition	*Merkmale*	*Verhalten*
Leistungsmotivation liegt dann vor, wenn eine Person Aufgabenziele	• Initiative und Selbstständigkeit • Engagement	… handelt aus eigenem Antrieb … ist kontinuierlich motiviert und engagiert

| und/oder persönliche Ziele verfolgt, hohe Qualität anstrebt, Handlungen selbstständig initiiert. Bei der Bearbeitung von Aufgaben zeigt sie Ausdauer. Nach der Erreichung des Zieles nimmt sie positive Selbstbewertung vor, sofern sie zu der Erkenntnis gelangt ist, dass die Zielerreichung maßgeblich durch sie selbst verursacht wurde. Grundsätzlich lässt sich zwischen der Hoffnung auf Erfolg und der Furcht vor Misserfolg unterscheiden. | • Kontinuierliche Ziel- und Ergebnisverfolgung
• Ausdauer
• Hoffnung auf Erfolg
• Internale Kontrollüberzeugung
• Willensstärke
• Selbstmotivation
• Gestaltungsmotivation | ... ist nicht nur materieller oder ähnlicher Anreize und Vorteile wegen aktiv
... zeigt einen gesunden Ehrgeiz, erfolgreiche Beiträge für das Unternehmen zu leisten
... setzt sich eigene anspruchsvolle Leistungsstandards und bemüht sich voll, die Zielsetzungen zu erreichen
... konzentriert sich vorrangig auf die zu lösenden Aufgaben
... initiiert Prozesse und Maßnahmen
... zeigt Ausdauer bei der Realisierung eigener Ideen
... bringt Aufgaben zu Ende
... ist bereit zur Übernahme von Aufgaben auch außerhalb seines engeren Funktionsbereiches
... zieht Befriedigung aus erfolgreicher Tätigkeit
... nimmt positive Selbstbewertungen vor |

Im Hinblick auf die aktuelle Diskussion der Kriterienthematik sei abschließend darauf hingewiesen, dass Elemente der sozialen Kompetenz, der personalen Kompetenz und der Leistungsmotivation Eingang in die Prägung des Begriffes „Emotionale Intelligenz" (siehe vor allem Goleman 1999 a) gefunden haben.

Die „Emotionale Intelligenz" setzt sich aus Elementen der sozialen und der personalen Kompetenz und der Leistungsmotivation zusammen

Die **FÜNF DIMENSIONEN DER EMOTIONALEN INTELLIGENZ** beschreibt Goleman (1999 b) als
- SELBSTBEWUSSTHEIT (Verständnis für die eigenen Stimmungen, Gefühle und Bedürfnisse und Fähigkeit, deren Wirkung auf andere einzuschätzen),
- SELBSTSTEUERUNG (Kontrolle kurzschlüssiger Impulse, planvolles Handeln),
- MOTIVATION (Begeisterungsfähigkeit, sich selbst unabhängig von äußeren Anreizen anfeuern können),
- EMPATHIE (Verständnis für die emotionale Befindlichkeit anderer Menschen und angemessene Reaktion darauf),
- SOZIALE KOMPETENZ (Kontaktfähigkeit, gutes Beziehungsmanagement und Netzwerkpflege).

ES WURDE IN VERSCHIEDENEN UNTERSUCHUNGEN NACHGEWIESEN, DASS DIE EMOTIONALE INTELLIGENZ EIN FUNDIERTERES KRITERIUM FÜR EINEN ERFOLGREICHEN KARRIEREWEG DARSTELLT ALS KOGNITIVE FÄHIGKEITEN, WIE SIE BEISPIELSWEISE IN KLASSISCHEN INTELLIGENZTESTS GEMESSEN WERDEN.

In welchem Umfang erfüllt der Mitarbeiter seine Hauptaufgaben?

Eine Alternative zu den teilweise hochkomplexen und diagnostisch anspruchsvollen Bewertungen merkmalsorientierter Einstufungsverfahren stellen die AUFGABENORIENTIERTEN VERFAHREN dar. Die Leistung des Mitarbeiters hier wird daran gemessen, im welchem Umfang er seine Hauptaufgaben erfüllt. Dies setzt voraus, dass die Aufgaben, die vom Inhaber einer bestimmten Position zu bewältigen sind, zuvor präzise zusammengestellt werden. Erst dann kann das Ausmaß der individuellen Erfüllung bestimmt werden. Die inventarisierten Hauptaufgaben können mit Gewichtungsfaktoren belegt werden.

Der Objektivität des Verfahrens sind jedoch auch hier Grenzen gesetzt. Hauptaufgaben können durchaus vom Mitarbeiter und von der Führungskraft verschieden gewichtet werden; zudem können sich Prioritäten im dynamisierten Unternehmen rasch ändern. Problematisch ist die Bewertung auch dort, wo die Aufgabenerfüllung nicht genau operationalisiert wurde, z.B. bei Führungsaufgaben wie der Delegation von Aufgaben und der Förderung von Mitarbeitern.

Hier setzen ZIELORIENTIERTE BEURTEILUNGSVERFAHREN an, die mehr und mehr an Bedeutung gewinnen. Seit längerem praktiziert werden sie auf höheren Führungsebenen; beobachtbar ist in den vergangenen Jahren eine Ausweitung der Anwendung auch auf nachgelagerte hierarchische

Welche Ziele hat der Mitarbeiter nach Ablauf einer Periode erreicht?

Ebenen. Die Beurteilung eines Mitarbeiters orientiert sich hier ausschließlich daran, in welchem Umfang er die mit ihm vereinbarten Ziele nach Ablauf einer Periode erreicht hat (zum Prozess der Zielvereinbarung vgl. oben Kap. 7). Dies wird in Form eines Soll-Ist-Vergleichs festgestellt bzw. gemeinsam diskutiert. Überlegungen zur Transformation reiner Beurteilungsinstrumente in Richtung eines Rück- und Vorschau verbindenden Mitarbeiterjahresgesprächs (Teil IV) nehmen ihren Ausgangspunkt vor allem bei den zielorientierten Bewertungsverfahren.

Wie soll sich die Zielerreichung auszahlen?

Die aktuelle Diskussion befasst sich hierbei insbesondere damit, ob und in welchem Maße der Grad der individuellen Zielerreichung (oft neben der kollektiven Zielerreichung, z.B. auf Bereichsebene) Auswirkungen auf das Einkommen des Mitarbeiters haben soll. Den Chancen einer höheren Transparenz der Entgeltpolitik und einer stärkeren Motivation der Erfolgreichen stehen dabei Akzeptanzprobleme (z.B. Mindereinkommen bei Misserfolg), das Risiko der Förderung egoistischer Tendenzen und die bereits diskutierte Schwierigkeit gegenüber, die Erreichung „weicher" Ziele aus dem Verhaltensbereich zuverlässig zu messen.

8.3 Gebundene und freie Beurteilung

Bei der Mehrzahl der gängigen Verfahren handelt es sich um gebundene Personalbeurteilungen: Die Beurteilungsbögen enthalten engmaschige Vorgaben wie Kriterien und Skalierungen; die Führungskraft nimmt eine „Einstufung" in das vorgegebene Raster vor.

Die Beurteilungsbögen der gebundenen Personalbeurteilung enthalten engmaschige Vorgaben wie Kriterien und Skalierungen

Vorteile der gebundenen Beurteilung:
- Erleichterung des Beurteilungsvorgangs durch Kriterien- und Skalierungsvorgaben
- Vergleichbarkeit von Beurteilungen
- Möglichkeit statistischer Auswertungen im Hinblick auf Mitarbeitergruppen
- Beurteilungsbogen kann als Gesprächsleitfaden genutzt werden

Nachteile:
- Bewertung auch von Kriterien, die für den Arbeitsplatz nicht relevant sind – Risiko, „Nebenkriegsschauplätze" zu eröffnen
- Vernachlässigung im Beurteilungsbogen nicht abgebildeter, aber wichtiger Kriterien
- Fehlende Gewichtung der Kriterien
- Zu verengte, unflexible Gesprächsführung durch zu starre Vorgaben
- Lange und ermüdende Gespräche bei zu ausführlichen Bewertungsbögen – Gefahr der Verzettelung

Eine Alternative zu den streng formalisierten gebundenen Verfahren stellt die FREIE BEURTEILUNG dar. Hierbei werden im Beurteilungsbogen keine oder nur minimale Vorgaben im Hinblick auf Beurteilungskriterien gemacht; auf Einstufungen in eine Plus- und Minusskala wird weitestgehend verzichtet, dafür besteht Raum für eine frei formulierte Einschätzung im Gutachtenstil. Dies bedeutet, „ ... dass gerade die freie Beurteilung außergewöhnlich große Übung erfordert; sie ist vergleichbar mit dem Personenbild, das begabte Schriftsteller in guten Romanen darstellen. Darauf kommt es ja an: das Zusammenwirken der seelischen Kräfte und Erscheinungen sichtbar zu machen." (Knebel 1995, S. 89)

Die freie Beurteilung verzichtet weitgehend auf fixierte Vorgaben

Folgende Überschriften können die freie Beurteilung strukturieren:
- Stärken des Mitarbeiters
- Entwicklungsbedarf – „Schwächen"
- Bisherige Entwicklung
- Einschätzung der Arbeitsergebnisse
- Arbeitsverhalten (z.B. Kooperation, Umgang mit internen und externen Kunden)
- Stellungnahme des Mitarbeiters

Kriterien für die freie Beurteilung

Vorteile der freien Beurteilung:
- Eindeutige Gewichtung relevanter Aspekte
- Kommunikationsorientierung durch Verzicht auf enge Vorgaben – flexible und mitarbeiterorientierte Gesprächsführung möglich
- Notwendigkeit für den Beurteiler, sich mehr Gedanken zu machen als bei einem streng normierten Instrument

Nachteile:
- Fehlende Vergleichbarkeit von Beurteilungen
- Mangelnde statistische Auswertungsmöglichkeiten
- Hoher Anspruch an die Beurteilungs- und Formulierungsfähigkeit der Führungskraft
- Hoher Anspruch an die Fähigkeit der Führungskraft, den Dialog mit dem Mitarbeiter zu gestalten

Synthese aus den Ansätzen der gebundenen und der freien Beurteilung

Gewissermaßen als Synthese aus den Ansätzen der gebundenen und der freien Beurteilung sei insbesondere im Hinblick auf die Gesprächsführung empfohlen, mit einem BEGRENZTEN KANON VON BEURTEILUNGSKRITERIEN zu arbeiten und auf dem Beurteilungsbogen RAUM FÜR FREIE STELLUNGNAHMEN – auch seitens des Mitarbeiters – zu schaffen.

Hierfür gibt es mehrere Gründe:
- Gerade wenig erfahrenen Beurteilern sollte für die Vorbereitung und Durchführung des Gesprächs ein gewisses Halt bietendes „Geländer" zur Verfügung gestellt werden. Also: Ein „Ja" zu einer überschaubaren Anzahl von Kriterien.
- Je weniger überladen das Instrument ist, desto größer ist die Chance der lebendigen Anwendung des Instruments überhaupt, da die Einstiegsbarriere nicht so hoch ist; zudem erhöht der Verzicht auf engmaschige Vorgaben die Flexibilität des Gesprächs. Daher: Nur mit wenigen Kriterien arbeiten.
- Die vielfach angestrebte Erweiterung des Beurteilungsgesprächs in Richtung Zielvereinbarungs- und Entwicklungsgespräch lässt es aus gesprächsökonomischen Gründen als nicht sinnvoll erscheinen, den Beurteilungspart von der Gestaltung der Kriterien her sehr stark auszudifferenzieren. Das Gespräch würde schlicht zu lange dauern mit Konzentrationseinbußen und emotionalen Widerständen als Folgeerscheinungen.

8.4 Regel- und Bedarfsbeurteilung

Wird die Personalbeurteilung vor allem als Führungsinstrument zur Mitarbeiterentwicklung und -förderung verstanden, sollten die Intervalle der **Regelbeurteilung** nicht zu weit gefasst werden. Sinnvoll ist ein Turnus jährlicher Beurteilung. Geringere Zeitabstände stoßen erfahrungsgemäß auf Akzeptanzprobleme sowohl bei den Führungskräften als auch bei den Mitarbeitern vor allem infolge des hohen zeitlichen Aufwandes.

Für eine Regelbeurteilung ist ein jährlicher Turnus sinnvoll

Abstände von zwei oder mehr Jahren zwischen den Beurteilungen bieten dagegen nur eine unzureichende Kommunikationsdichte. Zu Beginn der Periode erzielte Erfolge sind vergessen, vereinbarte Entwicklungsmaßnahmen umgesetzt ohne unterstützendes Feedback, vermeintlich wichtige Gesprächsaspekte wurden längst von aktuellen Unternehmensentwicklungen überrollt.

Wird eine kürzere Rückmeldeschleife als das Jahresgespräch angestrebt, sollte man sich kleinerer Gesprächsformen bedienen wie derjenigen des „Meilensteingesprächs", in dem nur die wichtigsten Eckpunkte der laufenden Periode reflektiert werden (vgl. unten Teil IV).

Neben der obligatorischen periodischen Beurteilung sollte das Unternehmen weitere außerplanmäßige Beurteilungsanlässe festlegen. Sinnvoll sind entsprechende **Bedarfsbeurteilungen** bei folgenden Ereignissen:

Bedarfsbeurteilungen können je nach Anlass stattfinden

- Ablauf der Probezeit
- Versetzung von einem in einen anderen Bereich
- Wechsel der Tätigkeit/des Arbeitsgebietes
- Wechsel des Vorgesetzten
- geplante Beförderung
- Wunsch des Mitarbeiters nach außerplanmäßiger Beurteilung

8.5 Wahrnehmung und Urteilstendenzen

Es gibt nicht die eine „richtige" Wahrnehmung und schon gar nicht das einzig mögliche „richtige" Urteil. Die Aufnahmefähigkeit unserer Sinnesorgane ist begrenzt, und die Schlussfolgerungen, die wir auf Grund unserer Eindrücke ziehen, haben manchmal mehr mit uns selbst, unseren eigenen Vorlieben, Gewohnheiten, vielleicht auch Verletzungen zu tun als mit dem Menschen, der Gegenstand unseres Urteils ist. Manchmal schätzen wir an jemandem, dass er so ist wie wir, manchmal ist es genau dies, was wir nicht mögen, wenn jemand beispielsweise kritische Eigenschaften an den Tag legt, die wir in ihren destruktiven Auswirkungen nur zu gut von uns selbst her kennen.

Wahrnehmungen sind niemals „objektiv"

Das selektive, subjektive Moment unserer Wahrnehmung und Urteilsbildung wurde in der Kommunikationswissenschaft der vergangenen zwanzig Jahre immer stärker herausgearbeitet und gipfelte in der Theorie des „Radikalen Konstruktivismus", derzufolge jedes Individuum in seiner eigenen Welt lebt, unwissend, ob und in welchem Maße das,

„Jeder ist eine Insel", postuliert der „Radikale Konstruktivismus"

was ihm seine Sinnesorgane an Informationen und sein Gehirn an Denkoperationen liefern, mit einer Welt, die da draußen existieren könnte, korrespondiert. (Siehe zu dieser Thematik repräsentativ den Reader mit Grundlagentexten von Schmidt 1994).

Bewähren sich unsere Urteile in der Praxis, stimmen sie mit den Urteilen anderer überein?

Im Hinblick auf solche Zweifel an der Verlässlichkeit unserer Wahrnehmungen und Bewertungen muss die Frage, ob unsere Urteile objektiv wahr sind, durch die Frage ersetzt werden, ob sie sich in der Praxis bewähren und unser Überleben sichern und ob unsere Urteile mit den Urteilen anderer übereinstimmen. Erkenntnistheoretisch ist die Frage, was wir über die Welt wissen können, nach wie vor ungelöst; zuletzt bleibt sie philosophischer Reflexion überantwortet.

praxisrelevante Schlussfolgerungen über das Urteilen

Interessant ist aber, dass die Einsichten, die in der Kommunikationstheorie, der Kybernetik, der Systemtheorie und der Psychologie in der jüngeren Vergangenheit gewonnen wurden, zu den gleichen praxisrelevanten Schlussfolgerungen geführt haben,

... dass der Sinn einer Rückmeldung nicht darin besteht, jemanden mit einem feststehenden Urteil zu etikettieren, sondern dass eine Beurteilung ihrem Empfänger vielmehr helfen soll, die Wirkungen des eigenen Verhaltens kennen zu lernen, um dieses selbst gesteuert und situationsangepasst weiterentwickeln zu können;

... ferner, dass der Kommunikationsvorgang, in dem wir Selbst- und Fremdwahrnehmungen abgleichen, mindestens ebenso wichtig für ein abgestimmtes Zusammenwirken ist wie die letztendliche Übereinkunft, zu der wir im Gespräch gelangen;

... und schließlich, dass wir fehlbar sind und uns mit unseren Einschätzungen irren können, etwa in dem Sinne, dass wir Ursache-Wirkungs-Ketten falsch (re-)konstruieren, woraus sich der Appell ableiten lässt, im Beurteilungsprozess „intellektuelle Bescheidenheit" (K. R. Popper) walten zu lassen.

Mitarbeiterbeurteilungen haben oft Langzeitwirkungen und sollten dementsprechend sorgfältig vorgenommen werden

Da Mitarbeiterbeurteilungen oft Langzeitwirkungen haben, ist es wichtig, dass sich die beurteilenden Führungskräfte um der gebotenen Sorgfalt willen intensiv mit dem eigenen Wahrnehmungs- und Bewertungsstil auseinander setzen.

Welche Einflussfaktoren prägen den eigenen Urteilsstil?

Hierzu gehört es zunächst, sich mit den verschiedenen EINFLUSSFAKTOREN zu befassen, die den eigenen Urteilsstil prägen, wie zum Beispiel

• dem praktizierten Führungsstil,
• Werten,
• dem persönlichen Lebensstil,
• der kognitiven Struktur,
• der Beurteilungskompetenz,
• Rollenerwartungen,
• der Kenntnis des Arbeitsfeldes des Beurteilten,

- persönlichen Verbindungen mit dem Mitarbeiter und
- Sympathie und Antipathie.

Weiterhin sollte man mit den Abwehrmechanismen, also Wirklichkeitsverzerrungen, vertraut sein, zu denen man – etwa in Belastungssituationen – im Umgang mit anderen neigt und die die Wahrnehmung eintrüben können (siehe oben Teil II, Kap. 8).

Und schließlich sollte man die klassischen BEURTEILERBEDINGTEN FEHLERQUELLEN kennen, die im Folgenden wiedergegeben werden:

Welche beurteilerbedingten Fehlerquellen können unangemessene Beurteilungen hervorrufen?

Urteilstendenzen – Fehlerquellen

Tendenz zur Mitte:	Die Streuung der Beurteilungswerte wird in Richtung Mittelwert verschoben aus Übervorsicht, Mangel an Beobachtungen oder infolge einer negativen Einstellung gegenüber dem Beurteilungsvorgang, z.B. wenn Beurteilungen als lästig empfunden werden.
Milde-Fehler:	Tendenz, eine zu positive Bewertung abzugeben, um sich gegenüber der beurteilten Person loyal zu verhalten.
Strenge-Fehler:	Tendenz, eine zu strenge Beurteilung abzugeben.
Überstrahlungen (Halo-Effekt):	Ein positives Merkmal überstrahlt ein davon unabhängiges negatives Merkmal; oder ein negatives Merkmal überstrahlt ein davon unabhängiges positives Merkmal (Mistgabeleffekt).
Vorrang-Effekt:	Der erste Eindruck übertönt spätere Wahrnehmungen.
Neuheits-Effekt:	Neue Eindrücke übertönen frühere Wahrnehmungen.
Kontrast-Effekt:	Nach einer schlechten Bewertung wird eine befriedigende Leistung als sehr positiv bewertet und umgekehrt.
Logischer Fehler:	Scheinbar zusammengehörige Merkmale werden gleich bewertet, obwohl sie tatsächlich unabhängig voneinander sind (z.B. Durchsetzungskraft und Entscheidungsfreude).
Attributionsfehler:	Für eine gezeigte Leistung oder ein Verhalten wird eine unzutreffende Ursache angenommen.
Einzelbeobachtung:	Der Beurteiler haftet an einer einzelnen Beobachtung und gründet darauf sein Urteil ohne Absicherung durch weitere Befunde.

Maßstabseffekt:	Der Beurteilende nimmt das eigene Anspruchsniveau zum Maßstab und kommt auf diese Weise zu einer verzerrten (zu scharfen oder zu nachsichtigen) Beurteilung.
Projektion:	Eigene negative Eigenschaften werden dem Beurteilten zugeschrieben.
Vorurteile:	Ansichten anderer Personen (z.B. mündliche Berichte oder schriftlich vorliegende frühere Beurteilungen) werden kritiklos übernommen; auch: Vorurteile gegenüber Bevölkerungsgruppen.
Kleber-Effekt:	Ein Mitarbeiter, der länger nicht befördert wurde, wird unterschätzt.
Hierarchieeffekt:	Mitarbeiter in hierarchisch höheren Positionen werden besser eingeschätzt als rangniedere Mitarbeiter.
Kontakt-Effekt:	Mitarbeiter, mit denen man häufig Kontakt hat, werden besser beurteilt.
Sympathie und Antipathie:	Die eigene positive oder negative Einstellung gegenüber dem Mitarbeiter färbt auf das Urteil ab.
Implizite Persönlichkeitstheorien:	Allgemeine Annahmen darüber, wie Menschen sind und nach welchen Gesetzmäßigkeiten sie handeln, verzerren das Urteil.
Persönliche Interessen:	• Den Mitarbeiter negativ beurteilen, um ihn in der Abteilung zu halten • Positive Beurteilung, um den Mitarbeiter „wegzuloben" • Begünstigungsabsichten (Protektion) • Schädigungsabsichten, die z.B. im Zusammenhang mit eigenen Schwächen oder „alten Rechnungen" stehen

Kaum wird der Beurteilende eine laufende innere Kontrolle bezüglich aller genannten Fehlerquellen leisten können. Die Fähigkeit und Bereitschaft, die verschiedensten Einflüsse auf die Mitarbeiterbewertung parallel zu reflektieren und abzuwägen, mag hier bald an Grenzen stoßen. Zudem wäre ein Beurteilungsprozess, in dem wir von unserer persönlichen Disposition und Einstellung absehen, sehr kalt und im Ergebnis, wie oben dargestellt, zuletzt doch nur scheinobjektiv.

Förderlich ist eine Einstellung, die Mitarbeiterbeurteilung vor allem als Kommunikations- und Förderungsinstrument zu nutzen

Im Auge behalten sollte man hier die Intention, die Mitarbeiterbeurteilung vor allem als Kommunikations- und Förderungsinstrument zu nutzen. Vor diesem Hintergrund sollte man vor allem beobachten, welches die eigenen „Lieblingstendenzen" beim Beurteilen sind, und dann gegensteuern, wenn man den Eindruck gewinnt, dass diese sich zu viel Raum verschaffen und eine alles in allem ausgewogene Beurteilung verhindern. Die folgende Anleitung enthält einige konkrete Anregungen für die Beurteilungspraxis.

8.6 Tipps zur Verbesserung des eigenen Wahrnehmungs- und Urteilsverhaltens

- Trennen Sie genau zwischen VERHALTENSBEOBACHTUNGEN UND DEUTUNGEN DES VERHALTENS. Beispiel: Ein Mitarbeiter ist auf Nachfrage nicht bereit, Überstunden zu leisten (Verhaltensbeobachtung); dieses Verhalten lässt sich sehr verschieden deuten, etwa als Unlust, Faulheit, emotionaler Widerstand gegen die Führungskraft, als Anzeichen von Teamproblemen, als Ausdruck privater Überlastung oder als Zeichen körperlicher Indisponiertheit.
- Machen Sie sich REGELMÄSSIG SCHRIFTLICHE NOTIZEN ÜBER BESONDERE EREIGNISSE, die mit dem Mitarbeiter in Zusammenhang stehen, und ÜBER KONKRETE EINDRÜCKE IM HINBLICK AUF LEISTUNGEN UND ARBEITSVERHALTEN. Halten Sie dabei vor allem Tatsachen fest; mit ihrer Hilfe können Sie später Ihre Beurteilung fundieren.
- WARTEN SIE MIT IHREM URTEIL, BIS ALLE ZUGÄNGLICHEN INFORMATIONEN VORLIEGEN.
- SEIEN SIE OFFEN DAFÜR, DASS ANDERE MENSCHEN HERAUSFORDERUNGEN MIT ANDEREN PROBLEMLÖSUNGSSTRATEGIEN MEISTERN ALS SIE SELBST.
- Versuchen Sie zu verstehen und nachzuempfinden, wie der andere die Situationen, in denen er agiert, wahrnimmt und emotional erlebt.
- Seien Sie sensibel für die Empfindungen und Reaktionen, die das Verhalten des anderen in Ihnen auslöst.
- Tragen Sie zunächst die diversen Beobachtungen aus den verschiedenen Leistungs- und Verhaltensfeldern zusammen; FÜGEN SIE DIE EINZELNEN EINDRÜCKE ERST DANACH ZU EINEM GESAMTBILD ZUSAMMEN.
- STIMMEN SIE IHRE BEURTEILUNG besonders dann MIT ANDEREN BETEILIGTEN VORGESETZTEN AB, wenn Ihr Mitarbeiter im Beurteilungszeitraum
  - ... fachlich einem anderen Vorgesetzten zugeordnet war,
  - ... während der Beurteilungsperiode einen Vorgesetztenwechsel erlebt hat,
  - ... zeitweilig andernorts, etwa im Ausland, tätig war,
  - ... mit hohen Zeitanteilen in einem übergreifenden Team oder Projekt aktiv war.

8.7   Die Situation aus der Sicht des Mitarbeiters

Im Beurteilungsgespräch erlebt der Mitarbeiter vor allem das Gefälle zwischen sich und dem Vorgesetzten

In der Praxis sollte man davon ausgehen, dass der Mitarbeiter, wenn er in das Beurteilungsgespräch hineingeht, zunächst das Asymmetrische der Situation erleben und reflektieren wird. Der Vorgesetzte hat sich Gedanken gemacht und ist zu einer Bewertung der Ereignisse gelangt. Das erinnert zumindest an Schulnoten, wenn nicht gar in der Tat an eine „Urteilsverkündung".

Beurteilung von Vorgesetzten

Selbst dort, wo ergänzend zur Mitarbeiterbeurteilung das Instrument der Vorgesetztenbeurteilung eingeführt wurde, wird durch das Prinzip gegenseitiger Rückmeldung allein kaum sofort eine partnerschaftliche Gesprächssituation entstehen, denn der Mitarbeiter wird damit rechnen, dass der Vorgesetzte als Situationsmächtiger eine negative Beurteilung effektiver wird vergelten können als er selbst. Hier wäre die Ausgangsfragestellung für den Mitarbeiter dann vielleicht eine taktische: *„Wie sag ich's meinem Vorgesetzten?"* Und: *„Wie muss ich mich verhalten, um mir das Leben am Arbeitsplatz nach dem Gespräch nicht unnötig zu erschweren?"*

Ein sinnvolles Kommunikationsziel könnte für den Vorgesetzten darin bestehen, den asymmetrischen Grundeindruck, den die Situation des Beurteilungsgesprächs zutreffenderweise beim Mitarbeiter hervorruft, so gut wie möglich durch eine kooperative Gesprächsführung zu entschärfen.

Folgende Anliegen könnte der Mitarbeiter im Beurteilungsgespräch haben:

Was den Mitarbeiter im Beurteilungsgespräch bewegt

- Eine offene Rückmeldung über die eigene Kompetenz und Leistungsfähigkeit erhalten
- Verbesserungsmöglichkeiten aufgezeigt bekommen
- Erfolge bestätigt bekommen
- Unverarbeitete Ereignisse aus der vergangenen Periode offen besprechen können
- Die eigene Sicht der Dinge darlegen und verständlich machen
- Dem Vorgesetzten eine Rückmeldung über sein Führungsverhalten geben
- Negativaspekte der Beurteilung durch Argumentation korrigieren
- Eine Landkarte und Wegbeschreibung als Orientierung für die nächste Periode bekommen
- Impulse für den eigenen Arbeitsbereich geben
- Eigene Entwicklungsmöglichkeiten diskutieren und konkrete Maßnahmen vereinbaren
- Einen positiven Gesamteindruck hinterlassen
- Einen hohen zusätzlichen Entgeltbestandteil herausholen (wenn das Beurteilungsgespräch an eine finanzielle Komponente gebunden sein sollte)

8.8 Gesprächsvorbereitung

Mangelnde Vorbereitung ist einer der wesentlichen Gründe für ein Scheitern von Beurteilungsgesprächen. Konflikte entstehen vor allem dann, wenn der Mitarbeiter sich ungerecht beurteilt fühlt. In aller Regel ist der Mitarbeiter mit seinem eigenen Leistungsbild gut vertraut. Dabei vergleicht er sich auch mit Kollegen, die er im tagtäglichen Umgang erlebt und deren Arbeitsleistung er gleichfalls gut kennt. Auf ungerechte Bewertungen, die auf mangelnder Beobachtung beruhen oder die Einstufung in die informelle Leistungsrangreihe des Teams unzutreffend wiedergeben, wird er höchst empfindlich reagieren. Die Folge ist dann eine distanzerhöhende Argumentation über verschiedene Sichtweisen der gezeigten Leistung (mit persönlicher Abwertungstendenz) anstatt des gewollten fundierten Austausches von Fremd- und Selbstwahrnehmungen. Ähnlich wie beim Zielvereinbarungsgespräch sollten sich daher auch beim Beurteilungsgespräch sowohl der Mitarbeiter als auch der Vorgesetzte eingehend auf den Dialog vorbereiten.

Konflikte entstehen vor allem dann, wenn der Mitarbeiter sich ungerecht beurteilt fühlt

> EINE GUTE MÖGLICHKEIT, SICH AUF DEN AUSTAUSCH VON SELBST- UND FREMDBILD EINZUSTIMMEN, BESTEHT DARIN, DEN MITARBEITER ZU BITTEN, VOR DEM GESPRÄCH EINE SELBSTEINSCHÄTZUNG ANHAND DES VERWENDETEN BEURTEILUNGSBOGENS VORZUNEHMEN.

Wie sieht der Mitarbeiter sich selbst?

Alternativ hierzu kann die Führungskraft dem Mitarbeiter ihren Beurteilungsentwurf zur Gesprächsvorbereitung zur Verfügung stellen. Allerdings kann dies dazu führen, dass der Mitarbeiter sich selbst nicht mehr unvoreingenommen einschätzt, sondern mit seiner Selbstbewertung vor allem auf die Beurteilung der Führungskraft reagiert.

Zur weiteren Gesprächsvorbereitung können Mitarbeiter und Vorgesetzter den gleichen Fragenkatalog nutzen:

Vorbereitung des Mitarbeiters und des Vorgesetzten

- Welche Entwicklungen, besonderen Ereignisse und persönlichen Prioritäten waren in der vergangenen Periode wichtig und wie wurde der Zeitraum insgesamt persönlich erlebt?
- In welchem Maße wurden die für die Periode vereinbarten Ziele erreicht, die mit der Position verbundenen Aufgaben und Anforderungen erfüllt?
- Welche Rahmenbedingungen oder äußeren Umstände haben möglicherweise dazu geführt, dass Leistungsziele nicht oder nur teilweise erreicht wurden?
- Welche besonderen Leistungen sind bei der Beurteilung zu berücksichtigen (etwa die Übernahme von Zusatzaufgaben oder die erfolgreiche Aktivität in übergreifenden Projekten)?

- Mit welchen Beispielen lässt sich die persönliche Einschätzung belegen?
- Wie hat sich Leistungsverhalten seit der letzten Beurteilungsperiode entwickelt? Welche Tendenzen werden sichtbar?
- Wo liegen besondere persönliche Stärken und wo existiert Entwicklungsbedarf?
- Können die persönlichen Fähigkeiten zur Zeit adäquat im Arbeitsbereich eingesetzt werden?
- Welchen Einfluss hat das Klima im Arbeitsbereich auf die Leistung des Mitarbeiters?
- Wie wird die Zusammenarbeit von Führungskraft und Mitarbeiter bewertet und wie ist das Unterstützungsverhalten der Führungskraft einzuschätzen?

8.9   Hinweise für das Führen von Beurteilungsgesprächen

- Nehmen Sie sich AUSREICHEND ZEIT für das Beurteilungsgespräch (vermeiden Sie möglichst Termindruck am Gesprächsende), vor allem wenn Sie damit rechnen, dass der Mitarbeiter seine Leistung besser einschätzt als Sie.
- Nutzen Sie POSITIVE LEISTUNGEN des Mitarbeiters als Ansatzpunkte für die Gesprächsführung.
- Federn Sie den Urteils- und Benotungsaspekt des Gesprächs ab, indem Sie den Mitarbeiter danach FRAGEN, WAS IHM IN DER VERGANGENEN PERIODE WICHTIG WAR und wie er den Zeitraum persönlich erlebt hat.
- Ermutigen Sie den Mitarbeiter, seine SELBSTEINSCHÄTZUNG zu schildern; räumen Sie ihm dabei HOHE REDEANTEILE ein.
- Seien Sie OFFEN FÜR DIE SICHTWEISE IHRES MITARBEITERS und die Beispiele, die er zur Stützung seiner Selbsteinschätzung einbringt. Versuchen Sie die Sichtweise Ihres Mitarbeiters durch NACHFRAGEN so genau wie möglich zu verstehen.
- Sprechen Sie nicht nur über das, WAS DER MITARBEITER ERREICHT HAT, sondern auch darüber, WIE ER ES ERREICHT HAT. Hat der Mitarbeiter seine Ziele auf Kosten anderer Personen und zu Lasten gemeinschaftsdienlicher Aktivitäten verfolgt, oder ist es ihm gelungen, seine Ziele nachhaltig und in Harmonie mit den sozialen und organisatorischen Anforderungen seines Arbeitsplatzes anzusteuern?
- Sprechen Sie ANERKENNUNG UND KRITIK OFFEN UND WERTSCHÄTZEND aus auf der Gundlage der Regeln für die Rückmeldung (s.o. Teil II, Kap. 5.5).

- Nutzen Sie das Beurteilungsgespräch auch als Gelegenheit, vom Mitarbeiter zu erfahren, WIE ER DIE ZUSAMMENARBEIT MIT IHNEN ALS FÜHRUNGSKRAFT ERLEBT.
- Wenn der Vergleich Ihrer Einschätzungen mit denen des Mitarbeiters zu einem DISSENS führt, ENTKRAMPFEN SIE DIE GESPRÄCHSATMOSPHÄRE, indem Sie ...
  - ... genau nach den Gründen für die abweichende Einschätzung des Mitarbeiters fragen,
  - ... die Einschätzung des Mitarbeiters ernst nehmen und gemeinsam mit ihm die Unterschiede in der Wahrnehmung herausarbeiten,
  - ... einräumen, dass Sie nicht alle Aktivitäten Ihres Mitarbeiters im Detail beobachten konnten,
  - ... gegebenenfalls offen zum Ausdruck bringen, dass Aspekte, die Ihr Mitarbeiter in das Gespräch einbringt, unbekannt und neu für Sie sind,
  - ... signalisieren, dass Sie nicht um jeden Preis auf Ihrer Meinung beharren wollen, sondern gesprächsbereit sind und die Beurteilung selbst noch einmal kritisch hinterfragen werden.

8.10 Gesprächsablauf

Kontaktphase

- Kurzes Warming-up; möglichst direkt in die Thematik einsteigen, da ein langer Vorspann beim Mitarbeiter möglicherweise eine stresserhöhende Wirkung hat.

Klärung der Themen, der Gesprächsziele und des Zeitrahmens

- Gesprächsablauf vorschlagen (siehe unten)

Themenbearbeitung

1. DIE FÜHRUNGSKRAFT STELLT ALS EINSTIEG EINIGE ZENTRALE POSITIVE ASPEKTE DES LEISTUNGSVERHALTENS HERAUS, die er beim Mitarbeiter im vergangenen Beurteilungszeitraum wahrgenommen hat.
2. DER MITARBEITER SCHILDERT, WAS IHM WÄHREND DER VERGANGENEN PERIODE WICHTIG WAR und wie er diesen Zeitraum persönlich erlebt hat (mit Rückfragen durch die Führungskraft).
3. Die SELBSTEINSCHÄTZUNG DES MITARBEITERS UND DIE BEURTEILUNG DER FÜHRUNGSKRAFT werden ausgetauscht und diskutiert.
   Hier bieten sich zwei alternative Vorgehensweisen an:

Alternative 1:

Der Mitarbeiter stellt zunächst seine Selbsteinschätzung insgesamt vor. Im nächsten Schritt vermittelt die Führungskraft ihre komplette Beurteilung. Danach werden Übereinstimmungen und Unterschiede herausgearbeitet und durch Wahrnehmungen und Beispiele fundiert.

Alternative 2:

Die Selbstwahrnehmung des Mitarbeiters wird Punkt für Punkt (Kriterium für Kriterium, Aufgabe für Aufgabe oder Ziel für Ziel) mit der Beurteilung der Führungskraft verglichen und direkt besprochen. Dieses Vorgehen bietet den Vorteil eines durchgehenden dialogischen Moments (das beim blockweisen Vortrag der jeweiligen Einschätzungen nacheinander nicht gegeben ist), und es fördert die differenzierte und organische Diskussion, da der Austausch von Beobachtungen und deren Besprechung in einem Schritt vorgenommen werden.

4. Der Mitarbeiter gibt der Führungskraft eine Rückmeldung darüber, wie er die Zusammenarbeit mit der Führungskraft in der vergangenen Periode erlebt hat (mit Nachfragen der Führungskraft). Die Führungskraft gibt ihre Eindrücke im Hinblick auf die Zusammenarbeit wieder. Verbesserungsmöglichkeiten für die Zusammenarbeit werden eruiert und vereinbart.

5. Falls das Gesprächsinstrument es vorsieht, werden Vereinbarungen im Hinblick darauf getroffen, wie bislang nicht erreichte Ziele weiterverfolgt werden, und es werden Leistungsvereinbarungen für die kommende Periode besprochen und festgehalten.

6. Entwicklungsbedarfe des Mitarbeiters werden gemeinsam ermittelt und Entwicklungswünsche des Mitarbeiters aufgenommen; Entwicklungswünsche und -notwendigkeiten fließen in die Vereinbarungen entsprechender Maßnahmen ein.

Zusammenfassung des Gesprächsergebnisses

- In der Zusammenfassung vor allem noch einmal auf positive Aspekte der Leistung und Entwicklung des Mitarbeiters eingehen.
- Auch diejenigen Aspekte in die Zusammenfassung aufnehmen, über die Sie als Führungskraft auf Grund der Rückmeldung des Mitarbeiters zur Zusammenarbeit nachdenken wollen bzw. die Sie ändern möchten.
- Auch dem Mitarbeiter Gelegenheit zur Zusammenfassung des Gesprächs aus seiner Sicht geben.

Positives Gesprächsende

- Bei positivem Gesprächsverlauf Stellenwert des Austauschs hervorheben.

8.11 Nach dem Gespräch

„Die meisten Beurteilten empfinden, dass sie mit der Beurteilung gewisser-
maßen ‚eingefärbt' worden sind. Sich von dieser Farbe wieder reinzuwaschen,
erscheint ihnen auf Grund der Erfahrungen kaum denkbar." (Knebel 1995,
S. 95)

Mitarbeiterbeurteilungen können einen nachhaltigen Eindruck beim
Mitarbeiter hinterlassen, zumal wenn Beurteilung und Selbstbild stark
voneinander abweichen. Fällt die Beurteilung besser aus als die persönliche Einschätzung, kann man in der Folgezeit vielfach einen Motivati-
onsschub feststellen. Eine unerwartet negative Beurteilung dagegen
führt oft zu Frustration *(„Dem kann ich es sowieso nicht recht machen"),*
zuweilen auch zu verstärkter, unter Umständen aber verkrampfter An-
strengung.

Wenn Beurteilung und Selbstbild stark voneinander abweichen, kann das den Mitarbeiter nachhaltig beeinflussen

Führungskräfte sollten nach einem Beurteilungsgespräch deshalb
nicht nur darauf achten, ob vereinbarte Maßnahmen umgesetzt werden,
sondern vor allem auch darauf, wie sie den Motivationsgrad des Mitarbeiters in der Folgezeit wahrnehmen. Mehr Klarheit in den Aktivitäten
des Mitarbeiters und ein freieres, energiereicheres Arbeiten kann man als
Anzeichen dafür werten, dass das Beurteilungsgespräch als ein guter Austausch von Rückmeldungen und als ein wirklicher Dialog erlebt wurde
(auch dann, wenn offen Kritik geäußert wurde). Wirkt der Mitarbeiter
dagegen nach dem Gespräch verschlossen und antriebsarm, sollte man
die eigene Beurteilungspraxis hinterfragen und gegebenenfalls nach einer angemessenen Zeit zur Klärung ein weiteres Gespräch mit dem Mitarbeiter suchen.

Wie entwickelt sich der Motivationsgrad des Mitarbeiters in der Folgezeit?

Teil IV

Das Mitarbeiterjahresgespräch
als Führungsinstrument

HAMLET. ...
Einer mit einer Flöte tritt auf.

O, die Flöten; laßt mich eine sehen – – Wir gehen mit einander, mein Herr – – Wie, warum geht ihr so um mich herum, mir den Wind abzugewinnen, als ob ihr mich in ein Garn treiben wolltet?

GÜLDENSTERN. O mein Gnädiger Prinz, wenn mich meine Pflicht zu kühn macht, so zwingt mich meine Liebe so gar unhöflich zu seyn.

HAMLET. Das versteh' ich nicht allzuwol. Wollt Ihr auf dieser Flöte spielen?

GÜLDENSTERN. Ich kan nicht, Gnädiger Herr.

HAMLET. Ich bitte euch.

GÜLDENSTERN. Glaubt mir, auf mein Wort, ich kan nicht.

HAMLET. Ich bitte recht sehr.

GÜLDENSTERN. Ich kenne keinen Griff, Gnädiger Herr.

HAMLET. Es ist eine so leichte Sache als Lügen; regiert die Windlöcher mit euern Fingern und dem Daumen, blaßt mit euerm Mund darein, und es wird die beredteste Musik von der Welt von sich geben. Seht ihr, hier sind die Griff-Löcher.

GÜLDENSTERN. Aber das ist eben der Fehler, dass ich sie nicht zu greiffen weiß, damit eine Harmonie heraus komme; ich verstehe die Kunst nicht.

HAMLET. So? Seht ihr nun, was für ein armseliges Ding ihr aus mir machen wollt; ihr möchtet gern auf mir spielen; ihr möchtet dafür angesehen seyn, als ob ihr meine Griffe kennet; ihr möchtet mir gern mein Geheimniß aus dem Herzen herausziehen; ihr wollt, daß ich euch von der untersten Note an bis zur höchsten angeben soll; das wollt ihr; und es ist so viel Musik, ein so reizender Gesang in diesem kleinen Stüke Holz, und doch könnt ihr sie nicht herausbringen? Wie, bildet ihr euch ein, daß ich leichter zu spielen bin als eine Pfeiffe? Nennt mich welches Instrument ihr wollt, aber wenn ihr schon auf mir herumpfuschen könnt, so könnt ihr doch nicht auf mir spielen – Grüß euch Gott, mein Herr –

William Shakespeare,
Hamlet, Prinz von Dännemark

1   Welchen Nutzen bringt das Mitarbeiterjahresgespräch?

Übergreifende Zielsetzun-gen der Organisation sollen so vermittelt werden, dass der Mitarbeiter Orientie-rung für selbst gesteuertes Handeln findet

Kommunikation soll Partnerschaftlichkeit dokumentieren und Mitgestaltungs-möglichkeiten eröffnen

Die Kommunikation zwischen Führungskräften und Mitarbeitern muss heute vor allem zwei Ansprüchen genügen:
* Zum einen müssen übergreifende Zielsetzungen der Organisation und verabschiedete Strategien so verständlich vermittelt und im Hinblick auf die Belange des einzelnen Arbeitsplatzes so präzise operationalisiert werden, dass der einzelne Mitarbeiter genügend Orientierung für sein – in der Ausführung dann weitgehend selbst gesteuertes – Handeln findet.
* Zum anderen muss der Kommunikationsprozess dem Anspruch der Partnerschaftlichkeit genügen und dem Mitarbeiter Mitgestaltungsmöglichkeiten eröffnen – mit den Zielen der Arbeitszufriedenheit des Mitarbeiters und nicht zuletzt auch der Nutzung aller verfügbaren Ressourcen für die Unternehmensentwicklung.

DAS MITARBEITERJAHRESGESPRÄCH IST EIN WIRKSAMES INSTRUMENT, MIT DESSEN HILFE SICH DER PLANUNGS- UND STEUERUNGSANSPRUCH DER ORGANISATION MIT DEM ASPEKT AKTIVER, MITVERANTWORTLICHER BETEILIGUNG DES MITARBEITERS ZU EINER TRAGFÄHIGEN SYNTHESE VERBINDEN LÄSST.

Königsdisziplin der Kommunikation mit Mitarbeitern

Das abschließende Kapitel soll dieser Königsdisziplin der Kommunikation mit Mitarbeitern gewidmet sein und Chancen, Stolpersteine, Hinweise zu Konzeption und Implementierung sowie zentrale Aspekte der praktischen Gesprächsführung darstellen.

Dass es sich bei dieser Gesprächsform tatsächlich um ein *Jahres*gespräch handelt, ist nicht zwingend vorgeschrieben. Jede Organisation sollte ihren eigenen Rhythmus für die Durchführung finden. In vielen Unternehmen hat es sich indessen bewährt, das Mitarbeitergespräch in der hier behandelten Gestalt einmal jährlich anzusetzen.

Zwischen Führungskraft und Mitarbeiter sollte eine genügend hohe Kommunikationsdichte herrschen

Der Jahresrhythmus entspricht zumeist dem betriebswirtschaftlichen Planungszyklus; er sichert – ergänzt durch kleinere unterjährige „Meilensteingespräche" – eine genügend hohe Kommmunikationsdichte zwischen Führungskraft und Mitarbeiter, ohne die Beteiligten dabei durch einen zu hohen zeitlichen Gesprächsaufwand zu überfordern. Wohl aus diesem Grunde hat sich der Begriff „Mitarbeiterjahresgespräch" in vielen Unternehmen und Veröffentlichungen für das hier vorgestellte Gesprächsinstrument inzwischen auch eingebürgert.

1.1 Bestandteile des Mitarbeiterjahresgesprächs

Rückschau und Vorausschau sind die beiden Hauptblickrichtungen des institutionalisierten Mitarbeitergesprächs.

Rückschau und Voraus- schau sind die beiden Hauptblickrichtungen

---

Die Themenkreise des Mitarbeiterjahresgesprächs
(auf der Basis von Nagel u.a. 1999)

1. Rückschau auf die Aufgaben, Ziele und Ergebnisse der vergangenen Periode
2. Stärken, Interessen und Entwicklungsbedarfe
3. Einschätzung von Zusammenarbeit und Führung
4. Vereinbarung von Zielen, Aufgaben und Ergebniskriterien für die kommende Periode
5. Vereinbarung von Entwicklungsmaßnahmen

Diese Inhaltsübersicht macht deutlich, dass das in diesem umfassenden Sinne verstandene Mitarbeitergespräch in einer einzigen Gesprächssituation dialogisch orientierte Formen des Beurteilungs-, Entwicklungs- und Zielvereinbarungsgesprächs, wie sie im vorangegangenen Abschnitt beschrieben wurden, in sich vereinigt. Ein solches Instrument einzuführen und zum Leben zu erwecken stellt an die Organisation sowie die durchführenden Führungskräfte und Mitarbeiter hohe Ansprüche, auf die weiter unten eingegangen wird.

Formen des Beurteilungs-, Entwicklungs- und Ziel- vereinbarungsgesprächs werden in einem Gespräch vereinigt

Vom Mitarbeiterjahresgespräch können das Unternehmen, die Führungskräfte und die Mitarbeiter gleichermaßen profitieren – „jeder kann gewinnen". Auf der SACHEBENE entsprechen die Vorteile weitgehend denen des Zielvereinbarungsgesprächs (s.o. Teil III, Kap. 7) mit den Schwerpunkten:
- Koordination von strategischer und operativer Planung
- Verstärkter hierarchieübergreifender Wissensaustausch – Einbeziehung des Mitarbeiter-Know-hows
- Transparenz der Ergebnismessung
- Förderung von eigenverantwortlichem Handeln
- Mitgestaltungsmöglichkeiten für den Mitarbeiter
- Identifikation des Mitarbeiters mit den Arbeitsinhalten
- Genauere Selbsteinschätzung des Mitarbeiters durch Rückmeldeprozesse

Schwerpunkte auf der Sachebene

Durch den Entwicklungsbezug und die eingehende Thematisierung der Zusammenarbeit wie des erlebten Führungsverhaltens kann dieses Ge-

Effekte auf der Ebene der zwischenmenschlichen Beziehung und der persönlichen Orientierung

spräch darüber hinaus wichtige positive Effekte auf den EBENEN DER ZWI-SCHENMENSCHLICHEN BEZIEHUNG UND DER PERSÖNLICHEN ORIENTIE-RUNG hervorbringen:

- Vertieftes gegenseitiges Vertrauen
- Offenere Kommunikation über das individuelle Erleben der Arbeitssituation und über individuelle Bedürfnisse
- Impulse für das persönliche Wachstum (für den Mitarbeiter *und* die Führungskraft) durch den offenen Austausch über die Arbeitsbeziehung und das beim anderen erzeugte Fremdbild
- Mehr Freude an der Arbeit

positive Veränderung der gesamten Führungskultur

Auch diese persönlichen Effekte wirken wieder auf die aufgabenbezogene Qualität der Zusammenarbeit zurück; durch die gute und vertrauensvolle Arbeitsbeziehung werden Reibungsverluste (z.B. durch Missverständnisse) minimiert und Konflikte können frühzeitig bearbeitet werden. Problemlösungen können schneller und mit höherer Treffsicherheit entworfen und umgesetzt werden. Das Zusammenwirken der Einzeleffekte führt bei einer umfassenden Einführung des Mitarbeiterjahresgesprächs im Unternehmen zu einer positiven Veränderung der gesamten Führungskultur.

1.2 Exkurs: Instrumente der Gesprächsführung – Möglichkeiten und Grenzen

Instrumente der Gesprächsführung, wie z.B. institutionalisierte Formen der Zielvereinbarung, der Mitarbeiterbeurteilung oder etwa auch der Gesprächsführung bei Fehlzeiten, zielen vor allem darauf, einen gewollten, in der Regel anspruchsvollen Standard der Umgehensweise mit wichtigen Unternehmensthemen festzuschreiben. Die Qualität der Gesprächsführung kann damit zumindest auf dem Papier unternehmensweit vereinheitlicht werden (das Gespräch wird in der Münchener Firmenzentrale nach den gleichen Grundsätzen geführt wie in der Hamburger Niederlassung).

unternehmensweite Standards

Die gesprächsverantwortlichen Führungskräfte werden auf diese Weise davon entlastet, jeweils eigene Instrumente für zentrale wiederkehrende kommunikative Anlässe zu entwerfen. Andererseits werden sie in der Regel auf das angebotene Instrumentarium festgelegt: Dessen Anwendung wird in den Katalog der Führungsaufgaben aufgenommen und kann damit theoretisch auf disziplinarischem Wege eingefordert werden. Diese Tatsache wird von den mit der Gesprächsführung betrauten Führungskräften oft als einengend empfunden und sie führt leicht zu emotionalen Widerständen im Prozess der Implementierung.

Zwang zu partnerschaftlicher Kommunikation?

Diese Widerstände lassen sich leicht nachvollziehen; denn es ist in der Tat widersprüchlich, zur Generierung partnerschaftlicher und möglichst authentischer Gespräche ein streng normiertes Instrument zu verordnen, unter Umständen mit feinmaschiger Protokollierung zur späteren Ablage in der Personalakte. Nicht minder befremdlich wirken die dann sehr ungern geführten Gespräche auf die Mitarbeiter, die die Pflichtübung über sich ergehen lassen müssen. Die für die Einführung Verantwortlichen befinden sich hier in einer Zwickmühle.

Kommunikation als Pflichtübung?

Prototypisch für die Einschätzung des Wertes von Gesprächsinstrumenten sind die Erfahrungen, die OPEL bei der Senkung der Abwesenheitszeiten sammelte (vgl. Spies/Beigel 1996). Der Erfolg von Maßnahmen zur Fehlzeitenreduzierung lässt sich vergleichsweise leicht an der Entwicklung der Krankenstände ablesen. Es zeigte sich, dass zu unpräzise Vorgaben für Rückkehrgespräche mit Mitarbeitern, die nach einer Krankheit wieder an den Arbeitsplatz zurückkehrten, nicht zur durchgängigen Umsetzung der gewünschten Gesprächsform, geschweige denn zum intendierten durchschlagenden Erfolg führten: *„Es fehlten konkrete Vorlagen und Handlungshinweise; mit generellen Aussagen kann keiner angeleitet werden, der den Hauptteil seiner beruflichen Tätigkeit mit Tagesgeschäft zubringt."* (Spies/Beigel 1996, S. 74).

Das Beispiel Opel

Erst das detailliert durchgestaltete Instrumentarium einer „vierstufigen Gesprächsführung" mit ausführlichem Dokumentationswesen ließ die Fehlzeitenquote im gewünschten Umfang sinken. Die Ergebnisse lassen sich auf andere Gesprächsinstrumente übertragen: Verfahrensnormierungen und ausführliche Durchführungshinweise sind in aller Regel unausweichlich.

Verfahrensnormierungen und ausführliche Durchführungshinweise sind in aller Regel unausweichlich

Umso wichtiger ist es in diesem Zusammenhang, dass die Architekten des Verfahrens und des Einführungs-Procederes fürsorglich darauf achten, ein lebbares Instrument zu gestalten und Widerstände der Zielgruppe so weit wie möglich im Vorfeld zu vermeiden bzw. in der Einführungsphase für alle Beteiligten zufrieden stellend zu bearbeiten. Die Einbeziehung der Beteiligten zu einem frühen Zeitpunkt spielt hier eine wichtige Rolle. Entscheidende Grundsätze bei der Konstruktion selbst sind die Beschränkung auf die wesentlichen Punkte, ein leicht nachvollziehbarer Gesprächsaufbau, der genügend Freiheiten lässt, sowie eine möglichst unbürokratische Dokumentationsform, die wenig Ängste weckt, zu einem gläsernen Mitarbeiter zu werden.

Institutionalisierte Kommunikationsinstrumente müssen lebbar bleiben

2 Partnerschaftlicher Ansatz

Ein Gespräch, in dem zugleich Rückmeldungen über Leistungen gegeben, Arbeitspakete ausgehandelt und zwischenmenschliche Beziehungen reflektiert werden, stellt zweifelsohne einen gesprächsmethodischen Spagat dar. Nach der Devise „Das Sein bestimmt das Bewusstsein" bleibt

gesprächsmethodischer Spagat

Atmosphäre der Offenheit,
Wertschätzung und
des Vertrauens

der Vorgesetzte der Vorgesetzte, auch wenn er im Gespräch die Rolle eines Beraters oder Coaches einzunehmen versucht. So kann das Mitarbeiterjahresgespräch nur dann gelingen und zu einem „guten" Gespräch werden, wenn eine Atmosphäre der Offenheit, Wertschätzung und des Vertrauens das Gespräch wie ein roter Faden durchzieht.

Ob das Gespräch in diesem Sinne praktiziert wird oder ob es wie ein leeres Ritual abgespult wird, liegt allerdings in der Verantwortung der Gesprächsbeteiligten. Ein Gespräch von der Komplexität des Mitarbeiterjahresgesprächs ist als Vehikel akuter Konfliktlösung denkbar ungeeignet, es kann aber helfen, verdeckte Konflikte und Verhärtungen in Bewegung zu bringen und besprechbar zu machen. Bereits zu Gesprächsbeginn sollte die Basis einer positiven, dialogorientierten zwischenmenschlichen Beziehung vorhanden sein, auf der dann weiter aufgebaut werden kann.

Gerade im Mitarbeiterjahresgespräch kommt es darauf an, dem Ideal einer Situation, in der gleichberechtigte Partner gemeinsam um das beste Gesprächsergebnis ringen, so nahe wie möglich zu kommen (vgl. oben Teil II, Kap. 9). *„Partnerschaftliche Systeme zielen (...) darauf ab, geschützte Gesprächssituationen zu schaffen, in denen periodisch wechselseitige Vereinbarungen getroffen werden können.*", schreiben Nagel u.a. (1999, S. 64). Nur auf diese Weise kann das Gespräch positive Entwicklungsimpulse für beide Gesprächspartner bereitstellen.

2.1   Gesprächsvorbereitung

Die emotionale
Einstimmung spielt
eine große Rolle

Neben der inhaltlichen Vorbereitung auf das Gespräch spielt beim Mitarbeiterjahresgespräch insbesondere die emotionale Einstimmung eine große Rolle. Die Integration von sachorientierten Themen (Rückmeldung zur Leistung, Vereinbarung von Zielen) und Beziehungskommunikation verlangt von der Führungskraft viel Sensibilität, um nicht das Kind mit dem Bade auszuschütten. Rückmeldungen müssen so angelegt sein, dass sie nicht verletzen; es macht wenig Sinn, die Zielaushandlungs-Phase zu hart zu gestalten und dadurch Beziehungsstörungen zu riskieren; der Entwicklungsstand des Mitarbeiters muss sorgsam reflektiert werden; und schließlich sollte man sich auch in dem Sinne vorbereiten, unangenehmen Überraschungen seinerseits nicht mit Härte zu begegnen.

Denn es muss immer damit gerechnet werden, dass der Mitarbeiter im Zuge der Thematisierung der Zusammenarbeit den ein oder anderen bisher nicht angesprochenen Führungsmangel benennt, den er gern behoben sehen möchte. Die Kunst, Rückmeldungen angemessen aufzunehmen (s.o. Teil II, Kap. 5.5), sollte sich die Führungskraft daher vor dem Gespräch noch einmal vergegenwärtigen. Für den Mitarbeiter ist die qualifizierte Vorbereitung auf das Gespräch über die sachorientierten Aspekte hinaus natürlich ebenso wichtig, um das Gewesene Revue passieren zu lassen, die Zusammenarbeit zu überdenken und nicht zuletzt, um sich Klarheit über die persönliche Entwicklungstendenz zu verschaffen.

Im Folgenden werden Leitfragen für die Vorbereitung des Mitarbeiters und der Führungskraft vorgestellt; sie haben den Charakter von Anregungen und sollten den Beteiligten – wie auch beim Zielvereinbarungs- und beim Beurteilungsgespräch – schriftlich vorliegen.

Leitfragen für die Vorbereitung des Mitarbeiters und der Führungskraft

2.1.1 Vorbereitung der Führungskraft (Muster eines Fragenkatalogs)

Persönliche Einstimmung auf das Gepräch

- Wie erleben Sie aktuell die Arbeitsbeziehung mit Ihrem Mitarbeiter?
- Gab es im vergangenen Jahr erfreuliche oder belastende Ereignisse/Situationen? Welchen Einfluss hatten diese Ereignisse/Situationen auf Ihre Arbeitsbeziehung?
- Haben Sie Änderungswünsche im Hinblick auf Ihre Arbeitsbeziehung? – Was möchten Sie diesbezüglich in dem Gespräch erreichen?

1. Rückschau auf die Aufgaben, Ziele und Ergebnisse der vergangenen Periode

- Mit welchen Aktivitäten und Aufgaben hat Ihr Mitarbeiter im vergangenen Jahr die meiste Zeit verbracht? Was wurde mit diesen Aktivitäten erreicht?
- Welche Vereinbarungen wurden mit dem Mitarbeiter im Hinblick auf Ziele und Aufgaben für das vergangene Jahr getroffen?
- In welchem Maße wurden die vereinbarten Ziele erreicht und die mit der Position verbundenen Aufgaben erfüllt?
- Was ist Ihrer Meinung nach besonders gut gelungen? (Beispiele, Wahrnehmungen)
- Wo sehen Sie Verbesserungsmöglichkeiten bzw. -bedarf? (Beispiele, Wahrnehmungen)
- Welche Rahmenbedingungen haben die Erreichung der Ziele/die Erfüllung der Aufgaben günstig oder ungünstig beeinflusst?
- Sind die Zuständigkeiten und der Verantwortungsbereich klar geregelt und Ihrem Mitarbeiter bekannt? Sehen Sie hier Änderungsbedarf?

2. Stärken, Interessen und Entwicklungsbedarfe

- Welche besonderen Stärken und Begabungen nehmen Sie an Ihrem Mitarbeiter wahr?
- Besitzt Ihr Mitarbeiter seine Stärken eher im Bereich von Fachaufgaben, Managementaufgaben oder von Aufgaben, die mit anderen Menschen zu tun haben (z.B. Führung, Integration von Teams)?

- Wie erleben Sie das Engagement und das Selbstvertrauen Ihres Mitarbeiters? (Beispiele)
- Wofür interessiert sich Ihr Mitarbeiter in fachlicher Hinsicht besonders?
- Besitzt Ihr Mitarbeiter besondere Fähigkeiten, die er aktuell nicht am Arbeitsplatz einbringen kann?
- Gibt es Wissens- oder Könnensdefizite, die den Mitarbeiter bei der Erfüllung seiner Aufgaben aktuell beeinträchtigen oder mittelfristig beeinträchtigen könnten?
- Auf welche Weise könnten Talente und Stärken des Mitarbeiters im kommenden Jahr besonders in die Arbeit einfließen?
- Welche Begabungen sollten im kommenden Jahr besonders gefördert werden?
- Welche Entwicklungsperspektive möchten/können Sie Ihrem Mitarbeiter aufzeigen und mit ihm besprechen?

3. Einschätzung von Zusammenarbeit und Führung

- Welche Führungsaufgaben sind für Sie zur Zeit besonders wichtig? Worüber sollten Sie Ihren Mitarbeiter im Hinblick auf Ihre aktuellen Prioritäten informieren, da dies aus Ihrer Sicht notwendig für die Zusammenarbeit ist?
- Welche Wünsche haben Sie an Ihren Mitarbeiter bezüglich Ihrer Zusammenarbeit? Was sollte beibehalten, verstärkt oder vermindert werden?
- Welche Fragen möchten Sie an Ihren Mitarbeiter bezüglich seines Erlebens Ihrer Arbeitsbeziehung richten?
- Wie erleben Sie Ihren Mitarbeiter bei der Zusammenarbeit mit gleichgestellten Kollegen, Mitarbeitern, Projektpartnern, Kunden u.a.?
- Welche Wünsche haben Sie an Ihren Mitarbeiter bezüglich der Zusammenarbeit mit den o.g. Personengruppen?

4. Vereinbarung von Zielen, Aufgaben und Ergebniskriterien für die kommende Periode

- Welches sind die mittel- und langfristigen Entwicklungsschwerpunkte Ihres Arbeitsbereichs aus Unternehmenssicht?
- Welche Ziele haben Sie persönlich für Ihren Arbeitsbereich gesetzt?
- Wo sehen Sie die Hauptaufgaben und Zielsetzungen Ihres Mitarbeiters für das kommende Jahr? Was sollte beibehalten werden? Was sollte sich verändern?
- Welche konkreten Ergebnisse erwarten Sie im kommenden Jahr von Ihrem Mitarbeiter? Woran werden Sie messen können, ob und in welchem Maße die Ergebnisse erreicht wurden?
- Welche Voraussetzungen müssen gegeben sein, damit der Mitarbeiter seine Ziele erreichen/seine Aufgaben erfüllen kann? (Ressourcen, Zuständigkeiten, Entwicklungsmaßnahmen)?

- Verändern sich durch neue Gewichtungen der Aktivitäten des Mitarbeiters Arbeitsbeziehungen mit anderen Kollegen? Besteht hier Klärungsbedarf?

5. Vereinbarung von Entwicklungsmaßnahmen

- Auf welche Weise sollte die Qualifikation und Entwicklung des Mitarbeiters konkret gefördert werden? Welche Maßnahmen halten Sie für notwendig, welche für möglich?
- Wie können Sie den Mitarbeiter bei seiner Entwicklung unterstützen (z.B. Begleitung und Beratung, zeitliche Ressourcen, Anwendungsmöglichkeiten von erworbenen Qualifikationen)?

2.1.2 Vorbereitung des Mitarbeiters (Muster eines Fragenkatalogs)

Persönliche Einstimmung auf das Gespräch

- Wie erleben Sie aktuell die Arbeitsbeziehung mit Ihrem Vorgesetzten?
- Gab es im vergangenen Jahr erfreuliche oder belastende Ereignisse/Situationen? Welchen Einfluss hatten diese Ereignisse/Situationen auf Ihre Arbeitsbeziehung?
- Haben Sie Änderungswünsche im Hinblick auf Ihre Zusammenarbeit? – Was möchten Sie diesbezüglich in dem Gespräch erreichen?

1. Rückschau auf die Aufgaben, Ziele und Ergebnisse der vergangenen Periode

- Mit welchen Aktivitäten und Aufgaben haben Sie im vergangenen Jahr die meiste Zeit verbracht? Was konnten Sie mit diesen Aktivitäten erreichen?
- Welche Vereinbarungen wurden mit Ihnen im Hinblick auf Ziele und Aufgaben für das vergangene Jahr getroffen?
- In welchem Maße konnten Sie die vereinbarten Ziele erreichen und die mit Ihrer Position verbundenen Aufgaben erfüllen?
- Was ist Ihrer Meinung nach besonders gut gelungen? (Beispiele, Wahrnehmungen)
- Wo sehen Sie Verbesserungsmöglichkeiten bzw. -bedarf? (Beispiele, Wahrnehmungen)
- Welche Rahmenbedingungen haben die Erreichung der Ziele/die Erfüllung der Aufgaben günstig oder ungünstig beeinflusst?
- Sind Ihre Zuständigkeiten und Ihr Verantwortungsbereich klar geregelt? Sehen Sie hier Änderungsbedarf?

2. Stärken, Interessen und Entwicklungsbedarfe

- Wo liegen Ihrer Meinung nach Ihre besonderen Stärken und Begabungen?

- Sehen Sie Ihre Stärken eher im Bereich von Fachaufgaben, Managementaufgaben oder von Aufgaben, die mit anderen Menschen zu tun haben (z.B. Führung, Integration von Teams)?
- Wie haben sich Ihr Selbstvertrauen und Ihr Engagement im vergangenen Jahr entwickelt?
- Wofür interessieren Sie sich in fachlicher Hinsicht besonders?
- Besitzen Sie besondere Fähigkeiten, die Sie aktuell nicht am Arbeitsplatz einbringen können?
- Sehen Sie bei sich selbst Wissens- und Könnensdefizite, die Sie bei der Erfüllung Ihrer Aufgaben aktuell behindern oder mittelfristig behindern könnten?
- Auf welche Weise könnten Sie Ihre Talente und Stärken Ihrer Meinung nach im kommenden Jahr besonders in die Arbeit einfließen lassen? An welchen Aufgaben möchten Sie gerne mitarbeiten?
- Welche Ihrer Begabungen möchten Sie im kommenden Jahr besonders weiterentwickeln?
- Welche Aktivitäten möchten Sie mittel- oder langfristig ausbauen, weil Sie Ihnen interessant erscheinen und Sie hier eine gute persönliche Entwicklungsperspektive sehen?

3. Einschätzung von Zusammenarbeit und Führung

- Welche Erfahrungen haben Sie im vergangenen Jahr damit gesammelt, wie Ihr Vorgesetzter seine Führungsaufgaben wahrnimmt? (Informationsverhalten, Delegation von Aufgaben, Organisation und Koordination, Entscheidungsverhalten, Einbeziehung Betroffener in Entscheidungsprozesse, Rückmeldungen zu Leistungen und Verhalten, Umgang mit Konflikten, Unterstützung und Förderung von Mitarbeitern)
- Welche Wünsche haben Sie an Ihren Vorgesetzten bezüglich Ihrer Zusammenarbeit? Was sollte beibehalten, verstärkt oder vermindert werden?
- Welche Fragen möchten Sie an Ihren Vorgesetzten bezüglich seines Erlebens Ihrer Arbeitsbeziehung richten?
- Wie erleben und beurteilen Sie Ihre Zusammenarbeit mit gleichgestellten Kollegen, Mitarbeitern, Projektpartnern, internen und externen Kunden?
- Gibt es Dinge, die Sie bezüglich der Zusammenarbeit mit den o.g. Personengruppen ändern möchten?

4. Vereinbarung von Zielen, Aufgaben und Ergebniskriterien für die kommende Periode

- Welche mittel- und langfristigen Entwicklungsschwerpunkte sehen Sie für Ihren Arbeitsbereich?
- Welchen persönlichen Beitrag möchten Sie im Rahmen dieser Entwicklung leisten?

- Wo sehen Sie Ihre Hauptaufgaben und Zielsetzungen für das kommende Jahr? Was sollte beibehalten werden? Was sollte sich verändern?
- Welche konkreten Ergebnisse möchten Sie im kommenden Jahr erzielen? Woran werden Sie messen können, ob und in welchem Maße Sie die Ergebnisse erreicht haben?
- Welche Voraussetzungen müssen gegeben sein, damit Sie Ihre Ziele erreichen/Ihre Aufgaben erfüllen können? (Ressourcen, Zuständigkeiten, Entwicklungsmaßnahmen)
- Verändern sich aus Ihrer Sicht durch neue Gewichtungen Ihrer Aktivitäten Arbeitsbeziehungen mit anderen Kollegen? Besteht hier Klärungsbedarf?

5. Vereinbarung von Entwicklungsmaßnahmen

- Welche Qualifikationen und Entwicklungsmaßnahmen würden Ihnen helfen, Ihre Aufgaben in fachlicher und persönlicher Hinsicht jetzt und in Zukunft noch besser zu erfüllen? Welche Maßnahmen halten Sie für notwendig, welche für möglich? Wie schätzen Sie die Machbarkeit im Hinblick auf Ihr Arbeitspensum ein?
- Welchen Beitrag können Sie selbst leisten und welche Unterstützung wünschen Sie sich von Ihrem Vorgesetzten?

3 Dokumentation des Gesprächs und Ablage des Protokolls

Die Dokumentation des Mitarbeiterjahresgesprächs und die Umgehensweise mit den Gesprächsprotokollen wird in der Praxis recht unterschiedlich gehandhabt. Dass die Gesprächsergebnisse schriftlich festgehalten werden, ist unbedingt zu empfehlen, um spätere Missverständnisse zu vermeiden und die Verbindlichkeit der getroffenen Verabredungen zu unterstreichen. Der vertrauliche und partnerschaftliche Charakter des Gesprächs bleibt am besten gewahrt, wenn jeweils eine Ausfertigung des Protokolls bis zum nächsten Gespräch bei der Führungskraft und beim Mitarbeiter verbleibt und niemand anderem der Zugriff gestattet ist. Beim nächsten Gespräch wird das alte Gesprächsprotokoll vernichtet, ebenso bei einem Vorgesetztenwechsel oder einem Positionswechsel einer der beiden Beteiligten. Das Protokoll hat also nur so lange eine Bedeutung, wie die Arbeitsbeziehung zwischen dem Mitarbeiter und dem Vorgesetzten besteht. (Vgl. Nagel u.a. 1999.)

Abgeraten sei davon, den nächsthöheren Vorgesetzten über die Gesprächsinhalte zu informieren und/oder das Gesprächsprotokoll in der

Gesprächsergebnisse unbedingt schriftlich festhalten

Das Protokoll sollte nur so lange eine Bedeutung haben, wie die Arbeitsbeziehung zwischen dem Mitarbeiter und dem Vorgesetzten besteht

Die Weiterleitung an Dritte würde die Offenheit des Gesprächs beeinträchtigen

Personalakte abzulegen. Auf diese Weise ließen sich zwar die im Gespräch gewonnenen Informationen weitergehend nutzen, und es könnte überprüft werden, ob das Mitarbeiterjahresgespräch von den verantwortlichen Führungskräften tatsächlich ernsthaft durchgeführt wird, aber die Offenheit des Gesprächs und die gewünschte vertrauensvolle Atmosphäre würden hierunter empfindlich leiden.

3.1 Vorgesetztenbeurteilung im Mitarbeiterjahresgespräch mit Weiterleitung der Informationen?

Ziel ist der Austausch von Selbst- und Fremdwahrnehmung

Die Vertraulichkeitsmaxime sollte sich auch auf diejenigen Teile des Gesprächs beziehen, die die Leistung der Führungskraft behandeln. Ziel des Gesprächs ist im Hinblick auf dieses Thema der Austausch von Selbst- und Fremdwahrnehmungen als Entwicklungsimpuls für die Führungskraft.

Bei einer Weiterleitung der diesbezüglichen konkreten Gesprächsinformationen, beispielsweise an den nächsthöheren Vorgesetzten, würden diese Rückmeldungen jedoch unter Umständen zu Folgewirkungen für den beurteilten Vorgesetzten führen, etwa im Hinblick auf Beförderungsfragen. Es entsteht die Gefahr der beiderseitigen strategischen Gesprächsführung: Der Mitarbeiter gibt dem Vorgesetzten ein positives Feedback, um selbst ein solches zu erhalten; der Vorgesetzte verfährt ebenso. – Oder der Vorgesetzte sanktioniert den Mitarbeiter für eine schlechte Beurteilung.

Gerade dort, wo Unzufriedenheit mit der Führung herrscht und die Vorgesetztenbeurteilung deshalb gerade notwendig ist, wird die Gesprächsführung – für den Mitarbeiter, der sich „aus dem Fenster lehnt" – besonders schwierig. Sie kann nur gelingen, wenn die Führungkraft Rückmeldungen unvoreingenommen aufnehmen und prüfen kann und fähig zur Selbstkritik ist; aber ebendies ist oft der Mangel, der vom Mitarbeiter beklagt wird. Vom Mitarbeiter kann in dieser Situation nicht verlangt werden, dass er seine Kritik genau in solche Worte kleidet, die genug konfrontieren, um etwas in Bewegung zu setzen, ohne aber zu verletzen.

Eine regelrechte Vorgesetztenbeurteilung sollte einem eigenständigen Projekt vorbehalten sein

Kurzum: Eine regelrechte Vorgesetztenbeurteilung sollte einem eigenständigen Projekt vorbehalten sein und *nicht* Eingang in das Mitarbeiterjahresgespräch finden. Einen der Schwerpunkte einer umsichtig durchgeführten Vorgesetztenbeurteilung bildet die Wahl der richtigen Methode zur Ergebnisrückmeldung. Der Dialog zwischen Mitarbeitern und Führungskraft ist hier wichtig; er braucht aber gerade in heiklen Fällen oftmals die Unterstützung eines professionellen Prozessbegleiters, damit nicht unnötig Porzellan zerschlagen wird.

4   Dissens und Konflikt

Können sich Mitarbeiter und Führungskraft im Mitarbeiterjahresgespräch nicht auf eine gemeinsame Sichtweise einigen, z. B. bei der Vereinbarung von Zielen, sollte ein abgestuftes Vorgehen gewählt werden. Zunächst sollte die Führungskraft versuchen, das Gespräch durch „öffnende" Interventionen wieder in Fluss zu bringen (siehe hierzu die Gesprächshinweise in Teil III, Kap. 8.9).

Kann dennoch kein Konsens erzielt werden, empfiehlt es sich, eine Denkpause von einigen Tagen einzulegen und sich dann nochmals zum Gespräch zu treffen. Ist auch beim zweiten Treffen keine Einigung möglich, kann im folgenden Schritt der nächsthöhere Vorgesetzte als Moderator und Schlichter hinzugerufen werden, um eine einvernehmliche Lösung zu erzielen. In den Klärungsprozess können auch ein Mitarbeiter aus der Personalabteilung und auf Wunsch des Mitarbeiters ein Mitglied des Betriebsrats einbezogen werden.

Im Konfliktfall sollte eine Denkpause von mehreren Tagen eingelegt oder ein unbeteiligter Moderator eingeschaltet werden

5   Formular für das Mitarbeiterjahresgespräch

Grundsätzlich sollte jede Organisation ihr eigenes Instrumentarium für das Mitarbeiterjahresgespräch entwickeln. Zielvorstellungen, Unternehmenskultur, zu berücksichtigende bereits vorhandene Instrumentarien, Ausbildungsstand und Vorerfahrungen der Mitarbeiter wie Führungskräfte variieren von Fall zu Fall sehr stark. Eine lediglich übergestülpte Form des Mitarbeiterjahresgesprächs läuft Gefahr, auf wenig Akzeptanz zu stoßen und als ein (weiteres?) ungelebtes Managementinstrument in den Schubladen zu verschwinden. Zudem ist der Willensbildungsprozess im Unternehmen unter Beteiligung der betroffenen Personengruppen schon selbst ein wichtiger Teil der Einführung des institutionalisierten Mitarbeitergesprächs: Die gegenwärtige Führungskultur gelangt auf den Prüfstand, verschiedene Sichtweisen und Interessen können diskutiert bzw. ausgehandelt werden.

Die Institutionalisierung eines Mitarbeiterjahresgespräches stellt die gesamte Führungskultur auf den Prüfstand

Die hier skizzierten Gesprächsbögen sind deshalb als eine Diskussionsgrundlage für die unternehmensinterne Konzeption zu verstehen. Der Formalisierungsgrad der Bögen ist gering, da die Qualität der Kommunikation zwischen Führungskraft und Mitarbeiter in den Vordergrund gerückt werden soll. Es bleibt viel Raum für eine flexible Gesprächsführung. Die Führungskraft sollte während des Gesprächs die Ergebnisse mitprotokollieren – möglichst im Konsens mit dem Mitarbeiter. (Ansonsten auch die Stellungnahme des Mitarbeiters mit aufnehmen!) Am Ende des Gesprächs sollten beide Gesprächspartner das Protokoll gegenzeichnen.

Bogen für das Mitarbeiterjahresgespräch

Datum:

Name der Mitarbeiterin /
des Mitarbeiters:

Name der Führungskraft:

1. Rückschau auf die Aufgaben, Ziele und Ergebnisse der vergangenen Periode

Aufgaben, mit denen sich der Mitarbeiter in der vergangenen Periode beschäftigt hat:

Kommentare zum Ergebnis:

Ziele, die für die vergangene Periode vereinbart wurden:

Kommentare zum Ergebnis:

2. Stärken, Interessen und Entwicklungsbedarf

Gesprächsergebnis:

3. Einschätzung von Zusammenarbeit und Führung

Gesprächsergebnis / Maßnahmen im Hinblick auf die Zusammenarbeit von Mitarbeiter und Führungskraft:

Gesprächsergebnis / Maßnahmen im Hinblick auf die Zusammenarbeit des Mitarbeiters mit Kollegen, eigenen Mitarbeitern, Projektpartnern, Kunden u. a.:

4. Vereinbarung von Zielen, Aufgaben und Ergebniskriterien für die kommende Periode

Vereinbarte Ziele / Aufgaben:	Messkriterium

4. Vereinbarung über Entwicklungsmaßnahmen

Maßnahmen am Arbeitsplatz:	Nächste Schritte	Termin/Zeitrahmen

Weiterbildungsmaßnahmen, Schulungen, Training:		

Datum – Unterschrift der Mitarbeiterin / des Mitarbeiters

Datum – Unterschrift der Führungskraft

6 Hinweise für die Gesprächsführung

- Mehr als für alle anderen Gespräche gilt beim Mitarbeiterjahresgespräch: SEHEN SIE GENÜGEND ZEIT VOR. Etwa zwei Stunden (ohne Druck durch Anschlusstermine) sind in der Regel ein guter Zeitrahmen, um die verschiedenen Themen intensiv zu bearbeiten; dauert das Gespräch erheblich länger, wird es schwierig, die Konzentration und die positive Spannung aufrechtzuerhalten, die dafür erforderlich sind, für beide Seiten tragfähige Vereinbarungen zu treffen.

- ES IST NICHT NOTWENDIG, JEDE IN DER VORBEREITUNG BEDACHTE FRAGE PUNKT FÜR PUNKT „ABZUHAKEN", SONDERN KONZENTRIEREN SIE SICH AUF DIE WESENTLICHEN PUNKTE UND ZUSAMMENHÄNGE. Beschränken Sie Ihre eigenen Ausführungen und achten Sie auf eine ausgewogene Balance der Redeanteile. Um das für das Gespräch Wesentliche herauszufinden, achten Sie besonders auch auf die Aspekte, auf die Ihr Mitarbeiter im Gespräch Wert legt, und folgen Sie den Gesprächsspuren, die er legt.

- Versuchen Sie unter allen Umständen, eine HALTUNG DES FRAGENS UND DES INTERESSES AN DER SICHTWEISE IHRES GESPRÄCHSPARTNERS aufrechtzuerhalten – auch und gerade in Situationen, in denen Ihr Handeln in Frage gestellt wird oder Konflikte angesprochen werden.

- Bleiben Sie das gesamte Gespräch über in der ROLLE DES BERATERS, DES „HELFENDEN SPIEGELS" UND DES LERNENDEN. Gehen Sie nicht plötzlich in eine kühle Distanz, wenn es an die ergebnisbezogene Rückschau und die Zielvereinbarung geht. Nur wenn ein partnerschaftlicher, beziehungsorientierter Gesprächsstil das ganze Gespräch über aufrechterhalten wird, können die Zusammenarbeit ehrlich reflektiert und Entwicklungsthemen vertrauensvoll diskutiert werden.

7 Gesprächsablauf

Kontaktphase

- Positives Gesprächsklima schaffen

Klärung der Themen, der Gesprächsziele und des Zeitrahmens

- Sorgfältige Klärung der Rahmenbedingungen, insbesondere wenn das Gespräch erstmalig geführt wird (z.B. Hinweis auf die Entwicklungs-

orientierung im Gegensatz zur klassischen Beurteilung, Sinn der Dokumentation und Ablageform, Anknüpfung an die Vorbereitung mit
dem Fragenkatalog, s.o.)

Themenbearbeitung

**1. Rückschau auf die Aufgaben, Ziele und Ergebnisse
der vergangenen Periode**
- aus der Sicht des Mitarbeiters (mit Rückfragen der Führungskraft)
- aus der Sicht der Führungskraft (mit Rückfragen des Mitarbeiters)
- Aussprache

2. Stärken, Interessen und Entwicklungsbedarfe
- aus der Sicht des Mitarbeiters (mit Rückfragen der Führungskraft)
- aus der Sicht der Führungskraft (mit Rückfragen des Mitarbeiters)
- Aussprache

3. Einschätzung von Zusammenarbeit und Führung
- Einschätzung der Zusammenarbeit von Mitarbeiter und Führungs-
  kraft aus der Sicht des Mitarbeiters; Wünsche und Bedürfnisse des
  Mitarbeiters (mit Rückfragen der Führungskraft)
- Einschätzung der Zusammenarbeit von Mitarbeiter und Führungs-
  kraft aus der Sicht der Führungskraft; Wünsche und Bedürfnisse
  der Führungskraft (mit Rückfragen des Mitarbeiters)
- Aussprache und Vereinbarungen
- Einschätzung der Zusammenarbeit des Mitarbeiters mit anderen
  Personengruppen (Kollegen u.a.) aus der Sicht des Mitarbeiters;
  Änderungswünsche des Mitarbeiters
- Einschätzung der Zusammenarbeit des Mitarbeiters mit anderen
  Personengruppen aus der Sicht der Führungskraft; Empfehlungen
  der Führungskraft
- Aussprache und Vereinbarungen

**4. Vereinbarung von Zielen, Aufgaben und Ergebniskriterien
für die kommende Periode**
- Information des Mitarbeiters über mittel- und langfristige Ent-
  wicklungsschwerpunkte des Unternehmens und des Arbeitsbe-
  reichs durch die Führungskraft
- Einschätzung der Entwicklung des Arbeitsbereichs aus der Sicht des
  Mitarbeiters
- Ziele und Aufgaben für die kommende Periode aus der Sicht des
  Mitarbeiters
- Ziele und Aufgaben für die kommende Periode aus der Sicht der
  Führungskraft
- Aussprache und Vereinbarungen

5. Vereinbarung von Entwicklungsmaßnahmen
- Anliegen des Mitarbeiters im Hinblick auf seine Entwicklung, Förderung und Fortbildung

- Mögliche Perspektiven aus der Sicht der Führungskraft, Empfehlungen
- Vereinbarungen von Maßnahmen (mit Verantwortlichkeiten, Beiträgen des Mitarbeiters, Unterstützungszusagen des Vorgesetzten)

Zusammenfassung des Gesprächsergebnisses

- Vor allem Gesprächsaspekte hervorheben, die bisher nicht Ausgesprochenes zu Tage gefördert haben und zu Impulsen für neue Sicht- und Herangehensweisen geführt haben.
- Auch diejenigen Gesichtspunkte in die Zusammenfassung aufnehmen, über die Sie als Führungskraft auf Grund der Rückmeldung des Mitarbeiters zur Zusammenarbeit nachdenken wollen bzw. die Sie ändern möchten.
- Auch dem Mitarbeiter Gelegenheit zur Zusammenfassung des Gesprächs aus seiner Sicht geben.
- Gegenzeichnen des Gesprächsprotokolls.

Positives Gesprächsende

- Gesprächsverlauf und -ergebnis würdigen.

8 Meilensteingespräche zur Stabilisierung des Kommunikationsprozesses

Es liefe dem entwicklungs- und beziehungsorientierten Ansatz des Mitarbeiterjahresgesprächs entgegen, einmal im Jahr eine sehr intensive und ausführliche Form des Austausches zu suchen, es dann aber im weiteren Verlauf des Jahres mit der mitarbeiterorientierten Kommunikation gut sein zu lassen.

Eine wichtige Rolle bei der Aufrechterhaltung der Dichte der gegenseitigen Verständigung spielen hier die beruflichen Alltagsgespräche, in denen sich die Führungskraft nach dem Stand der Dinge erkundigen und Informationen mit dem Mitarbeiter abgleichen kann. Darüber hinaus hat es sich bewährt, unterjährig ein oder mehrere Meilensteingespräche zu führen – nach einem halben Jahr oder im Quartalsrhythmus. Auch die Meilensteingespräche können institutionalisiert werden, indem sie im Rahmen des eingeführten Gesprächsinstruments für die verantwortlichen Führungskräfte verbindlich gemacht werden.

Meilensteingespräche gewährleisten die Dichte der Kommunikation zwischen Mitarbeiter und Führungskraft

Auf einen eigenen Gesprächsbogen sollte man aber im Allgemeinen verzichten, um das Instrument nicht zu überfrachten. Das Meilensteingespräch ist von sehr viel kürzerer Dauer als das Mitarbeiterjahresgespräch. Es solte ausdrücklich als solches angekündigt werden und nicht mit der Besprechung von Fragen aus dem Tagesgeschäft vermengt werden.

Inhalte des Meilensteingesprächs können sein:

- Besprechung akuteller Entwicklungen in der organisatorischen Einheit, die Einfluss auf die Arbeit haben
- Reflexion des aktuellen Standes der Zielerreichung/Aufgabenerfüllung, ggf. mit Wegkorrekturen
- Problemlösung bei Schwierigkeiten im Prozess der Zielerreichung
- Zwischenbilanz im Hinblick auf den aktuellen Status der Zusammenarbeit und die dazu getroffenen Vereinbarungen
- Besprechung des aktuellen Standes hinsichtlich der besprochenen Entwicklungsmaßnahmen

9   Voraussetzungen – kritische Erfolgsfaktoren bei der Einführung des Mitarbeiterjahresgesprächs

Eine erfolgreiche Einführung von Mitarbeiterjahresgesprächen stellt an die Beteiligten hohe Anforderungen, derer man sich im Vorfeld bewusst sein sollte. Das Instrument muss genau auf die Belange der Organisation eingestellt werden, Implementierung und Durchführung binden hohe zeitliche Ressourcen und nicht zuletzt erfordert die praktische Umsetzung von den das Gespräch führenden Führungskräften viel Kommunikationsgeschick: Diese müssen in der Lage sein, das Gespräch gut zu strukturieren, ohne die Gesprächsphasen rigide abzuhaken; sie müssen die Techniken des Gebens und Empfangens von Rückmeldungen beherrschen, mit dem Beziehungsaspekt der Kommunikation souverän umgehen, Konflikte konstruktiv angehen; sie müssen in der Lage sein, Ziele kriteriengerecht zu formulieren und partner- wie sachbezogen auszuhandeln; und vor allem müssen sie das Mitarbeiterjahresgespräch als Instrument auch wollen.

Die Einführung von Mitarbeiterjahresgesprächen erfordert von allen Seiten viel Kommunikationsgeschick

Eine hohe Gesprächskompetenz sollte komplementär ebenso auf Seiten der Mitarbeiter vorhanden sein, mit denen das Gespräch geführt wird, damit auch sie das Angebot einer umfassenden Standortbestimmung im Hinblick auf alle relevanten Fragen der Zusammenarbeit selbstbewusst und für sich Gewinn bringend ausschöpfen können und sich nicht nur als Objekt eines ausgetüftelten Gesprächsdesigns empfinden.

Im Folgenden werden einige zentrale Voraussetzungen und Rahmenbedingungen vorgestellt, die für die Einführung des Mitarbeiterjahresgesprächs erfolgskritisch sind.

Die Einführung des Mitarbeiterjahresgesprächs kann dann gelingen, wenn …

zentrale Voraussetzungen und Rahmenbedingungen

- das Topmanagement die Einführung nachhaltig unterstützt,
- die Bereitschaft besteht, unterschwellige Konflikte und Unzufriedenheiten mit der Unternehmenskultur, die möglicherweise in den Gesprächen zum Thema werden, konstruktiv zu bearbeiten,
- der zeitliche Aufwand, den die Durchführung von Mitarbeiterjahresgesprächen mit sich bringt, grundsätzlich akzeptiert wird,
- auch die zweite Führungsebene das Instrument mitträgt und eine Vorbildfunktion bei der Umsetzung übernimmt,
- die betroffenen Personengruppen frühzeitig in die Entwicklung der unternehmensspezifischen Ausgestaltung einbezogen werden (insbesondere auch die Arbeitnehmervertretung, s.u.)
- bei der Entwicklung des unternehmensspezifischen Instruments Rücksicht genommen wird auf
  - bereits bestehende Instrumentarien (z.B. Beurteilung, Zielvereinbarung),
  - die Größe der Führungsspannen (begrenzte zeitliche Ressourcen bei sehr hoher Mitarbeiteranzahl pro Führungskraft)
  - bereichsspezifische Besonderheiten (z.B. Produktion – Verwaltung)
- die betroffenen Mitarbeiter und Führungskräfte ausführlich über Ziele und Ablauf der Mitarbeiterjahresgespräche informiert werden,
- die Einführung des Instruments durch geeignete Trainingsmaßnahmen begleitet wird,
- Wege und Angebote bereitgestellt werden, Schwierigkeiten bei der Einführung zu meistern (z.B. Beratung und Coaching bei akuten Führungsproblemen),
- Bereitschaft besteht, das neu geschaffene Führungsinstrument regelmäßig zu „pflegen" (z.B. jährlicher Erfahrungsaustausch über Praxisfragen, Veröffentlichung der gesammelten Erfahrungen in der Mitarbeiterzeitschrift).

10 Schritte zur Implementierung

Um die oben dargestellten Erfolgskriterien für eine lebendige, Gewinn bringende und langfristige Umsetzung des Mitarbeiterjahresgesprächs zu erfüllen, ist es wichtig, den Weg der Implementierung sorgfältig zu beschreiten.

Das hier beispielhaft dargestellte Vorgehen folgt vor allem dem wohl wichtigsten Grundsatz der Organisationsentwicklung:

BETROFFENE ZU BETEILIGTEN MACHEN.

Grundsätzlich empfiehlt sich eine Top-down-Vorgehensweise

Grundsätzlich empfiehlt sich eine Top-down-Vorgehensweise: Nach der Weichenstellung auf der Geschäftsleitungsebene werden die nachgelagerten Hierarchieebenen in den Prozess der Implementierung einbezogen.

checklistenartig dargestellte Vorgehensweise zur Implementierung von Mitarbeiterjahresgesprächen

Das checklistenartig dargestellte Vorgehen ist nicht auf die Einführung des Mitarbeiterjahresgesprächs beschränkt, sondern es lässt sich prinzipiell auch auf die Einführung anderer Gesprächsinstrumentarien übertragen (z.B. Beurteilungssystem, Führen mit Zielvereinbarungen).

1. Treffen der Grundsatzentscheidungen durch die Geschäftsleitung; Festlegung der Zielsetzung und der Rahmenbedingungen

- Entscheidung, ob und wie das Instrument mit dem Aspekt der STRATEGISCHEN UNTERNEHMENSPLANUNG zusammenhängen soll
- Entscheidung über die KOPPLUNG DES INSTRUMENTS AN DIE AUSSCHÜTTUNG VARIABLER GEHALTSBESTANDTEILE
- Entscheidung über ZEITPUNKT UND RHYTHMUS DER GESPRÄCHE (z.B. Durchführung jeweils im Januar und Februar)
- Entscheidung über den STELLENWERT DER RÜCKMELDE- BZW. BEURTEILUNGSKOMPONENTE IM HINBLICK AUF DIE LEISTUNG DES MITARBEITERS
- Entscheidung über den STELLENWERT DER ZIELVEREINBARUNG
- Entscheidung über den STELLENWERT DER DISKUSSION DER FÜHRUNGSBEZIEHUNG ZWISCHEN VORGESETZTEM UND MITARBEITER
- Entscheidung über den STELLENWERT DER ENTWICKLUNGS- UND FÖRDERKOMPONENTE
- Entscheidung, ob das Projekt ausschließlich mit UNTERNEHMENSINTERNEN RESSOURCEN realisiert wird oder ob zusätzlich eine EXTERNE BERATUNG (siehe hierzu auch Teil V, Kap. 1) mit der Projektbegleitung beauftragt wird

2. Ausgestaltung des Instrumentariums durch eine Projektgruppe

- HETEROGENER TEILNEHMERKREIS, um viele Fassetten der Unternehmensrealität widerzuspiegeln: beispielsweise Führungskräfte aus verschiedenen Hierarchieebenen, Mitarbeiter aus der Personalabteilung, Arbeitnehmervertreter, weitere interessierte und hochkarätige Mitarbeiter, ggf. externe Berater
- AUFGABEN:
  - Kritische Sichtung von Vorlagen, z.B. Instrumentarien anderer Organisationen

- Erstellung der Gesprächsbögen und der Leitfäden
- Erstellung eines „Manuals" zur Benutzung des Materials
- Erstellung von Informationsmaterial für die Mitarbeiterschaft (z.B. Präsentationen, Broschüren, Artikel für die Mitarbeiterzeitschrift)
- Vorbereitung von Informations- und Diskussionsveranstaltungen für Führungskräfte (z.B. Workshops)
- Konzeption der Trainingsmaßnahmen bzw. Definition des Auftrages an ein externes Trainingsinstitut
- Abstimmung der o.g. Ausarbeitungen mit der Geschäftsleitung

3. Durchführung von Informations-/Diskussionsveranstaltungen und Trainings zur Vorbereitung auf die Mitarbeiterjahresgespräche

- INHALTE UND RAHMENBEDINGUNGEN DER INFORMATIONS-/DISKUSSIONSVERANSTALTUNGEN:
  - Darstellung der Zielsetzung des Instruments – „Überzeugungsarbeit"
  - Detaillierte Information über das ausgearbeitete Instrumentarium
  - Aufnehmen und Besprechen von Vorbehalten
  - Präsentation der Trainingsinhalte
  Dauer: Je nach Gruppengröße 0,5 – 1 Tag
- INHALTE UND RAHMENBEDINGUNGEN DER TRAININGS
  - Aktives Training der Gesprächsführung
  - Aktives Erleben auch der Mitarbeiterrolle durch Rollenwechsel
  - Rückmeldung mit Einsatz der Videoanlage
  - Vermitteln von Fähigkeiten – je nach Kenntnisstand – in den Bereichen
    …Gesprächsstrukturierung,
    …Fragetechnik
    …Aktives Zuhören
    …Rückmeldung geben/empfangen
    …Beziehungskommunikation
    …Methodik der Zielvereinbarung und Zielbewertung
    …Auffangen kritischer Situationen/Konfliktbearbeitung
  Dauer: Nicht unter zwei Tagen
  Gruppenaufteilung: in der Regel getrennt nach Hierarchieebenen
  Gruppengröße: Nicht mehr als zehn Personen pro Seminargruppe
  Die Vereinbarung eines Erfahrungsaustauschtages nach den ersten Durchführungen des Mitarbeiterjahresgesprächs ist in der Regel sinnvoll.

4. Erster Gesprächszyklus

- START DER MITARBEITERGESPRÄCHE AUF DER HÖCHSTEN FÜHRUNGSEBENE (z.B. Geschäftsführer – Bereichsleiter = erste Gesprächsrunde)

- Anschließend WEITERTRAGEN DES INTRUMENTES IN DIE NÄCHSTEN HIERARCHIEEBENEN (z.B. Bereichsleiter – Abteilungsleiter = zweite Gesprächsrunde ...)

5. Auswertung des ersten Gesprächszyklus und Verfeinerung des Instrumentes

- AUSWERTUNGSGESICHTSPUNKTE:
  - Wie wurden die Einstimmung und die Vorbereitung auf das neue Instrument von Mitarbeitern und Führungskräften erlebt?
  - Welche Erwartungen an das Gespräch gab es – in welchem Maße wurden diese Erwartungen erfüllt?
  - Auf welche Weise wurden die vorgegebenen Themenbereiche bearbeitet?
  - Wie verhält sich das Instrument zu bereits vorhandenen Gesprächsformen? Gibt es Überlappungen?
  - Wie hoch ist die Zufriedenheit mit den erzielten Gesprächsergebnissen? (z.B. Zielvereinbarungen, Entwicklungsmaßnahmen)
  - Wie wurden der Gesprächsrahmen und die Gesprächsatmosphäre erlebt?
  - Welche Erfahrungen wurden mit der Dokumentationsform gesammelt?
  - Wie wird der Wert des Mitarbeiterjahresgesprächs eingeschätzt?
- MÖGLICHE METHODEN DER AUSWERTUNG:
  Fragebögen, Gruppeninterviews, moderierte Workshops
- Anschließend ggf. MODIFIKATIONEN DES INSTRUMENTARIUMS auf der Basis der gewonnenen Informationen

Anhang

Unsere Sicherheiten dürfen nichts Starres werden, sonst brechen sie. Es bedarf zur wirklichen Sicherheit des Auftretens und des Weltfühlens eines beständigen kleinlichen Schwankens, Federns. Der Boden unter unsern Füßen darf und soll sich heben und senken, und wir brauchen, um die Richtung in's Vollkommene beizubehalten, fortwährender Empfindung, dass wir nicht fertig mit uns sind und es wohl auch nie werden.

Robert Walser,
„Räuber"-Roman

1 Die Auswahl externer Trainerinnen und Trainer

Unternehmen, die die Gesprächsfähigkeit ihrer Führungskräfte und Mitarbeiter erhöhen wollen oder die Instrumente der Führungskommunikation einführen wollen (z.B. Zielvereinbarungsgespräche, Mitarbeiterjahresgespräche, Rückkehrgespräche nach Fehlzeiten), bedienen sich in vielen Fällen der Dienste externer Trainingsanbieter.

Das Angebot ist selbst für Insider unüberschaubar

Das Angebot, aus dem Unternehmen auf der Suche nach dem richtigen Partner auswählen können, ist hierbei selbst für Insider unüberschaubar. Einige tausend Firmen und Einzeltrainerinnen und -trainer sind im deutschsprachigen Raum im Bereich der „soft skills" aktiv. Das Thema „Mitarbeitergespräche" fällt bei vielen Anbietern im weitesten Sinne unter die Überschrift Kommunikation, und in diesem Bereich fühlt sich nahezu jeder Trainer kompetent, was die Auswahl nicht gerade erleichtert.

1.1 Ein schillerndes Berufsbild

Für die Tätigkeit des Managementtrainers gibt es keine einheitliche Ausbildung und ebenso keinen allgemein anerkannten, „offiziellen" Qualitätsstandard

Für die Tätigkeit des Managementtrainers gibt es keine einheitliche Ausbildung und ebenso keinen allgemein anerkannten, „offiziellen" Qualitätsstandard. Entsprechend heterogen stellen sich die Biografien der Akteure dar. Ein Großteil der Trainer agiert vor dem Hintergrund eines Psychologie- oder Pädagogikstudiums und hat den Weg in die Erwachsenenbildung mehr oder weniger direkt eingeschlagen. Stark vertreten sind auch ehemalige Führungskräfte mit ursprünglich betriebswirtschaftlicher Ausrichtung. Daneben finden sich auf dem Markt zahlreiche Soziologen, Kommunikations-, Sprach- und Sprechwissenschaftler sowie Lehrer.

Der Herkunftsberuf sagt allerdings nur sehr wenig darüber aus, ob ein Trainer in der Lage ist, ein erfolgreiches Gesprächs- oder Führungsseminar durchzuführen.

praktisches und methodisches Rüstzeug durch Zusatzausbildungen

Die meisten Trainer haben ihr praktisches und methodisches Rüstzeug durch Zusatzausbildungen erworben. Auch hier betritt man ein weites Feld. Übergreifende Trainerausbildungen (vom Zwei-Tages-„Durchlauferhitzer" bis hin zum mehrjährigen Entwicklungsprozess mit hohen Supervisionsanteilen) werden von vielen angehenden Berufskollegen als Einstieg genutzt, um sich in den klassischen Seminarfeldern Kommunikation, Rhetorik und Präsentation, Moderation, Mitarbeiterführung und Teamentwicklung mit einer gewissen Grundsicherheit bewegen zu können. Zusätzlich existiert eine Reihe von Spezialausbildungen – wiederum mit sehr unterschiedlichem Intensitätsgrad.

Einige von ihnen führen tiefer in den Bereich der Organisationsentwicklung und -beratung hinein; zur Grundlage haben sie oftmals ein „systemisches" Organisationsverständnis (vgl. Teil II, Kap. 10). Andere Ausbildungen befassen sich eingehender mit den Themen Kommunikation und Persönlichkeitsentwicklung. Die Zusatzausbildungen dieser zweiten Gattung haben sich zumeist auf der Grundlage eines (psycho-)therapeutischen Ansatzes herausgebildet.

Die Übertragbarkeit der Instrumente, die die Konstellation Berater – Klient bzw. Therapeut – Klient hinterlegen, auf den Managementbereich und insbesondere auf die Führungssituation (z.B. Reflexion des Machtgefälles zwischen Vorgesetztem und Mitarbeiter) muss zumindest jeweils geprüft werden. Typische Zusatzausbildungen dieser Art beschäftigen sich mit der nondirektiven Gesprächsführung (vgl. die in Teil II dargestellten Methoden des Aktiven Zuhörens und des Fragens), mit der Transaktionsanalyse oder mit dem neurolinguistischen Programmieren (NLP). Die verschiedenen Menschenbilder darzulegen, die diesen Richtungen zu Grunde liegen, würde hier zu weit führen. Weiterhin existieren Ausbildungen, die sowohl die Organisation als auch die spezifische Kommunikationssituation betrachten wie etwa Ausbildungen im Bereich Supervision.

Eine Schubladeneinteilung wie die hier versuchte bleibt dabei zugestandenermaßen immer fragwürdig, denn es gibt zahlreiche Übergänge, Erweiterungen, Abspaltungen und Fortentwicklungen in den genannten Richtungen. Etwas über die Zusatzausbildungen zu erfahren, die ein Trainer absolviert hat, erlaubt allerdings in der Regel einen tieferen Einblick in seine Arbeitsweise als die Kenntnis seines Herkunftsberufs; deswegen lohnt es sich, genauer nachzufragen.

Die Art der Zusatzausbildung ist aufschlussreicher als die Kenntnis des Herkunftsberufes

DER BLICK AUF DIE SEHR UNTERSCHIEDLICHEN WERDEGÄNGE VON TRAINERN FÜHRT ZWANGSLÄUFIG ZU DEM FAZIT, DASS AUFTRAGGEBER, DIE EXTERNE REFERENTEN UND BERATER VERPFLICHTEN MÖCHTEN, KAUM DARUM HERUMKOMMEN, SICH EINGEHEND MIT DEN KOMPETENZEN AUSEINANDER ZU SETZEN, DIE DIE INDIVIDUELLE TRAINERPERSÖNLICHKEIT IN DAS PROJEKT EINBRINGEN KANN.

Der im Folgenden vorgestellte Leitfaden soll dabei unterstützen, externe Hilfe bei der Durchführung von Trainings zur Gesprächsführung zum richtigen Zeitpunkt in Anspruch zu nehmen und für das jeweilige Anliegen einen kompetenten Trainer bzw. bei größeren Projekten ein leistungsfähiges Trainingsinstitut zu finden.

1.2 Wann sollte man externe Hilfe hinzuziehen?

Man sollte sich grundsätzlich dann an einen externen Berater oder Trainer wenden, wenn das entsprechende Thema infolge von Kapazitätsengpässen oder aus Kompetenzgründen intern nicht professionell abgedeckt werden kann bzw. die Durchführung allein mit internen Ressourcen aus verschiedenen Gründen nicht Erfolg versprechend ist.

Die Entscheidung für oder gegen die externe Unterstützung sollte man rechtzeitig treffen

Die Entscheidung für oder gegen die externe Unterstützung sollte man rechtzeitig treffen. Manche Unternehmen, die z.B. Zielvereinbarungsgespräche einführen wollen, konzipieren zunächst einen (wegen Zeitknappheit möglicherweise nicht hinreichend durchgestalteten) Gesprächsbogen, der auch sofort für die Führungskräfte verbindlich gemacht wird.

Es sollen dann unmittelbar die ersten Zielvereinbarungsgespräche geführt werden; dabei stellt sich vielfach jedoch heraus, dass die Gespräche nicht von allen Vorgesetzten geführt werden, sondern dass ihnen – etwa infolge persönlicher Unsicherheit – oft ausgewichen wird. Die tatsächlich geführten Gespräche andererseits fallen je nach der vorhandenen Gesprächskompetenz des Vorgesetzten qualitativ sehr unterschiedlich aus. Unzufriedenheit mit dem Projektverlauf stellt sich ein. Trainings und eine Nachbearbeitung der Gesprächsbögen sollen den Mangel beheben. Dieser Weg ist in der Regel mühevoller und auch kostspieliger als die Vorbereitung der Führungskräfte auf ihre neue Gesprächsaufgabe durch Gesprächstrainings und das Angebot eines Gesprächsbogens, der auf der Basis verlässlicher Erfahrungswerte unter Begleitung einer externen Beratung erstellt wurde.

Kriterien für die Einbindung externer Hilfe

Konstellationen, die die Einbindung externer Beratungs- und Trainingsleistungen nahe legen, können im Hinblick auf das Thema Mitarbeitergespräche zum Beispiel sein:

Zeitlich zu geringe Kapazitäten

- Der Personalverantwortliche oder der interne Personalentwickler ist von seiner Kompetenz und seinen Erfahrungen her zwar in der Lage, das gewollte Instrument der Gesprächsführung (z.B. Zielvereinbarungsgespräche) zu konzipieren und/oder entsprechende Trainings durchzuführen, er verfügt aber, weil andere Themen in seinem Arbeitsbereich Priorität genießen, nicht über die nötigen zeitlichen Freiräume (z.B. für jeweils mehrtägige Seminardurchführungen mit vielen Teilnehmergruppen).

Der Personalverantwortliche sieht sich nicht als Experte für das Training der Gesprächsführung

- Der Personalverantwortliche/Personalentwickler sieht sich nicht als Experte für das Training der Gesprächsführung mit Mitarbeitern bzw. für die Entwicklung eines bestimmten Instrumentariums und wendet sich aus diesem Grund an ein Beratungsunternehmen, das in diesem Bereich ausgewiesenermaßen über entsprechende Projekterfahrungen verfügt.

- Es sollen Workshops bzw. Trainings durchgeführt werden, bei denen damit zu rechnen ist, dass sensible Themen die Diskussion beherrschen werden (z.B. Unzufriedenheit mit der bestehenden Führungskultur). Der interne Themenverantwortliche – z.B. Personalleiter,

Personalentwickler - kann oder möchte keine neutrale Rolle einnehmen, da er sich selbst durch seine Einbindung in die Hierarchie und durch eigene Interessen als Teil des Systems sieht. – Oder es lässt sich prognostizieren, dass dem Propheten im eigenen Lande (z.B. von den oberen Führungskräften) nicht geglaubt wird; es erscheint ratsam, einen neutralen externen Berater mit gutem Renommee zu beauftragen, der möglicherweise leichter Akzeptanz gewinnt als ein interner Berater und der sich überdies nicht so leicht an dem Auftrag „verbrennen" kann.

Ein neutraler externer Berater kann oft eher Erfolge erzielen als die unmittelbar an dem Prozess Beteiligten

- Schwierigkeiten im Bereich der Mitarbeiterkommunikation lassen sich bei einzelnen Führungskräften auf Ursachen zurückführen, die im persönlichen Bereich liegen. Um Vertraulichkeit und methodische Professionalität zu garantieren, wird ein externer Coach damit beauftragt, die jeweilige Führungskraft über einen definierten Zeitraum hinweg in Form einer Einzelmaßnahme zu begleiten.

Es liegen Schwierigkeiten im persönlichen Bereich vor

1.3 Wie sollte man bei der Trainerauswahl vorgehen?

In der Praxis wird nicht bei allen Prozessen der Trainerauswahl das „große Rad" gedreht, und dies ist auch sicherlich nicht notwendig: Oft ist ein Trainer oder ein Institut bereits im Hause etabliert; es wird langfristig gute Arbeit abgeliefert, und man möchte auch bei der Vergabe verwandter Themen nicht das Risiko eingehen, dass die Trainingsphilosophie oder schlicht die Persönlichkeit des Referenten nicht zum eigenen Unternehmen passt. Manchmal bekommt man auch bei einem speziellen Thema eine Empfehlung, auf die man sich verlässt; man lädt den Trainer ein, bekommt einen guten Eindruck und vergibt den Auftrag direkt, wenn Konzept und Konditionen stimmen.

Gerade bei größeren und für das Unternehmen wichtigen Trainingsprojekten – wie z.B. bei der Einführung von Mitarbeiterjahresgesprächen oder bei Trainingsreihen für gesamte Führungsebenen – ist es angemessen, einige Zeit und Mühe in den Auswahlprozess zu investieren. Hierbei hat sich folgende Schrittfolge bewährt:

Gerade bei für das Unternehmen wichtigen Trainingsprojekten ist es angemessen, einige Zeit und Mühe in den Auswahlprozess zu investieren

1. Treffen Sie eine Vorauswahl von Trainern und Trainingsinstituten, die Sie in die engere Wahl ziehen möchten

Die Größe dieses ersten Auswahlkreises schwankt in der Regel je nach der Bedeutung des Projekts. Vom Zeitansatz her wird es in der Regel schwierig, mehr als 15 Anbieter ernsthaft zu prüfen.

Kriterien der Erstauswahl können sein:
- Mit wem hat man im Hause bereits gute Beratungs-/Trainingserfahrungen gesammelt?
- Können Kollegen, persönlich bekannte Auftraggeber in anderen Organisationen oder eigene „Netzwerkpartner" gute Trainer empfehlen?
- Gibt es renommierte Trainer oder Trainingsinstitute in der näheren Umgebung (Minimierung des Reiseaufwandes; Möglichkeit regelmäßiger oder auch spontaner persönlicher Abstimmungen)?
- Wer besitzt im Hinblick auf den zu vergebenden Auftrag einen guten Ruf in der Branche?
- Ist hinsichtlich der Größe und Komplexität des Projekts der Einsatz eines Einzeltrainers möglich oder kommt nur ein Institut in Frage? (Beispielsweise Erfordernis, verschiedene Spezialkompetenzen zu integrieren; Gewährleistung des Projektfortgangs auf vereinbartem Niveau, auch wenn ein Trainer erkrankt)
- Wer wirbt speziell mit Beratungs- und Trainingsleistungen zu dem zur Diskussion stehenden Thema ... oder wird das Thema „selbstverständlich auch" – das heißt unter ferner liefen – angeboten? Werbemedien können sein: Inserate in Fach- und Publikumszeitschriften, offene Seminarprogramme, Mailing-Aktionen, Internet-Werbung.

2. Bitten Sie die Anbieter, die Sie ausgewählt haben, Ihnen Informationsmaterial und ein Vorabangebot zukommen zu lassen

Was potenzielle Trainer wissen sollten, um ein qualifiziertes Angebot machen zu können

Dies kann telefonisch, schriftlich oder per E-Mail geschehen. Ihre Anfrage sollte enthalten:
- einige Kerninformationen über Ihr Unternehmen/Ihre Organisation,
- die Themenstellung,
- Informationen über die Zielgruppe (Funktion, Größe des Personenkreises),
- gegebenenfalls Hinweise zur Einbettung des Themas in andere Entwicklungsmaßnahmen,
- die Angabe des Projektumfangs und des Zeitrahmens, in dem Sie die Maßnahme realisieren wollen.

Sollten Sie selbst den Auftrag noch nicht genau definieren können, da es sich bei dem Thema, um das es geht, nicht um Ihr Spezialgebiet handelt, ist das kein Hindernis für Angebotsanfragen. Sie können in diesem Falle den Anbietern die Informationen geben, über die Sie verfügen, und sie bitten, Ideen und Vorschläge zu unterbreiten.

Auch wenn Sie ausdrücklich ein schriftliches Angebot wünschen, wird ein erfahrener Trainer/Berater stets versuchen, telefonischen Kontakt mit Ihnen aufzunehmen. Einerseits wird er weitere Hintergrundinformationen erbitten, um sein Angebot passgerecht erstellen zu können, zum anderen wird er verständlicherweise die Gelegenheit nützen wollen, sich selbst bzw. sein Unternehmen bereits in dieser frühen Phase in einem positiven Licht erscheinen zu lassen.

Seien Sie durchaus gesprächsbereit und stellen Sie Ihrerseits Fragen zum Unternehmen, zum Hintergrund des Trainers, zur Vorgehensweise, zu Trainingsinhalten: So können Sie im Telefonat erste wertvolle Hinweise erhalten, ob der Anbieter professionell agiert und ob er – zumindest von seiner Ausdrucksweise her – die Zielgruppe für das Thema gewinnen kann.

3. Prüfen Sie die eingehenden Angebote

Mindestbestandteile des Angebotes sind:

Mindestbestandteile des Angebotes

- Angaben zu den Zielsetzungen der Maßnahme (soweit zu diesem Zeitpunkt bekannt bzw. erschließbar),
- bei komplexen Projekten eine Beschreibung der Vorgehensweise,
- eine Auflistung der Leistungsbestandteile bzw. Trainingsinhalte,
- Hinweise zu den eingesetzten Methoden und
- klare Aussagen zu Konditionen und Rahmenbedingungen.

Ein weiterer Pluspunkt ist eine Referenzliste, aus der Sie ersehen können, für welche Unternehmen der Anbieter schon gearbeitet hat. Optimal ist es, wenn sich die Referenzen auf das von ihnen nachgefragte Thema beziehen und der Anbieter Erfahrungen in Ihrer Branche besitzt. (Prüfen Sie die Referenzen nach: Ein seriöser Anbieter wird den Kontakt zum Referenzgeber gern vermitteln.)

Aufschlussreich ist eine Referenzliste

Positiv zu bewerten ist es auch, wenn bereits Berater/Trainer namentlich benannt und mit einem „Trainerprofil" vorgestellt werden (Werdegang, Zusatzqualifikationen, Arbeitsschwerpunkte, Projekterfahrungen).

Werden Berater mit einem „Trainerprofil" vorgestellt?

Das Angebot wird oft durch weitere Informationen, wie z.B. eine Unternehmensdarstellung, Seminarprogramme oder eine Kundenzeitschrift, bereichert. Auch diese Informationen geben Hinweise zu Professionalität und Arbeitsweise des Anbieters.

Die PREISE variieren im Trainings- und Beratungsbereich erheblich. Erfahrene Einzeltrainer im Führungs- und Gesprächsbereich können etwa ab einem Honorarsatz von 1 000 Euro pro Trainingstag gebucht werden; nach oben ist die Skala beinahe offen – zuweilen munkelt man bei den – auch durch die Medien bekannten – „Stars" der Branche von Bundesligagagen. Bei den Trainingsinstituten liegt die Honorar-Untergrenze zumeist etwas höher als bei den Einzeltrainern; sie lässt sich etwa bei

1 250 Euro pro Tag ansetzen. Die Vorauswahl der Trainer, ein professionelles Backoffice und die bei der Anbahnung und Realisierung größerer Projekte notwendigen Betreuungs- und Koordinationsleistungen schlagen sich im Tagessatz nieder. Viele renommierte Institute verlangen zwischen 1 500 – und 2 000 Euro pro Trainingstag. Bei Tagessätzen jenseits von 2 000 Euro sollte man sich vergewissern, dass man es wirklich mit einem Topspezialisten zu tun hat, dessen Leistungsangebot und Erfahrungsschatz sich woanders eben nicht günstiger „einkaufen" lassen.

Zu erwähnen ist in diesem Zusammenhang, dass viele Anbieter zwischen Trainings-/Beratungsleistungen beim Kunden und Konzeptionsleistungen, die sie in ihrem eigenen Büro erbringen, differenzieren. Der Honorarsatz bei „deskwork" kann einige hundert Euro unter dem Trainingssatz liegen.

Bitte bedenken Sie: Selbst eine Preisdifferenz von mehreren hundert oder vielleicht sogar von 500 Euro pro Tag rechtfertigt es nicht, sich blindlings für den billigeren Trainer – oder auch den teureren Trainer – zu entscheiden. Sie entscheiden sich mit der Auftragserteilung für die Zusammenarbeit mit Persönlichkeiten, die unter Umständen sehr nachhaltig auf die Mitarbeiter Ihres Unternehmens wirken. Die Unterschiede in der Trainingsdurchführung (Stil, Qualität) sind oft gewaltig; sie können, müssen aber nicht mit dem Honorarsatz des Trainers zusammenhängen.

Preisunterschiede sind selbst dann kein geeignetes Entscheidungskriterium, wenn auf dem Papier praktisch die gleichen Inhalte und Methodiken angeboten werden. Jeder Trainer setzt die Schwerpunkte anders und bringt andere Nuancierungen in die Vermittlung der Inhalte und in die Rückmeldungen an die Teilnehmer. Den Preis für seine Trainings bestimmt der Anbieter selbst nach dem Gesetz von Angebot und Nachfrage mit den entsprechenden Unwägbarkeiten und auch Schwankungen. Zwar ist das Preisgefüge in der Trainingsbranche in den vergangenen Jahren transparenter geworden. Dennoch gibt es immer noch viele Abweichungen nach oben und nach unten.

Eine DIN-ISO-Zertifizierung sagt nichts über die persönliche Kompetenz der Trainer aus

Manche Beratungs- und Trainingsinstitute werben mit einer DIN-ISO-Zertifizierung ihrer Qualität. Doch diese Qualität bezieht sich ausschließlich auf die schriftlich dokumentierten Prozesse etwa der Trainerauswahl, der Bedarfserhebung und der Projektabwicklung. Über die Kompetenz des einzelnen Trainers und die Güte seiner Trainingsleistungen oder Problemlösungen für Sie als Kunden sagt die Zertifizierung recht wenig aus.

MAN SOLLTE SICH ALSO NICHT ALLEIN AUF DER BASIS SCHRIFTLICHER ANGEBOTE UND UNTERLAGEN FÜR EINEN ANBIETER ENTSCHEIDEN, SONDERN NACH DER SICHTUNG DER ANGEBOTE DEN NÄCHSTEN SCHRITT IM AUSWAHLPROZESS GEHEN …

4. Laden Sie diejenigen Anbieter, die Sie in die engere Wahl ziehen, zu einem Gespräch ein

Das Erstgespräch sollte für Sie kostenfrei sein, denn es bietet die verlässlichste Möglichkeit, sich in diesem durch Persönlichkeiten bestimmten Bereich, in dem man Qualität nicht anfassen und auch nur schwer messen kann, ein Bild von den angebotenen Leistungen zu machen. Manchmal können Sie im Erstgespräch nicht den Trainer/Berater selbst, sondern den Projektbetreuer bzw. Institutsvertreter kennen lernen, z.B. weil der Auftrag noch zu unspezifiert ist und die Anforderungen an den Trainer noch nicht genau definiert sind. In diesem Fall sollten Sie später um ein zweites – kostenfreies – Kennenlern- und Briefinggespräch mit dem dann benannten Trainer selbst bitten.

Erst ein persönliches Gespräch gibt Aufschluss über die Kompetenz des Anbieters

Für das Erstgespräch sollte man ein bis zwei Stunden plus Vor- und Nachbereitung ansetzen. Hieraus ergibt sich, dass der Kreis der Trainer bzw. Institute, mit denen man in persönlichen Kontakt treten will, überschaubar sein sollte und in einer guten Relation zum Umfang und Stellenwert des Projektes stehen sollte. In der Praxis werden selten Gespräche mit mehr als drei bis vier Anbietern geführt. Wird ein größerer Entscheiderkreis im Gespräch zugegen sein (z.B. Geschäftsführer, Führungskräfte aus der Linie, Teilnehmer aus der Zielgruppe, Verantwortliche aus dem Bereich Personal bzw. Personalentwicklung), kann man den Anbieter zu Beginn um eine medial unterstützte Präsentation bitten. Bitte informieren Sie diesen im Vorfeld über den Teilnehmerkreis, sodass der Eingeladene sich angemessen auf die Situation vorbereiten kann.

Oft verläuft das Erstgespräch so, dass sich zunächst das beauftragende Unternehmen vorstellt, danach hat der Eingeladene Gelegenheit, etwas über sich und sein Unternehmen zu erzählen. Anschließend steigt man in die Problematik ein.

EINEN GUTEN BERATER ERKENNEN SIE DARAN, DASS ER SICH EIN GENAUES BILD VON IHREN ZIELSETZUNGEN UND DER SITUATION IN DEM ARBEITSBEREICH MACHEN WILL, IN DEM DAS PROJEKT DURCHGEFÜHRT WERDEN SOLL.

Er wird oft nicht sofort seine Lösung und seinen Projektansatz parat haben, sondern zunächst Detailinformationen erhalten wollen. Er wird auch durchaus gezielt neuralgische Punkte aufsuchen, die für den Projekterfolg von Bedeutung sein werden.

Fragen, die er stellen wird, könnten im Hinblick auf ein Beratungs- und Trainingsprojekt zum Thema Mitarbeitergespräche z.B. sein:

Fragen, die ein kompetenter Berater stellen könnte

• Wie sieht der Zielzustand aus? Wann soll was erreicht sein? Woran wird man erkennen können, dass das Projekt erfolgreich war?

- Wie stellt sich die Führungskultur im Unternehmen bislang dar?
- Wer ist an einer Veränderung interessiert – und wer möglicherweise nicht?
- Steht das Top-Management hinter dem Auftrag? Auf welche Weise bringt es sich ein?
- Über welche Gesprächskompetenz verfügen die Angehörigen der Zielgruppe bislang? Woran zeigt sich das augenblickliche Kommunikationsniveau?
- Welche Erfahrungen wurden bislang mit Trainings gesammelt? Welche Projekte gab es konkret?
- Wie wird die interne Begleitung des Projekts gesichert?

Erst wenn er Antwort auf diese und weitere Fragen erhalten hat, wird der Berater einen konkreten Projektvorschlag unterbreiten; dieser kann sich von den im Erstangebot oft unspezifiziert aufgeführten Leistungen erheblich unterscheiden.

JE GENAUER DER ANBIETER SEINE PROJEKTIDEE AN DEN AKTUELLEN ERFORDERNISSEN IHRER ORGANISATION AUSRICHTET, DESTO EHER KÖNNEN SIE DARAUF VERTRAUEN, DASS ER DIE FLEXIBILITÄT UND DIALOGORIENTIERUNG LEBT, DIE ES JA AUCH IN GESPRÄCHSTRAININGS ZU VERMITTELN GILT.

Mögliche Fragen an den potenziellen Berater

Selbstverständlich sollten auch Sie im Gespräch viele Fragen stellen, unter anderem folgende:

- Auf welche Weise ist der Berater in der Vergangenheit an ähnliche Projekte herangegangen? (Praxisbeispiele)
- Welche Erfahrungen hat er dabei gemacht?
- Welche Erfahrungen besitzt er in Ihrer Branche und mit Mitarbeitern auf der entsprechenden Hierarchieebene?
- Wie arbeitet er methodisch/didaktisch? Ist er auf ein bestimmtes Vorgehen fixiert, oder ist er in der Lage, verschiedene Methoden situationsadäquat einzusetzen?
- Auf welche Weise aktiviert er die Teilnehmer, sodass diese viel Gelegenheit zum aktiven Training des Gelernten haben?
- Auf welche Weise hat er bisher Teilnehmergruppen gewinnen können? Was schätzen Teilnehmer und Auftraggeber an ihm?
- Auf welche Weise möchte er Sie als Auftraggeber in seine Arbeit miteinbeziehen? (z.B. Co-Training bzw. Co-Moderation, Anwesenheit bei Rückmelderunden, regelmäßiger Erfahrungsaustausch)
- Wie steuert er Rückmeldeprozesse? Setzt er Video-Feedback ein? - Wie setzt er dieses Medium ein?
- Wie holt er – von den Teilnehmern, vom Auftraggeber – Feedback zu seinem Vorgehen ein?

- An welchen Werten, an welchem Menschenbild orientiert er sich? Woran lässt sich das im Training konkret festmachen?
- Wie stellt er den Transfer des Gelernten in die Praxis sicher? Wie stellt er sich die Erfolgskontrolle vor?
- Wie bildet er sich selbst weiter?

In der Praxis werden diese Fragen oft in Form eines lebendigen Dialogs besprochen. – Achten Sie hierbei nicht nur auf den Gehalt der Antworten Ihres Gesprächspartners, sondern achten Sie auch auf seine persönliche Ausstrahlung. *Worauf Sie während des Gesprächs achten sollten*

- Passt der Berater/Trainer zum Unternehmen? Stimmt Ihrer Meinung nach „die Chemie"?
- Passt er vor allem zu der zu trainierenden Zielgruppe?
- Ist er in der Lage, die Sprache der Teilnehmer zu sprechen?
- Spricht er anregend, belebend, hat er Beispiele parat?
- Besitzt er genug Standfestigkeit und Souveränität, um kritische Situationen auffangen, vielleicht sogar konstruktiv nutzen zu können?
- Und: Haben Sie den Eindruck, dass der Berater/Trainer im Gespräch gewinnt und die Intensität Ihres Kontaktes zunimmt, oder ist eher das Gegenteil der Fall?

Die neuen Erkenntnisse, zu denen das persönliche Gespräch geführt hat, sollte der Anbieter im Rahmen eines zweiten, differenzierten schriftlichen Angebotes verarbeiten. *Nach dem Erstgespräch sollte ein potenzieller externer Berater sein Angebot entsprechend differenzieren*

Derjenige Anbieter, der in dem hier skizzierten Auswahlprozess die beste Figur macht und Sie in jeder Hinsicht überzeugt, wird Sie bei Ihrem Projekt zum Thema Mitarbeitergespräche sicherlich erfolgreich begleiten.

Literaturverzeichnis:

Apel, K.-O.: Sprechakttheorie und transzendentale Sprachpragmatik zur Frage ethischer Normen. In: Ders. (Hrsg.): Sprachpragmatik und Philosophie. Frankfurt/M. 1976. S. 10 – 173.

Bartsch, E.: Elementare gesprächsrhetorische Operationen im „small talk" und ihr Einfluss auf Gesprächsprozesse. In: Schweinsberg-Reichart, I. (Hrsg.): Performanz. Frankfurt/M. 1985. S. 115 – 132.

Baumgartner, I., Häfele, W., Schwarz, M.: OE-Prozesse. Die Prinzipien systemischer Organisationsentwicklung. Ein Handbuch für Beratende, Gestaltende, Betroffene, Neugierige und OE-Entdeckende. 2. Auflage. Bern, Stuttgart, Wien 1995.

Breisig, T.: Personalbeurteilung – Mitarbeitergespräch – Zielvereinbarungen. Grundlagen, Gestaltungsmöglichkeiten und Umsetzung in Betriebs- und Dienstvereinbarungen. Frankfurt/M. 1998.

Cohn, R.: Von der Psychoanalyse zur Themenzentrierten Interaktion. Stuttgart 1975.

Crisand, E., Crisand, M.: Psychologie der Gesprächsführung. 6. Auflage. Heidelberg 1997.

Doppler, K., Lauterburg, C.: Change Management. Den Unternehmenswandel gestalten. 2. Auflage. Frankfurt/M., New York 1994.

Gehm, T.: Kommunikation im Beruf. Hintergründe, Hilfen, Strategien. 2. Auflage. Weinheim, Basel 1997.

Goleman, D.: Emotionale Intelligenz. 12. Auflage. München 1999. (= 1999 a)

Goleman, D.: Intelligenz mit viel Gefühl. In: Psychologie Heute. 4/1999. S. 26 – 31. (= 1999 b)

Gordon, T. Managerkonferenz. Effektives Führungstraining. 3. Auflage. München 1990.

Habermas, J.: Vorbereitende Bemerkungen zu einer Theorie der kommunikativen Kompetenz. In: Habermas, J., Luhmann, N.: Theorie der Gesellschaft oder Sozialtechnologie – Was leistet die Systemforschung? Frankfurt/M. 1972. S. 101 – 141.

Habermas, J.: Moralbewusstsein und kommunikatives Handeln. Frankfurt/M. 1983.

Harlan, V., Rappmann, R., Schata, P.: Soziale Plastik. Materialien zu Joseph Beuys. 3. Auflage. Achberg 1984.

Hofbauer, H., Winkler, B.: Das Mitarbeitergespräch als Führungsinstrument. Ein Leitfaden. München, Wien 1999.

Humle, S.: Schwierige Mitarbeitergespräche erfolgreich führen. Ein Leitfaden für Vorgesetzte. Köln 1998.

Kiesow, H.: Heiße Eisen. Schwierige Mitarbeitergespräche motivierend führen. Düsseldorf 1996.

Knebel, H.: Taschenbuch Personalbeurteilung. 9. Auflage. Heidelberg 1995.

Krieg, H.-J., Drebes, J.: Führen durch Ziele. Besondere Umsetzungs-
aspekte der Leistungsvereinbarungen. In: Personalführung 1/1996.
S. 54 – 60.

Langer, I., Schulz von Thun, F.: Sich verständlich ausdrücken.
2. Auflage. München 1981.

Luhmann, N.: Soziale Systeme. Grundriss einer allgemeinen Theorie.
2. Auflage. Frankfurt/M. 1988.

Luhmann, N.: Vertrauen. Ein Mechanismus der Reduktion sozialer
Komplexität. 3. Auflage. Stuttgart 1989.

McGregor, D.: Der Mensch im Unternehmen. Düsseldorf 1970.

Nagel, R., Oswald, M., Wimmer, R.: Das Mitarbeitergespräch als
Führungsinstrument. Stuttgart 1999.

Neuberger, O.: Führen und geführt werden. 3. Auflage. Stuttgart 1990.

Neuberger, O.: Miteinander arbeiten – miteinander reden! Vom Gespräch in unserer Arbeitswelt. 12. Auflage. München 1990.

Neuberger, O.: Das Mitarbeitergespräch. Praktische Grundlagen für
eine erfolgreiche Führungsarbeit. 4. Auflage. Leonberg 1998.

Pawlowski, K., Riebensahm, H.: Konstruktiv Gespräche führen. Fähigkeiten aktivieren, Ziele verfolgen, Lösungen finden. Reinbek 1998.

Peter, L. J., Hull, R.: Das Peter-Prinzip oder Die Hierarchie der Unfähi-
gen. Reinbek 1970.

Picot, A., Reichwald, R., Wigand, R. T.: Die grenzenlose Unternehmung.
Information, Organisation und Management. Lehrbuch zur Unternehmensführung im Informationszeitalter. 3. Auflage. Wiesbaden
1998.

Pribilla, P., Reichwald, R., Goecke, R.: Telekommunikation im Management. Stuttgart 1996.

Rackham, N.: Die neue Welle im Verkauf. Hamburg 1989.

Regnet, E.: Der Weg in die Zukunft – Neue Anforderungen an die
Führungskraft. In: Rosenstiel, L. v., Regnet, E., Domsch, M. E.
(Hrsg.): Führung von Mitarbeitern. Handbuch für erfolgreiches
Personalmanagement. 4. Auflage. Stuttgart 1999. S. 47 – 59.

Richardson, J.: Erfolgreich kommunizieren. Eine praktische Einführung
in die Arbeitsweise von NLP. München 1997.

Rosenkranz, Hans: Von der Familie zur Gruppe zum Team: Familien-
und gruppendynamische Modelle zur Teamentwicklung. Paderborn
1990.

Rosenstiel, L. v., Regnet, E., Domsch, M. E. (Hrsg.): Führung von Mitarbeitern. Handbuch für erfolgreiches Personalmanagement.
4. Auflage. Stuttgart 1999.

Sabel, H.: Sprechen Sie mit Ihren Mitarbeitern. Die Kunst, Mitarbeitergespräche erfolgreich zu führen, Signale im Gespräch zu erkennen
und mit Konfliktsituationen umzugehen. Bamberg 1993.

Saul, Siegmar : Führen durch Kommunikation. Gespräche mit Mitarbeiterinnen und Mitarbeitern. 2. Auflage. Basel 1995.

Schein, E. H.: Career Dynamics: Matching Individuals and Organizational Needs. Addison-Wesley 1978.

Schmidt, S. J. (Hrsg.): Der Diskurs des Radikalen Konstruktivismus. 6. Auflage. Frankfurt/ M. 1994.

Schulz von Thun, F.: Miteinander reden 1. Störungen und Klärungen. Allgemeine Psychologie der Kommunikation. Reinbek 1995.

Spies, S., Beigel, H.: Einer fehlt, und jeder braucht ihn. Wie Opel die Abwesenheit senkt. Wien 1996.

Sprenger, R. K.: Das Prinzip Selbstverantwortung. Wege zur Motivation. 10. Auflage. Frankfurt/M., New York 1999.

Ulrich, P.: Wirtschaftsverfassung und Unternehmensverfassung: Das Prinzip des unternehmenspolitischen Dialogs. In: Ulrich, H. (Hrsg.): Management-Philosophie für die Zukunft.
Bern, Stuttgart 1981. S. 57 – 75.

Vopel, K. W.: Interaktion im Team. Wie wird die Gruppe zum Team? Themenzentriertes Teamtraining, Teil 3. Salzhausen 1994.

Wahren, H.-K.: Zwischenmenschliche Kommunikation und Interaktion in Unternehmen. Grundlagen, Probleme und Ansätze zur Lösung. Berlin, New York 1987.

Weber, M.: Wirtschaft und Gesellschaft. 5. Auflage. Tübingen 1972.

Weisbach, C.-R.: Professionelle Gesprächsführung. Ein praxisnahes Lese- und Übungsbuch. 3. Auflage. München 1997.

Wildenmann, B.: Professionell Führen. Empowerment für Manager, die mit weniger Mitarbeitern mehr leisten müssen.
Neuwied, Kriftel, Berlin 1994.

Zimmermann, H.: Sprechen, Zuhören, Verstehen in Erkenntnis- und Entscheidungsprozessen. Stuttgart 1991.

Stichwortverzeichnis

Kommunizieren.